南京大学·大学数学系列

微积分 II

周国飞　张运清　廖良文
邓卫兵　孔　敏　黄卫华　编

科学出版社
北　京

内 容 简 介

本套书由《微积分 I》、《微积分 II》两本书组成.《微积分 I》内容包括极限与函数的连续性、导数与微分、导数的应用、不定积分、定积分及其应用、广义积分、向量代数与空间解析几何. 在附录中简介了行列式和矩阵的部分内容.《微积分 II》内容包括多元函数微分学、二重积分、三重积分及其应用、曲线积分、曲面积分、场论初步、数项级数、幂级数、傅里叶级数、广义积分的敛散性的判别法、常微分方程初步等. 本套书继承了微积分的传统特色, 内容安排紧凑合理, 例题精练, 习题量适难易恰当.

本套书可供综合性大学、理工科大学、师范院校作为教材, 也可供相关专业的工程技术人员参考阅读.

图书在版编目(CIP)数据

微积分.2/周国飞等编. —北京: 科学出版社, 2013
南京大学·大学数学系列
ISBN 978-7-03-038359-4

Ⅰ. ①微… Ⅱ. ①周… Ⅲ. ①微积分-高等学校-教材 Ⅳ. ①O172

中国版本图书馆 CIP 数据核字 (2013) 第 192461 号

责任编辑: 顾 艳 黄 海 / 责任校对: 张怡君
责任印制: 赵 博 / 封面设计: 许 瑞

科学出版社 出版
北京东黄城根北街 16 号
邮政编码: 100717
http://www.sciencep.com

文林印务有限公司印刷
科学出版社发行 各地新华书店经销
*
2013 年 8 月第 一 版 开本: 787×1092 1/16
2015 年 8 月第三次印刷 印张: 19 1/4
字数: 456 000

定价: 46.00 元

(如有印装质量问题, 我社负责调换)

前　言

为了使大学数学的教学内容更加适应新形势的需要, 我们根据南京大学新的招生形式(按大类招生)、国际交流的需要以及"三三制"教学模式的要求, 在数学系和教务处的指导下, 对我校非数学系的外系科大学数学的教学进行了多次研讨, 确定了外系科大学数学的教学模式和教学大纲. 微积分是大学生必修的基础数学课, 学习微积分学可以培养学生的逻辑思维能力, 提高学生的数学素养, 对学生以后的发展起着重要的作用. 本教材是我们为南京大学理工科第一层次的一年级本科生 (包含物理、电子、计算机、软件工程、天文、工程管理、地球科学、大气科学、地理科学以及商学院等专业) 编写的大学数学教材. 南京大学理工科第一层次大学数学共开设两个学期, 总课时为 128 课时, 另加 64 课时的习题课. 整套教材分上、下两册, 上册主要包含极限, 一元函数微积分学, 空间解析几何与向量代数; 下册主要包含多元函数微积分学, 级数及常微分方程初步等.

在编写本教材的过程中, 我们参阅了国内外部分教材, 汲取其精华, 根据我们的理解和经验, 对教材作了现有的编排, 并配备了相当数量的习题. 其中黄卫华编写了第 1、4 章以及附录, 邓卫兵编写了第 2 章, 孔敏编写了第 3 章, 张运清编写了第 5、6 章, 廖良文编写了第 7、8、9 章, 周国飞编写了第 10 章. 张运清绘制了上、下册的大部分图形. 全书由黄卫华统稿, 周国飞对下册也作了部分统稿工作. 附录中, 我们给出了习题的参考答案. 但建议读者不要依赖参考答案, 尽量独立思考.

在本教材的编写过程中, 我们得到了系领导的关怀, 无论在资金还是时间上都得到了他们大力的支持, 在此表示衷心的感谢! 数学系党委书记秦厚荣教授、系主任尤建功教授、副系主任师维学教授、尹会成教授、朱晓胜教授、数学系陈仲教授、罗亚平教授、宋国柱教授、姚天行教授、姜东平教授、梅家强教授等对本教材进行了审阅并提出了非常宝贵的意见. 此外, 在本教材的试用阶段 (2010.9 ~2013.6), 邓建平、陆宏、潘灏、肖源明、耿建生、李军、吴婷、李春、崔小军、苗栋、王奕倩、程伟、谭亮、王伟、刘公祥、窦斗、石亚龙、杨俊峰、钱志、李耀文、陈学长等老师也提出了许多有益的建议, 在此表示感谢!

此外, 在 2009 年本教材获南京大学"985 工程"二期"精品教材"建设基金的支持, 在此表示由衷的感谢!

由于我们水平有限, 错误和缺点在所难免, 期盼读者批评指正.

编　者

目　录

第 5 章　多元函数微分学

在前面几章中, 我们讨论的函数是只有一个自变量的函数, 即一元函数, 研究的是一元函数的微积分. 但在现实问题中, 常常出现一个变量依赖于两个或两个以上变量的情形, 这就是多元函数. 因此, 将一元函数的微积分推广到多元函数的微积分是必要的, 也是自然的. 本章讨论多元函数及其微分学, 多元函数的积分学则留到下面的章节讨论.

5.1　多元函数的极限与连续性

5.1.1　点集基本知识

为了讨论多元函数, 我们需要先介绍 n 维空间 $\mathbb{R}^n$ 中点集的基本知识. 首先我们把距离及邻域的概念推广到 n 维空间.

设 $P_1(a_1, a_2, \cdots, a_n)$, $P_2(b_1, b_2, \cdots, b_n) \in \mathbb{R}^n$, 我们用

$$\rho(P_1, P_2) = \sqrt{\sum_{i=1}^{n}(a_i - b_i)^2}$$

表示两点 P_1, P_2 间的**距离**.

定义 5.1.1 (邻域)　设 $P_0 \in \mathbb{R}^n$, $\delta > 0$, 点集

$$N_\delta(P_0) = \{\, P \mid P \in \mathbb{R}^n,\ \rho(P, P_0) < \delta \}$$

称为点 P_0 的δ **邻域**, 简称**邻域**. 点集

$$\overset{\circ}{N}_\delta(P_0) = N_\delta(P_0) \backslash \{P_0\}$$

称为点 P_0 的**去心** δ **邻域**, 简称**去心邻域**.

下面我们给出 n 维空间中内点、外点、边界点、聚点以及开集和闭集的概念.

定义 5.1.2 (内点, 外点, 边界点, 聚点)　设 $G \subseteq \mathbb{R}^n$,

(1) 若 $P_0 \in G$, 且存在 $\delta > 0$, 使得 $N_\delta(P_0) \subset G$, 则称 P_0 是 G 的**内点**. G 的内点的集合称为 G 的**内部**, 记为 G°.

(2) 若 $P_0 \notin G$, 且存在 $\delta > 0$, 使得 $N_\delta(P_0) \bigcap G = \varnothing$, 则称 P_0 是 G 的**外点**. G 的外点的集合称为 G 的**外部**.

(3) 若 $P_0 \in \mathbb{R}^n$, 且对任意的 $\delta > 0$, $N_\delta(P_0)$ 中既有点属于 G, 又有点不属于 G, 则称 P_0 是 G 的**边界点**. G 的全部边界点的集合称为 G 的**边界**, 记为 ∂G.

(4) 若 $P_0 \in \mathbb{R}^n$, 且对任意的 $\delta > 0$, $\overset{\circ}{N}_\delta(P_0)$ 中总有点属于 G, 则称 P_0 是 G 的**聚点**.

定义 5.1.3(开集, 闭集) 设 $G \subseteq \mathbb{R}^n$,

(1) 若 G 的所有点都是 G 的内点, 即 $G = G^\circ$, 则称 G 为**开集**.

(2) 若 G 关于全集 $\mathbb{R}^n$ 的补集 (即 $\mathbb{R}^n \setminus G$) 为开集, 则称 G 为**闭集**.

(3) 如果点集 G 内任意两点, 都可用曲线连接起来, 且该曲线上的点都属于 G, 则称 G 为**连通集**.

(4) 若 G 是开集, 又是连通集, 则称 G 为**开区域**.

(5) 若存在非空开区域 A, 使得 $G = A \bigcup \partial A$, 则称 G 为**闭区域**.

(6) 开区域与闭区域统称**区域**.

我们规定, 空集 $\varnothing$ 既是开集又是闭集, 因而全空间 $\mathbb{R}^n$ 既是开集又是闭集. 除此之外, $\mathbb{R}^n$ 的任何非空真子集都不可能既是开集又是闭集.

定义 5.1.4(有界集) 设 $G \subseteq \mathbb{R}^n$, $P_0 \in \mathbb{R}^n$. 若存在 $k \in \mathbb{R}$, 使得 $G \subset N_k(P_0)$, 则称 G 为**有界集**, 此时称

$$d(G) = \sup\{\rho(P_1, P_2) \mid \forall P_1, P_2 \in G\}$$

为 G 的**直径**. 否则, 称 G 为**无界集**.

例 5.1.1 设 $\mathbb{R}^3$ 中的点集

$$A = \{(x, y, z) \mid x^2 + y^2 + z^2 < 1\},$$

$$B = \{(x, y, z) \mid x^2 + y^2 + z^2 \leqslant 1\},$$

$$C = \{(x, y, z) \mid x^2 + y^2 + z^2 = 1\},$$

则由定义可得下列结论:

(1) $A^\circ = B^\circ = A, C^\circ = \varnothing$;

(2) $\partial A = \partial B = \partial C = C$;

(3) 集合 A, B 的聚点的集合都是 B, C 的聚点的集合是 C;

(4) A, B, C 都是连通集, 也是有界集, 直径都是 2;

(5) A 是开集也是开区域, B 是闭集也是闭区域, C 是闭集但不是闭区域.

例 5.1.2 设 $\mathbb{R}^2$ 中的点集 $G = \left\{(x, y) \,\middle|\, x = \dfrac{1}{n}, y = \dfrac{1}{n}, n \in \mathbb{N}\right\}$, 则由定义可得下列结论:

(1) $G^\circ = \varnothing$;

(2) $\partial G = G \bigcup \{(0, 0)\}$;

(3) 集合 G 有唯一的聚点 $(0, 0)$;

(4) G 不是连通集, 不是开集, 也不是闭集;

(5) G 是有界集且 $d(G) = \sqrt{2}$.

5.1.2 多元函数的概念

定义 5.1.5(n 元函数) 设 $D \subseteq \mathbb{R}^n$, 我们称映射

$$f: \quad D \to \mathbb{R}$$

为定义在 D 上的 n **元函数**. n 元函数也常常记为

$$y = f(P), \quad P \in D,$$

或

$$y = f(x_1, x_2, \cdots, x_n), \quad (x_1, x_2, \cdots, x_n) \in D.$$

变量 $x_1, x_2, \cdots, x_n$ 称为**自变量**, y 称为**因变量**, D 称为函数 f 的**定义域**, 记为 $D(f)$.

$$f(D) = \{ f(P) | P \in D(f)\}$$

称为函数 f 的**值域**.

在记号上, 我们常将二元函数 $f: D \to \mathbb{R}$ $(D \subseteq \mathbb{R}^2)$ 记为

$$z = f(x, y), \quad (x, y) \in D;$$

将三元函数 $f: D \to \mathbb{R}$ $(D \subseteq \mathbb{R}^3)$ 记为

$$u = f(x, y, z), \quad (x, y, z) \in D.$$

二元函数和二元以上的函数统称为**多元函数**.

与一元函数类似, 对于由解析表达式给出的多元函数, 常常并不明确表明定义域, 此时多元函数的定义域理解为其自然定义域, 也就是使这个解析表达式有意义时自变量所容许变化的范围. 例如, 二元函数 $z = \dfrac{1}{\sqrt{1 - x^2 - y^2}}$, 其自然定义域为 $\{(x, y) | x^2 + y^2 < 1\}$.

与一元函数类似, 我们可以定义多元隐函数, 多元复合函数, 多元初等函数, 以及多元有界函数, 在此不赘述.

例 5.1.3　讨论下列函数的定义域.

(1) $z = \dfrac{1}{\sqrt{4 - x^2 - y^2}}$;

(2) $z = \arcsin(x + y)$;

(3) $u = \ln(1 - x^2 - y^2 - z^2)$;

(4) $u = \sqrt{9 - x^2 - y^2 - z^2} + \sqrt{x^2 + y^2 + z^2 - 1}$.

解　(1) $D(z) = \{(x, y) \mid x^2 + y^2 < 4\}$;

(2) $D(z) = \{(x, y) \mid -1 \leqslant x + y \leqslant 1\}$;

(3) $D(u) = \{(x, y, z) \mid x^2 + y^2 + z^2 < 1\}$;

(4) $D(u) = \{(x, y, z) \mid 1 \leqslant x^2 + y^2 + z^2 \leqslant 9\}$. □

我们知道, 一元函数 $y = f(x)$ 的图形是所有满足等式 $y = f(x)$ 的点 (x, y) 的集合, 通常是平面上的曲线. 类似地, 二元函数 $z = f(x, y)$ 的图形是所有满足等式 $z = f(x, y)$ 的点 (x, y, z) 的集合, 通常是空间曲面. 例如函数 $z = 2x + 3y + 4$ 的图形是空间中一平面, 而函数 $z = \sqrt{x^2 + y^2}$ 的图形是圆锥面.

5.1.3 多元函数的极限

极限的概念是研究函数性态的重要工具. 下面我们以二元函数为例来叙述多元函数极限的定义.

一、二重极限

定义 5.1.6 (二重极限) 设 $D \subseteq \mathbb{R}^2$, 函数 $f(x,y)$ 在 D 上有定义, $P_0(x_0,y_0)$ 是 D 的聚点. 若存在常数 A, 使得对于任意给定的正数 ε, 总存在正数 δ, 当 $P(x,y) \in D$ 且 $0 < \rho(P,P_0) < \delta$ 时, 恒有

$$|f(P) - A| = |f(x,y) - A| < \varepsilon,$$

则称**函数** $f(x,y)$ **在** $P \to P_0$ **时以** A **为极限**, 记为

$$\lim_{P\to P_0} f(P) = A \quad 或 \quad f(P) \to A \ (P \to P_0),$$

也记作

$$\lim_{(x,y)\to(x_0,y_0)} f(x,y) = A \ 或\ f(x,y) \to A \ \left((x,y) \to (x_0,y_0)\right).$$

或

$$\lim_{\substack{x\to x_0 \\ y\to y_0}} f(x,y) = A.$$

这个极限也称为**二重极限**.

简单地说, $\lim\limits_{\substack{x\to x_0 \\ y\to y_0}} f(x,y) = A \iff \forall\varepsilon > 0, \exists\delta > 0$, 当 $0 < \sqrt{(x-x_0)^2 + (y-y_0)^2} < \delta$ 时, 恒有 $|f(x,y) - A| < \varepsilon$.

以上关于二元函数的二重极限的概念, 可相应地推广到 n 元函数的 n 重极限, 读者可以自行完成.

例 5.1.4 试用定义证明 $\lim\limits_{\substack{x\to 1 \\ y\to 2}} (2x + 4y) = 10$.

解 因为

$$\begin{aligned}\left|(2x+4y) - 10\right| &= \left|2(x-1) + 4(y-2)\right| \\ &\leqslant 2|x-1| + 4|y-2| \\ &\leqslant 6\sqrt{(x-1)^2 + (y-2)^2},\end{aligned}$$

所以 $\forall\varepsilon > 0$, 取 $\delta = \dfrac{\varepsilon}{6}$, 则当 $0 < \sqrt{(x-1)^2 + (y-2)^2} < \delta$ 时, 恒有

$$\left|(2x+4y) - 10\right| < \varepsilon,$$

由定义可知

$$\lim_{\substack{x\to 1 \\ y\to 2}} (2x + 4y) = 10. \qquad \square$$

二重极限的定义与一元函数极限的定义在形式上并无多大差异, 因此, 一元函数极限的运算法则 (如四则运算法则, 无穷小的运算法则) 与有关性质 (如极限的唯一性, 局部有界性,

夹逼准则) 等都可以推广到二重极限中来. 但由于变量的增多, 二元函数的定义域是平面点集, 二重极限的复杂性在于点 $P(x,y)$ 在平面上趋向于点 $P_0(x_0,y_0)$ 的方式是多种多样的, 而二重极限 $\lim\limits_{\substack{x\to x_0\\y\to y_0}} f(x,y)=A$ 是指点 $P(x,y)$ 在定义域中以任何方式趋向于点 $P_0(x_0,y_0)$ 时, $f(x,y)$ 都趋向于同一个常数 A. 因此, 如果 $P(x,y)$ 在定义域中以某一特殊的方式 (如沿着某条确定的直线或某条确定的曲线) 趋向于点 $P_0(x_0,y_0)$ 时, $f(x,y)$ 趋向于某一常数, 我们并不能由此断定二重极限存在. 但是, 如果当 $P(x,y)$ 以不同方式趋向于点 $P_0(x_0,y_0)$ 时, $f(x,y)$ 趋向于不同的值, 那么我们就可以断定函数 $f(x,y)$ 在 $P_0(x_0,y_0)$ 处极限不存在.

例 5.1.5　试求极限 $\lim\limits_{\substack{x\to 0\\y\to 0}}\dfrac{xy}{\sqrt{x^2+y^2}}$.

解　方法 1: 因为

$$\left|\frac{xy}{\sqrt{x^2+y^2}}-0\right|\leqslant\frac{1}{2}\frac{x^2+y^2}{\sqrt{x^2+y^2}}=\frac{1}{2}\sqrt{x^2+y^2},$$

所以 $\forall\varepsilon>0$, 取 $\delta=2\varepsilon$, 当 $0<\sqrt{x^2+y^2}<\delta$ 时, 恒有

$$\left|\frac{xy}{\sqrt{x^2+y^2}}-0\right|<\varepsilon.$$

由定义可知 $\lim\limits_{\substack{x\to 0\\y\to 0}}\dfrac{xy}{\sqrt{x^2+y^2}}=0$.

方法 2: $f(x,y)=\dfrac{xy}{\sqrt{x^2+y^2}}=x\dfrac{y}{\sqrt{x^2+y^2}}$, x 是无穷小, $\left|\dfrac{y}{\sqrt{x^2+y^2}}\right|\leqslant 1$ 是有界变量, 无穷小与有界变量的积是无穷小, 所以

$$\lim_{\substack{x\to 0\\y\to 0}}\frac{xy}{\sqrt{x^2+y^2}}=0.$$

方法 3: 记 $f(x,y)=\dfrac{xy}{\sqrt{x^2+y^2}}$, 令 $x=\rho\cos\theta, y=\rho\sin\theta$, 则

$$(x,y)\to(0,0)\iff\rho\to 0^+,\qquad f(x,y)=f(\rho\cos\theta,\rho\sin\theta)=\rho\cos\theta\sin\theta,$$

所以

$$\lim_{\substack{x\to 0\\y\to 0}}\frac{xy}{\sqrt{x^2+y^2}}=\lim_{\rho\to 0^+}\rho\cos\theta\sin\theta=0.$$

□

例 5.1.6　求下列极限:

(1) $\lim\limits_{\substack{x\to 0\\y\to 2}}\dfrac{\sin xy^2}{x}$;　　(2) $\lim\limits_{\substack{x\to+\infty\\y\to+\infty}}\left(\dfrac{xy}{x^2+y^2}\right)^{x+y}$.

解　(1) $\lim\limits_{\substack{x\to 0\\y\to 2}}\dfrac{\sin xy^2}{x}=\lim\limits_{\substack{u\to 0\\y\to 2}}y^2\dfrac{\sin u}{u}=4$;

(2) $0 < \left(\dfrac{xy}{x^2+y^2}\right)^{x+y} < \left(\dfrac{1}{2}\right)^{x+y}$, 而 $\lim\limits_{\substack{x\to+\infty\\y\to+\infty}}\left(\dfrac{1}{2}\right)^{x+y}=0$, 由夹逼准则可知

$$\lim_{\substack{x\to+\infty\\y\to+\infty}}\left(\frac{xy}{x^2+y^2}\right)^{x+y}=0.$$

□

例 5.1.7 试证 $f(x,y)=\dfrac{xy}{x^2+y^2}$ 在 $(x,y)\to(0,0)$ 时无极限.

解 方法 1: 当点 $P(x,y)$ 沿直线 $y=0$ 趋向于 $(0,0)$ 时,

$$\lim_{\substack{y=0\\x\to0}}f(x,y)=\lim_{x\to0}f(x,0)=\lim_{x\to0}0=0,$$

当点 $P(x,y)$ 沿直线 $y=x$ 趋向于 $(0,0)$ 时,

$$\lim_{\substack{y=x\\x\to0}}f(x,y)=\lim_{x\to0}f(x,x)=\lim_{x\to0}\frac{x^2}{2x^2}=\frac{1}{2},$$

由此可知, 当 (x,y) 以不同方式趋向于 $(0,0)$ 时, $f(x,y)$ 趋向于不同的值, 所以 $f(x,y)=\dfrac{xy}{x^2+y^2}$ 在 $(x,y)\to(0,0)$ 时无极限.

方法 2: 令 $x=\rho\cos\theta_0, y=\rho\sin\theta_0$, θ_0 为常数, 且 $0\leqslant\theta_0<2\pi$, 则

$$(x,y)\to(0,0)\Longleftrightarrow\rho\to0^+,$$

$$f(x,y)=f(\rho\cos\theta_0,\rho\sin\theta_0)=\cos\theta_0\sin\theta_0,$$

由于点 P 沿着直线 $L: x=\rho\cos\theta_0, y=\rho\sin\theta_0$ 趋向于 $(0,0)$ 时,

$$\lim_{\substack{(x,y)\in L\\(x,y)\to(0,0)}}f(x,y)=\lim_{\rho\to0^+}\cos\theta_0\sin\theta_0=\cos\theta_0\sin\theta_0,$$

其极限值随着 θ_0 的变化 (即随着直线 L 的变化) 而取不同的值, 所以函数 $f(x,y)$ 在 $(x,y)\to(0,0)$ 时无极限. □

二、累次极限

上面介绍的二重极限, 是当函数的两个自变量 (如果是 n 元函数, 就是 n 个自变量) 同时趋于各自的极限时所得出的. 除此之外, 有时我们还会遇到函数的两个自变量按先后次序分别趋于各自的极限的情形, 这就是累次极限.

对于二元函数 $f(x,y)$, 先把变量 y 固定 (视 y 为参数), 这时 $f(x,y)$ 只是 x 的一元函数, 如果对于一切固定的 y, 极限 $\lim\limits_{x\to x_0}f(x,y)$ 存在, 则这个极限是与 y 有关的函数, 记为

$$\lim_{x\to x_0}f(x,y)=\varphi(y).$$

然后再让 $y\to y_0$, 考虑 $\varphi(y)$ 的变化, 若 $\lim\limits_{y\to y_0}\varphi(y)$ 也存在, 设为 A, 即

$$\lim_{y\to y_0}\varphi(y)=A,$$

则称 A 为函数 $f(x,y)$ 在点 (x_0,y_0) **处先对 x 后对 y 的累次极限**, 记为

$$\lim_{y\to y_0}\lim_{x\to x_0} f(x,y)=A.$$

类似地, 可定义函数 $f(x,y)$ 在点 (x_0,y_0) **处先对 y 后对 x 的累次极限**

$$\lim_{x\to x_0}\lim_{y\to y_0} f(x,y).$$

例 5.1.8　求函数 $f(x,y)=\dfrac{xy}{x^2+y^2}$ 在点 $(0,0)$ 处的两个累次极限.

解　$\lim\limits_{x\to 0}\lim\limits_{y\to 0} f(x,y)=\lim\limits_{x\to 0}\lim\limits_{y\to 0}\dfrac{xy}{x^2+y^2}=\lim\limits_{x\to 0}0=0.$

同理可知 $\lim\limits_{y\to 0}\lim\limits_{x\to 0} f(x,y)=0.$ □

例 5.1.9　讨论函数 $f(x,y)=x\sin\dfrac{1}{y}$ 在点 $(0,0)$ 处的二重极限和累次极限.

解　由无穷小与有界函数的乘积是无穷小易知 $\lim\limits_{\substack{x\to 0\\ y\to 0}} f(x,y)=0.$

$$\lim_{y\to 0}\lim_{x\to 0} f(x,y)=\lim_{y\to 0}\lim_{x\to 0} x\sin\frac{1}{y}=\lim_{y\to 0}0=0.$$

但当 $x\neq 0$ 时, $\lim\limits_{y\to 0} f(x,y)=\lim\limits_{y\to 0} x\sin\dfrac{1}{y}$ 不存在, 所以 $\lim\limits_{x\to 0}\lim\limits_{y\to 0} f(x,y)$ 不存在. □

这两个例子说明二元函数的二重极限与累次极限是两个不同的概念, 二重极限存在并不能得出累次极限存在; 反过来, 二元函数的两个累次极限都存在且相等也不能得出二重极限存在. 在计算两种不同次序的累次极限时, 要注意不能随便交换极限次序, 而在求二重极限时, 也要注意不能用累次极限代替二重极限, 否则可能得出错误的结论.

5.1.4　多元函数的连续性

一、多元连续函数的定义

定义 5.1.7 (连续性)　设 $G\subseteq\mathbb{R}^n$, 函数 f 在 G 上有定义, P_0 是 G 的聚点且 $P_0\in G$. 若

$$\lim_{P\to P_0} f(P)=f(P_0),$$

则称函数 f 在 P_0 处**连续**. 如果 G 内的每一点都是聚点, 且 f 在 G 的每一点都连续, 则称 f 在 G 上**连续**. 如果函数 f 在 P_0 处不连续, 则称函数 f 在 P_0 处**间断**, 并称 P_0 是函数 f 的**间断点**.

由定义可知,

$$f \text{ 在 } P_0 \text{ 连续} \iff \forall\varepsilon>0,\exists\delta>0, \text{当 } P\in G \text{ 且 } \rho(P,P_0)<\delta \text{ 时, 恒有 } |f(P)-f(P_0)|<\varepsilon.$$

另外, 如果 f 是二元函数 $z=f(x,y)$, 记

$$\Delta x=x-x_0,\qquad \Delta y=y-y_0,$$

$$\Delta z = f(x,y) - f(x_0,y_0) = f(x_0+\Delta x, y_0+\Delta y) - f(x_0,y_0),$$

分别称 Δx 和 Δy 为自变量 x 和 y 的增量, Δz 为函数 $z=f(x,y)$ 在点 (x_0,y_0) 处的**全增量**, 于是

$$f(x,y) \text{ 在点 } (x_0,y_0) \text{ 处连续} \iff \lim_{\substack{\Delta x\to 0\\ \Delta y\to 0}} \Delta z = 0.$$

与一元函数类似, 有限个多元连续函数的和、差、积、商 (分母不为零) 仍是连续函数. 多元连续函数的复合函数仍是连续函数, 多元初等函数在其定义域上每一点连续.

例 5.1.10 设

$$f(x,y)=\begin{cases} 1, & \text{当 } xy=0,\\ 0, & \text{当 } xy\neq 0.\end{cases}$$

试证明函数 $f(x,y)$ 在原点处关于自变量 x 或 y 分别是连续的, 但该函数在原点处不连续.

解 当固定 $x=0$ 或 $y=0$ 时, 有 $f(0,y)=f(x,0)=1$, 所以

$$\lim_{x\to 0} f(x,0) = f(0,0) = 1, \qquad \lim_{y\to 0} f(0,y) = f(0,0) = 1,$$

因而函数 $f(x,y)$ 在原点处关于自变量 x 或 y 分别是连续的. 但容易看出 $\lim\limits_{\substack{x\to 0\\ y\to 0}} f(x,y)$ 不存在, 所以函数 $f(x,y)$ 在原点处并不连续. □

例 5.1.11 求极限 $\lim\limits_{\substack{x\to 1\\ y\to 1}} \dfrac{x+y}{x^2y^2}$.

解 函数 $\dfrac{x+y}{x^2y^2}$ 是二元初等函数, 在点 $(1,1)$ 处有定义, 故在点 $(1,1)$ 处连续. 所以

$$\lim_{\substack{x\to 1\\ y\to 1}} \frac{x+y}{x^2y^2} = \frac{1+1}{1} = 2.$$ □

二、有界闭区域上连续函数的性质

与一元函数类似, 定义在有界闭区域上的连续函数有如下重要性质 (我们略去定理的证明):

定理 5.1.1 (零点定理) 设 $G\subseteq \mathbb{R}^n$ 为有界闭区域, 函数 f 在 G 上连续, 若 $P_1, P_2\in G$, 且

$$f(P_1)f(P_2) < 0,$$

则存在 $P_0\in G$, 使得 $f(P_0)=0$.

定理 5.1.2 (介值定理) 设 $G\subseteq \mathbb{R}^n$ 为有界闭区域, 函数 f 在 G 上连续, $P_1,P_2\in G$, 且 $f(P_1)\neq f(P_2)$. 设 μ 为满足不等式

$$f(P_1) < \mu < f(P_2) \qquad (\text{或 } f(P_2) < \mu < f(P_1))$$

的任意实数, 则存在 $P_0\in G$, 使得 $f(P_0)=\mu$.

定理 5.1.3 (有界性定理)　设 $G \subseteq \mathbb{R}^n$ 为有界闭区域, 函数 f 在 G 上连续, 则函数 f 在 G 上有界.

定理 5.1.4 (最值定理)　设 $G \subseteq \mathbb{R}^n$ 为有界闭区域, 函数 f 在 G 上连续, 则函数 f 在 G 上取得最大值和最小值.

习题 5.1

1. 求下列函数的定义域, 并指出其是开集还是闭集, 是开区域还是闭区域, 是有界集还是无界集:

(1) $f(x,y)=\sqrt{1-x^2-y^2}$;

(2) $f(x,y)=\ln(2-|x|-|y|)$;

(3) $f(x,y)=\sqrt{1-x^2}+\sqrt{y^2-4}$;

(4) $f(x,y)=\arcsin\dfrac{x}{y^2}$;

(5) $f(x,y,z)=\dfrac{1}{\sqrt{9-x^2-y^2-z^2}}$;

(6) $f(x,y,z)=\dfrac{1}{\sqrt{\sqrt{z}-x}}+\sqrt{1-z}+\ln(2-|y|)$.

2. 求下列函数:

(1) $f(x,y)=\dfrac{1}{xy}+\dfrac{x}{y}$, 求 $f\left(2x,\dfrac{1}{y}\right)$;

(2) $f(x+y,x-y)=3x^2+2xy-y^2+2$, 求 $f(x,y)$.

3. 用定义证明下列极限:

(1) $\lim\limits_{\substack{x\to 2\\ y\to 3}}(3x+y)=9$;

(2) $\lim\limits_{\substack{x\to 0^+\\ y\to 0}}\dfrac{xy^2}{x+y^2}=0$;

(3) $\lim\limits_{\substack{x\to 0\\ y\to 0}}(x-y)\sin\dfrac{1}{xy}=0$;

(4) $\lim\limits_{\substack{x\to 1\\ y\to 1}}\dfrac{x+1}{y+2}=\dfrac{2}{3}$.

4. 求下列极限:

(1) $\lim\limits_{\substack{x\to 1\\ y\to 2}}\dfrac{3x+y}{2+xy}$;

(2) $\lim\limits_{\substack{x\to 0\\ y\to 0}}\dfrac{e^{xy}-1}{2x}$;

(3) $\lim\limits_{\substack{x\to 0\\ y\to 0}}(x+2y)\sin\dfrac{1}{x}\cos\dfrac{1}{y}$;

(4) $\lim\limits_{\substack{x\to 1\\ y\to 1}}\dfrac{\sqrt{x+y-1}-1}{x+y-2}$;

(5) $\lim\limits_{\substack{x\to 0\\ y\to 0}}\dfrac{\sin(xy)}{\ln(1+x)}$;

(6) $\lim\limits_{\substack{x\to +\infty\\ y\to +\infty}}\dfrac{x+y}{x^2+y^2}$;

(7) $\lim\limits_{\substack{x\to 0\\ y\to 0}}(1+xy)^{\frac{1}{\tan(xy)}}$;

(8) $\lim\limits_{\substack{x\to 0\\ y\to 0}}(x^2+y^2)^{x^2y^2}$;

(9) $\lim\limits_{\substack{x\to 0\\ y\to 0}}\dfrac{x^2y}{x^2+y^2}$;

(10) $\lim\limits_{\substack{x\to 2\\ y\to +\infty}}\left(1+\dfrac{1}{xy}\right)^{x^2y}$.

5. 证明下列函数当 $(x,y)\to(0,0)$ 时极限不存在:

(1) $f(x,y)=\dfrac{x^4+y^6}{(x^4+y^3)^2}$; (2) $f(x,y)=\dfrac{xy\sin y}{x^2+y^4}$.

6. 试证函数 $f(x,y)=\dfrac{x^3y^2}{(x^2+y^4)^2}$ 当点 $P(x,y)$ 沿任意直线方向趋向于点 $P_0(0,0)$ 时, 极限皆存在且相等, 但函数 $f(x,y)$ 在点 $P_0(0,0)$ 处无极限.

7. 求下列函数的累次极限 $\lim\limits_{x\to0}\lim\limits_{y\to0}f(x,y)$ 以及 $\lim\limits_{y\to0}\lim\limits_{x\to0}f(x,y)$:

(1) $f(x,y)=\dfrac{x+y}{x-y}$;

(2) $f(x,y)=\dfrac{x^4+y^6}{(x^4+y^3)^2}$;

(3) $f(x,y)=\dfrac{xy\sin y}{x^2+y^4}$.

8. 设函数 $f(x,y)$ 在平面区域 D 上对 x 连续, 对 y 满足利普希茨 (Lipschitz) 条件, 即

$$\left|f(x,y_1)-f(x,y_2)\right|\leqslant L|y_1-y_2|,\quad \forall(x,y_1),(x,y_2)\in D,$$

这里 L 为常数, 证明: $f(x,y)$ 在 D 上连续.

5.2 偏导数与全微分

一元函数的导数是研究函数性质的重要工具. 为了研究多元函数的性质, 我们需要研究多元函数的偏导数.

5.2.1 偏导数

一、偏导数的定义

定义 5.2.1 (偏导数) 设 $P_0(x_0,y_0)\in\mathbb{R}^2$, 函数 $z=f(x,y)$ 在 P_0 的 δ 邻域 $N_\delta(P_0)$ 内有定义, 在 $N_\delta(P_0)$ 中固定 $y=y_0$, 得到一元函数 $f(x,y_0)$, 若 $f(x,y_0)$ 在 x_0 处可导, 即

$$\lim_{\Delta x\to0}\frac{f(x_0+\Delta x,y_0)-f(x_0,y_0)}{\Delta x}$$

存在, 则称此极限值为**函数 $z=f(x,y)$ 在点 (x_0,y_0) 处对 x 的偏导数**, 记为 $f'_x(x_0,y_0)$, 或

$$f'_1(x_0,y_0),\quad \frac{\partial f}{\partial x}(x_0,y_0),\quad \left.\frac{\partial f}{\partial x}\right|_{(x_0,y_0)},\quad \frac{\partial z}{\partial x}(x_0,y_0),\quad \left.\frac{\partial z}{\partial x}\right|_{(x_0,y_0)}.$$

类似地, 在 $N_\delta(P_0)$ 中固定 $x=x_0$, 得到一元函数 $f(x_0,y)$, 若 $f(x_0,y)$ 在 y_0 处可导, 即

$$\lim_{\Delta y\to0}\frac{f(x_0,y_0+\Delta y)-f(x_0,y_0)}{\Delta y}$$

存在, 则称此极限值为**函数 $z=f(x,y)$ 在点 (x_0,y_0) 处对 y 的偏导数**, 记为 $f'_y(x_0,y_0)$, 或

$$f_2'(x_0,y_0),\quad \frac{\partial f}{\partial y}(x_0,y_0),\quad \left.\frac{\partial f}{\partial y}\right|_{(x_0,y_0)},\quad \frac{\partial z}{\partial y}(x_0,y_0),\quad \left.\frac{\partial z}{\partial y}\right|_{(x_0,y_0)}.$$

若二元函数 $f(x,y)$ 在点 (x_0,y_0) 处对 x 及对 y 的两个偏导数都存在, 则称 f 在点 (x_0,y_0) 处**可偏导**; 若二元函数 $f(x,y)$ 在开区域 G 中每一点皆可偏导, 则称 f 在 G 上**可偏导**.

设 $(x,y)\in G$, 函数 $z=f(x,y)$ 在点 (x,y) 处对 x 的偏导数记为 $f_x'(x,y)$, 或

$$f_x',\quad f_1',\quad \frac{\partial f}{\partial x},\quad \frac{\partial z}{\partial x}.$$

$z=f(x,y)$ 在点 (x,y) 处对 y 的偏导数记为 $f_y'(x,y)$, 或

$$f_y',\quad f_2',\quad \frac{\partial f}{\partial y},\quad \frac{\partial z}{\partial y}.$$

上述关于二元函数偏导数的定义可以推广到 $n(n>2)$ 元函数的偏导数.

由偏导数的定义可以看出, 求多元函数的偏导数, 实际上是把多元函数看作其中某一个变量的一元函数, 对该自变量求导数. 在求导过程中, 始终把其余变量看作常数即可.

例 5.2.1　设 $f(x,y)=x^2y+\sin(xy)+2\mathrm{e}^x+y$, 求 $f_x'(0,0)$, $f_y'(0,0)$.

解　方法 1:

$$f(x,0)=2\mathrm{e}^x,\quad f_x'(0,0)=(2\mathrm{e}^x)'\Big|_{x=0}=2\mathrm{e}^x\Big|_{x=0}=2.$$

$$f(0,y)=2+y,\quad f_y'(0,0)=(2+y)'\Big|_{y=0}=1.$$

方法 2:

$$f_x'(x,y)=2xy+y\cos(xy)+2\mathrm{e}^x,\quad f_y'(x,y)=x^2+x\cos(xy)+1,$$

所以,

$$f_x'(0,0)=2,\quad f_y'(0,0)=1.$$ □

例 5.2.2　设 $f(x,y)=\arctan\dfrac{x}{y}+\ln(2x+y)+y^4$, 求 $\dfrac{\partial f}{\partial x},\dfrac{\partial f}{\partial y}$.

解

$$\frac{\partial f}{\partial x}=\frac{\dfrac{1}{y}}{1+\left(\dfrac{x}{y}\right)^2}+\frac{2}{2x+y}=\frac{y}{x^2+y^2}+\frac{2}{2x+y},$$

$$\frac{\partial f}{\partial y}=\frac{-\dfrac{x}{y^2}}{1+\left(\dfrac{x}{y}\right)^2}+\frac{1}{2x+y}+4y^3=-\frac{x}{x^2+y^2}+\frac{1}{2x+y}+4y^3.$$ □

例 5.2.3 设 $f(x,y,z)=x^y+y^z+z^x$, 其中 $x>0,y>0,z>0$, 求 $\dfrac{\partial f}{\partial x},\dfrac{\partial f}{\partial y},\dfrac{\partial f}{\partial z}$.

解

$$\frac{\partial f}{\partial x}=yx^{y-1}+z^x\ln z,$$

$$\frac{\partial f}{\partial y}=x^y\ln x+zy^{z-1},$$

$$\frac{\partial f}{\partial z}=y^z\ln y+xz^{x-1}.$$

□

二、偏导数的几何意义

由定义可知, $f'_x(x_0,y_0)$ 是一元函数 $z=f(x,y_0)$ 在 $x=x_0$ 处的导数. 在几何上, 函数 $z=f(x,y)$ 表示一个曲面, 记为 S. 而 $z=f(x,y_0)$ 是曲面 S 与平面 $y=y_0$ 的交线 C_1, 运用一元函数导数的几何意义, 容易得出偏导数 $f'_x(x_0,y_0)$ 表示曲线 C_1 在点 $P(x_0,y_0,f(x_0,y_0))$ 处的切线 T_x 对 x 轴的斜率. 类似地, $f'_y(x_0,y_0)$ 表示曲线 $C_2: z=f(x_0,y)$ 在点 $P(x_0,y_0,f(x_0,y_0))$ 处的切线 T_y 对 y 轴的斜率 (见图 5.1).

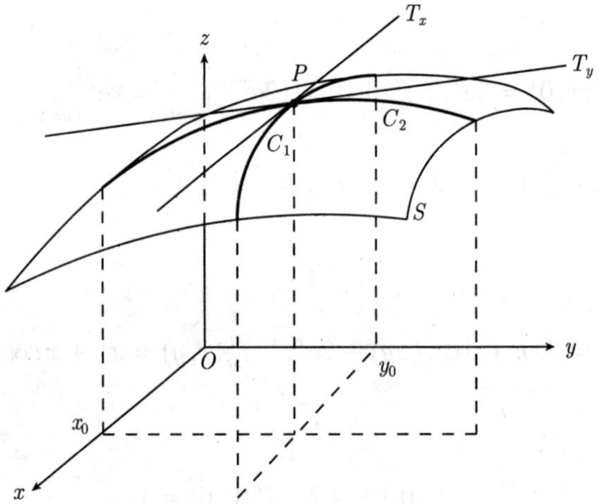

图 5.1

三、可偏导与连续的关系

我们知道, 对于一元函数 $y=f(x)$, 它在一点 x_0 处可导, 则它在该点一定是连续的. 但对于二元函数 $z=f(x,y)$ 而言, 在一点 (x_0,y_0) 处可偏导, 却不一定在该点连续. 例如下面的例子:

例 5.2.4 设 $f(x,y)=\begin{cases}\dfrac{xy}{x^2+y^2}, & (x,y)\neq(0,0)\\ 0, & (x,y)=(0,0)\end{cases}$, 试求 $f'_x(0,0)$, $f'_y(0,0)$.

解

$$f'_x(0,0)=\lim_{x\to 0}\frac{f(x,0)-f(0,0)}{x}=\lim_{x\to 0}\frac{0}{x}=0;$$

$$f'_y(0,0)=\lim_{y\to 0}\frac{f(0,y)-f(0,0)}{y}=\lim_{y\to 0}\frac{0}{y}=0.$$ □

此函数在点 $(0,0)$ 处对 x 和 y 的偏导数都存在且相等, 但由例 5.1.7 知此函数在点 $(0,0)$ 处没有极限, 所以此函数在点 $(0,0)$ 处不连续. 但是我们增加一个条件后有如下结论:

定理 5.2.1　设函数 $z=f(x,y)$ 在 $P_0(x_0,y_0)$ 的某邻域 $N_\delta(P_0)$ 内可偏导, 且 $f'_x(x,y)$, $f'_y(x,y)$ 在 $N_\delta(P_0)$ 内有界, 则函数 $f(x,y)$ 在 P_0 处连续.

证明　$\Delta z=f(x,y)-f(x_0,y_0)=\big(f(x,y)-f(x_0,y)\big)+\big(f(x_0,y)-f(x_0,y_0)\big)$, 由一元函数的微分中值定理可得

$$\Delta z=f'_x(\xi,y)(x-x_0)+f'_y(x_0,\eta)(y-y_0),$$

其中 ξ 介于 x 和 x_0 之间, η 介于 y 和 y_0 之间. 已知 $f'_x(x,y)$, $f'_y(x,y)$ 在 $N_\delta(P_0)$ 内有界, 所以

$$\lim_{\substack{x\to x_0\\ y\to y_0}}\Delta z=0,$$

即 $f(x,y)$ 在 P_0 处连续. □

5.2.2　高阶偏导数

函数 $z=f(x,y)$ 的偏导数 $f'_x(x,y)$ 与 $f'_y(x,y)$ 一般仍是二元函数, 假设它们可以继续对 x 或 y 求偏导数, 从而得到四个新的偏导数

$$\frac{\partial}{\partial x}f'_x(x,y),\quad \frac{\partial}{\partial y}f'_x(x,y),\quad \frac{\partial}{\partial x}f'_y(x,y),\quad \frac{\partial}{\partial y}f'_y(x,y),$$

称之为**二阶偏导数**, 并分别记为

$$f''_{xx}(x,y),\quad f''_{xy}(x,y),\quad f''_{yx}(x,y),\quad f''_{yy}(x,y),$$

或

$$\frac{\partial^2 f}{\partial x^2},\quad \frac{\partial^2 f}{\partial x\partial y},\quad \frac{\partial^2 f}{\partial y\partial x},\quad \frac{\partial^2 f}{\partial y^2},$$

或

$$f''_{11},\quad f''_{12},\quad f''_{21},\quad f''_{22}.$$

其中 f''_{xy} 与 f''_{yx} 称为**二阶混合偏导数**.

也可将上述二阶偏导数的记法中的 f 写成 z, 例如 f''_{xx} 可记为 z''_{xx}, $\dfrac{\partial^2 z}{\partial x^2}$ 或 z''_{11}.

若二阶偏导数仍是 x,y 的二元函数, 我们还可以继续对 x 或 y 求偏导数, 由此可得到三阶以及三阶以上的偏导数.

二阶及二阶以上的偏导数统称为**高阶偏导数**.

例 5.2.5　求 $z=x^2y^3+\mathrm{e}^{xy}$ 的二阶偏导数.

解 $z'_x = 2xy^3 + y\mathrm{e}^{xy}$, $\quad z'_y = 3x^2y^2 + x\mathrm{e}^{xy}$,

$z''_{xx} = 2y^3 + y^2\mathrm{e}^{xy}$, $\quad z''_{xy} = 6xy^2 + (1+xy)\mathrm{e}^{xy}$,

$z''_{yx} = 6xy^2 + (1+xy)\mathrm{e}^{xy}$, $\quad z''_{yy} = 6x^2y + x^2\mathrm{e}^{xy}$. □

例 5.2.6 求 $f(x,y) = \begin{cases} xy\dfrac{x^2-y^2}{x^2+y^2}, & (x,y) \neq (0,0) \\ 0, & (x,y) = (0,0) \end{cases}$ 在点 $(0,0)$ 处的两个二阶混合偏导数.

解

$$f'_x(0,0) = \lim_{x\to 0}\frac{f(x,0)-f(0,0)}{x} = \lim_{x\to 0}\frac{0}{x} = 0,$$

$$f'_y(0,0) = \lim_{y\to 0}\frac{f(0,y)-f(0,0)}{x} = \lim_{y\to 0}\frac{0}{y} = 0,$$

$$f'_x(0,y) = \lim_{x\to 0}\frac{f(x,y)-f(0,y)}{x} = \lim_{x\to 0}\frac{xy\dfrac{x^2-y^2}{x^2+y^2}-0}{x} = -y \quad (y \neq 0),$$

$$f'_y(x,0) = \lim_{y\to 0}\frac{f(x,y)-f(x,0)}{y} = \lim_{y\to 0}\frac{xy\dfrac{x^2-y^2}{x^2+y^2}-0}{y} = x \quad (x \neq 0),$$

$$f''_{xy}(0,0) = \lim_{y\to 0}\frac{f'_x(0,y)-f'_x(0,0)}{y} = \lim_{y\to 0}\frac{-y}{y} = -1,$$

$$f''_{yx}(0,0) = \lim_{x\to 0}\frac{f'_y(x,0)-f'_y(0,0)}{x} = \lim_{x\to 0}\frac{x}{x} = 1.$$ □

由上述两个例子可以看出, 有些函数的两个二阶混合偏导数相等, 即混合偏导数与求导次序无关, 但是有些函数的两个二阶混合偏导数不相等. 下面的定理给出了一个混合偏导数与求导次序无关的充分条件:

定理 5.2.2 若二阶混合偏导数 $f''_{xy}(x,y)$ 与 $f''_{yx}(x,y)$ 在 (x,y) 处皆连续, 则 $f''_{xy}(x,y) = f''_{yx}(x,y)$, 即混合偏导数与求导的次序无关.

证明 考虑辅助函数

$$F(h,k) = f(x+h,y+k) - f(x+h,y) - f(x,y+k) + f(x,y),$$

其中 $|h|,|k|$ 充分小, 令

$$\varphi(X) = f(X,y+k) - f(X,y),$$

则

$$F(h,k) = \varphi(x+h) - \varphi(x),$$

应用拉格朗日中值定理可得

$$\begin{aligned} F(h,k) =& \varphi'(x+\theta_1 h)h = \big(f'_x(x+\theta_1 h,y+k) - f'_x(x+\theta_1 h,y)\big)h \\ =& f''_{xy}(x+\theta_1 h,y+\theta_2 k)hk \quad (0<\theta_1,\theta_2<1), \end{aligned}$$

又令

$$\psi(Y)=f(x+h,Y)-f(x,Y),$$

则

$$F(h,k)=\psi(y+k)-\psi(y),$$

同样应用拉格朗日中值定理可得

$$\begin{aligned}F(h,k)=&\psi'(y+\theta_3k)k=[f_y'(x+h,y+\theta_3k)-f_y'(x,y+\theta_3k)]k\\=&f_{yx}''(x+\theta_4h,y+\theta_3k)hk\quad(0<\theta_3,\theta_4<1),\end{aligned}$$

于是

$$f_{xy}''(x+\theta_1h,y+\theta_2k)=f_{yx}''(x+\theta_4h,y+\theta_3k).$$

令 $h\to0,k\to0$, 由于 $f_{xy}''(x,y)$ 与 $f_{yx}''(x,y)$ 在 (x,y) 连续, 所以

$$f_{xy}''(x,y)=f_{yx}''(x,y).$$ □

此定理可以推广到三阶以上的混合偏导数的情况, 在其连续性条件下, 与求偏导的次序无关. 对于三元以上的多元函数, 也有类似的结论.

5.2.3　全微分

一、全微分的概念

偏导数表示多元函数对某单个变量的变化率, 还不能全面刻画函数在某点附近的变化性态. 设自变量 x,y 分别有增量 $\Delta x,\Delta y$, 函数 $z=f(x,y)$ 在 (x,y) 的**全增量**定义为

$$\Delta z=f(x+\Delta x,y+\Delta y)-f(x,y).$$

全增量是 $\Delta x,\Delta y$ 的函数, 可以全面刻画函数 $f(x,y)$ 在 (x,y) 附近的变化情况. 然而, 全增量往往是一个较复杂的函数, 求值比较困难. 例如,

$$z=x^y,x_0=1,y_0=2,\Delta x=-0.02,\Delta y=0.05,$$

$$\Delta z=(1-0.02)^{(2+0.05)}-1^2=0.98^{2.05}-1^2,$$

在这个不太复杂的函数中, 要求出 Δz 的值也是很困难的. 为此, 我们引进全微分的概念, 并用全微分近似代替全增量来研究函数 $f(x,y)$ 在 (x,y) 附近的变化. 下面我们以二元函数为例给出全微分的概念, 对于 n 元函数, 可以完全类似地定义全微分.

定义 5.2.2 (全微分)　设函数 $z=f(x,y)$ 在点 $P(x,y)$ 的某邻域内有定义, 若函数在点 P 的全增量

$$\Delta z=f(x+\Delta x,y+\Delta y)-f(x,y)$$

可表示为

$$\Delta z = A\Delta x + B\Delta y + o(\rho),$$

其中 A, B 只与点 (x,y) 有关而与自变量的增量 Δx 和 Δy 无关, $\rho = \sqrt{(\Delta x)^2 + (\Delta y)^2}$, $o(\rho)$ 是比 ρ 高阶的无穷小 (当 $\rho \to 0^+$), 则称**函数** $f(x,y)$ **在点** (x,y) **处可微**, 其线性部分 $A\Delta x + B\Delta y$ 称为**函数** $z = f(x,y)$ **在点** (x,y) **处的全微分**, 记为

$$\mathrm{d}z = A\Delta x + B\Delta y.$$

如长方形的面积 $A(x,y) = xy$, 若受温度变化的影响, 长方形的长和宽的增量分别为 Δx 与 Δy(见图 5.2). 此时面积的增量为

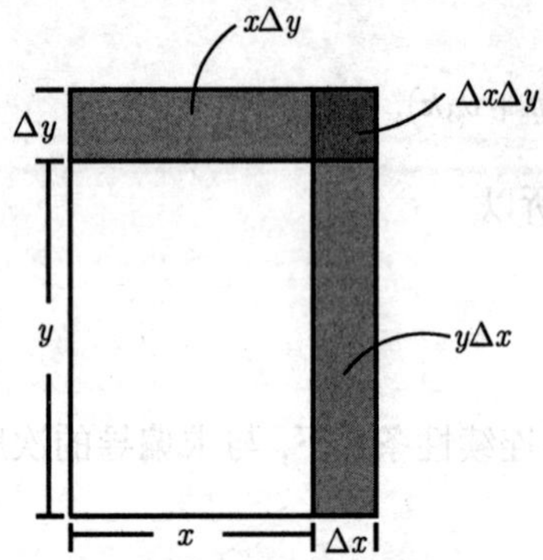

图 5.2

$$\Delta A = (x+\Delta x)(y+\Delta y) - xy = y\Delta x + x\Delta y + \Delta x\Delta y,$$

因为

$$0 \leqslant \frac{|\Delta x\Delta y|}{\rho} \leqslant \frac{(\Delta x)^2 + (\Delta y)^2}{\rho} = \rho,$$

所以

$$\lim_{\rho \to 0^+} \frac{\Delta x\Delta y}{\rho} = 0.$$

即 $\Delta x\Delta y = o(\rho)$, 所以函数 $A(x,y)$ 在点 (x,y) 处可微, 且

$$\mathrm{d}A = y\Delta x + x\Delta y.$$

二、连续, 可偏导与可微的关系

定理 5.2.3　设函数 $z = f(x,y)$ 在 (x,y) 处可微, 则函数 $f(x,y)$ 在 (x,y) 处连续.

证明　函数 $z = f(x,y)$ 在 (x,y) 处可微, 则

$$\Delta z = f(x+\Delta x, y+\Delta y) - f(x,y) = A\Delta x + B\Delta y + o(\rho),$$

在上式中令 $(\Delta x, \Delta y) \to (0,0)$ 可得

$$\lim_{\substack{\Delta x \to 0 \\ \Delta y \to 0}} \Delta z = 0.$$

即函数在 (x,y) 处连续. □

定理 5.2.4　设函数 $z = f(x,y)$ 在 (x,y) 处可微, 则函数 $f(x,y)$ 在 (x,y) 处可偏导, 且

$$\mathrm{d}z = \frac{\partial z}{\partial x}\mathrm{d}x + \frac{\partial z}{\partial y}\mathrm{d}y. \tag{5.2.1}$$

证明　函数 $z = f(x,y)$ 在 (x,y) 处可微, 则

$$\Delta z = f(x+\Delta x, y+\Delta y) - f(x,y) = A\Delta x + B\Delta y + o(\rho).$$

在上式中令 $\Delta y = 0$, 两边除以 Δx, 并令 $\Delta x \to 0$ 可得

$$\frac{\partial z}{\partial x}=\lim_{\Delta x\to 0}\frac{f(x+\Delta x,y)-f(x,y)}{\Delta x}=A+\lim_{\Delta x\to 0}\frac{o(|\Delta x|)}{\Delta x}=A.$$

同理可得 $\dfrac{\partial z}{\partial y}=B$. 于是全微分的公式可写为

$$\mathrm{d}z=\frac{\partial z}{\partial x}\Delta x+\frac{\partial z}{\partial y}\Delta y.$$

分别取 $f(x,y)=x$ 与 $f(x,y)=y$, 代入上式可得 $\mathrm{d}x=\Delta x,\mathrm{d}y=\Delta y$, 所以全微分的公式又可写为

$$\mathrm{d}z=\frac{\partial z}{\partial x}\,\mathrm{d}x+\frac{\partial z}{\partial y}\,\mathrm{d}y.$$ □

定理 5.2.3 与定理 5.2.4 表明: 连续与可偏导是可微的必要条件. 但是, 下面的例子说明连续性与可偏导不是可微的充分条件.

例 5.2.7　设 $f(x,y)=\begin{cases}\dfrac{xy}{\sqrt{x^2+y^2}}, & (x,y)\neq(0,0),\\ 0, & (x,y)=(0,0),\end{cases}$ 证明函数 $z=f(x,y)$ 在点 $(0,0)$ 处连续, 可偏导, 但不可微.

证明　令 $x=\rho\cos\theta,y=\rho\sin\theta$, 则

$$\lim_{\substack{x\to 0\\ y\to 0}}f(x,y)=\lim_{\rho\to 0^+}f(\rho\cos\theta,\rho\sin\theta)=\lim_{\rho\to 0^+}\frac{\rho^2\cos\theta\sin\theta}{\rho}=0=f(0,0),$$

即函数 $f(x,y)$ 在点 $(0,0)$ 处连续.

$$f'_x(0,0)=\lim_{x\to 0}\frac{f(x,0)-f(0,0)}{x}=\lim_{x\to 0}\frac{0}{x}=0,$$

$$f'_y(0,0)=\lim_{y\to 0}\frac{f(0,y)-f(0,0)}{y}=\lim_{y\to 0}\frac{0}{y}=0,$$

即函数 $f(x,y)$ 在点 $(0,0)$ 处可偏导.

令

$$\Delta z=f(x,y)-f(0,0)=f'_x(0,0)x+f'_y(0,0)y+\omega,$$

则

$$\omega=f(x,y)=\frac{xy}{\sqrt{x^2+y^2}},$$

显然, 如果 ω 是 $\rho=\sqrt{x^2+y^2}$ 的高阶无穷小, 则 $f(x,y)$ 在点 $(0,0)$ 处可微, 否则 $f(x,y)$ 在点 $(0,0)$ 处不可微.

$$\frac{\omega}{\rho}=\frac{\rho^2\cos\theta\sin\theta}{\rho^2}=\cos\theta\sin\theta\not\to 0\quad(\rho\to 0^+),$$

所以 $\omega \neq o(\rho)$, 即函数 $f(x,y)$ 在点 $(0,0)$ 处不可微. □

下面的定理给出了一个函数可微的充分条件:

定理 5.2.5 设函数 $z=f(x,y)$ 在 (x,y) 的某邻域内可偏导, 且 $f_x'(x,y)$, $f_y'(x,y)$ 在 (x,y) 处连续, 则 $f(x,y)$ 在 (x,y) 处可微.

证明 考虑函数 $z=f(x,y)$ 在 (x,y) 处的全增量,

$$\begin{aligned}\Delta z &= f(x+\Delta x, y+\Delta y) - f(x,y)\\ &= f(x+\Delta x, y+\Delta y) - f(x, y+\Delta y) + f(x, y+\Delta y) - f(x,y),\end{aligned}$$

设 $|\Delta x|, |\Delta y|$ 充分小, 运用一元函数的拉格朗日中值定理得

$$\Delta z = f_x'(x+\theta_1\Delta x, y+\Delta y)\Delta x + f_y'(x, y+\theta_2\Delta y)\Delta y \quad (0<\theta_1,\theta_2<1),$$

由 $f_x'(x,y), f_y'(x,y)$ 的连续性, 可得

$$\lim_{\substack{\Delta x\to 0\\ \Delta y\to 0}} f_x'(x+\theta_1\Delta x, y+\Delta y) = f_x'(x,y),$$

$$\lim_{\substack{\Delta x\to 0\\ \Delta y\to 0}} f_y'(x, y+\theta_2\Delta y) = f_y'(x,y),$$

所以

$$f_x'(x+\theta_1\Delta x, y+\Delta y) = f_x'(x,y)+\alpha, \quad f_y'(x, y+\theta_2\Delta y) = f_y'(x,y)+\beta.$$

其中

$$\alpha\to 0, \beta\to 0 \ (\Delta x\to 0, \Delta y\to 0),$$

于是

$$\Delta z = f_x'(x,y)\Delta x + f_y'(x,y)\Delta y + \alpha\Delta x + \beta\Delta y.$$

由于 $\rho=\sqrt{(\Delta x)^2+(\Delta y^2)}$,

$$0 \leqslant \frac{|\alpha\Delta x+\beta\Delta y|}{\rho} \leqslant |\alpha|\frac{|\Delta x|}{\rho} + |\beta|\frac{|\Delta y|}{\rho} \leqslant |\alpha|+|\beta| \to 0 \quad \big((\Delta x,\Delta y)\to(0,0)\big),$$

所以由夹逼准则可知

$$\alpha\Delta x+\beta\Delta y = o(\rho) \quad (\rho\to 0^+).$$

即

$$\Delta z = f_x'(x,y)\Delta x + f_y'(x,y)\Delta y + o(\rho).$$

此式表明函数 $z=f(x,y)$ 在 (x,y) 处可微. □

定义 5.2.3(连续可微) 若函数 $f(x,y)$ 在 (x,y) 的某邻域内可偏导, 且 $f_x'(x,y)$, $f_y'(x,y)$ 在 (x,y) 处连续, 则称**函数** $f(x,y)$ **在** (x,y) **处连续可微**. 若 $f(x,y)$ 在开区域 G 上每一点皆连续可微, 则称**函数** $f(x,y)$ **在** G **上连续可微**.

本段中对于二元函数的结论, 可以相应地推广到 n 元函数. 一般地, 若 n 元函数 $u=f(x_1,x_2,\cdots,x_n)$ 在点 $(x_1,x_2,\cdots,x_n)$ 处可微, 则函数 u 在 $(x_1,x_2,\cdots,x_n)$ 处连续且可偏导, 且函数 u 的全微分可以表示为

$$\mathrm{d}u=f'_{x_1}\mathrm{d}x_1+f'_{x_2}\mathrm{d}x_2+\cdots+f'_{x_n}\mathrm{d}x_n.$$

如果 $u=f(x_1,x_2,\cdots,x_n)$ 的 n 个偏导数 $f'_{x_1},f'_{x_2},\cdots,f'_{x_n}$ 在 $(x_1,x_2,\cdots,x_n)$ 处都连续, 则函数 u 在 $(x_1,x_2,\cdots,x_n)$ 处可微, 此时称函数 u 在 $(x_1,x_2,\cdots,x_n)$ 处连续可微.

三、微分法则

二元函数具有与一元函数完全一样的微分法则. 设函数 $u(x,y),v(x,y)$ 在 (x,y) 处都可微, 由全微分的计算公式 (5.2.1) 易得:

(1) $\mathrm{d}(u\pm v)=\mathrm{d}u\pm\mathrm{d}v$;

(2) $\mathrm{d}(uv)=v\,\mathrm{d}u+u\,\mathrm{d}v$;

(3) $\mathrm{d}\left(\dfrac{u}{v}\right)=\dfrac{v\,\mathrm{d}u-u\,\mathrm{d}v}{v^2}\quad(v\neq 0)$.

例 5.2.8　求函数 $z=x^2y^3+\mathrm{e}^x\sin y$ 的全微分.

解　方法 1:

$$\frac{\partial z}{\partial x}=2xy^3+\mathrm{e}^x\sin y,\qquad \frac{\partial z}{\partial y}=3x^2y^2+\mathrm{e}^x\cos y,$$

所以

$$\mathrm{d}z=\frac{\partial z}{\partial x}\mathrm{d}x+\frac{\partial z}{\partial y}\mathrm{d}y=(2xy^3+\mathrm{e}^x\sin y)\mathrm{d}x+(3x^2y^2+\mathrm{e}^x\cos y)\mathrm{d}y.$$

方法 2:

$$\begin{aligned}\mathrm{d}z&=\mathrm{d}(x^2y^3+\mathrm{e}^x\sin y)=\mathrm{d}(x^2y^3)+\mathrm{d}(\mathrm{e}^x\sin y)\\&=y^3\mathrm{d}(x^2)+x^2\mathrm{d}(y^3)+\mathrm{e}^x\mathrm{d}(\sin y)+\sin y\mathrm{d}(\mathrm{e}^x)\\&=2xy^3\mathrm{d}x+3x^2y^2\mathrm{d}y+\mathrm{e}^x\cos y\mathrm{d}y+\mathrm{e}^x\sin y\mathrm{d}x\\&=(2xy^3+\mathrm{e}^x\sin y)\mathrm{d}x+(3x^2y^2+\mathrm{e}^x\cos y)\mathrm{d}y.\end{aligned}$$

□

例 5.2.9　求函数 $u=\ln(xyz)+\dfrac{1}{x^2+y^2}$ 在点 $(2,1,1)$ 处当 $\Delta x=0.1,\Delta y=0.2,\Delta z=0.1$ 时的全微分.

解

$$\begin{aligned}\mathrm{d}u&=\frac{\partial u}{\partial x}\Delta x+\frac{\partial u}{\partial y}\Delta y+\frac{\partial u}{\partial z}\Delta z\\&=\left(\frac{1}{x}-\frac{2x}{(x^2+y^2)^2}\right)\Delta x+\left(\frac{1}{y}-\frac{2y}{(x^2+y^2)^2}\right)\Delta y+\frac{1}{z}\Delta z.\end{aligned}$$

故函数 $u=\ln(xyz)+\dfrac{1}{x^2+y^2}$ 在点 $(2,1,1)$ 处当 $\Delta x=0.1,\Delta y=0.2,\Delta z=0.1$ 时的全微分为

$$du = \left(\frac{1}{2} - \frac{4}{25}\right) \times 0.1 + \left(1 - \frac{2}{25}\right) \times 0.2 + 0.1 = 0.318.$$ □

四、全微分的应用*

设函数 $z = f(x,y)$ 在点 (x_0, y_0) 处可微, 则函数在点 (x_0, y_0) 处的全增量可以表示为

$$\begin{aligned}\Delta z =& f(x_0 + \Delta x, y_0 + \Delta y) - f(x_0, y_0) \\ =& f'_x(x_0, y_0)\Delta x + f'_y(x_0, y_0)\Delta y + o(\rho) = \mathrm{d}f\Big|_{(x_0,y_0)} + o(\rho),\end{aligned}$$

当 $|\Delta x|, |\Delta y|$ 都很小的时候, $o(\rho)$ 也很小, 这样我们就可以用函数在 (x_0, y_0) 的全微分来近似计算全增量, 即

$$f(x_0 + \Delta x, y_0 + \Delta y) - f(x_0, y_0) \approx f'_x(x_0, y_0)\Delta x + f'_y(x_0, y_0)\Delta y,$$

上式也可以写为

$$f(x_0 + \Delta x, y_0 + \Delta y) \approx f(x_0, y_0) + f'_x(x_0, y_0)\Delta x + f'_y(x_0, y_0)\Delta y.$$

例 5.2.10 求 $0.99^{2.02}$ 的近似值.

解 设 $z = x^y$, 则

$$z'_x = yx^{y-1}, \quad z'_y = x^y \ln x,$$

令 $x_0 = 1, y_0 = 2, \Delta x = -0.01, \Delta y = 0.02$, 则由

$$z(x_0 + \Delta x, y_0 + \Delta y) \approx z(x_0, y_0) + z'_x(x_0, y_0)\Delta x + z'_y(x_0, y_0)\Delta y,$$

可得

$$\begin{aligned}0.99^{2.02} \approx& x_0^{y_0} + y_0 x_0^{y_0 - 1}\Delta x + x_0^{y_0} \ln x_0 \cdot \Delta y \\ =& 1^2 + 2 \cdot 1^1 \cdot (-0.01) + 1^2 \ln 1 \cdot 0.02 = 0.98.\end{aligned}$$ □

全微分除了用于近似计算, 还用于估计误差. 在实际生活中, 测量一个数据, 由于测量工具和测量方法的限制, 测量值和实际值之间总有一定的误差. 设某个量 u 的精确值为 A, 近似值为 a, 则 $|A - a|$ 称为 a 的绝对误差, 而 $\dfrac{|A-a|}{|A|}$ 称为 a 的相对误差 (实际应用中常用 a 代替分母中的 A). 在现实生活中, 某些量的精确值往往无从知晓, 因而绝对误差也就无法求得. 但是根据测量仪器的精度等条件, 我们有时可以知道误差在某一个范围内. 如果量 u 的精确值为 A, 近似值为 a, 如果存在尽可能小的正数 δ, 使得 $|A - a| \leqslant \delta$, 则称 δ 为近似值 a 的绝对误差界, 称 $\dfrac{\delta}{|a|}$ 为近似值 a 的相对误差界.

例 5.2.11 测得一块梯形土地的两底边长分别为 (72 ± 0.1) 米, (108 ± 0.2) 米, 高为 (56 ± 0.1) 米, 问由测量的误差而引起的土地面积的绝对误差界和相对误差界各为多少?

解　设梯形的两底边为 x, y, 高为 z, 则面积 $u=\frac{1}{2}(x+y)z$.

$$u'_x=\frac{1}{2}z,\quad u'_y=\frac{1}{2}z,\quad u'_z=\frac{1}{2}(x+y).$$

令 $x_0=72, y_0=108, z_0=56, |\Delta x|\leqslant 0.1, |\Delta y|\leqslant 0.2, |\Delta z|\leqslant 0.1$. 因为

$$\begin{aligned}|\Delta u|=&|u(x_0+\Delta x, y_0+\Delta y, z_0+\Delta z)-u(x_0,y_0,z_0)|\\ \approx&|u'_x(x_0,y_0,z_0)\Delta x+u'_y(x_0,y_0,z_0)\Delta y+u'_z(x_0,y_0,z_0)\Delta z|\\ \leqslant&|u'_x(x_0,y_0,z_0)||\Delta x|+|u'_y(x_0,y_0,z_0)||\Delta y|+|u'_z(x_0,y_0,z_0)||\Delta z|,\end{aligned}$$

所以绝对误差界为

$$\frac{1}{2}\times 56\times 0.1+\frac{1}{2}\times 56\times 0.2+\frac{1}{2}\times(72+108)\times 0.1=17.4(\mathrm{m}^2),$$

相对误差界为

$$\frac{17.4}{|f(x_0,y_0,z_0)|}\leqslant\frac{17.4}{\frac{1}{2}\times(72+108)\times 56}\approx 0.35\%.$$ □

5.2.4　高阶微分*

函数 $z=f(x,y)$ 的全微分

$$\mathrm{d}z=f'_x(x,y)\mathrm{d}x+f'_y(x,y)\mathrm{d}y$$

一般情况下仍是 x, y 的二元函数 (注意此式中 $\mathrm{d}x=\Delta x, \mathrm{d}y=\Delta y$ 是与 x, y 无关的量). 若二元函数 $\mathrm{d}z$ 可微, 我们称函数 $z=f(x,y)$**二阶可微**, 称 $\mathrm{d}z$ 的全微分为函数 $z=f(x,y)$ 的**二阶微分**, 记为 d^2z.

进一步, 如果 d^2z 仍然可微, 则称函数 $z=f(x,y)$**三阶可微**, 称 d^2z 的全微分为函数 $z=f(x,y)$ 的**三阶微分**, 记为 d^3z. 一般地, 如果 $\mathrm{d}^{n-1}z$ 可微, 则称函数 $z=f(x,y)$ 为n **阶可微**, 称 $\mathrm{d}^{n-1}z$ 的全微分为函数 $z=f(x,y)$ 的n **阶微分**, 记为 d^nz.

定理 5.2.6　设函数 $z=f(x,y)$ 在点 (x,y) 处的所有 n 阶偏导数连续, 则函数 $f(x,y)$ 在 (x,y) 处 n 阶可微 (此时我们称函数 $f(x,y)$ n 阶连续可微), 且有

$$\mathrm{d}^nz=\left(\mathrm{d}x\frac{\partial}{\partial x}+\mathrm{d}y\frac{\partial}{\partial y}\right)^n f(x,y). \tag{5.2.2}$$

注　公式 (5.2.2) 是求 n 阶微分的算子公式, 等式右边形式上按二项式定理展开, 展开后的项

$$C_n^k\left(\mathrm{d}x\frac{\partial}{\partial x}\right)^k\left(\mathrm{d}y\frac{\partial}{\partial y}\right)^{n-k}f(x,y),$$

表示

$$C_n^k \frac{\partial^n f}{\partial x^k \partial y^{n-k}}(x,y)\mathrm{d}x^k \mathrm{d}y^{n-k}.$$

特别地, 当 $n=2$ 时, 有

$$\mathrm{d}^2 z = f''_{xx}(x,y)\mathrm{d}x^2 + 2f''_{xy}(x,y)\mathrm{d}x\mathrm{d}y + f''_{yy}(x,y)\mathrm{d}y^2.$$

证明 我们只对 $n=2$ 的情形给出证明.

因为函数 $z=f(x,y)$ 在点 (x,y) 处的所有二阶偏导数连续, 所以函数 $f(x,y)$ 在点 (x,y) 处的一阶偏导数连续, 由定理5.2.5知其在 (x,y) 处可微, 且

$$\mathrm{d}z = f'_x(x,y)\mathrm{d}x + f'_y(x,y)\mathrm{d}y.$$

下证函数 $z=f(x,y)$ 在 (x,y) 处二阶可微. 因为

$$\frac{\partial}{\partial x}\mathrm{d}z = f''_{xx}(x,y)\mathrm{d}x + f''_{yx}(x,y)\mathrm{d}y,$$

$$\frac{\partial}{\partial y}\mathrm{d}z = f''_{xy}(x,y)\mathrm{d}x + f''_{yy}(x,y)\mathrm{d}y,$$

上式右边的函数在 (x,y) 处皆连续, 所以 $\mathrm{d}z$ 的两个偏导数都连续. 由定理5.2.5知 $\mathrm{d}z$ 在 (x,y) 处可微, 因此函数 $z=f(x,y)$ 在 (x,y) 处二阶可微, 且

$$\begin{aligned}\mathrm{d}^2 z =& \frac{\partial}{\partial x}(\mathrm{d}z)\mathrm{d}x + \frac{\partial}{\partial y}(\mathrm{d}z)\mathrm{d}y\\ =& f''_{xx}\mathrm{d}x^2 + f''_{yx}\mathrm{d}y\mathrm{d}x + f''_{xy}\mathrm{d}x\mathrm{d}y + f''_{yy}\mathrm{d}y^2\\ =& f''_{xx}\mathrm{d}x^2 + 2f''_{xy}\mathrm{d}x\mathrm{d}y + f''_{yy}\mathrm{d}y^2.\end{aligned}$$

□

例 5.2.12 设 $z = x^2+y^2+\ln x - 3\ln y + x^2 y$, 求 $\mathrm{d}^2 z\ (1,2)$.

解 $z'_x = 2x + \dfrac{1}{x} + 2xy,\quad z'_y = 2y - \dfrac{3}{y} + x^2,$

$z''_{xx} = 2 - \dfrac{1}{x^2} + 2y,\quad z''_{xy} = 2x,\quad z''_{yy} = 2 + \dfrac{3}{y^2},$

所以

$$\begin{aligned}\mathrm{d}^2 z\ (1,2) =& z''_{xx}(1,2)\mathrm{d}x^2 + 2z''_{xy}(1,2)\mathrm{d}x\mathrm{d}y + z''_{yy}(1,2)\mathrm{d}y^2\\ =& \left(2-\frac{1}{x^2}+2y\right)\bigg|_{(1,2)}\mathrm{d}x^2 + 2\cdot(2x)\bigg|_{(1,2)}\mathrm{d}x\mathrm{d}y + \left(2+\frac{3}{y^2}\right)\bigg|_{(1,2)}\mathrm{d}y^2\\ =& 5\mathrm{d}x^2 + 4\mathrm{d}x\mathrm{d}y + \frac{11}{4}\mathrm{d}y^2.\end{aligned}$$

□

习题 5.2

1. 求下列函数的偏导数:

(1) $z=x^2y^3+\sqrt{x}+2y+6$;

(2) $z=\arctan\dfrac{x}{y}+\sqrt{x^2+y^2}$;

(3) $z=2^x+x^y+y^3$;

(4) $z=\mathrm{e}^{-xy}+x\mathrm{e}^{-y}+y\mathrm{e}^{-x}$;

(5) $u=(1+xy)^z+\sin(xyz)$;

(6) $u=\ln\sqrt{y^2+z^2}+\dfrac{1}{\sqrt{x^2+y^2+z^2}}$;

(7) $u=x^{y^z}+(xy)^z+x^{yz}$;

(8) $u=\arcsin\sqrt{\dfrac{x}{y}}+\arccos\sqrt{\dfrac{y}{z}}$.

2. 设 $f(x,y)=\sqrt{|xy|}$, 求 $f'_x(0,0)$.

3. 设 $f(x,y)=x+(y-1)\arcsin\sqrt{\dfrac{x}{y}}$, 求 $f'_x(0,1),f'_y(0,1)$.

4. 求下列函数的指定的偏导数:

(1) $z=\sin(xy)+\cos(xy)$, 求 $\dfrac{\partial^2 z}{\partial x^2},\dfrac{\partial^2 z}{\partial x\partial y}$;

(2) $u=x\mathrm{e}^{xyz}$, 求 $\dfrac{\partial^2 u}{\partial x^2},\dfrac{\partial^3 u}{\partial x\partial y\partial z}$;

(3) $u=\sqrt{x^2+y^2+z^2}$, 求 $\dfrac{\partial^2 u}{\partial x^2},\dfrac{\partial^3 u}{\partial x\partial y\partial z}$;

(4) $u=x^{yz}+y^{xz}$, 求 $\dfrac{\partial^2 u}{\partial y\partial z}$.

5. 求下列函数的全微分:

(1) $z=\sin x\cos y$;

(2) $z=\sqrt{x^2y+\dfrac{x}{y}}$;

(3) $u=\ln\sqrt{x^2+y^2+z^2}$;

(4) $u=xy\mathrm{e}^{-xyz}$;

(5) $z=\arctan\dfrac{x}{y}+\ln\sqrt{x^2+y^2}$ 在 $(1,1)$ 处的全微分;

(6) $z=x^y$ 在点 $(1,2)$ 处且 $\Delta x=0.1,\Delta y=-0.02$ 的全微分.

6. 设 $f(x,y)=\begin{cases}\dfrac{x^2y^2}{(x^2+y^2)\sqrt{x^2+y^2}}, & (x,y)\neq(0,0),\\ 0, & (x,y)=(0,0),\end{cases}$ 证明 $f(x,y)$ 在 $(0,0)$ 处连续, 可偏导, 但不可微.

7. 设 $f(x,y)=\begin{cases}(x^2+y^2)\sin\dfrac{1}{x^2+y^2}, & (x,y)\neq(0,0),\\ 0, & (x,y)=(0,0),\end{cases}$ 证明 $f(x,y)$ 在 $(0,0)$ 处可微, 但不连续可微.

8. 设 $\varphi(x,y)$ 连续, $f(x,y)=|x-y|\varphi(x,y)$, 研究函数 $f(x,y)$ 在 $(0,0)$ 处的可微性.

9. 设 $f(x,y)=\begin{cases}(x-y)\arctan\dfrac{1}{x^2+y^2}, & (x,y)\neq(0,0),\\ 0, & (x,y)=(0,0),\end{cases}$ 讨论 $f(x,y)$ 在 $(0,0)$ 处的连续性, 可偏导性, 可微性及连续可微性.

10. 求下列函数的二阶微分:

(1) $z=x^2+xy+y^3+5\ln x-6$;　　(2) $z=x^y$;

(3) $z=\mathrm{e}^x\sin y$;　　(4) $z=\dfrac{x}{y}$.

11. 设函数 $f(x,y)$ 在 (x,y) 处可偏导, 求下列极限:

(1) $\lim\limits_{h\to0}\dfrac{f(x+h,y)-f(x-h,y)}{2h}$;

(2) $\lim\limits_{k\to0}\dfrac{f(x,y+k)-f(x,y-k)}{2k}$.

12. 求下列函数的高阶偏导数 (其中 p,q,m,n 都是自然数):

(1) $z=(x-a)^p(y-b)^q$, 求 $\dfrac{\partial^{p+q}z}{\partial x^p\partial y^q}$;

(2) $z=\dfrac{x+y}{x-y}$, 求 $\dfrac{\partial^{m+n}z}{\partial x^m\partial y^n}$.

13. 设 $z=z(x,y)$ 定义在全平面上,

(1) 若 $\dfrac{\partial z}{\partial x}\equiv0$, 试证 $z=f(y)$;

(2) 若 $\dfrac{\partial^2 z}{\partial x\partial y}\equiv0$, 试证 $z=g(x)+f(y)$.

14. 求近似值:

(1) $\sin31^\circ\cos29^\circ$;　　(2) $(1.02)^3+2^{2.99}$.

5.3 复合函数与隐函数的偏导数

5.3.1 复合函数的偏导数

一、链式法则

在一元函数微分学中, 有复合函数求导的链式法则. 对于多元函数来说, 复合函数的构成情况复杂得多, 无法就所有情形给出统一的公式. 下面我们针对多元复合函数比较常见的几种情形给出求导 (偏导) 法则, 其他情形可以用同样的方法得到类似的公式.

定理 5.3.1 (链式法则 1)　设函数 $u=\varphi(x), v=\psi(x)$ 都在点 x 处可导, 函数 $z=f(u,v)$ 在对应的点 (u,v) 处可微, 则复合函数 $z=f(\varphi(x),\psi(x))$ 在点 x 处可导, 且有公式

$$\frac{\mathrm{d}z}{\mathrm{d}x}=\frac{\partial z}{\partial u}\frac{\mathrm{d}u}{\mathrm{d}x}+\frac{\partial z}{\partial v}\frac{\mathrm{d}v}{\mathrm{d}x}. \tag{5.3.1}$$

为了与一元函数的导数相区别, 我们将定理 5.3.1 中出现的导数 $\frac{\mathrm{d}z}{\mathrm{d}x}$ 称为**“全导数”**.

证明　变量之间的关系如图 5.3 所示. 因为函数 $z=f(u,v)$ 可微, 所以

$$\Delta z=\frac{\partial z}{\partial u}\Delta u+\frac{\partial z}{\partial v}\Delta v+o(\rho),$$

这里 $\rho=\sqrt{(\Delta u)^2+(\Delta v)^2}$.

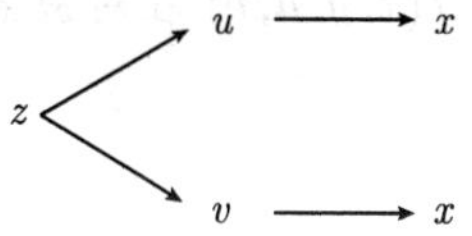

图 5.3

设自变量 x 有增量 Δx, 由此引起中间变量 u,v 有增量

$$\Delta u=\varphi(x+\Delta x)-\varphi(x),\qquad \Delta v=\psi(x+\Delta x)-\psi(x),$$

则

$$\begin{aligned}\frac{\Delta z}{\Delta x}&=\frac{\partial z}{\partial u}\frac{\Delta u}{\Delta x}+\frac{\partial z}{\partial v}\frac{\Delta v}{\Delta x}+\frac{o(\rho)}{\Delta x}\\&=\frac{\partial z}{\partial u}\cdot\frac{\varphi(x+\Delta x)-\varphi(x)}{\Delta x}+\frac{\partial z}{\partial v}\cdot\frac{\psi(x+\Delta x)-\psi(x)}{\Delta x}+\frac{o(\rho)}{\Delta x},\end{aligned}$$

当 $\Delta x\to 0$ 时, 因为函数 $u=\varphi(x), v=\psi(x)$ 可导, 所以

$$\lim_{\Delta x\to 0}\frac{\varphi(x+\Delta x)-\varphi(x)}{\Delta x}=\frac{\mathrm{d}u}{\mathrm{d}x},$$

$$\lim_{\Delta x\to 0}\frac{\psi(x+\Delta x)-\psi(x)}{\Delta x}=\frac{\mathrm{d}v}{\mathrm{d}x},$$

而 $\lim\limits_{\Delta x\to 0}\Delta u=0$, $\lim\limits_{\Delta x\to 0}\Delta v=0$, 故 $\lim\limits_{\Delta x\to 0}\rho=0$, 从而

$$\lim_{\Delta x\to 0}\frac{o(\rho)}{\Delta x}=\lim_{\Delta x\to 0}\frac{o(\rho)}{\rho}\sqrt{\left(\frac{\Delta u}{\Delta x}\right)^2+\left(\frac{\Delta v}{\Delta x}\right)^2}=0.$$

所以

$$\frac{\mathrm{d}z}{\mathrm{d}x}=\lim_{\Delta x\to 0}\frac{\Delta z}{\Delta x}=\frac{\partial z}{\partial u}\frac{\mathrm{d}u}{\mathrm{d}x}+\frac{\partial z}{\partial v}\frac{\mathrm{d}v}{\mathrm{d}x}.$$ □

如果中间变量 u,v 分别是自变量 x,y 的二元函数, 我们有如下的结论:

定理 5.3.2 (链式法则 2)　设函数 $u=\varphi(x,y), v=\psi(x,y)$ 在点 (x,y) 处可偏导, 函数 $z=f(u,v)$ 在对应的点 (u,v) 处可微, 则复合函数 $z=f(\varphi(x,y),\psi(x,y))$ 在点 (x,y) 处可偏导, 且有公式

$$\frac{\partial z}{\partial x}=\frac{\partial z}{\partial u}\frac{\partial u}{\partial x}+\frac{\partial z}{\partial v}\frac{\partial v}{\partial x}, \tag{5.3.2}$$

$$\frac{\partial z}{\partial y}=\frac{\partial z}{\partial u}\frac{\partial u}{\partial y}+\frac{\partial z}{\partial v}\frac{\partial v}{\partial y}. \tag{5.3.3}$$

证明　将 y 看作常数, 应用定理5.3.1可得式 (5.3.2); 将 x 看作常数, 应用定理5.3.1可得式 (5.3.3). □

与定理5.3.1的证明类似, 我们可以得到如下结论:

定理 5.3.3 (链式法则3)　*设函数 $u=\varphi(x,y), v=\psi(x,y)$ 都在点 (x,y) 处可偏导, 函数 $z=f(x,y,u,v)$ 在对应点 (x,y,u,v) 处可微, 则复合函数*

$$z(x,y)=f(x,y,\varphi(x,y),\psi(x,y))$$

在点 (x,y) 处可偏导, 且有公式

$$\frac{\partial z}{\partial x}=\frac{\partial f}{\partial x}+\frac{\partial f}{\partial u}\frac{\partial u}{\partial x}+\frac{\partial f}{\partial v}\frac{\partial v}{\partial x}, \tag{5.3.4}$$

$$\frac{\partial z}{\partial y}=\frac{\partial f}{\partial y}+\frac{\partial f}{\partial u}\frac{\partial u}{\partial y}+\frac{\partial f}{\partial v}\frac{\partial v}{\partial y}. \tag{5.3.5}$$

注　公式 (5.3.4) 与 (5.3.5) 中等式右端的 $\dfrac{\partial f}{\partial x}$ 与 $\dfrac{\partial f}{\partial y}$ 不能写成 $\dfrac{\partial z}{\partial x}$ 和 $\dfrac{\partial z}{\partial y}$, 前者表示 f 作为 x,y,u,v 的四元函数对 x 或 y 求偏导数, 后者表示 z 作为 x,y 的二元 (复合) 函数对 x 或 y 求偏导数.

图 5.4 和图 5.5 显示了定理5.3.2和定理5.3.3中的复合函数变量之间的关系. 上述公式 (5.3.1)~(5.3.5) 都称为链式法则. 链式法则可以推广到具有多个自变量和多个中间变量的情形. 在运用链式法则求多元复合函数偏导数 (或全导数) 时, 应注意搞清函数之间的复合关系, 区分中间变量与自变量, 在对某个自变量求偏导时, 要经过所有相关的中间变量, 并注意导数符号与偏导数符号的正确使用.

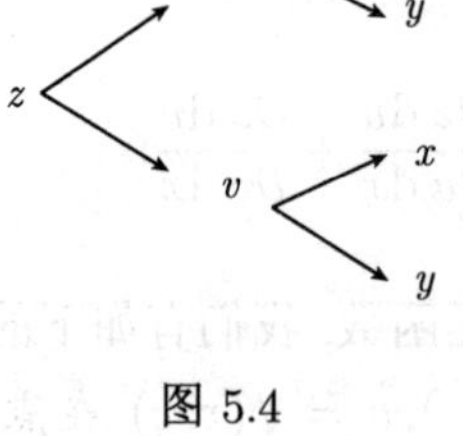

图 5.4

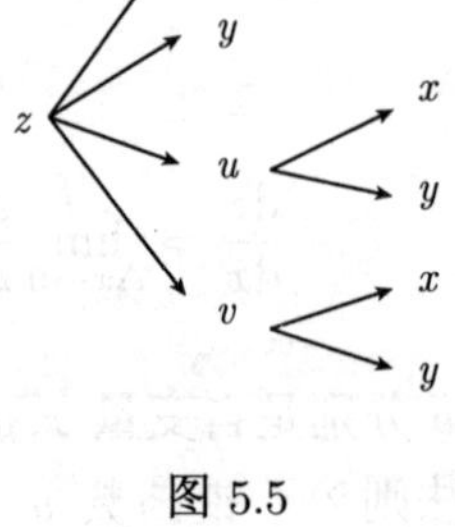

图 5.5

例 5.3.1　已知 $y=\mathrm{e}^{uv}+u^2, u=\sin x, v=\cos x$, 试求全导数 $\dfrac{\mathrm{d}y}{\mathrm{d}x}$.

解

$$\begin{aligned}\frac{\mathrm{d}y}{\mathrm{d}x}&=\frac{\partial y}{\partial u}\frac{\mathrm{d}u}{\mathrm{d}x}+\frac{\partial y}{\partial v}\frac{\mathrm{d}v}{\mathrm{d}x}\\&=(v\mathrm{e}^{uv}+2u)\cos x+u\mathrm{e}^{uv}(-\sin x)\\&=(\mathrm{e}^{\sin x\cos x}\cos x+2\sin x)\cos x-\mathrm{e}^{\sin x\cos x}\sin^2 x\\&=\mathrm{e}^{\sin x\cos x}\cos 2x+\sin 2x.\end{aligned}$$

□

例 5.3.2　设 $z=u^v, u=x^2+y^2, v=xy$, 试求 $\frac{\partial z}{\partial x},\frac{\partial z}{\partial y}$.

解

$$\begin{aligned}\frac{\partial z}{\partial x}&=\frac{\partial z}{\partial u}\frac{\partial u}{\partial x}+\frac{\partial z}{\partial v}\frac{\partial v}{\partial x}=2xvu^{v-1}+yu^v\ln u\\&=2x^2y(x^2+y^2)^{xy-1}+y(x^2+y^2)^{xy}\ln(x^2+y^2)\\&=(x^2+y^2)^{xy}\left(\frac{2x^2y}{x^2+y^2}+y\ln(x^2+y^2)\right),\\\frac{\partial z}{\partial y}&=\frac{\partial z}{\partial u}\frac{\partial u}{\partial y}+\frac{\partial z}{\partial v}\frac{\partial v}{\partial y}\\&=2yvu^{v-1}+xu^v\ln u\\&=(x^2+y^2)^{xy}\left(\frac{2xy^2}{x^2+y^2}+x\ln(x^2+y^2)\right).\end{aligned}$$

□

例 5.3.3　设函数 $w=f(x,u,v)$ 可微, $u=x^2+xy+yz, v=xyz$, 求 $\frac{\partial w}{\partial x},\frac{\partial w}{\partial y},\frac{\partial w}{\partial z}$.

解

$$\begin{aligned}\frac{\partial w}{\partial x}&=\frac{\partial f}{\partial x}+\frac{\partial f}{\partial u}\frac{\partial u}{\partial x}+\frac{\partial f}{\partial v}\frac{\partial v}{\partial x}=f'_x+(2x+y)f'_u+yzf'_v,\\\frac{\partial w}{\partial y}&=\frac{\partial f}{\partial u}\frac{\partial u}{\partial y}+\frac{\partial f}{\partial v}\frac{\partial v}{\partial y}=(x+z)f'_u+xzf'_v,\\\frac{\partial w}{\partial z}&=\frac{\partial f}{\partial u}\frac{\partial u}{\partial z}+\frac{\partial f}{\partial v}\frac{\partial v}{\partial z}=yf'_u+xyf'_v.\end{aligned}$$

□

二、一阶全微分的形式不变性

定理 5.3.4(一阶全微分的形式不变性)　设函数 $u=\varphi(x,y), v=\psi(x,y)$ 在点 (x,y) 处可微, 函数 $z=f(u,v)$ 在对应的点 (u,v) 处可微, 则复合函数 $z=f(\varphi(x,y),\psi(x,y))$ 在点 (x,y) 处的全微分仍可表示为

$$\mathrm{d}z=\frac{\partial z}{\partial u}\mathrm{d}u+\frac{\partial z}{\partial v}\mathrm{d}v.$$

证明 由链式法则可知

$$\frac{\partial z}{\partial x}=\frac{\partial z}{\partial u}\frac{\partial u}{\partial x}+\frac{\partial z}{\partial v}\frac{\partial v}{\partial x},\qquad \frac{\partial z}{\partial y}=\frac{\partial z}{\partial u}\frac{\partial u}{\partial y}+\frac{\partial z}{\partial v}\frac{\partial v}{\partial y},$$

则

$$\begin{aligned}\mathrm{d}z&=\frac{\partial z}{\partial x}\mathrm{d}x+\frac{\partial z}{\partial y}\mathrm{d}y\\&=\left(\frac{\partial z}{\partial u}\frac{\partial u}{\partial x}+\frac{\partial z}{\partial v}\frac{\partial v}{\partial x}\right)\mathrm{d}x+\left(\frac{\partial z}{\partial u}\frac{\partial u}{\partial y}+\frac{\partial z}{\partial v}\frac{\partial v}{\partial y}\right)\mathrm{d}y\\&=\frac{\partial z}{\partial u}\left(\frac{\partial u}{\partial x}\mathrm{d}x+\frac{\partial u}{\partial y}\mathrm{d}y\right)+\frac{\partial z}{\partial v}\left(\frac{\partial v}{\partial x}\mathrm{d}x+\frac{\partial v}{\partial y}\mathrm{d}y\right)\\&=\frac{\partial z}{\partial u}\mathrm{d}u+\frac{\partial z}{\partial v}\mathrm{d}v.\end{aligned}$$

□

由此可见, 无论 u,v 是自变量还是中间变量, 函数 $z=f(u,v)$ 的一阶全微分形式是一样的, 这个性质叫做**一阶全微分的形式不变性**.

例 5.3.4 已知 $z=\mathrm{e}^u+\sin v, u=x+y, v=xy$, 利用一阶全微分形式不变性求 $\frac{\partial z}{\partial x},\frac{\partial z}{\partial y}$.

解

$$\mathrm{d}z=\mathrm{d}(\mathrm{e}^u+\sin v)=\mathrm{e}^u\mathrm{d}u+\cos v\mathrm{d}v,$$

$$\mathrm{d}u=\mathrm{d}(x+y)=\mathrm{d}x+\mathrm{d}y,\qquad \mathrm{d}v=\mathrm{d}(xy)=y\mathrm{d}x+x\mathrm{d}y,$$

所以

$$\mathrm{d}z=\mathrm{e}^{x+y}(\mathrm{d}x+\mathrm{d}y)+\cos xy(y\mathrm{d}x+x\mathrm{d}y)=\left(\mathrm{e}^{x+y}+y\cos xy\right)\mathrm{d}x+\left(\mathrm{e}^{x+y}+x\cos xy\right)\mathrm{d}y,$$

从而

$$\frac{\partial z}{\partial x}=\mathrm{e}^{x+y}+y\cos xy,\qquad \frac{\partial z}{\partial y}=\mathrm{e}^{x+y}+x\cos xy.$$

□

三、复合函数的高阶偏导数

例 5.3.5 设 $z=f\left(x+y,xy,\frac{x}{y}\right)$, f 的所有二阶偏导数连续, 试求 $\frac{\partial^2 z}{\partial x^2},\frac{\partial^2 z}{\partial x\partial y}$.

解

$$\frac{\partial z}{\partial x}=f_1'+yf_2'+\frac{1}{y}f_3',$$

其中 f_1',f_2',f_3' 仍然是关于 x,y 的复合函数, 则

$$\begin{aligned}\frac{\partial^2 z}{\partial x^2}&=\frac{\partial f_1'}{\partial x}+y\frac{\partial f_2'}{\partial x}+\frac{1}{y}\frac{\partial f_3'}{\partial x}\\&=\left(f_{11}''+yf_{12}''+\frac{1}{y}f_{13}''\right)+y\left(f_{21}''+yf_{22}''+\frac{1}{y}f_{23}''\right)+\frac{1}{y}\left(f_{31}''+yf_{32}''+\frac{1}{y}f_{33}''\right)\end{aligned}$$

$$= f''_{11} + y^2 f''_{22} + \frac{1}{y^2} f''_{33} + 2y f''_{12} + \frac{2}{y} f''_{13} + 2f''_{23},$$

$$\frac{\partial^2 z}{\partial x \partial y} = \frac{\partial f'_1}{\partial y} + f'_2 + y\frac{\partial f'_2}{\partial y} - \frac{1}{y^2} f'_3 + \frac{1}{y}\frac{\partial f'_3}{\partial y}$$

$$= \left(f''_{11} + x f''_{12} - \frac{x}{y^2} f''_{13}\right) + f'_2 + y\left(f''_{21} + x f''_{22} - \frac{x}{y^2} f''_{23}\right) - \frac{1}{y^2} f'_3$$

$$+ \frac{1}{y}\left(f''_{31} + x f''_{32} - \frac{x}{y^2} f''_{33}\right)$$

$$= f'_2 - \frac{1}{y^2} f'_3 + f''_{11} + xy f''_{22} - \frac{x}{y^3} f''_{33} + (x+y) f''_{12} + \left(\frac{1}{y} - \frac{x}{y^2}\right) f''_{13}. \qquad \square$$

例 5.3.6　设 $z(x,y) = \int_{xy}^{x^2+y^2} f(t)\mathrm{d}t + \varphi(x-y)$, 其中 $f(u)$ 一阶连续可微, $\varphi(v)$ 二阶连续可微, 求 $\frac{\partial^2 z}{\partial x^2}, \frac{\partial^2 z}{\partial x \partial y}$.

解　$\frac{\partial z}{\partial x} = 2xf(x^2+y^2) - yf(xy) + \varphi'(x-y)$,

$$\frac{\partial^2 z}{\partial x^2} = 2f(x^2+y^2) + 4x^2 f'(x^2+y^2) - y^2 f'(xy) + \varphi''(x-y),$$

$$\frac{\partial^2 z}{\partial x \partial y} = 4xyf'(x^2+y^2) - f(xy) - xyf'(xy) - \varphi''(x-y). \qquad \square$$

5.3.2　隐函数的偏导数

在一元函数微分学中, 我们介绍了隐函数的概念和求导法则, 在本节中, 我们将它推广到多元函数的情形, 并给出隐函数存在的条件和隐函数求导法则.

设给定方程

$$F(x_1, x_2, \cdots, x_n, y) = 0, \tag{5.3.6}$$

其中 $(x_1, x_2, \cdots, x_n) \in D \subseteq \mathbb{R}^n$, $y \in I \subseteq \mathbb{R}$. 如果对 D 中每一点 $X(x_1, x_2, \cdots, x_n)$ 都有唯一确定的 y 值与之对应, 使得方程 $F(x_1, x_2, \cdots, x_n, y) = 0$ 恒成立, 即存在一个函数 $y = f(x_1, x_2, \cdots, x_n)$, 使得

$$F(x_1, x_2, \cdots, x_n, f(x_1, x_2, \cdots, x_n)) \equiv 0, \quad 只要\ (x_1, x_2, \cdots, x_n) \in D,$$

则称方程 (5.3.6) 确定了一个定义在 D 上的隐函数 $y = f(x_1, x_2, \cdots, x_n)$.

对于方程组也有类似的定义. 设给定方程组

$$\begin{cases} F_1(x_1, x_2, \cdots, x_n, y_1, y_2, \cdots, y_m) = 0, \\ F_2(x_1, x_2, \cdots, x_n, y_1, y_2, \cdots, y_m) = 0, \\ \quad \cdots \quad \cdots \\ F_m(x_1, x_2, \cdots, x_n, y_1, y_2, \cdots, y_m) = 0. \end{cases} \tag{5.3.7}$$

其中 $(x_1, x_2, \cdots, x_n) \in D \subseteq \mathbb{R}^n$, $(y_1, y_2, \cdots, y_m) \in G \subseteq \mathbb{R}^m$. 如果对 D 中每一点 $X(x_1, x_2, \cdots,$

x_n) 都有唯一确定的 $Y(y_1, y_2, \cdots, y_m)$:

$$\begin{cases} y_1 = f_1(x_1, x_2, \cdots, x_n), \\ y_2 = f_2(x_1, x_2, \cdots, x_n), \\ \quad \cdots \ \cdots \\ y_m = f_m(x_1, x_2, \cdots, x_n) \end{cases}$$

与之对应, 使得 (X, Y) 恒满足方程组 (5.3.7), 即

$$\begin{cases} F_1(x_1, \cdots, x_n, f_1(x_1, x_2, \cdots, x_n), \cdots, f_m(x_1, x_2, \cdots, x_n)) \equiv 0, \\ F_2(x_1, \cdots, x_n, f_1(x_1, x_2, \cdots, x_n), \cdots, f_m(x_1, x_2, \cdots, x_n)) \equiv 0, \\ \quad \cdots \ \cdots \\ F_m(x_1, \cdots, x_n, f_1(x_1, x_2, \cdots, x_n), \cdots, f_m(x_1, x_2, \cdots, x_n)) \equiv 0. \end{cases}$$

则称方程组 (5.3.7) 确定了一个定义在 D 上的隐函数组.

下面我们给出隐函数存在的条件, 略去证明.

一、由一个方程确定的隐函数

定理 5.3.5 (隐函数存在定理 1)　设 $P_0(x_0, y_0) \in \mathbb{R}^2$, $G = N_\delta(P_0)$, 假设

(1) 函数 F 在 G 上连续可微;

(2) $F(P_0) = F(x_0, y_0) = 0$;

(3) $F'_y(P_0) \neq 0$,

则存在 x_0 的邻域 $I = N_{\delta_1}(x_0)$ 和唯一的函数 $y = f(x)$ 使得:

(1) 对任意 $x \in I$, $F(x, f(x)) = 0$;

(2) $f(x_0) = y_0$;

(3) f 连续可微, 且当 $x \in I$ 时有

$$f'(x) = -\frac{F'_x(x, y)}{F'_y(x, y)},$$

其中 $y = f(x)$.

我们略去此定理的证明, 但可以粗略地解释一下这个定理的证明: 我们将函数 $z = F(x, y)$ 看作三维空间中的一张曲面, $F(x_0, y_0) = 0$ 表明该曲面与坐标面 $z = 0$ 有一个交点 $(x_0, y_0, 0)$. 定理的条件 $F'_y(x_0, y_0) \neq 0$ 以及偏导数的连续性保证了在 (x_0, y_0) 附近 $F'_y(x, y)$ 保持固定的符号, 也就是说, $F(x, y)$ 作为 y 的函数是严格单调的. 就曲面而言, 曲面沿 y 增加的方向要么向上升、要么向下降. 在这种情况下, 曲面 $z = F(x, y)$ 与坐标面 $z = 0$ 之交必定是一条曲线, 且这条曲线过点 (x_0, y_0). 这条曲线就是我们要求的隐函数 $y = f(x)$ 的图形.

定理 5.3.5 可以推广到 F 是三元函数或一般 n 元函数的情况. 对于 F 是三元函数的情形, 我们有下面的定理:

定理 5.3.6 (隐函数存在定理 2)　设 $P_0(x_0, y_0, z_0) \in \mathbb{R}^3$, $G = N_\delta(P_0)$, 假设

(1) 函数 F 在 G 上连续可微;

(2) $F(P_0) = F(x_0, y_0, z_0) = 0$;

(3) $F'_z(P_0) \neq 0$,

则存在 $U = \{(x,y) \mid |x - x_0| < h, |y - y_0| < k\}$ 和唯一的函数 $z = f(x,y)$ 使得:

(1) 对任意 $(x,y) \in U$, $F(x,y,f(x,y)) = 0$;

(2) $f(x_0, y_0) = z_0$;

(3) f 连续可微, 且当 $(x,y) \in U$ 时有

$$\frac{\partial f}{\partial x} = -\frac{F'_x(x,y,z)}{F'_z(x,y,z)}, \qquad \frac{\partial f}{\partial y} = -\frac{F'_y(x,y,z)}{F'_z(x,y,z)},$$

其中 $z = f(x,y)$.

例 5.3.7　验证方程 $1 + y + \sin(x^2 + y^2) = \mathrm{e}^{xy}$ 在点 $(0,0)$ 的某邻域内满足定理5.3.5的条件, 从而在 $x = 0$ 的某邻域内能唯一确定一个隐函数 $y = y(x)$, 并求 $\dfrac{\mathrm{d}y}{\mathrm{d}x}$.

解　令 $F(x,y) = 1 + y + \sin(x^2 + y^2) - \mathrm{e}^{xy}$, 则

(1) 函数 $F(x,y)$ 连续可微;

(2) $F(0,0) = 0$;

(3) $F'_y(0,0) = (1 + 2y\cos(x^2 + y^2) - x\mathrm{e}^{xy})\big|_{(0,0)} = 1 \neq 0$,

由隐函数存在定理1可知方程 $F(x,y) = 0$ 在点 $x = 0$ 的某邻域内能唯一确定一个隐函数 $y = y(x)$, 且

$$\frac{\mathrm{d}y}{\mathrm{d}x} = -\frac{F'_x(x,y)}{F'_y(x,y)} = -\frac{2x\cos(x^2 + y^2) - y\mathrm{e}^{xy}}{1 + 2y\cos(x^2 + y^2) - x\mathrm{e}^{xy}}.$$

□

例 5.3.8　设 $u + \mathrm{e}^u = xy$ 确定 $u = u(x,y)$. 试求 $\dfrac{\partial^2 u}{\partial x \partial y}$.

解　令 $F(x,y,u) = u + \mathrm{e}^u - xy$, 则

$$\frac{\partial u}{\partial x} = -\frac{F'_x}{F'_u} = -\frac{-y}{1 + \mathrm{e}^u} = \frac{y}{1 + \mathrm{e}^u},$$

$$\frac{\partial u}{\partial y} = -\frac{F'_y}{F'_u} = -\frac{-x}{1 + \mathrm{e}^u} = \frac{x}{1 + \mathrm{e}^u},$$

$$\frac{\partial^2 u}{\partial x \partial y} = \frac{\partial}{\partial y}\left(\frac{y}{1 + \mathrm{e}^u}\right) = \frac{1 + \mathrm{e}^u - y\dfrac{\partial(1 + \mathrm{e}^u)}{\partial y}}{(1 + \mathrm{e}^u)^2} = \frac{1 + \mathrm{e}^u - y\mathrm{e}^u\dfrac{\partial u}{\partial y}}{(1 + \mathrm{e}^u)^2}$$

$$= \frac{1 + \mathrm{e}^u - y\mathrm{e}^u\dfrac{x}{1 + \mathrm{e}^u}}{(1 + \mathrm{e}^u)^2} = \frac{(1 + \mathrm{e}^u)^2 - xy\mathrm{e}^u}{(1 + \mathrm{e}^u)^3}.$$

□

例 5.3.9　设 $z = z(x,y)$ 是由方程 $f(x + y, x + z) = 0$ 确定的隐函数, 其中 $f(u,v)$ 满足隐函数存在定理的条件, 且 $f(u,v)$ 的所有二阶偏导数连续, 试求 $\dfrac{\partial^2 z}{\partial x^2}$.

解 令 $u=x+y,\ v=x+z, F(x,y,z)=f(x+y,x+z)$, 则

$$\frac{\partial z}{\partial x}=-\frac{F'_x}{F'_z}=-\frac{f'_u+f'_v}{f'_v},$$

$$\frac{\partial^2 z}{\partial x^2}=\frac{f'_v\dfrac{\partial(f'_u+f'_v)}{\partial x}-(f'_u+f'_v)\dfrac{\partial(f'_v)}{\partial x}}{-(f'_v)^2}$$

$$=\frac{f'_v\left(f''_{uu}+f''_{uv}\left(1+\dfrac{\partial z}{\partial x}\right)+f''_{vu}+f''_{vv}\left(1+\dfrac{\partial z}{\partial x}\right)\right)-(f'_u+f'_v)\left(f''_{vu}+f''_{vv}\left(1+\dfrac{\partial z}{\partial x}\right)\right)}{-(f'_v)^2}$$

$$=\frac{(f'_v)^2f''_{uu}-2f'_uf'_vf''_{uv}+(f'_u)^2f''_{vv}}{-(f'_v)^3}.$$ □

注 设 $F(x,y,z)=0$ 满足隐函数存在定理的条件, 且 F'_x, F'_y, F'_z 皆不等于 0, 则

$$\frac{\partial z}{\partial x}\frac{\partial x}{\partial y}\frac{\partial y}{\partial z}=\left(-\frac{F'_x}{F'_z}\right)\left(-\frac{F'_y}{F'_x}\right)\left(-\frac{F'_z}{F'_y}\right)=-1.$$

这个例子说明偏导数的记法 $\dfrac{\partial z}{\partial x}$ 是一个整体, 不能像导数的记号 $\dfrac{\mathrm{d}y}{\mathrm{d}x}$ 一样看成是两部分的商.

二、由方程组确定的隐函数

定理 5.3.7(隐函数存在定理 3) 设 $P_0=(x_0,y_0,u_0,v_0)\in\mathbb{R}^4$, $G=N_\delta(P_0)$, 假设

(1) 函数 F,H 在 G 上连续可微;

(2) $F(P_0)=F(x_0,y_0,u_0,v_0)=0,\ H(P_0)=H(x_0,y_0,u_0,v_0)=0$;

(3) 雅可比 (Jacobi*) 行列式

$$\left.\frac{D(F,H)}{D(u,v)}\right|_{P_0}=\left|\begin{matrix}F'_u & F'_v\\ H'_u & H'_v\end{matrix}\right|_{P_0}\neq 0,$$

则存在 $U=\{(x,y)\mid |x-x_0|<h,|y-y_0|<k\}$ 和唯一一组函数 $u=u(x,y), v=v(x,y)$, 使得:

(1) 对任意 $(x,y)\in U$, $F(x,y,u(x,y),v(x,y))=0, H(x,y,u(x,y),v(x,y))=0$;

(2) $u(x_0,y_0)=u_0, v(x_0,y_0)=v_0$;

(3) 函数 $u(x,y),v(x,y)$ 连续可微, 且当 $(x,y)\in U$ 时有

$$\frac{\partial u}{\partial x}=-\frac{\dfrac{D(F,H)}{D(x,v)}}{\dfrac{D(F,H)}{D(u,v)}},\qquad \frac{\partial u}{\partial y}=-\frac{\dfrac{D(F,H)}{D(y,v)}}{\dfrac{D(F,H)}{D(u,v)}},$$

$$\frac{\partial v}{\partial x}=-\frac{\dfrac{D(F,H)}{D(u,x)}}{\dfrac{D(F,H)}{D(u,v)}},\qquad \frac{\partial v}{\partial y}=-\frac{\dfrac{D(F,H)}{D(u,y)}}{\dfrac{D(F,H)}{D(u,v)}}.$$

* 雅可比 (Jacobi C G J, 1804~1851), 德国数学家.

例 5.3.10　验证方程组

$$\begin{cases} x^2+y^2+uv=1, \\ xy+u^2+v^2=1 \end{cases}$$

在点 $(x_0,y_0,u_0,v_0)=(1,0,1,0)$ 的某邻域内满足定理 5.3.7 的条件, 从而在点 $(x_0,y_0)=(1,0)$ 的某邻域内存在唯一一组连续可微的函数组 $u=u(x,y),v=v(x,y)$, 并求 $\dfrac{\partial u}{\partial x},\dfrac{\partial u}{\partial y},\dfrac{\partial v}{\partial x},\dfrac{\partial v}{\partial y}$.

解　设 $F(x,y,u,v)=x^2+y^2+uv-1,\ H(x,y,u,v)=xy+u^2+v^2-1$,

(1) 函数 F,H 连续可微;

(2) $F(1,0,1,0)=0,\ H(1,0,1,0)=0$;

(3) 雅可比行列式

$$\left.\frac{D(F,H)}{D(u,v)}\right|_{(1,0,1,0)}=\left|\begin{matrix} F'_u & F'_v \\ H'_u & H'_v \end{matrix}\right|_{(1,0,1,0)}=\left|\begin{matrix} v & u \\ 2u & 2v \end{matrix}\right|_{(1,0,1,0)}=-2\neq 0,$$

则由隐函数存在定理 3 可知, 在点 $(x_0,y_0)=(1,0)$ 的某邻域内存在唯一一组连续可微的函数组 $u=u(x,y),v=v(x,y)$, 且

$$\frac{\partial u}{\partial x}=-\frac{\dfrac{D(F,H)}{D(x,v)}}{\dfrac{D(F,H)}{D(u,v)}}=-\frac{\left|\begin{matrix} 2x & u \\ y & 2v \end{matrix}\right|}{\left|\begin{matrix} v & u \\ 2u & 2v \end{matrix}\right|}=-\frac{4xv-yu}{2v^2-2u^2},$$

$$\frac{\partial u}{\partial y}=-\frac{\dfrac{D(F,H)}{D(y,v)}}{\dfrac{D(F,H)}{D(u,v)}}=-\frac{\left|\begin{matrix} 2y & u \\ x & 2v \end{matrix}\right|}{\left|\begin{matrix} v & u \\ 2u & 2v \end{matrix}\right|}=-\frac{4yv-xu}{2v^2-2u^2},$$

$$\frac{\partial v}{\partial x}=-\frac{\dfrac{D(F,H)}{D(u,x)}}{\dfrac{D(F,H)}{D(u,v)}}=-\frac{\left|\begin{matrix} v & 2x \\ 2u & y \end{matrix}\right|}{\left|\begin{matrix} v & u \\ 2u & 2v \end{matrix}\right|}=-\frac{yv-4xu}{2v^2-2u^2},$$

$$\frac{\partial v}{\partial y}=-\frac{\dfrac{D(F,H)}{D(u,y)}}{\dfrac{D(F,H)}{D(u,v)}}=-\frac{\left|\begin{matrix} v & 2y \\ 2u & x \end{matrix}\right|}{\left|\begin{matrix} v & u \\ 2u & 2v \end{matrix}\right|}=-\frac{xv-4yu}{2v^2-2u^2}.$$

□

习题 5.3

1. 求下列函数的全导数或偏导数:

(1) $u=x^y,x=\sin t,y=\cos t$;

(2) $y=\dfrac{u}{v}, u=\ln x, v=\mathrm{e}^x$;

(3) $z=\mathrm{e}^u+(u-v)^2, u=xy, v=\dfrac{x}{y}$;

(4) $z=u^2+\ln(uv)+\dfrac{u}{w}, u=x+y^2, v=x^2, w=xy$.

2. 求下列函数的一阶偏导数 (其中 f,φ 连续可微):

(1) $z=f(x+y,xy)$;

(2) $u=f\left(\dfrac{x}{y},\dfrac{y}{z}\right)$;

(3) $u=f(x,xy,xyz)+\varphi(2x-y)$;

(4) $u=xf(x^2+y^2,\sqrt{x+y})+y^2$.

3. 设 f 具有二阶连续偏导数, 求下列函数的二阶偏导数:

(1) $z=f\left(xy,\dfrac{x}{y}\right)$; (2) $z=f(x,xy,x-y)$.

4. 设 $u=f(\sqrt{x^2+y^2+z^2})$, f 二阶可导, 求 $\dfrac{\partial^2 u}{\partial x^2}+\dfrac{\partial^2 u}{\partial y^2}+\dfrac{\partial^2 u}{\partial z^2}$.

5. 设 $y=y(x)$ 是由下列方程所确定的函数, 求 $\dfrac{\mathrm{d}y}{\mathrm{d}x}$:

(1) $\mathrm{e}^{xy}+2x+y^2=3$;

(2) $\ln\sqrt{x^2+y^2}+\cos^2 x+\cos^2 y=4$.

6. 设 $z=z(x,y)$ 是由下列方程所确定的函数, 求指定的偏导数:

(1) $\ln x+2\ln y+3\ln z+xyz=1$, 求 $\dfrac{\partial z}{\partial x},\dfrac{\partial z}{\partial y}$;

(2) $x^2+y^2+z^2+xy-yz+3z-9=0$, 求 $\dfrac{\partial z}{\partial x},\dfrac{\partial^2 z}{\partial x\partial y}$;

(3) $xyz=\mathrm{e}^{-xyz}$, 求 $\dfrac{\partial z}{\partial x},\dfrac{\partial^2 z}{\partial x^2}$.

7. 设 $z=z(x,y)$ 是由方程 $F(yz,y-x)=0$ 确定的隐函数, 求 $\dfrac{\partial^2 z}{\partial x^2}$, 其中 $F(u,v)$ 二阶连续可微.

8. 设 $F(bz-cy,cx-az,ay-bx)=0$, 其中函数 $F(u,v,w)$ 可微且 $bF'_u-aF'_v\neq 0$. 证明

$$a\frac{\partial z}{\partial x}+b\frac{\partial z}{\partial y}=c.$$

9. 求由下列方程组所确定的隐函数的导数或偏导数:

(1) $\begin{cases} x+y+z=1, \\ xyz=1, \end{cases}$ 求 $\dfrac{\mathrm{d}y}{\mathrm{d}x},\dfrac{\mathrm{d}z}{\mathrm{d}x}$;

(2) $\begin{cases} x+y+u+v=0, \\ x^2+y^2+u^2+v^2=1, \end{cases}$ 求 $\dfrac{\partial u}{\partial x},\dfrac{\partial v}{\partial x},\dfrac{\partial u}{\partial y},\dfrac{\partial v}{\partial y}$.

10. 设 $z=f(x,y)$ 在 $(2,2)$ 处可微, $f(2,2)=2$, $\left.\dfrac{\partial f}{\partial x}\right|_{(2,2)}=1$, $\left.\dfrac{\partial f}{\partial y}\right|_{(2,2)}=3$, $\varphi(x)=f(x,f(x,x))$, 求 $\left.\dfrac{\mathrm{d}}{\mathrm{d}x}\varphi^2(x)\right|_{x=2}$.

11. 设 $z=z(x,y)$ 二阶连续可微, 证明: 在极坐标变换 $x=\rho\cos\theta, y=\rho\sin\theta$ 下,

$$\Delta z=\frac{\partial^2 z}{\partial x^2}+\frac{\partial^2 z}{\partial y^2}$$

有形式

$$\Delta z=\frac{\partial^2 z}{\partial \rho^2}+\frac{1}{\rho}\frac{\partial z}{\partial \rho}+\frac{1}{\rho^2}\frac{\partial^2 z}{\partial \theta^2}.$$

12. 用洛必达法则求下列极限:

(1) $\lim\limits_{h\to 0}\dfrac{f(x+h,y)-f(x-h,y)}{2h}$, 其中 $f(x,y)$ 连续可微;

(2) $\lim\limits_{h\to 0}\dfrac{f(x+h,y)-2f(x,y)+f(x-h,y)}{h^2}$, 其中 $f(x,y)$ 二阶连续可微.

5.4　二元函数的泰勒公式*

在本节, 我们把一元函数的泰勒公式推广到二元函数.

定理 5.4.1 (泰勒公式 I)　设 $(a,b)\in\mathbb{R}^2$, 函数 f 在点 (a,b) 的某邻域 G 内 $n+1$ 阶连续可微, 则对任意 $(x,y)\in G$, 有

$$f(x,y)=f(a,b)+\sum_{k=1}^{n}\frac{1}{k!}\left(\Delta x\frac{\partial}{\partial x}+\Delta y\frac{\partial}{\partial y}\right)^k f(a,b)+R_n, \tag{5.4.1}$$

这里

$$R_n=\frac{1}{(n+1)!}\left(\Delta x\frac{\partial}{\partial x}+\Delta y\frac{\partial}{\partial y}\right)^{n+1} f(a+\theta\Delta x,b+\theta\Delta y),$$

$$\Delta x=x-a,\quad \Delta y=y-b,\quad (0<\theta<1).$$

此公式称为**二元函数** $f(x,y)$ **在点** (a,b) **处的** n **阶泰勒公式**, 其中 R_n 称为**拉格朗日余项**.

注　公式 (5.4.1) 中

$$\left(\Delta x\frac{\partial}{\partial x}+\Delta y\frac{\partial}{\partial y}\right)^k f(a,b)$$

形式上按二项式定理展开, 展开后的项

$$C_k^s\left(\Delta x\frac{\partial}{\partial x}\right)^s\left(\Delta y\frac{\partial}{\partial y}\right)^{k-s} f(a,b)$$

表示

$$C_k^s(\Delta x)^s(\Delta y)^{k-s}\frac{\partial^k f}{\partial x^s\partial y^{k-s}}(a,b).$$

即

$$\left(\Delta x\frac{\partial}{\partial x}+\Delta y\frac{\partial}{\partial y}\right)f(a,b)=\Delta x\frac{\partial f}{\partial x}(a,b)+\Delta y\frac{\partial f}{\partial y}(a,b);$$

$$\left(\Delta x\frac{\partial}{\partial x}+\Delta y\frac{\partial}{\partial y}\right)^2 f(a,b)=(\Delta x)^2\frac{\partial^2 f}{\partial x^2}(a,b)+2\Delta x\Delta y\frac{\partial^2 f}{\partial x\partial y}(a,b)+(\Delta y)^2\frac{\partial^2 f}{\partial y^2}(a,b);$$

$$\begin{aligned}\left(\Delta x\frac{\partial}{\partial x}+\Delta y\frac{\partial}{\partial y}\right)^3 f(a,b)=&(\Delta x)^3\frac{\partial^3 f}{\partial x^3}(a,b)+3(\Delta x)^2\Delta y\frac{\partial^3 f}{\partial x^2\partial y}(a,b)\\&+3\Delta x\Delta y^2\frac{\partial^3 f}{\partial x\partial y^2}(a,b)+(\Delta y)^3\frac{\partial^2 f}{\partial y^3}(a,b);\end{aligned}$$

以此类推.

证明 为了利用一元函数的泰勒公式, 我们取辅助函数

$$F(t)=f(a+t\Delta x,b+t\Delta y)\qquad(0\leqslant t\leqslant 1).$$

由于函数 f 是 $n+1$ 阶连续可微的, 则函数 $F(t)$ 是 $n+1$ 阶连续可微的, 且

$$\begin{aligned}F(0)=&f(a,b),\\F'(0)=&(\Delta x f_1'(a+t\Delta x,b+t\Delta y)+\Delta y f_2'(a+t\Delta x,b+t\Delta y))|_{t=0}\\=&f_x'(a,b)\Delta x+f_y'(a,b)\Delta y=\left(\Delta x\frac{\partial}{\partial x}+\Delta y\frac{\partial}{\partial y}\right)f(a,b),\\F''(0)=&f_{xx}''(a,b)(\Delta x)^2+2f_{xy}''(a,b)\Delta x\Delta y+f_{yy}''(a,b)(\Delta y)^2\\=&\left(\Delta x\frac{\partial}{\partial x}+\Delta y\frac{\partial}{\partial y}\right)^2 f(a,b),\\&\cdots\quad\cdots\\F^{(n)}(0)=&\left(\Delta x\frac{\partial}{\partial x}+\Delta y\frac{\partial}{\partial y}\right)^n f(a,b),\\F^{(n+1)}(\theta t)=&\left(\Delta x\frac{\partial}{\partial x}+\Delta y\frac{\partial}{\partial y}\right)^{n+1} f(a+\theta t\Delta x,b+\theta t\Delta y)\qquad(0<\theta<1),\end{aligned}$$

于是

$$\begin{aligned}F(t)=&F(0)+\sum_{k=1}^n\frac{1}{k!}F^{(k)}(0)t^k+R_n\\=&f(a,b)+\sum_{k=1}^n\frac{1}{k!}\left(\Delta x\frac{\partial}{\partial x}+\Delta y\frac{\partial}{\partial y}\right)^k f(a,b)t^k+R_n,\end{aligned}\tag{5.4.2}$$

这里

$$R_n=\frac{1}{(n+1)!}\left(\Delta x\frac{\partial}{\partial x}+\Delta y\frac{\partial}{\partial y}\right)^{n+1} f(a+\theta t\Delta x,b+\theta t\Delta y)\qquad(0<\theta<1).$$

在式 (5.4.2) 中令 $t=1$ 即可得到所要的公式. □

在公式 (5.4.1) 中, 取 $n=0$ 可得

$$f(x,y)=f(a,b)+f'_x(\xi,\eta)(x-a)+f'_y(\xi,\eta)(y-b), \tag{5.4.3}$$

这里

$$\xi=a+\theta(x-a),\ \eta=b+\theta(y-b) \qquad (0<\theta<1).$$

此式称为**二元函数拉格朗日中值公式.**

在公式 (5.4.1) 中, 取 $a=0,b=0$ 可得

$$f(x,y)=f(0,0)+\sum_{k=1}^{n}\frac{1}{k!}\left(x\frac{\partial}{\partial x}+y\frac{\partial}{\partial y}\right)^k f(0,0)+R_n, \tag{5.4.4}$$

这里

$$R_n=\frac{1}{(n+1)!}\left(x\frac{\partial}{\partial x}+y\frac{\partial}{\partial y}\right)^{n+1} f(\theta x,\theta y) \qquad (0<\theta<1).$$

此式称为**二元函数 n 阶麦克劳林公式**.

定理 5.4.2 (泰勒公式 II)　设 $(a,b)\in\mathbb{R}^2$, 函数 f 在点 (a,b) 的某邻域 G 内 $n+1$ 阶连续可微, 则当 $(x,y)\to(a,b)$ 时有

$$f(x,y)=f(a,b)+\sum_{k=1}^{n}\frac{1}{k!}\left(\Delta x\frac{\partial}{\partial x}+\Delta y\frac{\partial}{\partial y}\right)^k f(a,b)+o(\rho^n), \tag{5.4.5}$$

这里

$$\Delta x=x-a,\quad \Delta y=y-b,\quad \rho=\sqrt{\Delta x^2+\Delta y^2}.$$

此公式称为**二元函数 $f(x,y)$ 在点 (a,b) 的带皮亚诺余项的 n 阶泰勒公式**, 称 $o(\rho^n)$ 为**皮亚诺余项**.

在公式 (5.4.5) 中, 取 $a=0,b=0$ 可得

$$f(x,y)=f(0,0)+\sum_{k=1}^{n}\frac{1}{k!}\left(x\frac{\partial}{\partial x}+y\frac{\partial}{\partial y}\right)^k f(0,0)+o(\rho^n), \tag{5.4.6}$$

这里 $\rho=\sqrt{x^2+y^2}$, 此式称为**二元函数带皮亚诺余项的 n 阶麦克劳林公式**.

例 5.4.1　求函数 $f(x,y)=\mathrm{e}^{x+y}$ 的带拉格朗日余项的 n 阶麦克劳林公式.

解 由于 e^{x+y} 的各阶偏导数仍为 e^{x+y}, 所以

$$\left(x\frac{\partial}{\partial x}+y\frac{\partial}{\partial y}\right)^k f(0,0)=(x+y)^k,\quad (k=1,2,\cdots,n)$$

$$\begin{aligned}e^{x+y}&=f(0,0)+\sum_{k=1}^{n}\frac{1}{k!}\left(x\frac{\partial}{\partial x}+y\frac{\partial}{\partial y}\right)^k f(0,0)+R_n,\\&=1+\sum_{k=1}^{n}\frac{1}{k!}(x+y)^k+R_n,\end{aligned}$$

这里

$$R_n=\frac{1}{(n+1)!}(x+y)^{n+1}e^{\theta(x+y)}\qquad(0<\theta<1).$$

□

例 5.4.2 利用 $f(x,y)=x^y$ 的 3 阶泰勒公式求 $0.98^{1.03}$ 的近似值.

解 $f(x,y)=x^y$, 取 $x_0=1, y_0=1, \Delta x=-0.02, \Delta y=0.03$, 则

$$\begin{aligned}f(1,1)&=1,\\f'_x(1,1)&=yx^{y-1}\Big|_{(1,1)}=1,\\f'_y(1,1)&=x^y\ln x\Big|_{(1,1)}=0,\\f''_{xx}(1,1)&=y(y-1)x^{y-2}\Big|_{(1,1)}=0,\\f''_{xy}(1,1)&=(x^{y-1}+yx^{y-1}\ln x)\Big|_{(1,1)}=1,\\f''_{yy}(1,1)&=x^y\ln^2 x\Big|_{(1,1)}=0,\\f'''_{xxx}(1,1)&=y(y-1)(y-2)x^{y-3}\Big|_{(1,1)}=0,\\f'''_{xxy}(1,1)&=((y-1)x^{y-2}+yx^{y-2}+y(y-1)x^{y-2}\ln x)\Big|_{(1,1)}=1,\\f'''_{xyy}(1,1)&=(2x^{y-1}\ln x+yx^{y-1}\ln^2 x)\Big|_{(1,1)}=0,\\f'''_{yyy}(1,1)&=x^y\ln^3 x\Big|_{(1,1)}=0,\end{aligned}$$

$$\begin{aligned}f(x,y)\approx&f(1,1)+(f'_x(1,1)\Delta x+f'_y(1,1)\Delta y)\\&+\frac{1}{2}\left(f''_{xx}(1,1)(\Delta x)^2+2f''_{xy}(1,1)\Delta x\Delta y+f''_{yy}(1,1)(\Delta y)^2\right)\\&+\frac{1}{6}\Big(f'''_{xxx}(1,1)(\Delta x)^3+3f'''_{xxy}(1,1)(\Delta x)^2\Delta y\\&+3f'''_{xyy}(1,1)\Delta x(\Delta y)^2+f'''_{yyy}(1,1)(\Delta y)^3\Big)\\=&1+\Delta x+\Delta x\Delta y+\frac{1}{2}(\Delta x)^2\Delta y.\end{aligned}$$

所以

$$2.98^{1.03}=f(0.98,1.03)\approx 1-0.02-0.0006+0.000006=0.979406.$$

□

习题 5.4

1. 写出函数 $f(x,y)=x^2+xy+2y^2-3x+6y+5$ 在点 $(1,2)$ 处的泰勒公式.
2. 求函数 $f(x,y)=\ln(1+x+y)$ 的带拉格朗日余项的 3 阶麦克劳林公式.
3. 在点 $(1,3)$ 处把函数 $f(x,y)=x^y$ 展开到包含 2 次项, 并求 $1.04^{2.98}$ 的近似值.

5.5　多元向量函数*

在本节, 我们介绍 3 维空间 $\mathbb{R}^3$ 中的多元向量函数的概念以及多元向量函数的极限、偏导数的概念和相应的计算公式.

定义 5.5.1(多元向量函数)　设 $D\subseteq\mathbb{R}^n$, 函数 f,g,h 是定义在 D 上的 n 元函数, 称

$$\boldsymbol{A}(x_1,x_2,\cdots,x_n)=(f(x_1,x_2,\cdots,x_n),g(x_1,x_2,\cdots,x_n),h(x_1,x_2,\cdots,x_n))$$

为 3 维空间 $\mathbb{R}^3$ 的n **元向量函数**.

一般情况下, 常常将二元向量函数记为

$$\boldsymbol{r}(u,v)=(x(u,v),y(u,v),z(u,v));$$

将三元向量函数记为

$$\boldsymbol{F}(x,y,z)=(P(x,y,z),Q(x,y,z),R(x,y,z)).$$

下面我们以二元向量函数为例, 介绍多元向量函数的极限与偏导数.

定义 5.5.2(二元向量函数的极限)　设有二元向量函数

$$\boldsymbol{r}(u,v)=(x(u,v),y(u,v),z(u,v)),$$

$(u,v)\in G,G\subseteq\mathbb{R}^2$, 设 (u_0,v_0) 是 G 的聚点, 若存在 $\boldsymbol{a}\in\mathbb{R}^3$, 使得

$$\lim_{(u,v)\to(u_0,v_0)}|\boldsymbol{r}(u,v)-\boldsymbol{a}|=0,$$

则称向量函数 $\boldsymbol{r}(u,v)$ 在 $(u,v)\to(u_0,v_0)$ 时以 $\boldsymbol{a}$ 为极限, 记为

$$\lim_{(u,v)\to(u_0,v_0)}\boldsymbol{r}(u,v)=\boldsymbol{a}.$$

对于向量函数的极限, 显然有下列结论

定理 5.5.1　*向量函数* $\boldsymbol{r}(u,v)=(x(u,v),y(u,v),z(u,v))$ *在* $(u,v)\to(u_0,v_0)$ *时以* $\boldsymbol{a}=(a_1,a_2,a_3)$ *为极限的充要条件是*

$$\lim_{(u,v)\to(u_0,v_0)}x(u,v)=a_1,\quad\lim_{(u,v)\to(u_0,v_0)}y(u,v)=a_2,\quad\lim_{(u,v)\to(u_0,v_0)}z(u,v)=a_3.$$

定义 5.5.3(二元向量函数的偏导数)　设二元向量函数

$$\boldsymbol{r}(u,v)=(x(u,v),y(u,v),z(u,v))$$

在点 (u,v) 的某邻域内有定义, 若极限

$$\lim_{\Delta u\to 0}\frac{\boldsymbol{r}(u+\Delta u,v)-\boldsymbol{r}(u,v)}{\Delta u}$$

存在, 则称此极限为向量函数 $\boldsymbol{r}(u,v)$ 对 u 的偏导数, 记为 $\dfrac{\partial \boldsymbol{r}}{\partial u}(u,v)$ 或 $\boldsymbol{r}'_u(u,v)$. 类似地可定义向量函数 $\boldsymbol{r}(u,v)$ 对 v 的偏导数.

由定义 5.5.3 及定理 5.5.1 容易得到下面的结论:

定理 5.5.2　设二元向量函数

$$\boldsymbol{r}(u,v)=(x(u,v),y(u,v),z(u,v))$$

在点 (u,v) 的某邻域内有定义, 函数 $x(u,v),y(u,v),z(u,v)$ 在点 (u,v) 处对变量 u 皆可偏导, 则向量函数 $\boldsymbol{r}(u,v)$ 在点 (u,v) 处对变量 u 可偏导, 且有

$$\boldsymbol{r}'_u=(x'_u(u,v),y'_u(u,v),z'_u(u,v)).\tag{5.5.1}$$

若函数 $x(u,v),y(u,v),z(u,v)$ 在点 (u,v) 处对变量 v 皆可偏导, 则向量函数 $\boldsymbol{r}(u,v)$ 在点 (u,v) 处对变量 v 可偏导, 且有

$$\boldsymbol{r}'_v=(x'_v(u,v),y'_v(u,v),z'_v(u,v)).\tag{5.5.2}$$

习题 5.5

1. 设 $\boldsymbol{r}=(\rho\cos\theta,\rho\sin\theta,\rho)$, $E=\boldsymbol{r}'_\rho\cdot\boldsymbol{r}'_\rho$, $F=\boldsymbol{r}'_\rho\cdot\boldsymbol{r}'_\theta$, $G=\boldsymbol{r}'_\theta\cdot\boldsymbol{r}'_\theta$, 计算 $\sqrt{EG-F^2}$.
2. 设 $\boldsymbol{r}=(\sin\varphi\cos\theta,\sin\varphi\sin\theta,\cos\varphi)$, $(A,B,C)=\boldsymbol{r}'_\varphi\times\boldsymbol{r}'_\theta$, 计算 $\sqrt{A^2+B^2+C^2}$.

5.6　偏导数在几何上的应用

5.6.1　空间曲线的切线与法平面

设有空间曲线 C, P_0 是曲线 C 上一定点, P 是曲线上的动点, 作割线 P_0P, 当 P 沿着曲线 C 无限地接近 P_0 时, 若割线 P_0P 的极限位置存在, 对应的直线记为 L, 我们称直线 L 为曲线 C 在点 P_0 的**切线**. 通过点 P_0 且与切线 L 垂直的平面, 称为曲线 C 在点 P_0 的**法平面**. 切线 L 的方向向量称为曲线 C 在点 P_0 的**切向量**.

下面我们分两种情况来研究曲线 C 在点 P_0 的切线和法平面的方程.

(1) 设空间曲线 C 的参数方程为

$$x=\varphi(t),\quad y=\psi(t),\quad z=\omega(t)),\qquad t\in[a,b].$$

这里 $\varphi(t),\psi(t),\omega(t)$ 在 $t=t_0$ 皆可导, 且 $\varphi'(t_0),\psi'(t_0),\omega'(t_0)$ 不全为 0.

若 t 在 t_0 有增量 Δt, 曲线 C 上与 t_0 和 $t_0+\Delta t$ 对应的点分别为

$$P_0(\varphi(t_0),\psi(t_0),\omega(t_0)),\quad P(\varphi(t_0+\Delta t),\psi(t_0+\Delta t),\omega(t_0+\Delta t)),$$

则割线 P_0P 的方向向量为 $\overrightarrow{P_0P}$, 即

$$\overrightarrow{P_0P}=(\Delta\varphi(t_0),\Delta\psi(t_0),\Delta\omega(t_0)),$$

上式两边除以 Δt, 得到的向量仍然是割线 P_0P 的方向向量, 即

$$\frac{\overrightarrow{P_0P}}{\Delta t}=\left(\frac{\Delta\varphi(t_0)}{\Delta t},\frac{\Delta\psi(t_0)}{\Delta t},\frac{\Delta\omega(t_0)}{\Delta t}\right),$$

令 $\Delta t\to 0$, 便得曲线 C 在点 P_0 的切向量为

$$(\varphi'(t_0),\psi'(t_0),\omega'(t_0)).$$

因此曲线 C 在点 P_0 的切线方程为

$$\frac{x-\varphi(t_0)}{\varphi'(t_0)}=\frac{y-\psi(t_0)}{\psi'(t_0)}=\frac{z-\omega(t_0)}{\omega'(t_0)}.$$

曲线 C 在点 P_0 的法平面方程为

$$\varphi'(t_0)(x-\varphi(t_0))+\psi'(t_0)(y-\psi(t_0))+\omega'(t_0)(z-\omega(t_0))=0.$$

(2) 设空间曲线 C 的一般式方程为

$$\begin{cases}F(x,y,z)=0,\\H(x,y,z)=0,\end{cases}$$

这里 F,H 连续可微, 且 $\dfrac{D(F,H)}{D(y,z)},\dfrac{D(F,H)}{D(z,x)},\dfrac{D(F,H)}{D(x,y)}$ 不全为 0.

假设由这个一般式方程可化为曲线的参数方程

$$x=\varphi(t),\quad y=\psi(t),\quad z=\omega(t),$$

则有关于 t 的恒等式

$$\begin{cases}F(\varphi(t),\psi(t),\omega(t))\equiv 0,\\H(\varphi(t),\psi(t),\omega(t))\equiv 0,\end{cases}$$

两式分别对 t 求全导数得

$$\begin{cases}F'_x\varphi'(t)+F'_y\psi'(t)+F'_z\omega'(t)=0,\\H'_x\varphi'(t)+H'_y\psi'(t)+H'_z\omega'(t)=0,\end{cases}\tag{5.6.1}$$

记

$$\boldsymbol{n_1}=(F'_x,F'_y,F'_z),\qquad \boldsymbol{n_2}=(H'_x,H'_y,H'_z),$$

则式 (5.6.1) 表明曲线 C 的切向量 $(\varphi'(t),\psi'(t),\omega'(t))$ 同时垂直于 $\boldsymbol{n_1}$ 与 $\boldsymbol{n_2}$, 因而切向量与 $\boldsymbol{n_1},\boldsymbol{n_2}$ 的向量积

$$\boldsymbol{n_1}\times\boldsymbol{n_2}=\Big(\frac{D(F,H)}{D(y,z)},\frac{D(F,H)}{D(z,x)},\frac{D(F,H)}{D(x,y)}\Big)$$

平行, 所以曲线 C 在点 $P_0(x_0,y_0,z_0)$ 的切向量可取为

$$\Big(\frac{D(F,H)}{D(y,z)}\Big|_{P_0},\frac{D(F,H)}{D(z,x)}\Big|_{P_0},\frac{D(F,H)}{D(x,y)}\Big|_{P_0}\Big),$$

因此曲线 C 在点 $P_0(x_0,y_0,z_0)$ 的切线方程为

$$\frac{x-x_0}{\dfrac{D(F,H)}{D(y,z)}\Big|_{P_0}}=\frac{y-y_0}{\dfrac{D(F,H)}{D(z,x)}\Big|_{P_0}}=\frac{z-z_0}{\dfrac{D(F,H)}{D(x,y)}\Big|_{P_0}}.$$

曲线 C 在点 P_0 的法平面方程为

$$\frac{D(F,H)}{D(y,z)}\Big|_{P_0}(x-x_0)+\frac{D(F,H)}{D(z,x)}\Big|_{P_0}(y-y_0)+\frac{D(F,H)}{D(x,y)}\Big|_{P_0}(z-z_0)=0.$$

或写为

$$\begin{vmatrix} x-x_0 & y-y_0 & z-z_0\\ F'_x(P_0) & F'_y(P_0) & F'_z(P_0)\\ H'_x(P_0) & H'_y(P_0) & H'_z(P_0)\end{vmatrix}=0.$$

例 5.6.1 求曲线 $\begin{cases} x^2+y^2+z^2=6,\\ x+y+z=4\end{cases}$ 在点 $(1,1,2)$ 处的切线和法平面.

解 记 $F(x,y,z)=x^2+y^2+z^2-6$, $H(x,y,z)=x+y+z-4$, 则

$\boldsymbol{n_1}=(F'_x,F'_y,F'_z)\Big|_{(1,1,2)}=(2x,2y,2z)\Big|_{(1,1,2)}=(2,2,4)=2(1,1,2),$

$\boldsymbol{n_2}=(H'_x,H'_y,H'_z)\Big|_{(1,1,2)}=(1,1,1)\Big|_{(1,1,2)}=(1,1,1),$

$\boldsymbol{n}=(1,1,2)\times(1,1,1)=(-1,1,0),$

故曲线在 $(1,1,2)$ 的切线方程为

$$\frac{x-1}{-1}=\frac{y-1}{1}=\frac{z-2}{0},$$

法平面方程为 $x-y=0$. □

在结束这一问题之前我们指出，当空间曲线 C 由参数方程 $x=\varphi(t), y=\psi(t), z=\omega(t)$ 给出时，如果 $\varphi'(t), \psi'(t), \omega'(t)$ 连续且不同时为零，那么从几何直观上看曲线 C 是光滑曲线. 如果空间曲线 C 由一般式方程 $\begin{cases} F(x,y,z)=0, \\ H(x,y,z)=0 \end{cases}$ 给出，则曲线 C 为光滑曲线的条件是函数 F, G 连续可微且 $\dfrac{D(F,H)}{D(y,z)}, \dfrac{D(F,H)}{D(z,x)}, \dfrac{D(F,H)}{D(x,y)}$ 不全为 0.

5.6.2　空间曲面的切平面与法线

设有空间曲面 S, P_0 是曲面 S 上一定点, C 是曲面 S 上通过点 P_0 的任意一条光滑曲线，如果曲线 C 在点 P_0 的切线总保持在某一平面 Π 上，则称平面 Π 为曲面 S 在点 P_0 的**切平面**. 通过点 P_0 且与切平面 Π 垂直的直线称为曲面 S 在点 P_0 的**法线**. 切平面 Π 的法向量称为曲面 S 在点 P_0 的**法向量**.

下面分两种情况来研究空间曲面 S 在点 P_0 的切平面和法线的方程.

(1) 设空间曲面 S 的一般式方程为 $F(x,y,z)=0$, 这里 F 连续可微，且 F'_x, F'_y, F'_z 不全为 0.

在 S 上通过点 P_0 任取一条光滑曲线，设其方程为

$$x=\varphi(t), \quad y=\psi(t), \quad z=\omega(t),$$

则有关于 t 的恒等式

$$F(\varphi(t), \psi(t), \omega(t)) \equiv 0,$$

上式对 t 求全导数得

$$F'_x\varphi'(t)+F'_y\psi'(t)+F'_z\omega'(t)=0,$$

此式表明曲面 S 上通过 P_0 的任一光滑曲线 C 的切向量 $\boldsymbol{r}'=(\varphi'(t), \psi'(t), \omega'(t))$ 总垂直于向量

$$\boldsymbol{n}=(F'_x, F'_y, F'_z).$$

所以向量 $\boldsymbol{n}$ 是空间曲面 S 在点 P_0 的法向量，因此曲面 S 在点 $P_0(x_0, y_0, z_0)$ 的切平面方程为

$$F'_x(P_0)(x-x_0)+F'_y(P_0)(y-y_0)+F'_z(P_0)(z-z_0)=0.$$

曲面 S 在点 $P_0(x_0, y_0, z_0)$ 的法线方程为

$$\frac{x-x_0}{F'_x(P_0)}=\frac{y-y_0}{F'_y(P_0)}=\frac{z-z_0}{F'_z(P_0)}.$$

(2) 设空间曲面 S 的参数方程为

$$x=x(u,v), \quad y=y(u,v), \quad z=z(u,v),$$

这里 $x(u,v), y(u,v), z(u,v)$ 连续可微，且 $\dfrac{D(y,z)}{D(u,v)}, \dfrac{D(z,x)}{D(u,v)}, \dfrac{D(x,y)}{D(u,v)}$ 不全为 0(此时，我们称 (u,v) 为曲面 S 上点的**曲线坐标**).

假设曲面 S 的参数方程可化为一般式方程

$$F(x,y,z)=0,$$

则有关于 u,v 的恒等式

$$F(x(u,v),y(u,v),z(u,v))\equiv 0,$$

此式对 u,v 分别求偏导数得

$$\begin{cases} F'_x x'_u + F'_y y'_u + F'_z z'_u = 0, \\ F'_x x'_v + F'_y y'_v + F'_z z'_v = 0. \end{cases} \tag{5.6.2}$$

记

$$\boldsymbol{r}(u,v)=(x(u,v),y(u,v),z(u,v)),$$

则式 (5.6.2) 表明曲面 S 的法向量 $\boldsymbol{n}=(F'_x,F'_y,F'_z)$ 同时垂直于 $\boldsymbol{r}'_u$ 与 $\boldsymbol{r}'_v$, 因而 $\boldsymbol{n}$ 与 $\boldsymbol{r}'_u,\boldsymbol{r}'_v$ 的向量积

$$\boldsymbol{r}'_u\times\boldsymbol{r}'_v=(A,B,C)=\left(\frac{D(y,z)}{D(u,v)},\frac{D(z,x)}{D(u,v)},\frac{D(x,y)}{D(u,v)}\right)$$

平行, 所以曲面 S 在点 $P_0(x_0,y_0,z_0)$ (这里 $x_0=x(u_0,v_0),y_0=y(u_0,v_0),z_0=z(u_0,v_0)$) 的法向量可取为

$$(A(u_0,v_0),B(u_0,v_0),C(u_0,v_0)),$$

因此曲面 S 在点 $P_0(x_0,y_0,z_0)$ 的切平面方程为

$$A(u_0,v_0)(x-x_0)+B(u_0,v_0)(y-y_0)+C(u_0,v_0)(z-z_0)=0.$$

或写为

$$\begin{vmatrix} x-x_0 & y-y_0 & z-z_0 \\ x'_u(u_0,v_0) & y'_u(u_0,v_0) & z'_u(u_0,v_0) \\ x'_v(u_0,v_0) & y'_v(u_0,v_0) & z'_v(u_0,v_0) \end{vmatrix}=0.$$

曲面 S 在点 P_0 的法线方程为

$$\frac{x-x_0}{A(u_0,v_0)}=\frac{y-y_0}{B(u_0,v_0)}=\frac{z-z_0}{C(u_0,v_0)}.$$

例 5.6.2　求球面 $x^2+y^2+z^2+2z=5$ 上点 $(1,1,1)$ 处的切平面和法线.

解　记 $F(x,y,z)=x^2+y^2+z^2+2z-5$, 则

$$\boldsymbol{n}=(F'_x(1,1,1),F'_y(1,1,1),F'_z(1,1,1))=(2,2,4)=2(1,1,2),$$

于是曲面在 $(1,1,1)$ 的切平面方程为

$$(x-1)+(y-1)+2(z-1)=0,\ \ 即\ x+y+2z-4=0,$$

法线方程为

$$\frac{x-1}{1}=\frac{y-1}{1}=\frac{z-1}{2}.$$

□

例 5.6.3　试求曲面 $x^2+y^2=4z$ 的切平面, 使它通过曲线 $x=t^2,y=t,z=3t-3$ 在 $t=1$ 处的切线.

解　曲线 $x=t^2,y=t,z=3t-3$ 在 $t=1$ 处对应点为 $(1,1,0)$, 切向量为

$$\boldsymbol{l}=(2t,1,3)\Big|_{t=1}=(2,1,3),$$

曲面 $x^2+y^2=4z$ 在 (x_0,y_0,z_0) 处的法向量为

$$\boldsymbol{n}=(2x,2y,-4)\Big|_{(x_0,y_0,z_0)}=(2x_0,2y_0,-4),$$

曲面 $x^2+y^2=4z$ 在 (x_0,y_0,z_0) 处的切平面为

$$2x_0(x-x_0)+2y_0(y-y_0)-4(z-z_0)=0,$$

因为点 (x_0,y_0,z_0) 在曲面 $x^2+y^2=4z$ 上, 所以

$$x_0^2+y_0^2=4z_0, \tag{1}$$

化简得切平面的方程为

$$x_0x+y_0y-2z-2z_0=0,$$

又因为向量 $\boldsymbol{l}$ 与 $\boldsymbol{n}$ 垂直, 切平面过点 $(1,1,0)$, 所以

$$2\cdot(2x_0)+1\cdot 2y_0+3\times(-4)=0, \tag{2}$$

$$x_0+y_0-2z_0=0. \tag{3}$$

由式 (1)~(3) 可得 $x_0=2,y_0=2,z_0=2$ 或 $x_0=\dfrac{12}{5},y_0=\dfrac{6}{5},z_0=\dfrac{9}{5}$, 所以所求切平面的方程为 $x+y-z-2=0$ 或 $6x+3y-5z-9=0$. □

在结束这一问题时我们指出, 当曲面 S 由一般式方程 $F(x,y,z)=0$ 给出, 如果 F 连续可微, 且 F'_x,F'_y,F'_z 不全为 0, 或者曲面 S 由参数方程 $x=x(u,v),\ y=y(u,v),\ z=z(u,v)$ 给出, $x(u,v),y(u,v),z(u,v)$ 连续可微, 且 $\dfrac{D(y,z)}{D(u,v)},\dfrac{D(z,x)}{D(u,v)},\dfrac{D(x,y)}{D(u,v)}$ 不全为 0, 那么从几何直观上看, 曲面 S 上每一点处都存在切平面和法线, 并且法线随着切点的移动而连续转动, 这样的曲面我们称之为**光滑曲面**.

习题 5.6

1. 求下列曲线在指定点的切线与法平面:

(1) $x=t,y=t^2,z=t^3$, 在 $t=1$ 对应点处;

(2) $x=t-\sin t,y=1-\cos t,z=4\sin\dfrac{t}{2}$, 在 $t=\dfrac{\pi}{2}$ 对应点处;

(3) $\begin{cases} x^2+y^2+z^2=2, \\ x+y+z=0 \end{cases}$ 在 $(1,0,-1)$ 处;

(4) $\begin{cases} x^2+y^2=2, \\ x^2+z^2=2 \end{cases}$ 在 $(1,1,1)$ 处.

2. 求下列曲面在指定点的切平面与法线:

(1) $z=x^2+2y^2$ 在点 $(1,1,3)$ 处;

(2) $z^2=xy$ 在 (x_0,y_0,z_0) 处;

(3) $x=\rho\cos\theta, y=\rho\sin\theta, z=\rho$ 在 $\rho=1,\theta=\dfrac{\pi}{4}$ 对应点处.

3. 证明螺旋线 $x=a\cos t, y=a\sin t, z=bt$ 的切线与 z 轴的夹角为定值.

4. 证明曲面 $\sqrt{x}+\sqrt{y}+\sqrt{z}=\sqrt{a}$ 的切平面在坐标轴上的截距之和为常数.

5. 求曲面 $z=\dfrac{x^2}{2}+y^2$ 平行于平面 $2x+2y-z=0$ 的切平面方程.

6. 在柱面 $x^2+y^2=R^2$ 上求一条曲线, 使它通过点 $(R,0,0)$ 且每点处的切向量与 x 轴及 z 轴的夹角相等.

7. 求椭球面 $x^2+2y^2+3z^2=21$ 的切平面, 使其通过已知直线

$$\frac{x-6}{2}=\frac{y-3}{1}=\frac{2z-1}{-2}.$$

8. 在椭球面 $\dfrac{x^2}{a^2}+\dfrac{y^2}{b^2}+\dfrac{z^2}{c^2}=1$ 上求点 (x_0,y_0,z_0), 使得椭球面在该点处的法向量与三个坐标轴的夹角相等.

9. 设

$$\boldsymbol{r}=(x(u,v),y(u,v),z(u,v)),$$

$$E=\boldsymbol{r}'_u\cdot\boldsymbol{r}'_u,\quad F=\boldsymbol{r}'_u\cdot\boldsymbol{r}'_v,\quad G=\boldsymbol{r}'_v\cdot\boldsymbol{r}'_v,$$

$$(A,B,C)=\boldsymbol{r}'_u\times\boldsymbol{r}'_v=\left(\frac{D(y,z)}{D(u,v)},\frac{D(z,x)}{D(u,v)},\frac{D(x,y)}{D(u,v)}\right),$$

证明:

$$\sqrt{A^2+B^2+C^2}=\sqrt{EG-F^2}.$$

5.7 极值与条件极值

在实际问题中, 经常会遇到多元函数的极大值与极小值, 最大值与最小值问题. 本节我们以二元函数为例, 介绍多元函数的极值与最值.

5.7.1　二元函数的极值

定义 5.7.1 (二元函数的极值)　设函数 $f(x,y)$ 在区域 G 内有定义, P_0 是 G 的内点. 若存在 P_0 的某去心邻域 $D=\overset{\circ}{N}_\delta(P_0)\subset G$, 使得当 $P\in D$ 时, 恒有

$$f(P)\leqslant f(P_0)\quad (\text{或}\ f(P)\geqslant f(P_0)),$$

则称 $f(P_0)$ 为函数 f 在 G 上的**极大值**(**或极小值**), 称 P_0 为函数 f 的**极大值点**(**或极小值点**); 极大值与极小值统称为**极值**, 极大值点与极小值点统称为**极值点**. 当上述不等号"$\leqslant$"改为"$<$"(或"$\geqslant$"改为"$>$")时, 则称 $f(P_0)$ 为函数 f 在 G 上的**严格极大值** (**或严格极小值**).

由一元函数取得极值的必要条件, 很容易得到下述结论:

定理 5.7.1 (极值的必要条件)　设函数 $f(x,y)$ 在 (x_0,y_0) 可偏导, 且 $f(x_0,y_0)$ 是函数 f 的极值, 则 $f'_x(x_0,y_0)=f'_y(x_0,y_0)=0$.

证明　分别令 $y=y_0$ 与 $x=x_0$, 得到两个一元函数 $f(x,y_0)$ 与 $f(x_0,y)$, 显然 $f(x,y_0)$ 与 $f(x_0,y)$ 在 x_0 与 y_0 分别取极值, 由一元函数极值的必要条件可得

$$f'_x(x_0,y_0)=0,\quad f'_y(x_0,y_0)=0.$$ □

定义 5.7.2 (驻点)　若函数 $f(x,y)$ 在 (x_0,y_0) 可偏导, 且 $f'_x(x_0,y_0)=f'_y(x_0,y_0)=0$, 则称 (x_0,y_0) 为函数 f 的**驻点**(**或静止点**).

定理 5.7.1 表明: 可微函数只可能在驻点处取极值, 但是函数在驻点处却不一定取极值. 例如 $z=xy$, $(0,0)$ 是其驻点, 但 $z(0,0)=0$ 显然不是极值. 此外, 对于一般的二元函数, 除驻点处函数可能取极值外, 在其不可偏导的点处也可能取得极值. 例如 $z=\sqrt{x^2+y^2}$ 在 $(0,0)$ 处不可偏导, 但 $z(0,0)=0$ 显然是极小值. 一般地, 我们把函数的驻点和不可偏导的点统称为函数的**可疑极值点**.

下面我们给出二元函数取得极值的充分条件.

定理 5.7.2 (极值判别法 I)　设 $P_0(x_0,y_0)\in\mathbb{R}^2, G=N_\delta(P_0)$, 函数 f 在 G 内连续, 且在 $U=\overset{\circ}{N}_\delta(P_0)$ 内连续可微, 记

$$\mu(x,y)=f'_x(x,y)(x-x_0)+f'_y(x,y)(y-y_0),$$

(1) 若 $\forall(x,y)\in U,\ \mu(x,y)>0$, 则 $f(x_0,y_0)$ 为极小值;

(2) 若 $\forall(x,y)\in U,\ \mu(x,y)<0$, 则 $f(x_0,y_0)$ 为极大值.

证明　据二元函数拉格朗日中值公式有

$$f(x,y)=f(x_0,y_0)+f'_x(\xi,\eta)(x-x_0)+f'_y(\xi,\eta)(y-y_0),$$

这里 $\xi=x_0+\theta(x-x_0),\eta=y_0+\theta(y-y_0)(0<\theta<1)$, 于是

$$\begin{aligned}f(x,y)-f(x_0,y_0)=&(f'_x(\xi,\eta)(\xi-x_0)+f'_y(\xi,\eta)(\eta-y_0))\frac{1}{\theta}\\=&\frac{1}{\theta}\mu(\xi,\eta),\quad 0<\theta<1.\end{aligned}$$

若对任意的 $(x,y)\in U$, 有 $\mu(x,y)>0$, 则 $f(x,y)-f(x_0,y_0)>0$, 由点 $(x,y)\in U$ 的任意性, 即得 $f(x_0,y_0)$ 为极小值. 另一情况的证明是类似的. □

定理 5.7.3 (极值判别法 II)　设 $P_0(x_0,y_0)\in\mathbb{R}^2, G=N_\delta(P_0)$, 函数 f 在 G 内二阶连续可微, 且 $f'_x(x_0,y_0)=f'_y(x_0,y_0)=0$, 令

$$A=f''_{xx}(x_0,y_0),\quad B=f''_{xy}(x_0,y_0),\quad C=f''_{yy}(x_0,y_0),$$

(1) 若 $B^2-AC<0$, $A>0$, 则 $f(x_0,y_0)$ 为极小值;

(2) 若 $B^2-AC<0$, $A<0$, 则 $f(x_0,y_0)$ 为极大值;

(3) 若 $B^2-AC>0$, 则 $f(x_0,y_0)$ 不是极值.

证明　据函数 $f(x,y)$ 在 (x_0,y_0) 的一阶泰勒展式,

$$f(x,y)-f(x_0,y_0)=f'_x(x_0,y_0)h+f'_y(x_0,y_0)k+\frac{1}{2}(f''_{xx}(\xi,\eta)h^2+2f''_{xy}(\xi,\eta)hk+f''_{yy}(\xi,\eta)k^2),$$

这里 $h=x-x_0,k=y-y_0,\xi=x_0+\theta h,\eta=y_0+\theta k,0<\theta<1$, 由于 f 二阶连续可微, 于是当 $h\to0,k\to0$ 时,

$$f''_{xx}(\xi,\eta)=A+\alpha,\quad f''_{xy}(\xi,\eta)=B+\beta,\quad f''_{yy}(\xi,\eta)=C+\gamma,$$

其中 $\alpha,\beta,\gamma\to0$, 令 $h=\rho\cos\theta,k=\rho\sin\theta,\rho=\sqrt{h^2+k^2}$, 则

$$\begin{aligned}f(x,y)-f(x_0,y_0)&=\frac{1}{2}(Ah^2+2Bhk+Ck^2)+\frac{1}{2}(\alpha h^2+2\beta hk+\gamma k^2)\\&=\frac{1}{2}(A\cos^2\theta+2B\cos\theta\sin\theta+C\sin^2\theta)\rho^2+o(\rho^2).\end{aligned}$$

当

$$\varphi(\theta)=A\cos^2\theta+2B\cos\theta\sin\theta+C\sin^2\theta\neq0$$

时, 因 $o(\rho^2)$ 比 ρ^2 是高阶无穷小, 只要 ρ 充分小, $f(x,y)-f(x_0,y_0)$ 与 $\varphi(\theta)$ 有相同的符号. 下面来讨论 $\varphi(\theta)$ 的符号.

(1) 当 $B^2-AC<0$ 时, A,C 皆不为零, 且 A 与 C 同号,

$$\varphi(\theta)=\frac{1}{A}\Big((A\cos\theta+B\sin\theta)^2+(AC-B^2)\sin^2\theta\Big),\tag{5.7.1}$$

因 h,k 不全为 0 时, $\sin\theta$ 与 $A\cos\theta+B\sin\theta$ 不全为 0, $\varphi(\theta)$ 与 A 同号, 即当 $A>0,\rho$ 充分小时, $f(x,y)-f(x_0,y_0)>0$; 当 $A<0,\rho$ 充分小时, $f(x,y)-f(x_0,y_0)<0$, 故结论 (1), (2) 得证.

(2) 当 $B^2-AC>0$ 时, 分别就 A 与 C 不全为 0 与 $A=C=0$ 两种情况讨论如下:

当 A 与 C 不全为 0 时, 不妨设 $A\neq0$. 取 $h\neq0,k=0$ 代入式 (5.7.1) 得 $\varphi(\theta)=A\cos^2\theta$ 与 A 同号; 又取 $\dfrac{h}{k}=-\dfrac{B}{A}$ 代入式 (5.7.1) 得 $\varphi(\theta)=\dfrac{1}{A}(AC-B^2)\sin^2\theta$ 与 A 异号, 所以当 ρ 充分小时, $\varphi(\theta)$ 的符号有时为正, 有时为负, 故结论 (3) 成立.

当 $A=C=0$ 时, $B\neq0,\varphi(\theta)=2B\cos\theta\sin\theta$, 显然 $\varphi(\theta)$ 的符号有时为正, 有时为负, 故结论 (3) 成立. □

注　定理 5.7.3 中若 $B^2-AC=0$, 考察例子

$$z_1=x^4+y^4,\quad z_2=-(x^4+y^4),\quad z_3=xy^2,$$

这三个函数在 $(0,0)$ 处都有 $B^2-AC=0$, 易于证明 $z_1(0,0)$ 是极小值, $z_2(0,0)$ 是极大值, $z_3(0,0)$ 不是极值. 故当 $B^2-AC=0$ 时, $f(x_0,y_0)$ 不一定是极值.

例 5.7.1　求函数 $f(x,y)=x^3-3xy+8y^3$ 的极值.

解　由方程组

$$\begin{cases} f'_x=3x^2-3y=3(x^2-y)=0,\\ f'_y=-3x+24y^2=-3(x-8y^2)=0 \end{cases}$$

解得驻点 $P_1(0,0),P_2\left(\frac{1}{2},\frac{1}{4}\right)$.

$$f''_{xx}=6x,\qquad f''_{xy}=-3,\qquad f''_{yy}=48y,$$

在 $\left(\frac{1}{2},\frac{1}{4}\right)$ 处, $A=3,B=-3,C=12$, $B^2-AC<0,A>0$, 所以 $f\left(\frac{1}{2},\frac{1}{4}\right)=-\frac{1}{8}$ 是极小值.

在 $(0,0)$ 处, $A=0,B=-3,C=0$, $B^2-AC>0$, 所以 $f(0,0)=0$ 不是极值. □

例 5.7.2　求函数 $f(x,y)=2(y-x^2)^2-\frac{1}{7}x^7-y^2$ 的极值.

解　由方程组

$$\begin{cases} f'_x=-8x(y-x^2)-x^6=0,\\ f'_y=4(y-x^2)-2y=0 \end{cases}$$

解得驻点 $P_1(0,0),P_2(-2,8)$.

$$f''_{xx}=-8y+24x^2-6x^5,\qquad f''_{xy}=-8x,\qquad f''_{yy}=2,$$

在 $(-2,8)$ 处, $A=224,B=16,C=2$, $B^2-AC<0,A>0$, 所以 $f(-2,8)=-\frac{96}{7}$ 是极小值.

在 $(0,0)$ 处, $A=0,B=0,C=2$, $B^2-AC=0,f(0,0)=0$.

取 $\varepsilon>0$, 当 $x=0$ 时, $f(0,y)=y^2$, 所以在点 $(0,0)$ 的任意邻域内, 存在 $(0,\varepsilon)\neq(0,0)$, 使 $f(0,\varepsilon)>0$. 当 $y=x^2$ 时, $f(x,x^2)=-\frac{1}{7}x^7-x^4$, 所以在点 $(0,0)$ 的任意邻域内, 存在 $(\varepsilon,\varepsilon^2)\neq(0,0)$, 使 $f(\varepsilon,\varepsilon^2)<0$. 所以 $f(0,0)$ 不是极值. □

例 5.7.3　求由 $x^2-6xy+10y^2-2yz-z^2+18=0$ 确定的函数 $z=f(x,y)$ 的极值点和极值.

解　方法 1: 原方程两端分别关于 x,y 求偏导, 得

$$\begin{cases} 2x-6y-2yz'_x-2zz'_x=0,\\ -6x+20y-2z-2yz'_y-2zz'_y=0. \end{cases}\tag{1}$$

在式 (1) 中令 $z'_x = z'_y = 0$, 则得方程组

$$\begin{cases} x - 3y = 0, \\ -3x + 10y - z = 0. \end{cases} \tag{2}$$

把它与原方程联立, 可求出 x, y, z 有两组解 $(9,3,3), (-9,-3,-3)$.

从方程组 (1) 出发, 再继续关于 x, y 求偏导, 可得

$$\begin{cases} 2 - 2yz''_{xx} - 2(z'_x)^2 - 2zz''_{xx} = 0, \\ -6 - 2z'_x - 2yz''_{xy} - 2z'_x z'_y - 2zz''_{xy} = 0, \\ 20 - 2z'_y - 2z'_y - 2yz''_{yy} - 2(z'_y)^2 - 2zz''_{yy} = 0. \end{cases} \tag{3}$$

将 $z'_x = z'_y = 0, (x,y,z) = (\pm 9, \pm 3, \pm 3)$ 代入式 (3), 可得方程组

$$\begin{cases} 2 \mp 12A = 0, \\ -6 \mp 12B = 0, \\ 20 \mp 12C = 0. \end{cases}$$

解得

$$A = \pm\frac{1}{6}, \quad B = \mp\frac{1}{2}, \quad C = \pm\frac{5}{3},$$

在 $(9,3,3)$ 处, $B^2 - AC < 0, A > 0$, 所以 $(9,3)$ 是极小值点, $z(9,3) = 3$ 是极小值.

在 $(-9,-3,-3)$ 处, $B^2 - AC < 0, A < 0$, 所以 $(-9,-3)$ 是极大值点, $z(-9,-3) = -3$ 是极大值.

方法 2: 设 $F(x,y,z) = x^2 - 6xy + 10y^2 - 2yz - z^2 + 18$, 则

$$z'_x = -\frac{F'_x}{F'_z} = \frac{x - 3y}{y + z}, \quad z'_y = -\frac{F'_y}{F'_z} = \frac{-3x + 10y - z}{y + z},$$

$$z''_{xx} = \frac{y + z - (x - 3y)z'_x}{(y+z)^2}, \quad z''_{xy} = \frac{-3(y+z) - (x-3y)(1 + z'_y)}{(y+z)^2},$$

$$z''_{yy} = \frac{(10 - z'_y)(y+z) - (-3x + 10y - z)(1 + z'_y)}{(y+z)^2},$$

由 $\begin{cases} z'_x = 0, \\ z'_y = 0 \end{cases}$ 可得 $x = 3z, y = z$, 代入原方程得 $x = \pm 9, y = \pm 3, z = \pm 3$.

将 $x = \pm 9, y = \pm 3, z = \pm 3, z'_x = 0, z'_y = 0$ 代入二阶偏导数的表达式中得

$$A = \pm\frac{1}{6}, \quad B = \mp\frac{1}{2}, \quad C = \pm\frac{5}{3},$$

在 $(9,3,3)$ 处, $B^2 - AC < 0, A > 0$, 所以 $(9,3)$ 是极小值点, $z(9,3) = 3$ 是极小值.

在 $(-9,-3,-3)$ 处, $B^2 - AC < 0, A < 0$, 所以 $(-9,-3)$ 是极大值点, $z(-9,-3) = -3$ 是极大值. □

5.7.2 最大值与最小值

与极值问题联系紧密的是多元函数的最大值与最小值问题. 我们已经知道, 如果函数 $f(x,y)$ 在有界闭区域 D 上连续, 则 $f(x,y)$ 在 D 上一定有最大值与最小值. 而使函数取得最大值与最小值的点可能在 D 的内部, 也可能在 D 的边界上. 如果我们再假定函数 f 在 D 上连续, 在 D 内可微且有有限个驻点, 这时, 如果函数在 D 的内部取得最大 (小) 值, 那么这个最大 (小) 值也是极大 (小) 值. 因此, 在上述假定下, 求函数的最大 (小) 值的一般方法是: 求出函数 $f(x,y)$ 在 D 内的所有驻点处对应的函数值, 并求出函数 $f(x,y)$ 在 D 的边界上的最大值及最小值, 把上述函数值相互比较, 最大的就是 f 在 D 上的最大值, 最小的就是 f 在 D 上的最小值. 但在通常所遇到的实际问题中, 如果根据问题的性质, 知道函数的最大值 (或最小值) 一定存在且必在 D 的内部取得, 而在 D 的内部只有一个驻点, 则此驻点处的函数值一定是函数 f 在 D 上的最大 (小) 值.

例 5.7.4 要造一个容积为 V 的无盖长方体水池, 问如何设计长、宽、高, 才能使它的表面积最小?

解 设长方体的长宽高分别为 x,y,z, 由 $V=xyz$ 可得 $z=\dfrac{V}{xy}$, 表面积为

$$S=xy+2(xz+yz)=xy+2V\left(\frac{1}{x}+\frac{1}{y}\right)\qquad(x>0,y>0).$$

问题化为求 S 的最小值. 由方程组

$$\begin{cases} S'_x=y-\dfrac{2V}{x^2}=0,\\ S'_y=x-\dfrac{2V}{y^2}=0\end{cases}$$

解得驻点为 $(\sqrt[3]{2V},\sqrt[3]{2V})$.

根据问题的实际意义知 S 一定有最小值, 且最小值在

$$D=\{(x,y)|\,0<x<+\infty,0<y<+\infty\}$$

内取得, 而在 D 内函数 S 有唯一的可疑极值点, 所以此点必为最小值点. 因此当长方体的长宽高分别为 $\sqrt[3]{2V},\sqrt[3]{2V},\dfrac{1}{2}\sqrt[3]{2V}$ 时, 表面积最小. □

例 5.7.5 (最小二乘法) 设两个变量 x,y 之间的关系近似于线性函数关系, 现测得 x,y 的一组实验数据 (x_i,y_i) $(i=1,2,\cdots,n)$, 不妨设 $x_i\neq x_j(i\neq j)$. 试求直线方程 $y=a+bx$ 使得平方和

$$u(a,b)=\sum_{i=1}^{n}(a+bx_i-y_i)^2$$

取最小值. 在统计学中, 称所求的直线 $y=a+bx$ 为**回归直线**, 称 a,b 为**回归系数**. 量 $u(a,b)$ 刻画了回归直线与散点 (x_i,y_i) $(i=1,2,\cdots,n)$ 的离散程度. 通过求 $u(a,b)$ 的最小值来确定回归系数 a,b 的这种方法称为**最小二乘法** (见图 5.6).

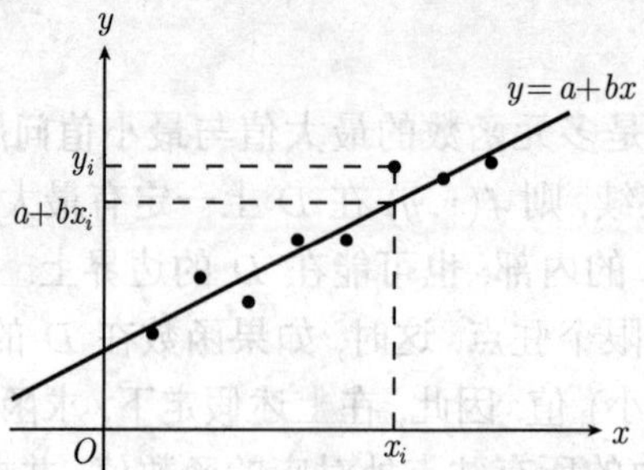

图 5.6

解　因为 $u(a,b)$ 在全平面上可微, 故其极值点必为驻点. 考虑方程组

$$\begin{cases} u_a' = \sum_{i=1}^{n} 2(a+bx_i-y_i) = 0, \\ u_b' = \sum_{i=1}^{n} 2(a+bx_i-y_i)x_i = 0, \end{cases}$$

即

$$\begin{cases} na + \left(\sum_{i=1}^{n} x_i\right)b = \sum_{i=1}^{n} y_i, \\ \left(\sum_{i=1}^{n} x_i\right)a + \left(\sum_{i=1}^{n} x_i^2\right)b = \sum_{i=1}^{n} x_i y_i, \end{cases} \tag{5.7.2}$$

这里 a, b 是未知数. 用数学归纳法可证明方程组的系数行列式

$$\begin{vmatrix} n & \sum_{i=1}^{n} x_i \\ \sum_{i=1}^{n} x_i & \sum_{i=1}^{n} x_i^2 \end{vmatrix} = n\sum_{i=1}^{n} x_i^2 - \left(\sum_{i=1}^{n} x_i\right)^2 = \sum_{\substack{i=1 \\ i<j\leqslant n}}^{n} (x_i - x_j)^2 \neq 0.$$

因而方程组 (5.7.2) 有唯一解 (a_0, b_0), 也就是说函数 $u(a,b)$ 有唯一的驻点. 此驻点必为最小值点. □

5.7.3　条件极值

上节例 5.7.4 的问题也可以叙述为: 求函数 $S = S(x,y,z)$ 满足约束方程

$$\varphi(x,y,z) = V - xyz = 0$$

的极值. 这类极值问题称为**条件极值**. 在此例求解中, 我们是从约束方程 $\varphi(x,y,z) = 0$ 中解出 $z = z(x,y)$, 代入 $S(x,y,z)$, 从而将条件极值问题化为求二元函数 $S(x,y,z(x,y))$ 在无约束

条件下的极值. 但是这种解法常常行不通, 或者比较困难. 下面介绍处理条件极值问题的一种行之有效的方法.

定理 5.7.4　设函数 $f(x,y,z)$ 连续可微, 函数 $\varphi(x,y,z)$ 连续可微, 且 $\varphi'_z \neq 0$, 函数 $f(x,y,z)$ 满足约束方程 $\varphi(x,y,z)=0$ 的条件极值在点 $P_0(x_0,y_0,z_0)$ 取得. 令

$$F(x,y,z,\lambda)=f(x,y,z)+\lambda\varphi(x,y,z), \tag{5.7.3}$$

则 $P_0(x_0,y_0,z_0)$ 满足下列方程组

$$\begin{cases} F'_x=f'_x(x,y,z)+\lambda\varphi'_x(x,y,z)=0, \\ F'_y=f'_y(x,y,z)+\lambda\varphi'_y(x,y,z)=0, \\ F'_z=f'_z(x,y,z)+\lambda\varphi'_z(x,y,z)=0, \\ F'_\lambda=\varphi(x,y,z)=0. \end{cases} \tag{5.7.4}$$

证明　因 f 在 $P_0(x_0,y_0,z_0)$ 取得条件极值, 首先有

$$\varphi(P_0)=\varphi(x_0,y_0,z_0)=0, \tag{5.7.5}$$

因 $\varphi'_z(P_0)\neq 0$, 据隐函数存在定理, 存在 (x_0,y_0) 的邻域 U, 使得方程 $\varphi(x,y,z)=0$ 有唯一的解 $z=z(x,y)$, 并且

$$\begin{gathered} z_0=z(x_0,y_0),\quad \varphi(x,y,z(x,y))=0,\quad \forall (x,y)\in U, \\ \frac{\partial z}{\partial x}(x_0,y_0)=-\frac{\varphi'_x(P_0)}{\varphi'_z(P_0)}, \frac{\partial z}{\partial y}(x_0,y_0)=-\frac{\varphi'_y(P_0)}{\varphi'_z(P_0)}. \end{gathered} \tag{5.7.6}$$

由于 $f(x,y,z(x,y))$ 在 (x_0,y_0) 取极值, 据定理 5.7.1 得

$$\begin{cases} \dfrac{\partial f}{\partial x}(P_0)+\dfrac{\partial f}{\partial z}(P_0)\dfrac{\partial z}{\partial x}(x_0,y_0)=0, \\ \dfrac{\partial f}{\partial y}(P_0)+\dfrac{\partial f}{\partial z}(P_0)\dfrac{\partial z}{\partial y}(x_0,y_0)=0. \end{cases} \tag{5.7.7}$$

将式 (5.7.6) 代入式 (5.7.7) 得

$$\begin{cases} f'_x(P_0)-\dfrac{1}{\varphi'_z(P_0)}f'_z(P_0)\varphi'_x(P_0)=0, \\ f'_y(P_0)-\dfrac{1}{\varphi'_z(P_0)}f'_z(P_0)\varphi'_y(P_0)=0. \end{cases} \tag{5.7.8}$$

记 $\lambda_0=-\dfrac{1}{\varphi'_z(P_0)}f'_z(P_0)$, 并与式 (5.7.5)、式 (5.7.8) 联立得

$$\begin{cases} f'_x(P_0)+\lambda_0\varphi'_x(P_0)=0, \\ f'_y(P_0)+\lambda_0\varphi'_y(P_0)=0, \\ f'_z(P_0)+\lambda_0\varphi'_z(P_0)=0, \\ \varphi(P_0)=0. \end{cases} \tag{5.7.9}$$

□

式 (5.7.3) 中的函数 $F(x,y,z,\lambda)$ 称为**拉格朗日函数**, 数 λ 称为**拉格朗日乘数**.

定理 5.7.4 表明: 欲求函数 $f(x,y,z)$ 满足约束方程 $\varphi(x,y,z)=0$ 的条件极值, 可先建立拉格朗日函数, 并求方程组 (5.7.4) 的解 (x_0,y_0,z_0,λ_0), 则 (x_0,y_0,z_0) 是可疑的条件极值点, 然后再讨论函数 $f(x,y,z)$ 在 (x_0,y_0,z_0) 是否取得条件极值. 这一方法称为**拉格朗日乘数法**.

如果可能的条件极值点 (或条件最大值点与最小值点) 只有一个 (或两个), 又根据实际问题的几何或物理意义, 知其条件极值存在, 则上述可能的条件极值点必为所求的极值点.

拉格朗日乘数法可推广到 f 与 φ 皆为二元函数或其他多元函数的情况, 还可推广到含多个约束方程的条件极值问题 (约束方程的个数必须少于自变量的个数), 这时拉格朗日函数中所引入的拉格朗日乘数的个数等于约束方程的个数. 例如: 求函数 $f(x,y,z)$ 满足两个约束方程

$$\varphi(x,y,z)=0,\quad \psi(x,y,z)=0$$

的条件极值时, 拉格朗日函数为

$$F(x,y,z,\lambda,\mu)=f(x,y,z)+\lambda\varphi(x,y,z)+\mu\psi(x,y,z),$$

可能的条件极值点由下列方程组确定:

$$\begin{cases} F'_x=f'_x(x,y,z)+\lambda\varphi'_x(x,y,z)+\mu\psi'_x(x,y,z)=0,\\ F'_y=f'_y(x,y,z)+\lambda\varphi'_y(x,y,z)+\mu\psi'_y(x,y,z)=0,\\ F'_z=f'_z(x,y,z)+\lambda\varphi'_z(x,y,z)+\mu\psi'_z(x,y,z)=0,\\ F'_\lambda=\varphi(x,y,z)=0,\\ F'_\mu=\psi(x,y,z)=0. \end{cases}$$

例 5.7.6 求函数 $u=x^ay^bz^c$ 满足条件 $x+y+z=m(x>0,y>0,z>0,a>0,b>0,c>0,m>0)$ 的极值.

解 问题转化为求函数 $\ln u=a\ln x+b\ln y+c\ln z$ 的条件极值.

建立拉格朗日函数

$$F(x,y,z,\lambda)=a\ln x+b\ln y+c\ln z+\lambda(x+y+z-m),$$

由方程组

$$\begin{cases} F'_x=\dfrac{a}{x}+\lambda=0,\\ F'_y=\dfrac{b}{y}+\lambda=0,\\ F'_z=\dfrac{c}{z}+\lambda=0,\\ F'_\lambda=x+y+z-m=0. \end{cases}$$

解得可疑的极值点为 $\left(\dfrac{am}{a+b+c},\dfrac{bm}{a+b+c},\dfrac{cm}{a+b+c}\right)$.

函数 $u=x^ay^bz^c$ 在有界闭区域 D： $x+y+z=m\ (x\geqslant 0,y\geqslant 0,z\geqslant 0)$ 上必有最大值和最小值, 显然在边界处 $(x+y+z=m,x=0$ 或 $y=0$ 或 $z=0)$ 函数取得最小值, 所以最大值必在区域内部 $(x+y+z=m,\ x>0,y>0,z>0)$ 取得, 而在区域内部函数只有一个可疑的极值点, 所以这个可疑的极值点必为函数的最大值点. 所以函数 $u=x^ay^bz^c$ 满足条件 $x+y+z=m\ (x>0,y>0,z>0)$ 的极大值为 $u\left(\dfrac{am}{a+b+c},\dfrac{bm}{a+b+c},\dfrac{cm}{a+b+c}\right)=\dfrac{a^ab^bc^cm^{a+b+c}}{(a+b+c)^{a+b+c}}$. □

例 5.7.7　用拉格朗日乘数法求点 $(-1,-1,-1)$ 与曲线 $\begin{cases} z=xy, \\ x+y=4 \end{cases}$ 的最短距离.

解　曲线上任一点 (x,y,z) 到点 $(-1,-1,-1)$ 的距离为

$$d=\sqrt{(x+1)^2+(y+1)^2+(z+1)^2},$$

问题转化为求函数

$$f(x,y,z)=d^2=(x+1)^2+(y+1)^2+(z+1)^2$$

满足约束方程 $xy-z=0$ 和 $x+y-4=0$ 的条件极值.

建立拉格朗日函数

$$F(x,y,z,\lambda,\mu)=(x+1)^2+(y+1)^2+(z+1)^2+\lambda(xy-z)+\mu(x+y-4),$$

由方程组

$$\begin{cases} F'_x=2(x+1)+\lambda y+\mu=0, \\ F'_y=2(y+1)+\lambda x+\mu=0, \\ F'_z=2(z+1)-\lambda=0, \\ F'_\lambda=xy-z=0, \\ F'_\mu=x+y-4=0 \end{cases}$$

解得可疑的极值点为 $(2,2,4),(0,4,0),(4,0,0)$.

而 $f(2,2,4)=43, f(0,4,0)=f(4,0,0)=27$, 由问题的几何意义知, 点 $(-1,-1,-1)$ 到曲线的距离的最小值一定存在, 因而函数 $f(x,y,z)$ 的条件最小值一定存在, 且在可疑极值点处取得, 所以 $f(0,4,0)=f(4,0,0)=27$ 为函数 $f(x,y,z)$ 的条件最小值. 因此所求最短距离为 $\sqrt{27}$. □

例 5.7.8　求函数 $f(x,y)=x^2+4y^2+9$ 在 $D=\{(x,y)|\,4x^2+y^2\leqslant 9\}$ 上的最大值和最小值.

解　由方程组

$$\begin{cases} f'_x=2x=0, \\ f'_y=8y=0 \end{cases}$$

解得驻点 (0,0), 此点是区域 D 的内点. 下面求函数 $f(x,y)$ 在区域 D 的边界 $4x^2+y^2=9$ 上的可疑的条件极值点. 建立拉格朗日函数

$$F(x,y,z,\lambda)=x^2+4y^2+9+\lambda(4x^2+y^2-9),$$

由方程组

$$\begin{cases} F'_x=2x+8\lambda x=0, \\ F'_y=8y+2\lambda y=0, \\ F'_\lambda=4x^2+y^2-9=0 \end{cases}$$

解得可疑的极值点为 $(0,\pm3)$, $\left(\pm\dfrac{3}{2},0\right)$.

$$f(0,0)=9,\quad f(0,3)=f(0,-3)=45.\quad f\left(\frac{3}{2},0\right)=f\left(-\frac{3}{2},0\right)=\frac{45}{4},$$

所以函数 $f(x,y)$ 在 D 上的最大值为 $f(0,\pm3)=45$, 最小值为 $f(0,0)=9$. □

习题 5.7

1. 求下列函数的极值:
   (1) $z=x^2+2y^2-xy+6x-3y-2$;
   (2) $z=x^6+y^4-3x^2-2y^2$;
   (3) $z=x^4+y^4-x^2-2xy-y^2$;
   (4) $z=\cos x+\cos y+\cos(x+y)$, 其中 $0<x,y<\pi$.
2. 求下列方程确定的隐函数 $z=z(x,y)$ 的极值:
   (1) $2x^2+2y^2+z^2+8xz-z+8=0$;
   (2) $x^2+y^2+z^2+2x-2y+4z-10=0$.
3. 将周长为 $2p$ 的矩形绕其一边旋转形成一个圆柱体, 问矩形的边长各为多少时, 所得圆柱体的体积最大?
4. 将周长为 $2p$ 的三角形绕其一边旋转形成一个旋转体, 问三角形的边长各为多少时, 所得旋转体的体积最大?
5. 在椭圆 $\dfrac{x^2}{a^2}+\dfrac{y^2}{b^2}=1$ 内作底边平行于 x 轴的内接三角形, 求此类三角形面积的最大值.
6. 求抛物线 $y=x^2+2$ 与直线 $x-y-2=0$ 之间的最短距离.
7. 求函数 $z=x^2+y^2-2x+6y$ 在闭区域 D: $x^2+y^2\leqslant 25$ 上的最大值与最小值.
8. 求函数 $z=x^2+12xy+2y^2$ 在闭区域 D: $4x^2+y^2\leqslant 25$ 上的最大值与最小值.
9. 求函数 $z=\cos x+\cos y+\cos(x+y)$ 在闭区域

$$G=\{(x,y)\,|\,0\leqslant x\leqslant\pi,0\leqslant y\leqslant\pi\}$$

上的最大值与最小值.

10. 用拉格朗日乘数法证明

$$\sqrt[n]{a_1a_2\cdots a_n}\leqslant\frac{a_1+a_2+\cdots+a_n}{n},$$

其中 $a_i\geqslant 0, i=1,\cdots,n$.

11. 在第一卦限求椭球面 $x^2+2y^2+3z^2=1$ 的切平面, 使该切平面与三个坐标面所围的四面体体积最小.

5.8 方向导数

偏导数 $\dfrac{\partial f}{\partial x}$ 与 $\dfrac{\partial f}{\partial y}$ 表示函数 $f(x,y)$ 分别对自变量 x 与 y 的变化率. 在实际问题中, 常常需要研究函数沿某个射线方向的变化率, 这就引出了方向导数的概念.

定义 5.8.1 (方向导数)　设 $P_0\in\mathbb{R}^3$, 函数 f 在 P_0 的某邻域 U 内有定义, $\boldsymbol{l}$ 为 $\mathbb{R}^3$ 中的常向量, $\forall P\in U$, 使得 $\overrightarrow{P_0P}$ 与 $\boldsymbol{l}$ 方向相同, 若

$$\lim_{P\to P_0}\frac{f(P)-f(P_0)}{|\overrightarrow{P_0P}|}$$

存在, 则称此极限值为**函数 f 在点 P_0 处沿方向 $\boldsymbol{l}$ 的方向导数**, 记为 $\dfrac{\partial f}{\partial \boldsymbol{l}}(P_0)$.

设向量 $\boldsymbol{l}$ 的方向余弦为 $(\cos\alpha,\cos\beta,\cos\gamma)$, P_0 的坐标为 (x_0,y_0,z_0), 则

$$\frac{\partial f}{\partial \boldsymbol{l}}(P_0)=\frac{\partial f}{\partial \boldsymbol{l}}(x_0,y_0,z_0)=\lim_{t\to0^+}\frac{f(x_0+t\cos\alpha,y_0+t\cos\beta,z_0+t\cos\gamma)-f(x_0,y_0,z_0)}{t}.$$

特别地,

$$\frac{\partial f}{\partial \boldsymbol{l}}(0,0,0)=\lim_{t\to0^+}\frac{f(t\cos\alpha,t\cos\beta,t\cos\gamma)-f(0,0,0)}{t}.$$

下面研究方向导数与偏导数之间的关系.

例 5.8.1　设 $f(x,y,z)=x^2+y^2+z^2+\sqrt{x^2+y^2+z^2}$, 求函数 $f(x,y,z)$ 在点 $(0,0,0)$ 处的偏导数及沿任意方向的方向导数.

解

$$\lim_{x\to0}\frac{f(x,0,0)-f(0,0,0)}{x}=\lim_{x\to0}\frac{x^2+|x|}{x}=\lim_{x\to0}\frac{|x|}{x},$$

此极限不存在, 所以函数 f 在 $(0,0,0)$ 处对 x 不可偏导. 同理可得函数 f 在 $(0,0,0)$ 处对 y 与对 z 也不可偏导.

令向量 $\boldsymbol{l}$ 的方向余弦为 $(\cos\alpha,\cos\beta,\cos\gamma)$, 则

$$\frac{\partial f}{\partial \boldsymbol{l}}(0,0,0)=\lim_{t\to0^+}\frac{f(t\cos\alpha,t\cos\beta,t\cos\gamma)-f(0,0,0)}{t}=\lim_{t\to0^+}\frac{t^2+t}{t}=1,$$

所以函数 f 在 $(0,0,0)$ 处沿任何方向的方向导数皆等于 1. □

此例表明: 函数沿任何方向的方向导数都存在并不能推出该函数的偏导数存在.

例 5.8.2 设

$$f(x,y,z)=\begin{cases} x+y+z, & x=y=0,\ 或\ y=z=0,\ 或\ x=z=0, \\ 1, & 其他. \end{cases}$$

求函数 $f(x,y,z)$ 在 $(0,0,0)$ 处的偏导数及沿任意方向的方向导数.

解

$$\frac{\partial f}{\partial x}(0,0,0)=\lim_{x\to 0}\frac{f(x,0,0)-f(0,0,0)}{x}=\lim_{x\to 0}\frac{x}{x}=1,$$

同理可得 $\dfrac{\partial f}{\partial y}(0,0,0)=\dfrac{\partial f}{\partial z}(0,0,0)=1$.

易知函数 $f(x,y,z)$ 沿 x 轴正向 (即 $\boldsymbol{l}=(1,0,0)$) 的方向导数为

$$\frac{\partial f}{\partial \boldsymbol{l}}(0,0,0)=\lim_{t\to 0^+}\frac{f(t,0,0)-f(0,0,0)}{t}=\frac{\partial f}{\partial x}(0,0,0)=1,$$

沿 x 轴负向 (即 $\boldsymbol{l}=(-1,0,0)$) 的方向导数为

$$\frac{\partial f}{\partial \boldsymbol{l}}(0,0,0)=\lim_{t\to 0^+}\frac{f(-t,0,0)-f(0,0,0)}{t}=-\frac{\partial f}{\partial x}(0,0,0)=-1.$$

同理, 沿 y 轴及 z 轴正向的方向导数为 1, 沿 y 轴及 z 轴负向的方向导数为 -1.

如果 $\boldsymbol{l}$ 是其他方向, 设向量 $\boldsymbol{l}$ 的方向余弦为 $(\cos\alpha,\cos\beta,\cos\gamma)$, 则 α,β,γ 至多一个等于 $\dfrac{\pi}{2}$, 由定义得

$$\frac{\partial f}{\partial \boldsymbol{l}}(0,0,0)=\lim_{t\to 0^+}\frac{f(t\cos\alpha,t\cos\beta,t\cos\gamma)-f(0,0,0)}{t}=\lim_{t\to 0^+}\frac{1}{t}=\infty.$$

所以函数 f 在 $(0,0,0)$ 沿任何非坐标轴方向, 其方向导数皆不存在. □

此例表明: 函数可偏导只能推出该函数沿坐标轴正向 (负向) 的方向导数存在, 而不能推出该函数沿其他方向的方向导数存在.

下面给出方向导数存在的条件及计算公式.

定理 5.8.1 *设函数 $f(x,y,z)$ 在 (x,y,z) 处可微, 向量 $\boldsymbol{l}$ 的方向余弦为 $\cos\alpha$, $\cos\beta$, $\cos\gamma$, 则函数 $f(x,y,z)$ 在 (x,y,z) 处沿方向 $\boldsymbol{l}$ 的方向导数存在, 且*

$$\frac{\partial f}{\partial \boldsymbol{l}}(x,y,z)=f'_x(x,y,z)\cos\alpha+f'_y(x,y,z)\cos\beta+f'_z(x,y,z)\cos\gamma.$$

证明 设点 P_0 的坐标为 (x,y,z), $\boldsymbol{l}^\circ=(\cos\alpha,\cos\beta,\cos\gamma)$, 记

$$\overrightarrow{P_0P}=t\boldsymbol{l}^\circ=(t\cos\alpha,t\cos\beta,t\cos\gamma),\quad t>0,$$

则点 P 的坐标为 $(x+t\cos\alpha, y+t\cos\beta, z+t\cos\gamma)$. 记 $\Delta x = t\cos\alpha, \Delta y = t\cos\beta, \Delta z = t\cos\gamma$. 因为 f 在 P_0 处可微, 所以

$$\begin{aligned} f(P)-f(P_0) &= f(x+\Delta x, y+\Delta y, z+\Delta z) - f(x,y,z) \\ &= \frac{\partial f}{\partial x}(x,y,z)\Delta x + \frac{\partial f}{\partial y}(x,y,z)\Delta y + \frac{\partial f}{\partial z}(x,y,z)\Delta z + o(\rho), \end{aligned}$$

其中 $\rho = \sqrt{\Delta x^2 + \Delta y^2 + \Delta z^2} = t$, 上式两边除以 $|\overrightarrow{P_0P}| = t$, 得

$$\frac{f(P)-f(P_0)}{|\overrightarrow{P_0P}|} = \frac{\partial f}{\partial x}\frac{\Delta x}{t} + \frac{\partial f}{\partial y}\frac{\Delta y}{t} + \frac{\partial f}{\partial z}\frac{\Delta z}{t} + \frac{o(\rho)}{\rho},$$

令 $P \to P_0$, 即 $t \to 0^+$, 即得

$$\frac{\partial f}{\partial \boldsymbol{l}}(x,y,z) = f'_x(x,y,z)\cos\alpha + f'_y(x,y,z)\cos\beta + f'_z(x,y,z)\cos\gamma.$$ □

对于二元函数有如下类似的结论:

设函数 $f(x,y)$ 在 (x,y) 处可微, 向量 $\boldsymbol{l}$ 的方向余弦为 $\cos\alpha, \cos\beta$, 则函数 $f(x,y)$ 在 (x,y) 处沿方向 $\boldsymbol{l}$ 的方向导数存在, 且

$$\frac{\partial f}{\partial \boldsymbol{l}}(x,y) = f'_x(x,y)\cos\alpha + f'_y(x,y)\cos\beta.$$

例 5.8.3 求函数 $f(x,y,z) = xyz + \mathrm{e}^{xyz}$ 在点 $(1,2,1)$ 沿向量 $\boldsymbol{l} = 2\boldsymbol{i} - 2\boldsymbol{j} + \boldsymbol{k}$ 方向的方向导数.

解

$$\begin{aligned} f(x,y,z) &= xyz + \mathrm{e}^{xyz}, \\ f'_x(1,2,1) &= \left(yz + yz\mathrm{e}^{xyz}\right)\Big|_{(1,2,1)} = 2(1+\mathrm{e}^2), \\ f'_y(1,2,1) &= \left(xz + xz\mathrm{e}^{xyz}\right)\Big|_{(1,2,1)} = 1+\mathrm{e}^2, \\ f'_z(1,2,1) &= \left(xy + xy\mathrm{e}^{xyz}\right)\Big|_{(1,2,1)} = 2(1+\mathrm{e}^2), \end{aligned}$$

而

$$\boldsymbol{l} = 2\boldsymbol{i} - 2\boldsymbol{j} + \boldsymbol{k} = (2,-2,1) = 3\left(\frac{2}{3}, -\frac{2}{3}, \frac{1}{3}\right),$$

故

$$(\cos\alpha, \cos\beta, \cos\gamma) = \left(\frac{2}{3}, -\frac{2}{3}, \frac{1}{3}\right),$$

所以

$$\frac{\partial f}{\partial \boldsymbol{l}}(1,2,1) = \frac{4}{3}(1+\mathrm{e}^2) - \frac{2}{3}(1+\mathrm{e}^2) + \frac{2}{3}(1+\mathrm{e}^2) = \frac{4}{3}(1+\mathrm{e}^2).$$ □

习题 5.8

1. 求函数 $z = xy + \cos(x+y)$ 在点 $A\left(0, \dfrac{\pi}{2}\right)$ 处沿方向 $\boldsymbol{l} = (3,4)$ 的方向导数.
2. 求函数 $u = xy^2z^3$ 在点 $A(1,1,1)$ 处沿方向 $\boldsymbol{l} = (1,1,2)$ 的方向导数.
3. 求函数 $u = xy + y^2 + \sqrt{x+z}$ 在点 $A(1,0,2)$ 处沿从 A 到 $B(5,3,14)$ 方向的方向导数.
4. 求 $u = x^2 + y^2 - z^2$ 在点 $P(3,4,5)$ 处沿曲线 $\begin{cases} 2x^2 + 2y^2 - z^2 = 25, \\ x^2 + y^2 = z^2 \end{cases}$ 在该点的切线方向的方向导数.
5. 求函数 $u = x + y + z$ 在点 $P_0\left(0, \dfrac{1}{\sqrt{2}}, \dfrac{1}{\sqrt{2}}\right)$ 处沿球面 $x^2 + y^2 + z^2 = 1$ 上该点的外法线方向的方向导数.

第6章 重 积 分

上一章我们讨论了多元函数以及多元函数的微分运算. 本章及下一章我们来讨论多元函数的积分运算. 在一元函数积分学中我们定义的定积分是某种确定形式的和的极限. 在本章及下一章中, 我们把和的极限的概念推广到平面有界闭区域、空间有界闭区域、曲线以及曲面上多元函数的情形, 从而得到二重积分、三重积分、曲线积分以及曲面积分的概念. 本章介绍二重积分和三重积分的概念、计算方法以及它们的一些应用. 本章中所涉及到的平面有界闭区域 D 的边界为分段**光滑曲线***, 空间有界闭区域 Ω 的边界曲面为分片**光滑曲面****, 以后不赘.

6.1 二重积分的概念与性质

6.1.1 二重积分的概念

一、二重积分的概念

我们先看两个实例.

1. 曲顶柱体的体积

设有一立体, 以 xOy 平面上一个有界闭区域 D 为底, 以曲面 $z = f(x, y)(\geqslant 0)$ 为顶, 侧面是以 D 的边界曲线为准线而母线平行于 z 轴的柱面. 这种立体称为**曲顶柱体**(见图 6.1).

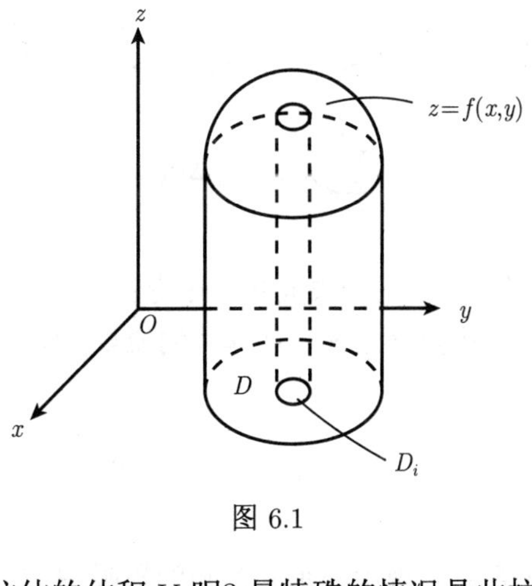

图 6.1

如何定义及计算曲顶柱体的体积 V 呢? 最特殊的情况是此柱体的顶是平行于 xOy 坐标面的平面, 此时柱体的体积等于底面积乘高. 一般情况下, 曲顶柱体每一点高度不同, 此时我们仍然用“分割取近似, 求和取极限”的方法来计算其体积.

---

* 逐段光滑曲线指由有限条光滑曲线组成的曲线.

** 光滑曲面指处处有切平面且法向量在曲面上连续变化的曲面.

将区域 D 任意地分割为 n 个子区域 $D_i(i=1,2,\cdots,n)$, D_i 的面积记为 $\Delta\sigma_i$, 并记 $\lambda=\max\limits_{1\leqslant i\leqslant n}\{D_i\text{的直径}\}$. 以 D_i 的边界曲线为准线, 作母线平行于 z 轴的柱面, 这些柱面将曲顶柱体分割为 n 个小曲顶柱体.

设 D_i 对应的小曲顶柱体的体积为 ΔV_i. 在每一个小区域 D_i 上任取一点 (ξ_i,η_i), 以 D_i 为底, 以 $f(\xi_i,\eta_i)$ 为高作平顶柱体. 则 $\Delta V_i\approx f(\xi_i,\eta_i)\Delta\sigma_i$, 那么和式

$$\sum_{i=1}^{n} f(\xi_i,\eta_i)\Delta\sigma_i$$

是曲顶柱体体积的近似值.

令 $\lambda\to 0$, 如果此和式极限存在 (此极限与区域 D 的分割无关, 与 (ξ_i,η_i) 的取法无关), 我们用此极限来定义曲顶柱体的体积, 即

$$V=\lim_{\lambda\to 0}\sum_{i=1}^{n} f(\xi_i,\eta_i)\Delta\sigma_i.$$

2. 平面薄片的质量

设有一质量分布不均匀的平面薄片 D, 各点 (x,y) 的质量面密度为 $\mu(x,y)$, 其中 $\mu(x,y)$ 在 D 上连续且非负, 求 D 的质量 M.

将区域 D 任意地分割为 n 个小区域 $D_i(i=1,2,\cdots,n)$, 设 D_i 的质量为 M_i, D_i 的面积记为 $\Delta\sigma_i$, 记

$$\lambda=\max_{1\leqslant i\leqslant n}\{D_i\text{的直径}\}.$$

在每一个小区域 D_i 上任取一点 (ξ_i,η_i), 则 $M_i\approx\mu(\xi_i,\eta_i)\Delta\sigma_i$, 那么和式

$$\sum_{i=1}^{n}\mu(\xi_i,\eta_i)\Delta\sigma_i$$

是平面薄片质量的近似值. 令 $\lambda\to 0$, 如果此式极限存在 (此极限与区域 D 的分割无关, 与 (ξ_i,η_i) 的取法无关), 我们用此极限来定义平面薄片的质量, 即

$$M=\lim_{\lambda\to 0}\sum_{i=1}^{n}\mu(\xi_i,\eta_i)\Delta\sigma_i.$$

现实生活中很多情况下都会出现上述形式的和的极限. 抽去上述实例的实际意义, 我们给出二重积分的定义:

定义 6.1.1 (二重积分) 设函数 $f(x,y)$ 在平面有界闭区域 D 上有定义. 将区域 D 任意地分割为 n 个小闭区域 $D_i(i=1,2,\cdots,n)$, D_i 的面积记为 $\Delta\sigma_i$, 并记 $\lambda=\max\limits_{1\leqslant i\leqslant n}\{D_i\text{的直径}\}$. 在每一个小闭区域 D_i 上任取一点 (ξ_i,η_i), 作和式

$$\sum_{i=1}^{n} f(\xi_i, \eta_i)\Delta\sigma_i.$$

若 $\lambda \to 0$ 时, 此和式极限存在 (此极限值与 D 的分割无关, 与每个 D_i 上点 (ξ_i, η_i) 的取法无关), 则称函数 $f(x, y)$ 在区域 D 上**黎曼可积**, 简称为**可积**. 称此极限为函数 $f(x, y)$ 在区域 D 上的**二重积分**, 记为

$$\iint_D f(x, y)\mathrm{d}\sigma = \lim_{\lambda \to 0} \sum_{i=1}^{n} f(\xi_i, \eta_i)\Delta\sigma_i.$$

并称 $f(x, y)$ 为**被积函数**, D 为**积分区域**, $\mathrm{d}\sigma$ 为**面积微元**.

当函数 $f(x, y)$ 在 D 上可积时, 由定义可以证明函数 $f(x, y)$ 在 D 上有界.

由二重积分的定义可知, 曲顶柱体的体积为

$$V = \iint_D f(x, y)\mathrm{d}\sigma,$$

平面薄片的质量为

$$M = \iint_D \mu(x, y)\mathrm{d}\sigma.$$

二、二重积分的几何意义

一般情况下, 设 V 表示以闭区域 D 为底, 以曲面 $z = f(x, y)$ 为顶的曲顶柱体的体积. 如果 $f(x, y) \geqslant 0$, 则

$$\iint_D f(x, y)\mathrm{d}\sigma = V.$$

如果 $f(x, y) \leqslant 0$, 则

$$\iint_D f(x, y)\mathrm{d}\sigma = -V.$$

如果 $f(x, y)$ 在 D 上变号, 记 V_1 为位于 xOy 坐标面上方的曲顶柱体的体积, V_2 为位于 xOy 坐标面下方的曲顶柱体的体积, 则

$$\iint_D f(x, y)\mathrm{d}\sigma = V_1 - V_2.$$

三、二重积分的可积条件

与定积分的可积条件类似, 二重积分有如下结论 (证明从略):

定理 6.1.1　设函数 $f(x, y)$ 在有界闭区域 D 上连续, 则函数 $f(x, y)$ 在 D 上可积.

定理 6.1.2　设函数 $f(x, y)$ 在有界闭区域 D 上有界, $f(x, y)$ 的间断点分布在 D 内有限条光滑曲线上, 则函数 $f(x, y)$ 在 D 上可积.

6.1.2 二重积分的性质

与定积分类似, 由二重积分的定义易知二重积分有如下性质:

定理 6.1.3 设 $D\subset\mathbb{R}^2$ 为有界闭区域, 下列各式的被积函数在 D 上皆可积, 则有:

(1) $\displaystyle\iint\limits_D \mathrm{d}\sigma=\sigma(D)$, 这里 $\sigma(D)$ 表示 D 的面积;

(2) $\displaystyle\iint\limits_D kf(x,y)\mathrm{d}\sigma=k\iint\limits_D f(x,y)\mathrm{d}\sigma(k\in\mathbb{R})$;

(3) $\displaystyle\iint\limits_D \big(f(x,y)\pm g(x,y)\big)\,\mathrm{d}\sigma=\iint\limits_D f(x,y)\mathrm{d}\sigma\pm\iint\limits_D g(x,y)\mathrm{d}\sigma$;

(4) 对积分区域的可加性: 用逐段光滑的曲线将闭区域 D 分割为两个小闭区域 D_1 与 D_2, 则

$$\iint\limits_D f(x,y)\mathrm{d}\sigma=\iint\limits_{D_1} f(x,y)\mathrm{d}\sigma+\iint\limits_{D_2} f(x,y)\mathrm{d}\sigma;$$

(5) 保向性: 若 $f(x,y)\leqslant g(x,y),\forall(x,y)\in D$, 则

$$\iint\limits_D f(x,y)\mathrm{d}\sigma\leqslant\iint\limits_D g(x,y)\mathrm{d}\sigma;$$

(6) 估值性质: 设函数 $f(x,y)$ 在 D 上的最大值与最小值分别为 M 与 m, 则

$$m\leqslant\frac{1}{\sigma(D)}\iint\limits_D f(x,y)\mathrm{d}\sigma\leqslant M;$$

(7) 绝对值性质: $\displaystyle\left|\iint\limits_D f(x,y)\mathrm{d}\sigma\right|\leqslant\iint\limits_D |\,f(x,y)|\,\mathrm{d}\sigma$;

(8) 对称性质: 设 D 关于 $x=0$ 对称. 如果函数 $f(x,y)$ 关于 x 为奇函数, 即 $f(-x,y)=-f(x,y)$, 则

$$\iint\limits_D f(x,y)\mathrm{d}\sigma=0;$$

如果函数 $f(x,y)$ 关于 x 为偶函数, 即 $f(-x,y)=f(x,y)$, 则

$$\iint\limits_D f(x,y)\mathrm{d}\sigma=2\iint\limits_{D_1} f(x,y)\mathrm{d}\sigma,$$

其中 D_1 是 D 中 $x\geqslant 0$ 的部分. 对于变量 y 有类似的结论.

定理 6.1.4 (中值定理 1) 设 $D \subset \mathbb{R}^2$ 为有界闭区域, 函数 $f(x,y), g(x,y)$ 在 D 上连续, 且对任意的 $(x,y) \in D$, $g(x,y) \geqslant 0$ (或 $\leqslant 0$), 则存在 $(\xi,\eta) \in D$, 使得

$$\iint\limits_D f(x,y)g(x,y)\mathrm{d}\sigma = f(\xi,\eta)\iint\limits_D g(x,y)\mathrm{d}\sigma.$$

特别的, 取 $g(x,y) \equiv 1$, 有

定理 6.1.5 (中值定理 2) 设 $D \subset \mathbb{R}^2$ 为有界闭区域, 函数 $f(x,y)$ 在 D 上连续, 则存在 $(\xi,\eta) \in D$, 使得

$$\iint\limits_D f(x,y)\mathrm{d}\sigma = f(\xi,\eta) \cdot \sigma(D).$$

习题 6.1

1. 试用二重积分表示下列空间区域的体积:

   (1) 锥体 $\Omega : \sqrt{x^2+y^2} \leqslant 2-z,\ 0 \leqslant z \leqslant 2$;

   (2) 由曲面 $z = x^2+y^2, x^2+y^2=1, z=0$ 所围的立体.

2. 试用二重积分的几何意义计算下列二重积分:

   (1) $\iint\limits_D (1-x-y)\mathrm{d}\sigma$, 其中 D 是以 $(0,0),(1,0),(0,1)$ 为顶点的三角形区域;

   (2) $\iint\limits_D \sqrt{a^2-x^2-y^2}\,\mathrm{d}\sigma$, 其中 D 是以原点为圆心, 半径为 a 的圆.

3. 设 $D = \{(x,y) |\, x^2+y^2 \leqslant r^2\}$, 试求

$$\lim_{r\to 0}\frac{1}{\pi r^2}\iint\limits_D \mathrm{e}^{x+y}\cos(x^2+y^2)\mathrm{d}\sigma.$$

4. 设函数 $f(x,y)$ 是有界闭区域 D 上非负的连续函数, 且 $\iint\limits_D f(x,y)\mathrm{d}\sigma = 0$, 证明: 当 $(x,y) \in D$ 时, $f(x,y) \equiv 0$.

6.2 二重积分的计算

6.2.1 累次积分法

设 $D \subset \mathbb{R}^2$ 为有界闭区域, 函数 $f(x,y)$ 在 D 上可积. 按定义, $f(x,y)$ 在 D 上二重积分的值

$$\iint\limits_D f(x,y)\mathrm{d}\sigma = \lim_{\lambda\to 0}\sum_{i=1}^{n} f(\xi_i,\eta_i)\Delta\sigma_i$$

与 D 的分割无关. 在直角坐标系中, 我们常用平行于 x 轴和 y 轴的直线将 D 分割为 n 个小闭区域, 这些小闭区域除部分可能是曲边梯形外皆为矩形, 其面积 $\Delta\sigma_i = \Delta x_i \Delta y_i$, 因而面积微元常记为 $\mathrm{d}\sigma = \mathrm{d}x\mathrm{d}y$, 称为**直角坐标下的面积微元**. $f(x,y)$ 在区域 D 上的二重积分常记为

$$\iint_D f(x,y)\mathrm{d}x\mathrm{d}y.$$

为了研究二重积分的计算, 我们先介绍关于含参变量的定积分

$$\sigma_1(x)=\int_c^d f(x,y)\mathrm{d}y \quad 与 \quad \sigma_2(x)=\int_{\varphi_1(x)}^{\varphi_2(x)} f(x,y)\mathrm{d}y$$

的性质而略去证明.

定理 6.2.1 设函数 $f(x,y)$ 在闭区域

$$D=\{(x,y)|\, a\leqslant x\leqslant b, c\leqslant y\leqslant d\}$$

上连续, 则含参定积分

$$\sigma_1(x)=\int_c^d f(x,y)\mathrm{d}y$$

在区间 $[a,b]$ 上连续.

定理 6.2.2 设函数 $\varphi_1(x),\varphi_2(x)$ 在区间 $[a,b]$ 上连续, 函数 $f(x,y)$ 在闭区域

$$D=\{(x,y)|\, \varphi_1(x)\leqslant y\leqslant \varphi_2(x), a\leqslant x\leqslant b\}$$

上连续, 则含参定积分

$$\sigma_2(x)=\int_{\varphi_1(x)}^{\varphi_2(x)} f(x,y)\mathrm{d}y$$

在区间 $[a,b]$ 上连续.

下面, 我们将二重积分 $\iint\limits_D f(x,y)\mathrm{d}x\mathrm{d}y$ 看作是以 D 为底, 以曲面 $z=f(x,y)(\geqslant 0)$ 为顶的曲顶柱体的体积, 从几何意义上来推导二重积分的计算公式. 分两种情况讨论:

(1) 设闭区域 D 可表示为

$$D=\{(x,y)|\, \varphi_1(x)\leqslant y\leqslant \varphi_2(x), a\leqslant x\leqslant b\},$$

这里 $\varphi_1(x),\varphi_2(x)$ 在区间 $[\,a,b\,]$ 上连续 (见图 6.2).

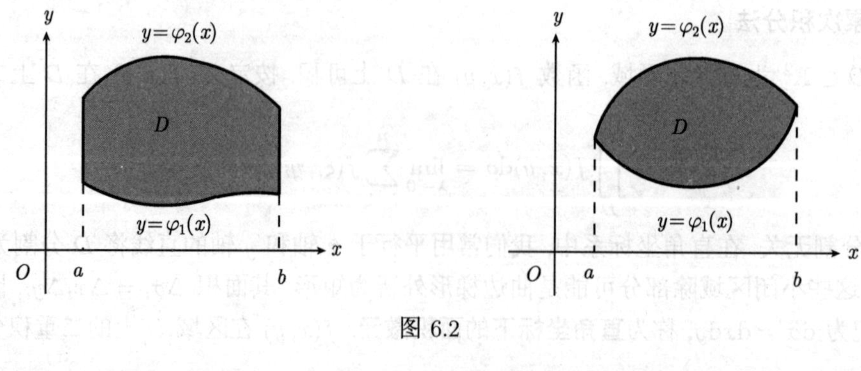

图 6.2

任取 $x\in[a,b]$, 过点 $(x,0,0)$ 作平面 Π 垂直于 x 轴, 该平面截曲顶柱体 Ω 的截面是平面 Π 上的曲边梯形 (见图 6.3), 它可表示为

$$0\leqslant z\leqslant f(x,y),\quad \varphi_1(x)\leqslant y\leqslant \varphi_2(x).$$

该曲边梯形的面积为含参定积分

$$A(x)=\int_{\varphi_1(x)}^{\varphi_2(x)} f(x,y)\mathrm{d}y.$$

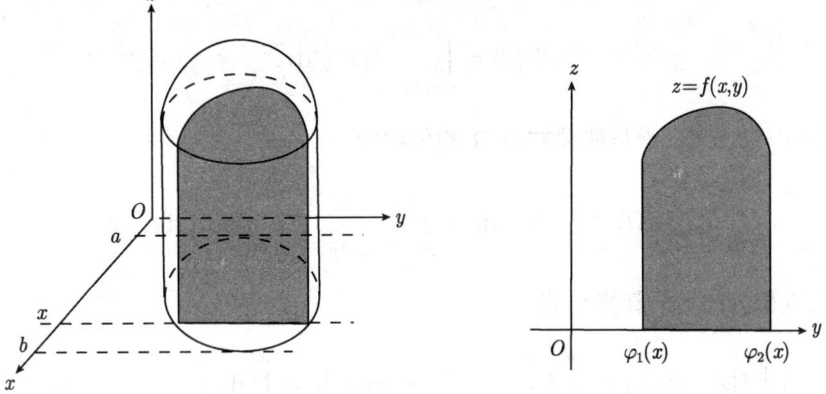

图 6.3

由定理 6.2.2 知, $A(x)$ 在 $[a,b]$ 上连续, 于是曲顶柱体 Ω 的体积为

$$V(\Omega)=\int_a^b A(x)\mathrm{d}x=\int_a^b\left(\int_{\varphi_1(x)}^{\varphi_2(x)} f(x,y)\mathrm{d}y\right)\mathrm{d}x,$$

由此即得二重积分的计算公式

$$\iint\limits_D f(x,y)\mathrm{d}x\mathrm{d}y=\int_a^b\left(\int_{\varphi_1(x)}^{\varphi_2(x)} f(x,y)\mathrm{d}y\right)\mathrm{d}x=\int_a^b\mathrm{d}x\int_{\varphi_1(x)}^{\varphi_2(x)} f(x,y)\mathrm{d}y. \tag{6.2.1}$$

此公式表明二重积分可化为先对 y, 后对 x 的两次定积分. 上式右端称为**先对 y, 后对 x 的累次积分 (二次积分)**.

(2) 设闭区域 D 可表示为

$$D=\{(x,y)|\,\psi_1(y)\leqslant x\leqslant\psi_2(y), c\leqslant y\leqslant d\},$$

这里 $\psi_1(y),\psi_2(y)$ 在区间 $[c,d]$ 上连续 (见图 6.4).

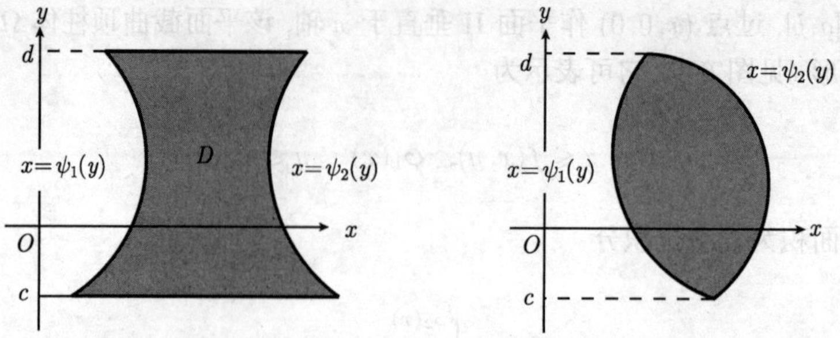

图 6.4

我们用垂直于 y 轴的平面截曲顶柱体 Ω, 所得横截面的面积为含参定积分

$$B(y)=\int_{\psi_1(y)}^{\psi_2(y)} f(x,y)\mathrm{d}x,$$

它在区间 $[c,d]$ 上连续, 于是曲顶柱体 Ω 的体积为

$$V(\Omega)=\int_c^d B(y)\mathrm{d}y=\int_c^d\left(\int_{\psi_1(y)}^{\psi_2(y)} f(x,y)\mathrm{d}x\right)\mathrm{d}y,$$

由此即得二重积分的另一计算公式

$$\iint_D f(x,y)\mathrm{d}x\mathrm{d}y=\int_c^d\left(\int_{\psi_1(y)}^{\psi_2(y)} f(x,y)\mathrm{d}x\right)\mathrm{d}y=\int_c^d\mathrm{d}y\int_{\psi_1(y)}^{\psi_2(y)} f(x,y)\mathrm{d}x. \tag{6.2.2}$$

此公式表明二重积分可化为**先对 x, 后对 y 的累次积分**.

最后指出, 虽然在推导上述两个公式时, 我们假设被积函数 $f(x,y)$ 非负, 但对于一般的 $f(x,y)$, 公式 (6.2.1)、(6.2.2) 仍成立. 另外, 对于不满足公式 (6.2.1)、(6.2.2) 条件的积分区域 D, 我们可将 D 分割为若干子闭区域, 使得在每个子闭区域上满足公式 (6.2.1) 或 (6.2.2) 的条件, 将二重积分化为累次积分, 然后应用二重积分对积分区域的可加性, 把它们相加即可.

例 6.2.1 计算二重积分 $\iint\limits_D x^2y\,\mathrm{d}x\mathrm{d}y$, 其中 D 为 $y=\sqrt{x}, x=1, y=0$ 所围的平面区域 (见图 6.5).

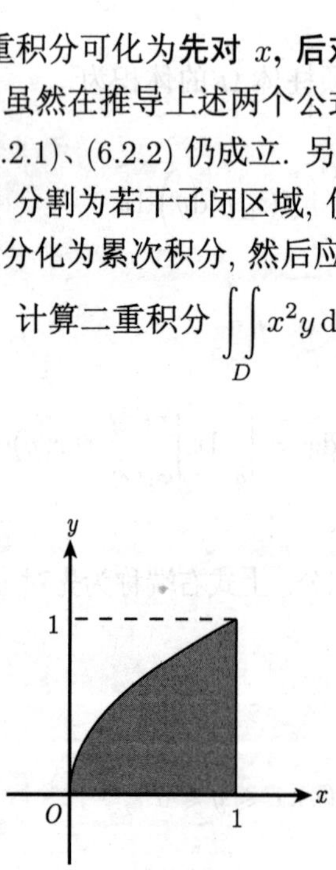

图 6.5

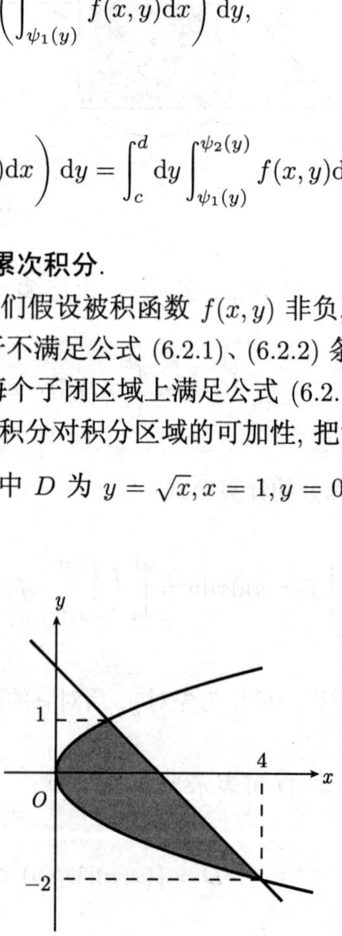

图 6.6

解　方法 1: $D=\{(x,y)\mid 0\leqslant y\leqslant \sqrt{x},0\leqslant x\leqslant 1\}$,

$$\text{原式}=\int_0^1 \mathrm{d}x\int_0^{\sqrt{x}} x^2y\,\mathrm{d}y=\int_0^1 x^2\cdot\frac{y^2}{2}\Big|_{y=0}^{y=\sqrt{x}}\mathrm{d}x$$
$$=\int_0^1\frac{x^3}{2}\mathrm{d}x=\frac{x^4}{8}\Big|_0^1=\frac{1}{8}.$$

方法 2:　$D=\{(x,y)\mid y^2\leqslant x\leqslant 1,0\leqslant y\leqslant 1\}$,

$$\text{原式}=\int_0^1 \mathrm{d}y\int_{y^2}^1 x^2y\,\mathrm{d}x=\int_0^1 y\cdot\frac{x^3}{3}\Big|_{x=y^2}^{x=1}\mathrm{d}y$$
$$=\int_0^1 y\left(\frac{1}{3}-\frac{y^6}{3}\right)\mathrm{d}y=\left(\frac{y^2}{6}-\frac{y^8}{24}\right)\Big|_0^1=\frac{1}{8}.$$ □

例 6.2.2　计算二重积分 $\iint\limits_D(x+y)\mathrm{d}x\mathrm{d}y$, 其中 D 为 $x=y^2$ 及 $x+y=2$ 所围的平面区域 (见图 6.6).

解　$D=\{(x,y)\mid y^2\leqslant x\leqslant 2-y,-2\leqslant y\leqslant 1\}$,

$$\text{原式}=\int_{-2}^1 \mathrm{d}y\int_{y^2}^{2-y}(x+y)\,\mathrm{d}x=\int_{-2}^1\left(\frac{1}{2}x^2+xy\right)\Big|_{x=y^2}^{x=2-y}\mathrm{d}y$$
$$=\int_{-2}^1\left(2-\frac{1}{2}y^2-\frac{1}{2}y^4-y^3\right)\mathrm{d}y=\frac{99}{20}.$$ □

例 6.2.3　计算二重积分 $\iint\limits_D|y-x^2|\,\mathrm{d}x\mathrm{d}y$, 其中 D 为 $|x|\leqslant 1,0\leqslant y\leqslant 2$.

解　用曲线 $y=x^2$ 将 D 分成 D_1 与 D_2 两部分 (见图 6.7), 其中

$$D_1=\{(x,y)\mid x^2\leqslant y\leqslant 2,-1\leqslant x\leqslant 1\},$$

$$D_2=\{(x,y)\mid 0\leqslant y\leqslant x^2,-1\leqslant x\leqslant 1\},$$

$$\text{原式}=\iint\limits_{D_1}(y-x^2)\,\mathrm{d}x\mathrm{d}y+\iint\limits_{D_2}(x^2-y)\,\mathrm{d}x\mathrm{d}y$$
$$=\int_{-1}^1\mathrm{d}x\int_{x^2}^2(y-x^2)\,\mathrm{d}y+\int_{-1}^1\mathrm{d}x\int_0^{x^2}(x^2-y)\,\mathrm{d}y$$
$$=\int_{-1}^1\left(\frac{1}{2}y^2-x^2y\right)\Big|_{y=x^2}^{y=2}\mathrm{d}x+\int_{-1}^1\left(x^2y-\frac{1}{2}y^2\right)\Big|_{y=0}^{y=x^2}\mathrm{d}x$$
$$=\int_{-1}^1\left(2-2x^2+x^4\right)\mathrm{d}x=\frac{46}{15}.$$ □

例 6.2.4　计算二重积分 $\iint\limits_D(|x|+|y|)\mathrm{d}x\mathrm{d}y$, 其中 D 为 $|x|+|y|\leqslant 1$(见图 6.8).

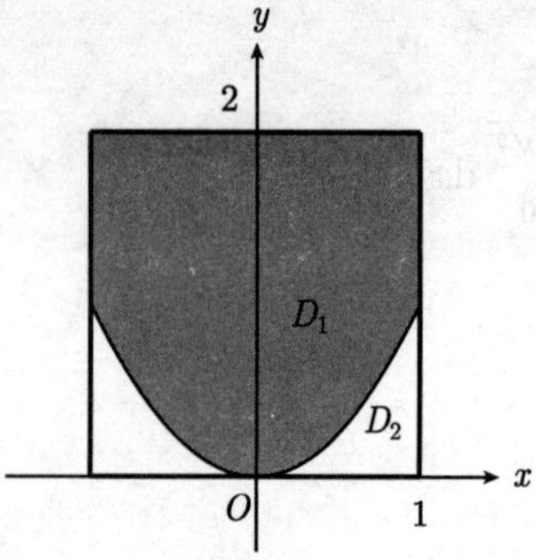

图 6.7

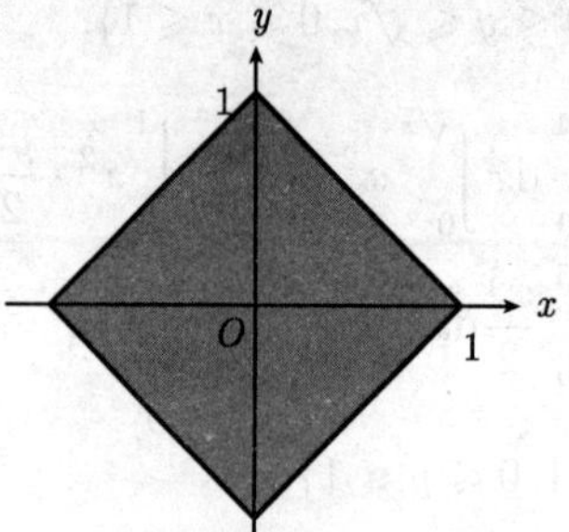

图 6.8

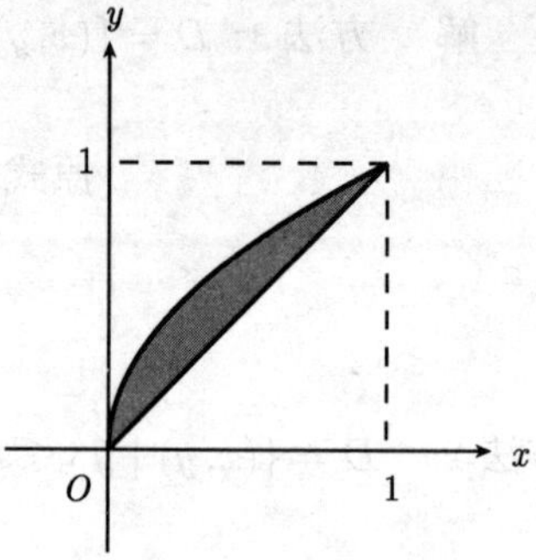

图 6.9

解　设 D_1 是区域 D 中 $y \geqslant 0$ 的部分, D_2 是区域 D 的第一象限的部分. 因为被积函数关于 y 是偶函数, 积分区域 D 关于 $y=0$ 对称, 所以

$$原式 = 2\iint\limits_{D_1}(|\,x\,|+|\,y\,|)\mathrm{d}x\mathrm{d}y,$$

对于上面这个二重积分, 被积函数关于 x 是偶函数, 积分区域 D_1 关于 $x=0$ 对称, 所以

$$原式 = 4\iint\limits_{D_2}(|\,x\,|+|\,y\,|)\mathrm{d}x\mathrm{d}y = 4\iint\limits_{D_2}(x+y)\ \mathrm{d}x\mathrm{d}y = 4\int_0^1 \mathrm{d}x\int_0^{1-x}(x+y)\ \mathrm{d}y = \frac{4}{3}.$$ □

例 6.2.5　计算累次积分 $\displaystyle\int_0^1 \mathrm{d}x\int_x^{\sqrt{x}}\frac{\cos y}{y}\ \mathrm{d}y$.

解　因为 $\dfrac{\cos y}{y}$ 的原函数非初等函数, 所以考虑把此累次积分还原为二重积分 (积分区域 D 见图 6.9), 然后把二重积分改写为先对 x 后对 y 的累次积分 (即交换积分次序),

$$D=\{(x,y)|\,x\leqslant y\leqslant\sqrt{x}, 0\leqslant x\leqslant 1\}=\{(x,y)|\,y^2\leqslant x\leqslant y, 0\leqslant y\leqslant 1\},$$

$$\begin{aligned}原式 &= \iint\limits_{D}\frac{\cos y}{y}\ \mathrm{d}x\mathrm{d}y = \int_0^1 \mathrm{d}y\int_{y^2}^{y}\frac{\cos y}{y}\ \mathrm{d}x \\ &= \int_0^1(\cos y - y\cos y)\mathrm{d}y = (\sin y - y\sin y - \cos y)\Big|_0^1 = 1-\cos 1.\end{aligned}$$ □

6.2.2　换元积分法

在定积分的计算中, 换元积分法是一种很有效、很常用的方法. 同样, 在二重积分的计算中, 换元积分法也是很重要的方法. 这一节, 我们先介绍二重积分的一般换元积分公式, 然后介绍一些常用的换元变换.

一、二重积分的换元积分公式

定理 6.2.3(二重积分的换元积分公式) 设 D 为平面有界闭区域, 函数 $f(x,y)$ 在 D 上连续, 函数组 $x = x(u,v), y = y(u,v)$ 在 uv 平面的有界闭区域 D' 上连续可微, 使得 D' 与 D 的点一一对应, 并且雅可比行列式

$$J(u,v) = \frac{D(x,y)}{D(u,v)} \neq 0, \quad (u,v) \in D',$$

则有换元积分公式:

$$\iint\limits_{D} f(x,y)\mathrm{d}\sigma = \iint\limits_{D'} f(x(u,v),y(u,v))|J(u,v)|\mathrm{d}u\mathrm{d}v, \tag{6.2.3}$$

其中 $\mathrm{d}\sigma = |J(u,v)|\mathrm{d}u\mathrm{d}v$ 是**曲线坐标下的面积微元**.

注 如果 $J(u,v)$ 只在 D' 的个别点上或一条曲线上为零, 而在其他点上不为零, 那么换元公式 (6.2.3) 仍成立.

证明 在定理的假设下, 式 (6.2.3) 两端的二重积分都存在. 由于二重积分的值与积分区域的分割无关, 我们用平行于坐标轴的直线网来分割 D', 使得除去包含边界点的小闭区域外, 其余的小闭区域都是长方形区域. 任取一个这样的长方形区域 D_i', 设其顶点分别为 $M_1'(u_i,v_i)$, $M_2'(u_i+\Delta u_i,v_i)$, $M_3'(u_i+\Delta u_i,v_i+\Delta v_i)$, $M_4'(u_i,v_i+\Delta v_i)$(其面积记为 $\Delta\sigma' = \Delta u_i\Delta v_i$), 经变换 $x = x(u,v), y = y(u,v)$ 作用后, 上述正方形 D_i' 变成 xOy 平面上的曲边四边形 $D_i: M_1M_2M_3M_4$, 其面积记为 $\Delta\sigma$(见图 6.10).

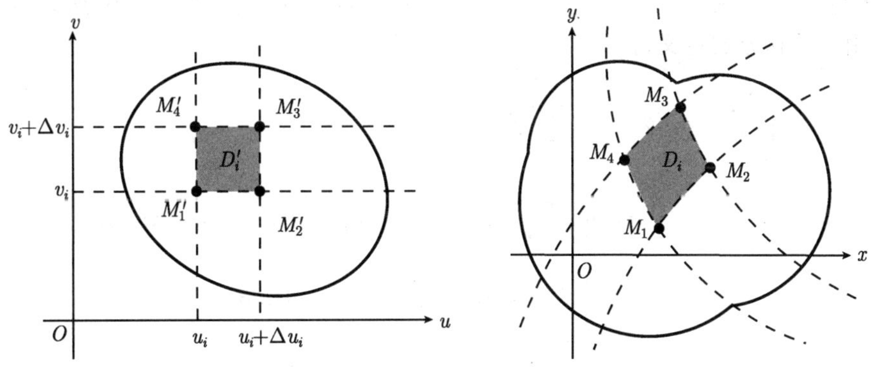

图 6.10

M_1, M_2, M_3, M_4 的坐标分别为

$$\begin{aligned}
&M_1\left(x(u_i,v_i), y(u_i,v_i)\right),\\
&M_2\left(x(u_i+\Delta u_i,v_i), y(u_i+\Delta u_i,v_i)\right),\\
&M_3\left(x(u_i+\Delta u_i,v_i+\Delta v_i), y(u_i+\Delta u_i,v_i+\Delta v_i)\right),\\
&M_4\left(x(u_i,v_i+\Delta v_i), y(u_i,v_i+\Delta v_i)\right),
\end{aligned}$$

由于 $x(u,v),y(u,v)$ 连续可微, 当 $\Delta u_i,\Delta v_i$ 很小时, 若不计高阶无穷小, 则有

$$\begin{aligned}\overrightarrow{M_1M_2}&=\big(x(u_i+\Delta u_i,v_i)-x(u_i,v_i),\ y(u_i+\Delta u_i,v_i)-y(u_i,v_i)\big)\\&=\big(x'_u(u_i+\theta_1\Delta u_i,v_i),y'_u(u_i+\theta_2\Delta u_i,v_i)\big)\Delta u_i\\&\approx\big(x'_u(u_i,v_i),y'_u(u_i,v_i)\big)\Delta u_i\quad(0<\theta_1,\theta_2<1),\end{aligned}$$

$$\begin{aligned}\overrightarrow{M_4M_3}&=\big(x(u_i+\Delta u_i,v_i+\Delta v_i)-x(u_i,v_i+\Delta v_i),y(u_i+\Delta u_i,v_i+\Delta v_i)-y(u_i,v_i+\Delta v_i)\big)\\&=\big(x'_u(u_i+\theta_3\Delta u_i,v_i+\Delta v_i),y'_u(u_i+\theta_4\Delta u_i,v_i+\Delta v_i)\big)\Delta u_i\\&\approx\big(x'_u(u_i,v_i),y'_u(u_i,v_i)\big)\Delta u_i\quad(0<\theta_3,\theta_4<1),\end{aligned}$$

所以 (为了方便利用向量的运算, 我们把 2 维坐标 (x,y) 写成 3 维坐标 $(x,y,0)$)

$$\overrightarrow{M_1M_2}\approx\overrightarrow{M_4M_3}\approx\big(x'_u(u_i,v_i),y'_u(u_i,v_i),0\big)\Delta u_i,$$

同理可得

$$\overrightarrow{M_1M_4}\approx\overrightarrow{M_2M_3}\approx\big(x'_v(u_i,v_i),y'_v(u_i,v_i),0\big)\Delta v_i,$$

因而曲边四边形 $M_1M_2M_3M_4$ 可近似地看作平行四边形, 它的面积为

$$\Delta\sigma\approx\left|\overrightarrow{M_1M_2}\times\overrightarrow{M_1M_4}\right|=\left|\frac{D(x,y)}{D(u,v)}\right|_{(u_i,v_i)}\Delta u_i\Delta v_i=|\,J(u_i,v_i)|\Delta u_i\Delta v_i,$$

所以 $\Delta\sigma$ 与 $\Delta\sigma'$ 之比为 $|\,J(u_i,v_i)|$. 由于 $J(u,v)$ 在 D' 上连续且不等于 0, 所以 $\lambda\to0\Longleftrightarrow\lambda'\to0$. 由二重积分的定义得

$$\begin{aligned}\iint_D f(x,y)\mathrm{d}\sigma&=\lim_{\lambda\to0}\sum_{i=1}^n f(x_i,y_i)\Delta\sigma_i\\&=\lim_{\lambda'\to0}\sum_{i=1}^n f(x(u_i,v_i),y(u_i,v_i))|\,J(u_i,v_i)|\,\Delta u_i\Delta v_i\\&=\iint_{D'}f(x(u,v),y(u,v))|\,J(u,v)|\,\mathrm{d}u\mathrm{d}v.\end{aligned}$$ □

二、极坐标变换

在二重积分中, 极坐标换元是最常用的换元变换. 我们知道, 直角坐标与极坐标的换元变换有公式

$$x=\rho\cos\theta,\quad y=\rho\sin\theta,$$

此时

$$J(\rho,\theta)=\frac{D(x,y)}{D(\rho,\theta)}=\begin{vmatrix}\cos\theta&-\rho\sin\theta\\\sin\theta&\rho\cos\theta\end{vmatrix}=\rho,$$

据定理 6.2.3 可得:

$$\iint\limits_{D} f(x,y)\mathrm{d}\sigma = \iint\limits_{D'} f(\rho\cos\theta,\rho\sin\theta)\rho\,\mathrm{d}\rho\mathrm{d}\theta,$$

其中 D' 是在极坐标变换下原积分区域 D 所对应的区域, $\mathrm{d}\sigma=\rho\,\mathrm{d}\rho\mathrm{d}\theta$ 是**极坐标下的面积微元**.

面积微元 $\rho\,\mathrm{d}\rho\mathrm{d}\theta$ 也可从几何上直接求出. 设中心在原点, 半径分别为 ρ 与 $\rho+\mathrm{d}\rho$ 的同心圆, 以及极角分别为 θ 与 $\theta+\mathrm{d}\theta$ 的射线所围的小区域为 D_i, 当 $\mathrm{d}\rho$ 与 $\mathrm{d}\theta$ 充分小时, 由于 D_i 的边界曲线互相垂直, 我们将此图形近似看作边长分别为 $\rho\,\mathrm{d}\theta$ 与 $\mathrm{d}\rho$ 的矩形, 其面积近似地等于 $\mathrm{d}\sigma=\rho\,\mathrm{d}\rho\mathrm{d}\theta$(见图 6.11).

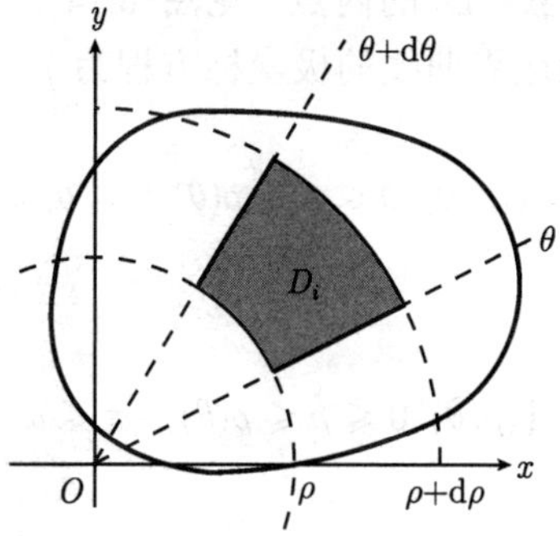

图 6.11

在具体计算时, 还需将极坐标下的二重积分化为累次积分. 下面分三种情况讨论:

(1) 原点 $O\notin D'$. 设 D 位于射线 $\theta=\alpha,\theta=\beta(\alpha<\beta)$ 之间 (见图 6.12), 这两条射线将 D 的边界曲线隔开, 内侧的边界曲线为 $\rho=\rho_1(\theta)$, 外侧的边界曲线为 $\rho=\rho_2(\theta)$. 此时区域 D' 可表示为

$$D'=\{(\rho,\theta)|\,\rho_1(\theta)\leqslant\rho\leqslant\rho_2(\theta),\alpha\leqslant\theta\leqslant\beta\},$$

则有

$$\iint\limits_{D'} f(\rho\cos\theta,\rho\sin\theta)\rho\,\mathrm{d}\rho\mathrm{d}\theta=\int_{\alpha}^{\beta}\mathrm{d}\theta\int_{\rho_1(\theta)}^{\rho_2(\theta)} f(\rho\cos\theta,\rho\sin\theta)\rho\,\mathrm{d}\rho.$$

(2) 原点 $O\in\partial D'$, 即 O 是 D 的边界点. 设 D 位于射线 $\theta=\alpha,\theta=\beta(\alpha<\beta)$ 之间 (见图 6.13), D 的边界曲线的极坐标方程为 $\rho=\rho(\theta)$. 这种情况可看作第一种情况当中 $\rho_1(\theta)=0$ 的特例. 此时区域 D' 可表示为

$$D'=\{(\rho,\theta)|\,0\leqslant\rho\leqslant\rho(\theta),\alpha\leqslant\theta\leqslant\beta\},$$

则有

$$\iint\limits_{D'} f(\rho\cos\theta,\rho\sin\theta)\rho\,\mathrm{d}\rho\mathrm{d}\theta=\int_{\alpha}^{\beta}\mathrm{d}\theta\int_{0}^{\rho(\theta)} f(\rho\cos\theta,\rho\sin\theta)\rho\,\mathrm{d}\rho.$$

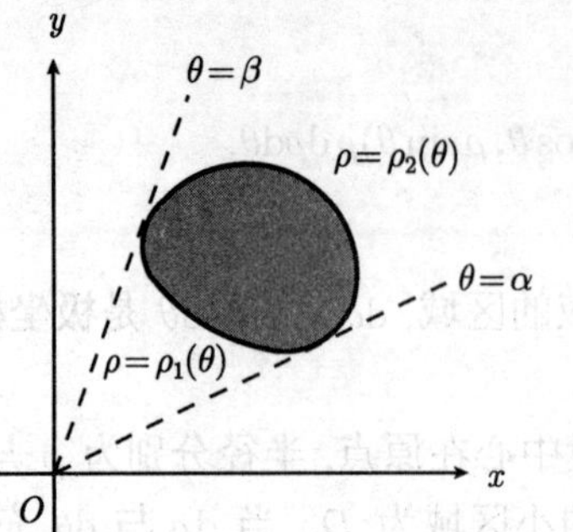

图 6.12

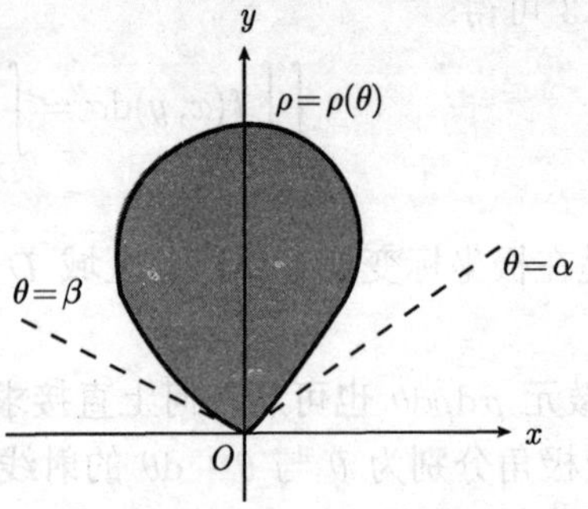

图 6.13

(3) 原点 $O \in D'^{\circ}$, 即 O 是 D 的内点 (见图 6.14). 这种情况可看作第二种情况中 $\alpha = 0, \beta = 2\pi$ 的特例. 设 D 的边界曲线的极坐标方程为 $\rho = \rho(\theta)$, 此时区域 D' 可表示为

$$D' = \{(\rho, \theta) | \, 0 \leqslant \rho \leqslant \rho(\theta), 0 \leqslant \theta \leqslant 2\pi\},$$

或者

$$D' = \{(\rho, \theta) | \, 0 \leqslant \rho \leqslant \rho(\theta), -\pi \leqslant \theta \leqslant \pi\},$$

则有

$$\iint\limits_{D'} f(\rho\cos\theta, \rho\sin\theta)\rho \, \mathrm{d}\rho\mathrm{d}\theta = \int_0^{2\pi} \mathrm{d}\theta \int_0^{\rho(\theta)} f(\rho\cos\theta, \rho\sin\theta)\rho \, \mathrm{d}\rho,$$

或

$$\iint\limits_{D'} f(\rho\cos\theta, \rho\sin\theta)\rho \, \mathrm{d}\rho\mathrm{d}\theta = \int_{-\pi}^{\pi} \mathrm{d}\theta \int_0^{\rho(\theta)} f(\rho\cos\theta, \rho\sin\theta)\rho \, \mathrm{d}\rho.$$

上述三种情况都是化为先对 ρ, 后对 θ 的累次积分, 有时也可化为先对 θ, 后对 ρ 的累次积分.

例 6.2.6　计算二重积分 $\iint\limits_D \mathrm{e}^{-(x^2+y^2)}\mathrm{d}x\mathrm{d}y$, 其中 D 为区域 $1 \leqslant x^2 + y^2 \leqslant 4$(见图 6.15).

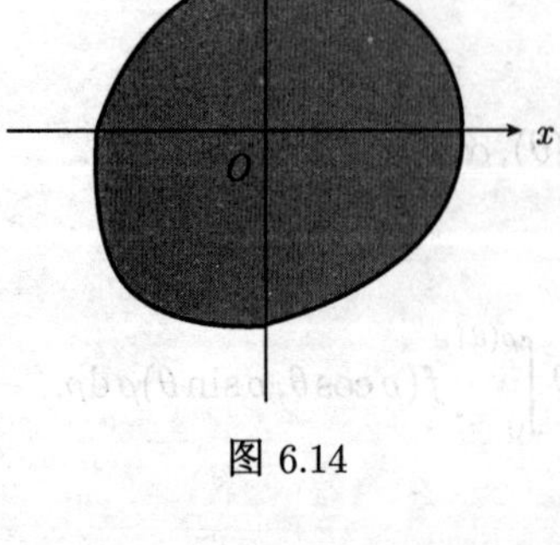

图 6.14

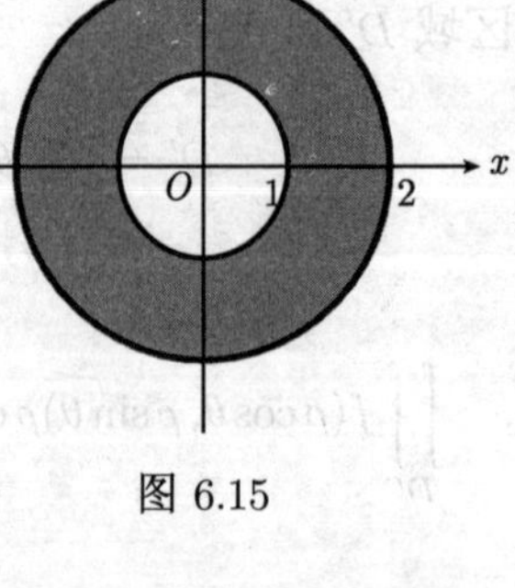

图 6.15

解　采用极坐标变换, 区域 D 化为 D' 表示为

$$D' = \{(\rho,\theta)|\, 1 \leqslant \rho \leqslant 2, 0 \leqslant \theta \leqslant 2\pi\},$$

于是

$$\text{原式} = \iint\limits_{D'} \rho \mathrm{e}^{-\rho^2} \mathrm{d}\rho \mathrm{d}\theta = \int_0^{2\pi} \mathrm{d}\theta \int_1^2 \rho \mathrm{e}^{-\rho^2} \mathrm{d}\rho = \pi(\mathrm{e}^{-1} - \mathrm{e}^{-4}).$$ □

例 6.2.7　计算二重积分 $\iint\limits_D (x+y)^2 \mathrm{d}x\mathrm{d}y$, 其中 D 是由 $2x \leqslant x^2 + y^2 \leqslant 4x$ 所确定的区域 (见图 6.16).

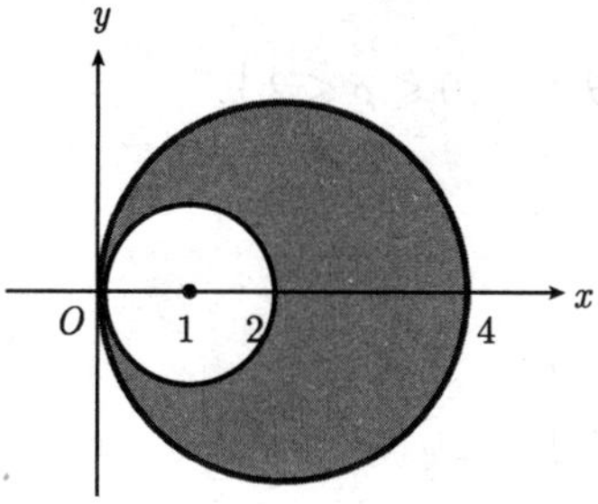

图 6.16

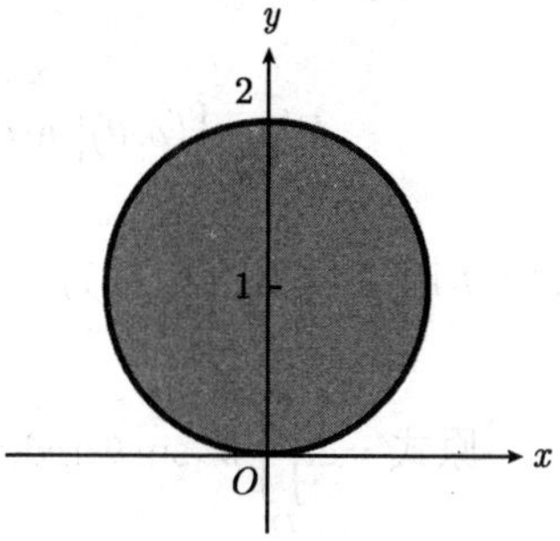

图 6.17

解　由于积分区域 D 关于 $y=0$ 对称, $2xy$ 关于 y 是奇函数, x^2+y^2 关于 y 是偶函数, 所以

$$\text{原式} = \iint\limits_D (x^2 + 2xy + y^2)\mathrm{d}x\mathrm{d}y = 2\iint\limits_{D_1} (x^2+y^2)\mathrm{d}x\mathrm{d}y.$$

其中 D_1 是 D 中 $y \geqslant 0$ 的部分.

采用极坐标变换, 区域 D_1 化为 D' 表示为

$$D' = \left\{(\rho,\theta)|\, 2\cos\theta \leqslant \rho \leqslant 4\cos\theta, 0 \leqslant \theta \leqslant \frac{\pi}{2}\right\},$$

于是

$$\text{原式} = 2\iint\limits_{D'} \rho^3 \mathrm{d}\rho\mathrm{d}\theta = 2\int_0^{\frac{\pi}{2}} \mathrm{d}\theta \int_{2\cos\theta}^{4\cos\theta} \rho^3 \mathrm{d}\rho = \frac{45\pi}{2}.$$ □

例 6.2.8　计算二重积分 $\iint\limits_D (x+y)\mathrm{d}x\mathrm{d}y$, 其中 D 为区域 $x^2+y^2 \leqslant 2y$(见图 6.17).

解　方法 1: 由于积分区域 D 关于 $x=0$ 对称, x 关于 x 是奇函数, y 关于 x 是偶函数, 所以

$$\iint\limits_D (x+y)\mathrm{d}x\mathrm{d}y = 2\iint\limits_{D_1} y\,\mathrm{d}x\mathrm{d}y.$$

其中 D_1 是 D 中 $x \geqslant 0$ 的部分.

采用极坐标变换, 区域 D_1 化为 D' 表示为

$$D' = \left\{(\rho,\theta)\middle|\, 0 \leqslant \rho \leqslant 2\sin\theta, 0 \leqslant \theta \leqslant \frac{\pi}{2}\right\},$$

于是

$$\text{原式} = 2\iint\limits_{D'} \rho^2 \sin\theta \,\mathrm{d}\rho\mathrm{d}\theta = 2\int_0^{\frac{\pi}{2}} \mathrm{d}\theta \int_0^{2\sin\theta} \rho^2 \sin\theta \,\mathrm{d}\rho = \pi.$$

方法 2: 将 D' 表示为

$$D' = \left\{(\rho,\theta)\middle|\, \arcsin\frac{\rho}{2} \leqslant \theta \leqslant \frac{\pi}{2}, 0 \leqslant \rho \leqslant 2\right\},$$

于是原式化为先 θ 后 ρ 的累次积分为

$$\begin{aligned}\text{原式} =& 2\iint\limits_{D'} \rho^2 \sin\theta \,\mathrm{d}\rho\mathrm{d}\theta = 2\int_0^2 \mathrm{d}\rho \int_{\arcsin\frac{\rho}{2}}^{\frac{\pi}{2}} \rho^2 \sin\theta\mathrm{d}\theta \\ =& 2\int_0^2 \rho^2(-\cos\theta)\Big|_{\theta=\arcsin\frac{\rho}{2}}^{\theta=\frac{\pi}{2}} \mathrm{d}\rho = \int_0^2 \rho^2\sqrt{4-\rho^2}\mathrm{d}\rho = \pi.\end{aligned}$$ □

三、其他的换元变换

除了极坐标变换, 还有其他的换元变换, 如广义极坐标变换等. 下面我们用例题来介绍几种换元变换.

例 6.2.9　计算二重积分 $\iint\limits_{D}\left(1-\frac{x^2}{a^2}-\frac{y^2}{b^2}\right)\mathrm{d}x\mathrm{d}y$, 其中 D 为区域 $\frac{x^2}{a^2}+\frac{y^2}{b^2} \leqslant 1\ (a,b>0)$.

解　采用广义极坐标变换, 令

$$x = a\rho\cos\theta, \qquad y = b\rho\sin\theta,$$

则雅可比行列式为

$$J(\rho,\theta) = \frac{D(x,y)}{D(\rho,\theta)} = \begin{vmatrix} a\cos\theta & -a\rho\sin\theta \\ b\sin\theta & b\rho\cos\theta \end{vmatrix} = ab\rho,$$

区域 D 化为 D' 表示为

$$D' = \{(\rho,\theta)|\, 0 \leqslant \rho \leqslant 1, 0 \leqslant \theta \leqslant 2\pi\},$$

于是

$$
\begin{aligned}
\text{原式} &= \iint\limits_{D'} ab\rho(1-\rho^2)\mathrm{d}\rho\mathrm{d}\theta \\
&= \int_0^{2\pi}\mathrm{d}\theta\int_0^1 ab\rho(1-\rho^2)\mathrm{d}\rho = \frac{ab}{2}\pi.
\end{aligned}
$$
□

例 6.2.10　计算二重积分 $\displaystyle\iint\limits_D \exp\left(\frac{y-x}{y+x}\right)\mathrm{d}x\mathrm{d}y$, 其中 D 为 $y=x, y=0, y+x=1$ 所围区域 (见图 6.18).

解　方法 1: 化简被积函数, 令 $u=y-x, v=y+x$, 即

$$x=\frac{v-u}{2},\ y=\frac{v+u}{2},$$

雅可比行列式为

$$J(u,v)=\frac{D(x,y)}{D(u,v)}=\begin{vmatrix} -\dfrac{1}{2} & \dfrac{1}{2} \\ \dfrac{1}{2} & \dfrac{1}{2} \end{vmatrix}=-\frac{1}{2},$$

区域 D 化为 D' 表示为

$$D'=\{(u,v)|-v\leqslant u\leqslant 0, 0\leqslant v\leqslant 1\},$$

于是

$$\text{原式}=\iint\limits_{D'}\frac{1}{2}\exp\left(\frac{u}{v}\right)\mathrm{d}u\mathrm{d}v=\int_0^1\mathrm{d}v\int_{-v}^0\frac{1}{2}\exp\left(\frac{u}{v}\right)\mathrm{d}u=\frac{1}{4}(1-\mathrm{e}^{-1}).$$

方法 2: 化简积分区域, 令

$$u=\frac{y}{x},\qquad v=y+x,$$

即

$$x=\frac{v}{1+u},\qquad y=\frac{uv}{1+u},$$

雅可比行列式为

$$J(u,v)=\frac{D(x,y)}{D(u,v)}=\begin{vmatrix} -\dfrac{v}{(1+u)^2} & \dfrac{1}{1+u} \\ \dfrac{v}{(1+u)^2} & \dfrac{u}{1+u} \end{vmatrix}=-\frac{v}{(1+u)^2},$$

区域 D 化为 D' 表示为

$$D'=\{(u,v)|0\leqslant u\leqslant 1, 0\leqslant v\leqslant 1\},$$

于是

$$原式=\iint_{D'}\frac{v}{(1+u)^2}\exp\Big(\frac{u-1}{u+1}\Big)\mathrm{d}u\mathrm{d}v$$

$$=\int_0^1\mathrm{d}v\int_0^1\frac{v}{(1+u)^2}\exp\Big(\frac{u-1}{u+1}\Big)\mathrm{d}u$$

$$=\frac{v^2}{2}\Big|_0^1\cdot\frac{1}{2}\exp\Big(\frac{u-1}{u+1}\Big)\Big|_0^1=\frac{1}{4}(1-\mathrm{e}^{-1}).$$ □

例 6.2.11　计算由抛物线 $y^2=x,y^2=2x$ 及双曲线 $xy=1,xy=2$ 所围平面区域 D 的面积 $\sigma(D)$ (见图 6.19).

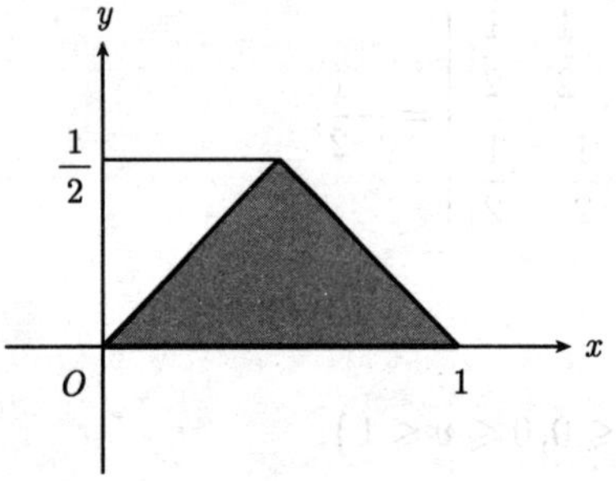

图 6.18

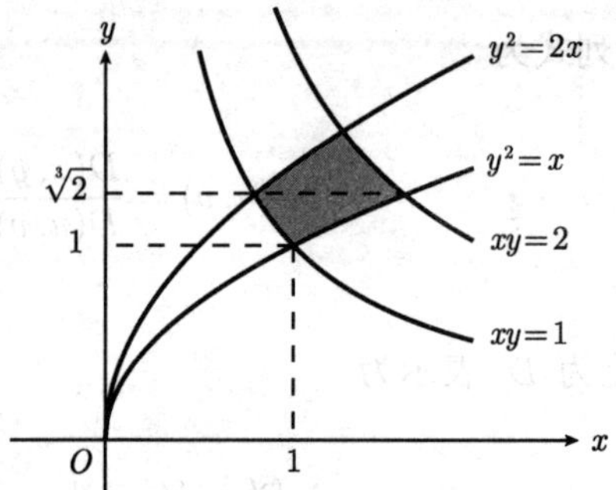

图 6.19

解　令 $u=\dfrac{y^2}{x},\ v=xy$, 即 $x=\sqrt[3]{\dfrac{v^2}{u}},\ y=\sqrt[3]{uv}$, 雅可比行列式为

$$J(u,v)=\frac{D(x,y)}{D(u,v)}=\begin{vmatrix}-\dfrac{1}{3}\sqrt[3]{\dfrac{v^2}{u^4}} & \dfrac{2}{3}\sqrt[3]{\dfrac{1}{uv}}\\ \dfrac{1}{3}\sqrt[3]{\dfrac{v}{u^2}} & \dfrac{1}{3}\sqrt[3]{\dfrac{u}{v^2}}\end{vmatrix}=-\frac{1}{3u},$$

区域 D 化为 D' 表示为

$$D'=\{(u,v)|\,1\leqslant u\leqslant 2,1\leqslant v\leqslant 2\},$$

于是

$$\sigma(D)=\iint_D\mathrm{d}x\mathrm{d}y=\iint_{D'}\frac{1}{3u}\mathrm{d}u\mathrm{d}v=\int_1^2\mathrm{d}v\int_1^2\frac{1}{3u}\mathrm{d}u=\frac{1}{3}\ln 2.$$ □

习题 6.2

1. 画出下列二重积分的积分区域, 并计算二重积分:

(1) $\displaystyle\iint_D\frac{x^2}{1+y^2}\,\mathrm{d}x\mathrm{d}y$, 其中 D 为 $0\leqslant x\leqslant 1,0\leqslant y\leqslant 1$;

(2) $\iint\limits_D \frac{1}{x+y}\mathrm{d}x\mathrm{d}y$, 其中 D 为直线 $y=x, y=1, x=2$ 所围的区域;

(3) $\iint\limits_D \frac{\sin x}{x}\mathrm{d}x\mathrm{d}y$, 其中 D 为曲线 $y=x, y=x^2$ 所围的区域;

(4) $\iint\limits_D x^2\mathrm{d}x\mathrm{d}y$, 其中 D 为直线 $y=x, y=2x, y=2$ 所围的区域;

(5) $\iint\limits_D (y^2+x)\mathrm{d}x\mathrm{d}y$, 其中 D 为曲线 $x=y^2, x=2-y^2$ 所围的区域;

(6) $\iint\limits_D (x+y+1)\mathrm{d}x\mathrm{d}y$, 其中 D 为 $x^2+y^2\leqslant 4$;

(7) $\iint\limits_D (x+xy^2+y)\mathrm{d}x\mathrm{d}y$, 其中 D 为 $x^2+y^2\leqslant 2y$;

(8) $\iint\limits_D x^2\mathrm{e}^{y^2}\mathrm{d}x\mathrm{d}y$, 其中 D 为直线 $y=x, y=1, x=0$ 所围的区域.

2. 改变下列累次积分的积分次序:

(1) $\int_0^1 \mathrm{d}x\int_0^x f(x,y)\mathrm{d}y$;

(2) $\int_0^1 \mathrm{d}y\int_0^{2-y} f(x,y)\mathrm{d}x$;

(3) $\int_0^4 \mathrm{d}y\int_{-\sqrt{4-y}}^{\sqrt{4y-y^2}} f(x,y)\mathrm{d}x$;

(4) $\int_0^1 \mathrm{d}x\int_0^x f(x,y)\mathrm{d}y+\int_1^2 \mathrm{d}x\int_0^{\sqrt{2x-x^2}} f(x,y)\mathrm{d}y$.

3. 利用极坐标变换计算下列二重积分:

(1) $\iint\limits_D (x^2+xy+y^2)\mathrm{d}x\mathrm{d}y$, 其中 D 为 $x^2+y^2\leqslant 1$;

(2) $\iint\limits_D \cos\sqrt{x^2+y^2}\,\mathrm{d}x\mathrm{d}y$, 其中 $D:\pi^2\leqslant x^2+y^2\leqslant 4\pi^2$;

(3) $\iint\limits_D \arctan\frac{y}{x}\mathrm{d}x\mathrm{d}y$, 其中 D 是由 $x^2+y^2=4, x^2+y^2=1$ 以及 $y=x, y=0$ 所围的第一象限的区域;

(4) $\iint\limits_D \frac{1}{(a^2+x^2+y^2)^{\frac{3}{2}}}\mathrm{d}x\mathrm{d}y$, 其中 $D:0\leqslant x\leqslant a, 0\leqslant y\leqslant a$.

4. 把下列直角坐标下的累次积分化为极坐标下的累次积分:

(1) $\int_1^2 \mathrm{d}x\int_0^x f(x,y)\mathrm{d}y$;

(2) $\int_0^1 \mathrm{d}x \int_{x^2}^{x} f(x,y)\mathrm{d}y$.

5. 选择合适的坐标变换计算下列二重积分:

(1) $\iint\limits_D (x^2+y^2)\mathrm{d}x\mathrm{d}y$, 其中 D 为 $\dfrac{x^2}{a^2}+\dfrac{y^2}{b^2} \leqslant 1$;

(2) $\iint\limits_D (x+y)\mathrm{d}x\mathrm{d}y$, 其中 D 为 $x^2+y^2 \leqslant x+y$;

(3) $\iint\limits_D \dfrac{1}{xy}\mathrm{d}x\mathrm{d}y$, 其中 D 是由 $x+y=1, x+y=2, y=x, y=2x$ 所围的区域.

6. 利用二重积分计算下列闭区域的面积:

(1) 设 $D: x \leqslant y^2 \leqslant 2x, y \leqslant x^2 \leqslant 2y$, 求 D 的面积;

(2) 设 D 为双纽线 $(x^2+y^2)^2 = 2(x^2-y^2)$ 和圆 $x^2+y^2=2x$ 所围的区域, 求 D 的面积.

7. 计算 $\iint\limits_D |\sin(x+y)|\,\mathrm{d}x\mathrm{d}y$, 其中 D 为 $0 \leqslant x \leqslant \pi, 0 \leqslant y \leqslant \pi$.

8. 计算 $\iint\limits_D \mathrm{e}^{\max\{x^2,y^2\}}\mathrm{d}x\mathrm{d}y$, 其中 D 为 $0 \leqslant x \leqslant 1, 0 \leqslant y \leqslant 1$.

9. 计算 $\iint\limits_D xy[x+y]\,\mathrm{d}x\mathrm{d}y$, 其中 D 为 $0 \leqslant x \leqslant 1, 0 \leqslant y \leqslant 1$, $[x+y]$ 表示不超过 $x+y$ 的最大整数.

10. 求曲线 $(x-y+3)^2+(3x+2y-1)^2=81$ 所围区域的面积.

6.3 三 重 积 分

6.3.1 三重积分的概念与性质

设 $\Omega \subset \mathbb{R}^3$ 为有界闭区域, Ω 上质量分布非均匀, 密度函数为 $\mu(x,y,z)$, 试求空间区域 Ω 的质量.

如果 Ω 的密度是常数, 则其质量等于体积乘密度. 当 Ω 上每一点密度不同时, 我们仍用“分割取近似, 求和取极限”的方法来解决. 将区域 Ω 任意地分割为 n 个小闭区域 $\Omega_i(i=1,2,\cdots,n)$, Ω_i 的体积记为 ΔV_i, 记 $\lambda = \max\limits_{1\leqslant i\leqslant n}\{\Omega_i\text{的直径}\}$. 在每一个小闭区域 Ω_i 上任取一点 (ξ_i,η_i,ζ_i), 小区域 Ω_i 的质量为 $m(\Omega_i) \approx \mu(\xi_i,\eta_i,\zeta_i)\Delta V_i$, n 个小闭区域的质量之和

$$\sum_{i=1}^{n} m(\Omega_i) \approx \sum_{i=1}^{n} \mu(\xi_i,\eta_i,\zeta_i)\Delta V_i$$

是立体 Ω 的质量的近似值. 令 $\lambda \to 0$, 我们用此和式的极限来定义立体 Ω 的质量, 即

$$m(\Omega) = \lim_{\lambda \to 0} \sum_{i=1}^{n} \mu(\xi_i, \eta_i, \zeta_i) \Delta V_i.$$

抽去上述实例的物理意义, 我们有

定义 6.3.1 (三重积分)　设 $\Omega \subset \mathbb{R}^3$ 为有界闭区域, 函数 $f(x,y,z)$ 在 Ω 上有定义. 将 Ω 任意地分割为 n 个小闭区域 $\Omega_i (i=1,2,\cdots,n)$, Ω_i 的体积记为 ΔV_i, 又记 $\lambda = \max\limits_{1 \leqslant i \leqslant n} \{\Omega_i\text{的直径}\}$. 在每一个小闭区域 Ω_i 上任取一点 (ξ_i, η_i, ζ_i), 作和式

$$\sum_{i=1}^{n} f(\xi_i, \eta_i, \zeta_i) \Delta V_i,$$

若 $\lambda \to 0$ 时, 此和式有极限 (此极限值与 Ω 的分割无关, 与每个 Ω_i 上点 (ξ_i, η_i, ζ_i) 的取法无关), 则称函数 $f(x,y,z)$ 在闭区域 Ω 上**黎曼可积**, 简称为**可积**. 称此极限值为函数 $f(x,y,z)$ 在区域 Ω 上的**三重积分**, 记为

$$\iiint_{\Omega} f(x,y,z) \mathrm{d}V = \lim_{\lambda \to 0} \sum_{i=1}^{n} f(\xi_i, \eta_i, \zeta_i) \Delta V_i.$$

称 $f(x,y,z)$ 为**被积函数**, Ω 为**积分区域**, $\mathrm{d}V$ 为**体积微元**.

函数 $f(x,y,z)$ 在 Ω 上可积时, 由定义可以证明函数 $f(x,y,z)$ 在 Ω 上有界.

与二重积分可积性条件相对应, 我们可以证明:

(1) 设 $\Omega \subset \mathbb{R}^3$ 为有界闭区域, 函数 $f(x,y,z)$ 在 Ω 上连续, 则函数 $f(x,y,z)$ 在 Ω 上可积.

(2) 设 $\Omega \subset \mathbb{R}^3$ 为有界闭区域, 函数 $f(x,y,z)$ 在 Ω 上有界, 且 $f(x,y,z)$ 的间断点分布在 Ω 中有限个光滑曲面上, 则函数 $f(x,y,z)$ 在区域 Ω 上可积.

三重积分与二重积分有完全类似的性质, 在此不赘述.

6.3.2　累次积分法

设 $\Omega \subset \mathbb{R}^3$ 为有界闭区域, 函数 $f(x,y,z)$ 在 Ω 上连续, 按定义, $f(x,y,z)$ 在区域 Ω 上的三重积分的值与 Ω 的分割无关. 在直角坐标系中, 我们常用平行于坐标面的平面将 Ω 分割为 n 个小闭区域 $\Omega_i (i=1,2,\cdots,n)$, 这些小闭区域除部分可能是曲顶柱体外, 皆为长方体, 其体积 $\Delta V_i = \Delta x_i \Delta y_i \Delta z_i$, 因而体积微元常记为 $\mathrm{d}V = \mathrm{d}x\mathrm{d}y\mathrm{d}z$, 称为**直角坐标下的体积微元**. 函数 $f(x,y,z)$ 在区域 Ω 上的三重积分常记为

$$\iiint_{\Omega} f(x,y,z) \mathrm{d}V = \iiint_{\Omega} f(x,y,z) \mathrm{d}x\mathrm{d}y\mathrm{d}z.$$

下面研究三重积分的计算.

我们仅从物理意义上推出计算公式, 即将三重积分

$$\iiint\limits_{\Omega} f(x,y,z)\mathrm{d}x\mathrm{d}y\mathrm{d}z$$

看作是质量体密度为 $f(x,y,z)(\geqslant 0)$ 的空间区域 Ω 的质量.

(1) 设闭域 Ω 可表示为

$$\Omega=\{(x,y,z)|z_1(x,y)\leqslant z\leqslant z_2(x,y),(x,y)\in D\},$$

这里 $D\subset\mathbb{R}^2$ 为有界闭区域, 函数 $z_1(x,y),z_2(x,y)$ 在区域 D 上连续.

将区域 D 任意地分割为 n 个小闭区域 $D_i(i=1,2,\cdots,n)$,D_i 的面积记为 $\Delta\sigma_i$, 记 $\lambda=\max\limits_{1\leqslant i\leqslant n}\{D_i\text{的直径}\}$, λ 充分小. 以 D_i 的边界为准线作母线平行于 z 轴的柱面, 这些柱面将区域 Ω 分割为 n 个细长条 $\Omega_i(i=1,2,\cdots,n)$. 在 D_i 内任取一点 $M_i(x_i,y_i,0)$, 过 M_i 作平行于 z 轴的直线, 此直线交 Ω_i 的边界于两点 $(x_i,y_i,z_1(x_i,y_i))$, $(x_i,y_i,z_2(x_i,y_i))$(见图 6.20). λ 充分小时, 细长条上任一点 (x,y,z) 的密度约等于 $f(x_i,y_i,z)$, $z_1(x_i,y_i)\leqslant z\leqslant z_2(x_i,y_i)$. 应用微元法得细长条的质量

$$m(\Omega_i)\approx\left(\int_{z_1(x_i,y_i)}^{z_2(x_i,y_i)}f(x_i,y_i,z)\mathrm{d}z\right)\Delta\sigma_i,$$

记

$$\mu(x_i,y_i)=\int_{z_1(x_i,y_i)}^{z_2(x_i,y_i)}f(x_i,y_i,z)\mathrm{d}z,$$

则

$$m(\Omega_i)\approx\mu(x_i,y_i)\Delta\sigma_i,$$

n 个细长条的质量之和

$$\sum_{i=1}^{n}m(\Omega_i)\approx\sum_{i=1}^{n}\mu(x_i,y_i)\Delta\sigma_i$$

是区域 Ω 质量的近似值. 令 $\lambda\to 0$, 由二重积分的定义即得区域 Ω 的质量为

$$\begin{aligned}m(\Omega)&=\lim_{\lambda\to 0}\sum_{i=1}^{n}m(\Omega_i)=\lim_{\lambda\to 0}\sum_{i=1}^{n}\mu(x_i,y_i)\Delta\sigma_i\\&=\iint\limits_{D}\mu(x,y)\mathrm{d}\sigma=\iint\limits_{D}\left(\int_{z_1(x,y)}^{z_2(x,y)}f(x,y,z)\mathrm{d}z\right)\mathrm{d}\sigma\\&=\iint\limits_{D}\mathrm{d}\sigma\int_{z_1(x,y)}^{z_2(x,y)}f(x,y,z)\mathrm{d}z.\end{aligned}$$

由此即得三重积分的计算公式

$$\iiint\limits_{\Omega} f(x,y,z)\mathrm{d}x\mathrm{d}y\mathrm{d}z = \iint\limits_{D} \mathrm{d}\sigma \int_{z_1(x,y)}^{z_2(x,y)} f(x,y,z)\mathrm{d}z. \tag{6.3.1}$$

此公式表明三重积分可化为先计算一个定积分, 再计算一个二重积分, 简称**先一后二**.

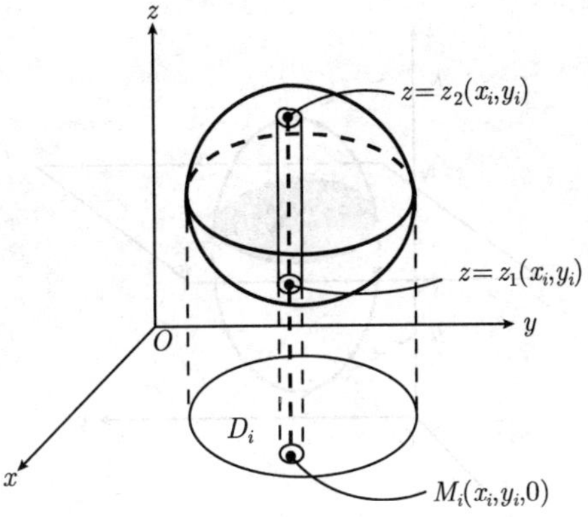

图 6.20

如果平面区域 D 可以表示为

$$D = \{(x,y)|\, \varphi_1(x) \leqslant y \leqslant \varphi_2(x), a \leqslant x \leqslant b\},$$

则公式 (6.3.1) 中的二重积分可进一步化为先对 y 后对 x 的累次积分, 这样便将三重积分化成了如下累次积分:

$$\iiint\limits_{\Omega} f(x,y,z)\mathrm{d}x\mathrm{d}y\mathrm{d}z = \int_a^b \mathrm{d}x \int_{\varphi_1(x)}^{\varphi_2(x)} \mathrm{d}y \int_{z_1(x,y)}^{z_2(x,y)} f(x,y,z)\mathrm{d}z. \tag{6.3.2}$$

类似地, 如果平面区域 D 可以表示为

$$D = \{(x,y)|\, \psi_1(y) \leqslant x \leqslant \psi_2(y), c \leqslant y \leqslant d\},$$

则公式 (6.3.1) 中的二重积分可进一步化为先对 x 后对 y 的累次积分, 这样便将三重积分化成了如下累次积分:

$$\iiint\limits_{\Omega} f(x,y,z)\mathrm{d}x\mathrm{d}y\mathrm{d}z = \int_c^d \mathrm{d}y \int_{\psi_1(y)}^{\psi_2(y)} \mathrm{d}x \int_{z_1(x,y)}^{z_2(x,y)} f(x,y,z)\mathrm{d}z. \tag{6.3.3}$$

(2) 设闭区域 Ω 在 z 轴上的投影为区间 $[h,k]$, 用 $h = z_0 < z_1 < \cdots < z_n = k$ 将 $[h,k]$ 分割为 n 个子区间, 记

$$\Delta z_i = z_i - z_{i-1},\quad \lambda = \max\{\Delta z_i \mid i = 1,\cdots,n\},$$

λ 充分小. 过点 $(0,0,z_i)$ $(i=0,1,\cdots,n)$ 作垂直于 z 轴的平面截区域 Ω, 截面记为 $D(z_i)$(见图 6.21). Ω 界于两截面 $D(z_{i-1})$ 与 $D(z_i)$ 之间的部分记为 Ω_i, 因而立体 Ω 被分为 n 个薄片 $\Omega_i(i=1,2,\cdots,n)$. λ 充分小时, 薄片 Ω_i 上任一点 (x,y,z) 的密度约等于 $f(x,y,z_i)$, $(x,y)\in D(z_i)$, 应用微元法得平面薄片 Ω_i 的质量

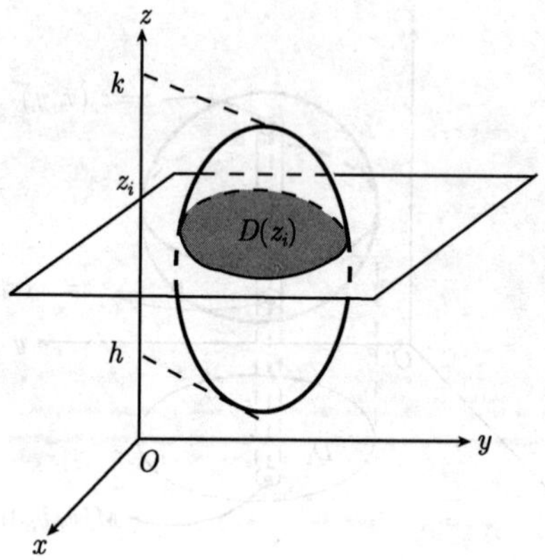

图 6.21

$$m(\Omega_i)\approx\left(\iint\limits_{D(z_i)} f(x,y,z_i)\mathrm{d}\sigma\right)\Delta z_i,$$

记

$$\mu(z_i)=\iint\limits_{D(z_i)} f(x,y,z_i)\mathrm{d}\sigma,$$

则 $m(\Omega_i)\approx\mu(z_i)\Delta z_i$, n 个薄片的质量之和

$$\sum_{i=1}^{n} m(\Omega_i)\approx\sum_{i=1}^{n}\mu(z_i)\Delta z_i$$

是区域 Ω 质量的近似值. 令 $\lambda\to 0$, 由定积分的定义即得区域 Ω 的质量为

$$\begin{aligned}m(\Omega)&=\sum_{i=1}^{n} m(\Omega_i)=\lim_{\lambda\to 0}\sum_{i=1}^{n}\mu(z_i)\Delta z_i\\&=\int_h^k\mu(z)\mathrm{d}z=\int_h^k\left(\iint\limits_{D(z)} f(x,y,z)\mathrm{d}\sigma\right)\mathrm{d}z\\&=\int_h^k\mathrm{d}z\iint\limits_{D(z)} f(x,y,z)\,\mathrm{d}\sigma,\end{aligned}$$

由此即得三重积分的计算公式

$$\iiint\limits_{\Omega} f(x,y,z)\mathrm{d}x\mathrm{d}y\mathrm{d}z = \int_h^k \mathrm{d}z \iint\limits_{D(z)} f(x,y,z)\mathrm{d}\sigma. \tag{6.3.4}$$

此公式表明三重积分可化为先计算一个二重积分, 再计算一个定积分, 简称**先二后一**. 对于公式 (6.3.4) 中的二重积分, 可进一步化为对 x, y 的累次积分. 这样便将三重积分化成了直角坐标下的累次积分.

最后指出, 当 Ω 不满足上述公式推导中所要求的条件时, 我们可将 Ω 分割为若干小区域, 使得在每个小区域上可以按上述公式进行计算, 然后应用三重积分对积分区域的可加性, 把它们相加即可.

例 6.3.1　计算三重积分 $\iiint\limits_{\Omega} y\,\mathrm{d}x\mathrm{d}y\mathrm{d}z$, Ω 是由 $x=0$, $y=0$, $z=0$, $x+y+z=1$ 包围的立体.

解　方法 1: 先一后二 (最先对 z 积分, 见图 6.22).

$$\begin{aligned}
\Omega &= \{(x,y,z) \mid 0 \leqslant z \leqslant 1-x-y, (x,y) \in D\},\\
D &= \{(x,y) \mid 0 \leqslant x \leqslant 1-y, 0 \leqslant y \leqslant 1\},\\
\text{原式} &= \iint\limits_D \mathrm{d}\sigma \int_0^{1-x-y} y\,\mathrm{d}z = \iint\limits_D y(1-x-y)\mathrm{d}x\mathrm{d}y\\
&= \int_0^1 \mathrm{d}y \int_0^{1-y} y(1-x-y)\mathrm{d}x = \frac{1}{24}.
\end{aligned}$$

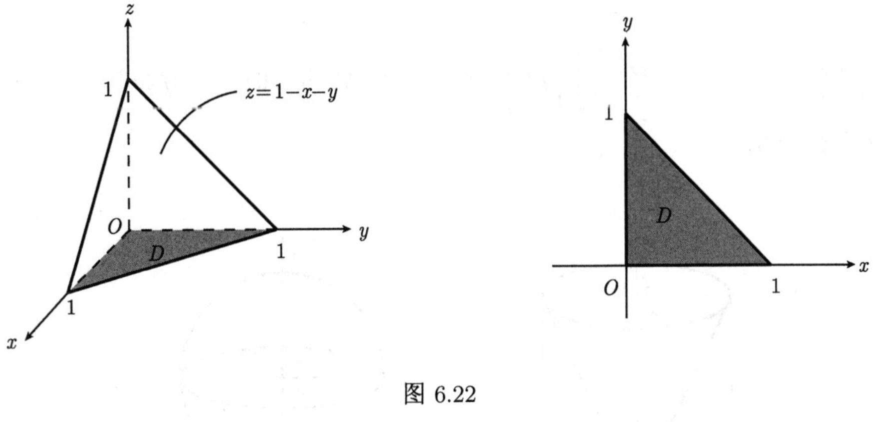

图 6.22

方法 2: 先二后一 (最后对 z 积分). 过 $(0,0,z)(0 \leqslant z \leqslant 1)$ 作一垂直于 z 轴的平面, 此平面截 Ω 所得截面记为 $D(z)$ (见图 6.23), 则

$$D(z) = \{(x,y) \mid 0 \leqslant x \leqslant 1-y-z, 0 \leqslant y \leqslant 1-z\},$$

$$\text{原式} = \int_0^1 \mathrm{d}z \iint\limits_{D(z)} y \mathrm{d}x\mathrm{d}y = \int_0^1 \mathrm{d}z \int_0^{1-z} \mathrm{d}y \int_0^{1-y-z} y\mathrm{d}x$$

$$= \int_0^1 \mathrm{d}z \int_0^{1-z} y(1-y-z)\mathrm{d}y = \frac{1}{24}.$$

方法 3: 先二后一 (最后对 y 积分). 过 $(0,0,y)(0 \leqslant y \leqslant 1)$ 作一垂直于 y 轴的平面, 此平面截 Ω 所得截面记为 $D(y)$ (见图 6.24), 则

$$D(y) = \{(z,x) | \, 0 \leqslant x \leqslant 1-y-z, 0 \leqslant z \leqslant 1-y\},$$

$$\sigma(D(y)) = \frac{1}{2}(1-y)^2,$$

$$\text{原式} = \int_0^1 y\mathrm{d}y \iint\limits_{D(y)} \mathrm{d}z\mathrm{d}x = \int_0^1 y\sigma(D(y))\mathrm{d}y = \int_0^1 \frac{1}{2}y(1-y)^2\mathrm{d}y = \frac{1}{24}.$$ □

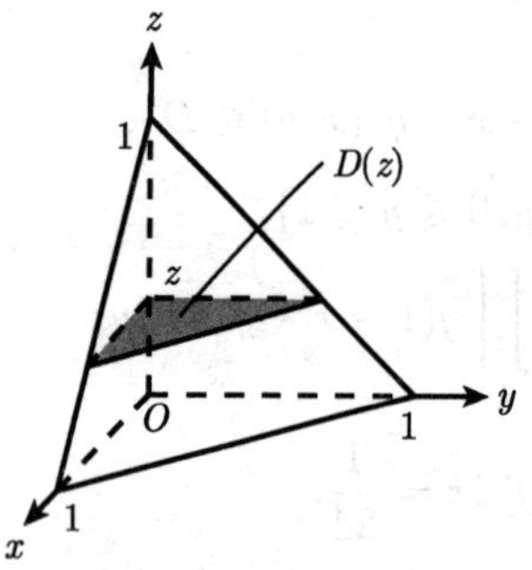

图 6.23

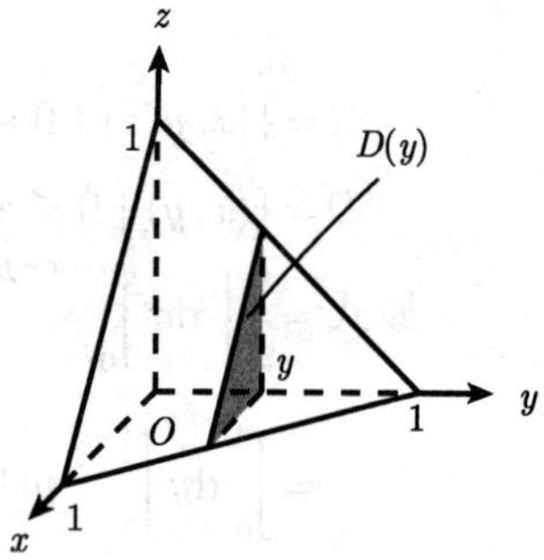

图 6.24

例 6.3.2 　计算三重积分 $\iiint\limits_{\Omega} y^2 \,\mathrm{d}x\mathrm{d}y\mathrm{d}z$, 其中 Ω 为锥面 $z = \sqrt{4x^2+4y^2}$ 与 $z = 2$ 所围立体 (见图 6.25).

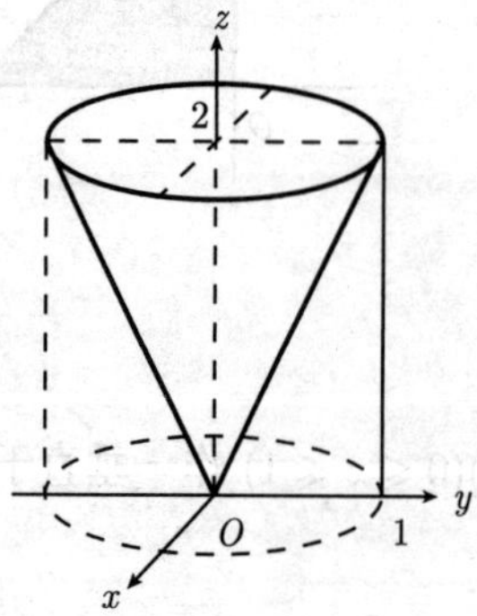

图 6.25

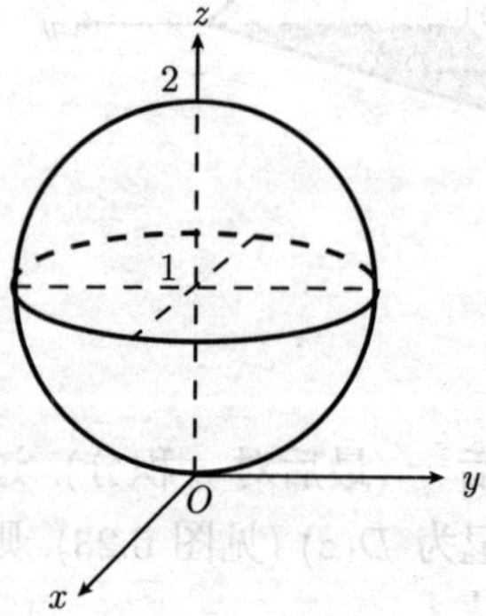

图 6.26

解　$\Omega=\{(x,y,z)|\sqrt{4x^2+4y^2}\leqslant z\leqslant 2,(x,y)\in D\},\qquad D:x^2+y^2\leqslant 1,$

$$\text{原式}=\iint\limits_D \mathrm{d}x\mathrm{d}y\int_{\sqrt{4x^2+4y^2}}^2 y^2\mathrm{d}z=\iint\limits_D y^2\left(2-\sqrt{4x^2+4y^2}\right)\mathrm{d}x\mathrm{d}y$$

$$=\int_0^{2\pi}\mathrm{d}\theta\int_0^1\rho^2\sin^2\theta(2-2\rho)\rho\,\mathrm{d}\rho=\frac{\pi}{10}.$$ □

例 6.3.3　计算三重积分 $\iiint\limits_\Omega(ax+by+cz)\mathrm{d}x\mathrm{d}y\mathrm{d}z$, 其中 Ω 为 $x^2+y^2+z^2\leqslant 2z$ (见图 6.26).

解　Ω 关于 $x=0$ 对称, ax 关于 x 是奇函数, 所以 $\iiint\limits_\Omega ax\,\mathrm{d}x\mathrm{d}y\mathrm{d}z=0$; Ω 关于 $y=0$ 对称, by 关于 y 是奇函数, 所以 $\iiint\limits_\Omega by\,\mathrm{d}x\mathrm{d}y\mathrm{d}z=0$;

$$D(z):x^2+y^2\leqslant 2z-z^2,$$

$$\text{原式}=\iiint\limits_\Omega cz\,\mathrm{d}x\mathrm{d}y\mathrm{d}z=\int_0^2 cz\mathrm{d}z\iint\limits_{D(z)}\mathrm{d}x\mathrm{d}y$$

$$=\int_0^2 cz\sigma(D(z))\mathrm{d}z=\int_0^2\pi cz(2z-z^2)\mathrm{d}z=\frac{4}{3}c\pi.$$ □

例 6.3.4　计算累次积分 $\int_0^1\mathrm{d}y\int_0^y\mathrm{d}x\int_0^x\frac{\mathrm{e}^z}{1-z}\mathrm{d}z.$

解　由于对 z 的积分积不出来, 所以考虑交换累次积分的次序. 先交换 x 与 z 的次序, 再交换 y 与 z 的次序 (见图 6.27),

$$\text{原式}=\int_0^1\mathrm{d}y\int_0^y\mathrm{d}z\int_z^y\frac{\mathrm{e}^z}{1-z}\mathrm{d}x$$

$$=\int_0^1\mathrm{d}y\int_0^y\frac{\mathrm{e}^z}{1-z}(y-z)\mathrm{d}z$$

$$=\int_0^1\mathrm{d}z\int_z^1\frac{\mathrm{e}^z}{1-z}(y-z)\mathrm{d}y$$

$$=\int_0^1\frac{1}{2}\mathrm{e}^z(1-z)\mathrm{d}z=\frac{\mathrm{e}}{2}-1.$$ □

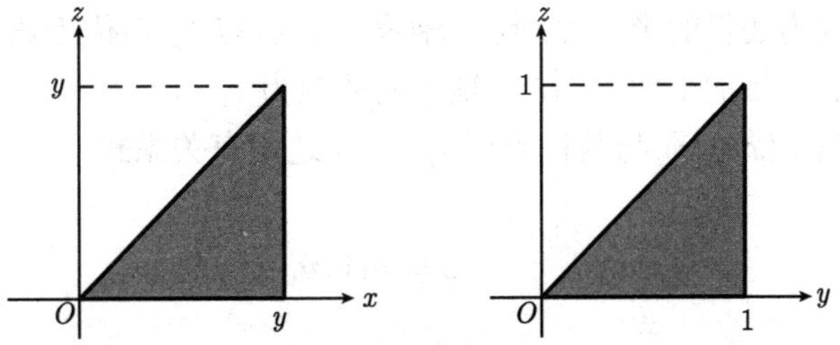

图 6.27

6.3.3 换元积分法

本节介绍三重积分的换元积分法, 先介绍一般的三重积分换元积分公式, 再介绍常用的三重积分换元变换.

一、三重积分的换元积分公式

定理 6.3.1 (三重积分的换元积分公式)　设 $\Omega\subset\mathbb{R}^3$ 为有界闭区域, 函数 $f(x,y,z)$ 在 Ω 上连续, 函数组 $x=x(u,v,w), y=y(u,v,w), z=z(u,v,w)$ 在有界闭区域 Ω' 上连续可微, 使得 Ω 与 Ω' 的点一一对应, 并且雅可比行列式

$$J(u,v,w)=\frac{D(x,y,z)}{D(u,v,w)}=\begin{vmatrix}\dfrac{\partial x}{\partial u} & \dfrac{\partial x}{\partial v} & \dfrac{\partial x}{\partial w}\\ \dfrac{\partial y}{\partial u} & \dfrac{\partial y}{\partial v} & \dfrac{\partial y}{\partial w}\\ \dfrac{\partial z}{\partial u} & \dfrac{\partial z}{\partial v} & \dfrac{\partial z}{\partial w}\end{vmatrix}\neq 0,\quad (u,v,w)\in\Omega',$$

则有三重积分换元积分公式:

$$\iiint\limits_{\Omega} f(x,y,z)\mathrm{d}V=\iiint\limits_{\Omega'} f(x(u,v,w),y(u,v,w),z(u,v,w))|J(u,v,w)|\mathrm{d}u\mathrm{d}v\mathrm{d}w.$$

其中 $\mathrm{d}V=|J(u,v,w)|\mathrm{d}u\mathrm{d}v\mathrm{d}w$ 是**曲线坐标下的体积微元**.

三重积分的坐标变换, 主要有柱坐标变换与球坐标变换. 下面我们分别介绍它们.

二、柱坐标变换

我们先介绍柱坐标系. 取空间直角坐标系 $O\text{-}xyz$, 设点 M 的直角坐标为 (x,y,z), 柱坐标系是将点 M 的位置用三个有序的实数 (ρ,θ,z) 表示, 其中 (ρ,θ) 是点 M 在 xOy 平面上的投影 P 的极坐标, z 是点 M 的直角坐标的第三个分量. 在柱坐标系中,

$$0\leqslant\rho<+\infty,\qquad 0\leqslant\theta<2\pi\ \ (\text{或}\ -\pi\leqslant\theta<\pi),\qquad -\infty<z<+\infty.$$

假设 ρ_0,θ_0,z_0 分别满足上述不等式, 则

$\rho=\rho_0$ 是以 z 轴为对称轴, ρ_0 为半径的圆柱面;

$\theta=\theta_0$ 是以 z 轴为边界的半平面, 且 x 轴绕 z 轴右旋 θ_0 后位于该平面内;

$z=z_0$ 是垂直于 z 轴的平面, 它在 z 轴上的截距为 z_0.

点 M 的直角坐标 (x,y,z) 与其柱坐标 (ρ,θ,z) 之间有关系式

$$x=\rho\cos\theta,\qquad y=\rho\sin\theta,\qquad z=z,$$

此式称为**柱坐标变换**.

采用柱坐标计算三重积分时, 雅可比行列式

$$J(\rho,\theta,z)=\frac{D(x,y,z)}{D(\rho,\theta,z)}=\begin{vmatrix}\cos\theta & -\rho\sin\theta & 0\\ \sin\theta & \rho\cos\theta & 0\\ 0 & 0 & 1\end{vmatrix}=\rho,$$

据定理 6.3.1 可得

$$\iiint\limits_{\Omega} f(x,y,z)\mathrm{d}x\mathrm{d}y\mathrm{d}z=\iiint\limits_{\Omega'} f(\rho\cos\theta,\rho\sin\theta,z)\rho\mathrm{d}\rho\mathrm{d}\theta\mathrm{d}z,$$

其中 $\mathrm{d}V=\rho\mathrm{d}\rho\mathrm{d}\theta\mathrm{d}z$ **是柱坐标下的体积微元**.

将三重积分化为柱坐标下的三重积分后, 还要将它化为柱坐标下的累次积分, 这时, 可以最先对 z 积分, 也可以最后对 z 积分. 下面我们用几个例子来说明.

例 6.3.5　计算 $\iiint\limits_{\Omega} z\,\mathrm{d}x\mathrm{d}y\mathrm{d}z$, 其中 Ω 为 $x^2+y^2=z^2$ 与 $z=4$ 所围的区域 (见图 6.28).

解　方法 1: 采用柱坐标变换, 最先对 z 积分. 将 Ω 变为 Ω', 则

$$\Omega'=\{(\rho,\theta,z)|\,\rho\leqslant z\leqslant 4, 0\leqslant\rho\leqslant 4, 0\leqslant\theta\leqslant 2\pi\},$$

$$\text{原式}=\iiint\limits_{\Omega'}\rho z\mathrm{d}\rho\mathrm{d}\theta\mathrm{d}z=\int_0^{2\pi}\mathrm{d}\theta\int_0^4\mathrm{d}\rho\int_\rho^4\rho z\mathrm{d}z=64\pi.$$

方法 2: 采用柱坐标变换, 最后对 z 积分. 则

$$\Omega'=\{(\rho,\theta,z)|\,0\leqslant\rho\leqslant z, 0\leqslant\theta\leqslant 2\pi, 0\leqslant z\leqslant 4\},$$

$$\text{原式}=\iiint\limits_{\Omega'}\rho z\mathrm{d}\rho\mathrm{d}\theta\mathrm{d}z=\int_0^4\mathrm{d}z\int_0^{2\pi}\mathrm{d}\theta\int_0^z\rho z\mathrm{d}\rho=64\pi.$$

□

例 6.3.6　计算 $\iiint\limits_{\Omega} z^2\,\mathrm{d}x\mathrm{d}y\mathrm{d}z$, 其中 Ω 为 $z=x^2+y^2$ 与 $z=\sqrt{2-x^2-y^2}$ 所围的区域 (见图 6.29).

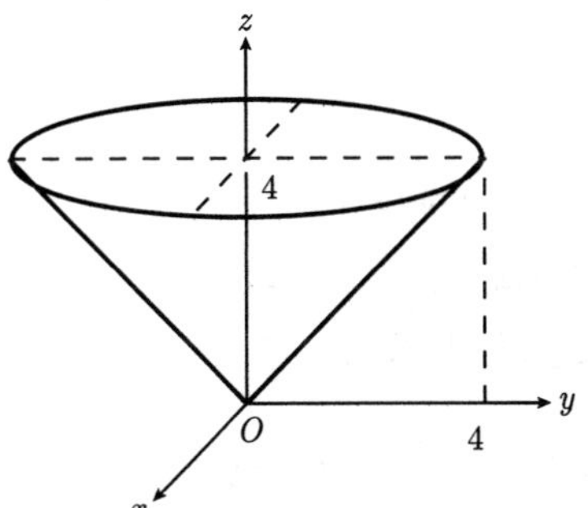

图 6.28

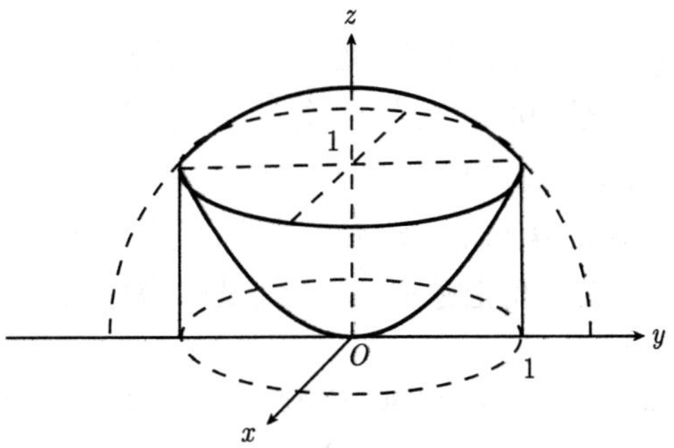

图 6.29

解　采用柱坐标变换, 将 Ω 变为 Ω', 则

$$\Omega' = \{(\rho,\theta,z) \mid \rho^2 \leqslant z \leqslant \sqrt{2-\rho^2}, 0 \leqslant \rho \leqslant 1, 0 \leqslant \theta \leqslant 2\pi\},$$

$$\text{原式} = \iiint\limits_{\Omega'} \rho z^2 \mathrm{d}\rho\mathrm{d}\theta\mathrm{d}z = \int_0^{2\pi} \mathrm{d}\theta \int_0^1 \mathrm{d}\rho \int_{\rho^2}^{\sqrt{2-\rho^2}} \rho z^2 \mathrm{d}z = \left(\frac{8\sqrt{2}}{15} - \frac{13}{60}\right)\pi.$$

如果要最后对 z 积分, 则需要把 Ω' 分成两部分. 易知两曲面 $x^2+y^2=z$ 与 $x^2+y^2+z^2=2$ 交线的 z 坐标为 1, 用平面 $z=1$ 把 Ω' 分为上下两部分, 平面上方的部分记为 Ω_1', 下方的部分记为 Ω_2', 则

$$\Omega_1' = \{(\rho,\theta,z) \mid 0 \leqslant \rho \leqslant \sqrt{2-z^2}, 0 \leqslant \theta \leqslant 2\pi, 1 \leqslant z \leqslant \sqrt{2}\},$$

$$\Omega_2' = \{(\rho,\theta,z) \mid 0 \leqslant \rho \leqslant \sqrt{z}, 0 \leqslant \theta \leqslant 2\pi, 0 \leqslant z \leqslant 1\},$$

$$\begin{aligned}
\text{原式} &= \iiint\limits_{\Omega'} \rho z^2 \mathrm{d}\rho\mathrm{d}\theta\mathrm{d}z \\
&= \iiint\limits_{\Omega_1'} \rho z^2 \mathrm{d}\rho\mathrm{d}\theta\mathrm{d}z + \iiint\limits_{\Omega_2'} \rho z^2 \mathrm{d}\rho\mathrm{d}\theta\mathrm{d}z \\
&= \int_1^{\sqrt{2}} \mathrm{d}z \int_0^{2\pi} \mathrm{d}\theta \int_0^{\sqrt{2-z^2}} \rho z^2 \mathrm{d}\rho + \int_0^1 \mathrm{d}z \int_0^{2\pi} \mathrm{d}\theta \int_0^{\sqrt{z}} \rho z^2 \mathrm{d}\rho \\
&= \left(\frac{8\sqrt{2}}{15} - \frac{13}{60}\right)\pi.
\end{aligned}$$

□

三、球坐标变换

我们先介绍球坐标系. 取空间直角坐标系 $O\text{-}xyz$, 设点 M 的坐标为 (x,y,z), 球坐标系是将点 M 的位置用三个有序的实数 (r,φ,θ) 表示, 其中 r 是向量 $\overrightarrow{OM}$ 的模, φ 是向量 $\overrightarrow{OM}$ 与 z 轴正向的夹角, θ 是点 M 在 xOy 平面上的投影 P 的极角. 在球坐标系中,

$$0 \leqslant r < +\infty, \qquad 0 \leqslant \varphi \leqslant \pi, \qquad 0 \leqslant \theta < 2\pi \quad (\text{或} \ -\pi \leqslant \theta < \pi).$$

假设 r_0, φ_0, θ_0 分别满足上述不等式, 则

$r = r_0$ 是中心在原点, 半径为 r_0 的球面;

$\varphi = \varphi_0$ 是以原点为顶点, z 轴为对称轴, 半顶角为 φ_0 的圆锥面;

$\theta = \theta_0$ 是以 z 轴为边界的半平面, 且 x 轴绕 z 轴右旋 θ_0 后位于该平面内.

点 M 的直角坐标 (x,y,z) 与其球坐标 (r,φ,θ) 之间有关系式

$$x = r\sin\varphi\cos\theta, \qquad y = r\sin\varphi\sin\theta, \qquad z = r\cos\varphi,$$

此式称为**球坐标变换**.

采用球坐标计算三重积分时, 雅可比行列式

$$J(r,\varphi,\theta)=\frac{D(x,y,z)}{D(r,\varphi,\theta)}=\begin{vmatrix}\sin\varphi\cos\theta & r\cos\varphi\cos\theta & -r\sin\varphi\sin\theta\\ \sin\varphi\sin\theta & r\cos\varphi\sin\theta & r\sin\varphi\cos\theta\\ \cos\varphi & -r\sin\varphi & 0\end{vmatrix}=r^2\sin\varphi,$$

据定理6.3.1可得

$$\iiint\limits_{\Omega} f(x,y,z)\mathrm{d}x\mathrm{d}y\mathrm{d}z=\iiint\limits_{\Omega'} f(r\sin\varphi\cos\theta,r\sin\varphi\sin\theta,r\cos\varphi)r^2\sin\varphi\mathrm{d}r\mathrm{d}\varphi\mathrm{d}\theta,$$

其中 $\mathrm{d}V=r^2\sin\varphi\mathrm{d}r\mathrm{d}\varphi\mathrm{d}\theta$ **是球坐标下的体积微元**.

一般情况下, 如果积分区域中含有球面、锥面或过 z 轴的半平面, 采用球坐标会比较简单. 将三重积分化为球坐标下的三重积分后, 还要将它化为球坐标下的累次积分, 这时, 一般情况下最先对 r 积分, 然后对 φ 积分, 最后对 θ 积分. 下面我们用几个例子来说明.

例 6.3.7 计算三重积分 $\iiint\limits_{\Omega} z\,\mathrm{d}x\mathrm{d}y\mathrm{d}z$, 其中 Ω 是区域 $x^2+y^2+z^2\leqslant 4z,\sqrt{x^2+y^2}\leqslant z$(见图 6.30).

解 采用球坐标变换, 将 Ω 变为 Ω',

$$\Omega':\quad 0\leqslant r\leqslant 4\cos\varphi,\quad 0\leqslant\varphi\leqslant\frac{\pi}{4},\quad 0\leqslant\theta\leqslant 2\pi,$$

$$\begin{aligned}\text{原式}&=\iiint\limits_{\Omega'} r^2\sin\varphi\cdot r\cos\varphi\mathrm{d}r\mathrm{d}\varphi\mathrm{d}\theta\\&=\int_0^{2\pi}\mathrm{d}\theta\int_0^{\frac{\pi}{4}}\mathrm{d}\varphi\int_0^{4\cos\varphi}r^3\sin\varphi\cos\varphi\mathrm{d}r\\&=\frac{56}{3}\pi.\end{aligned}$$

□

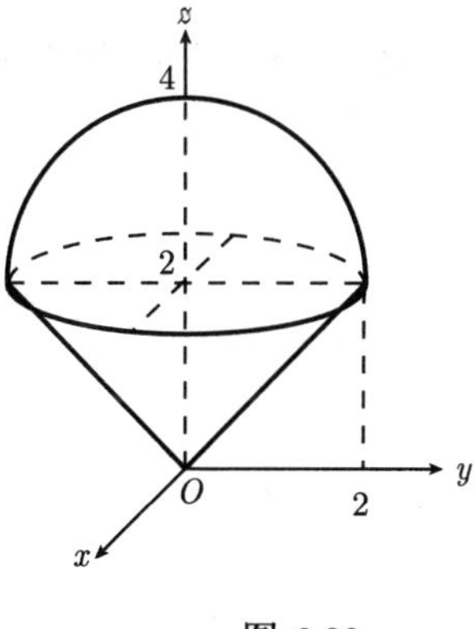

图 6.30

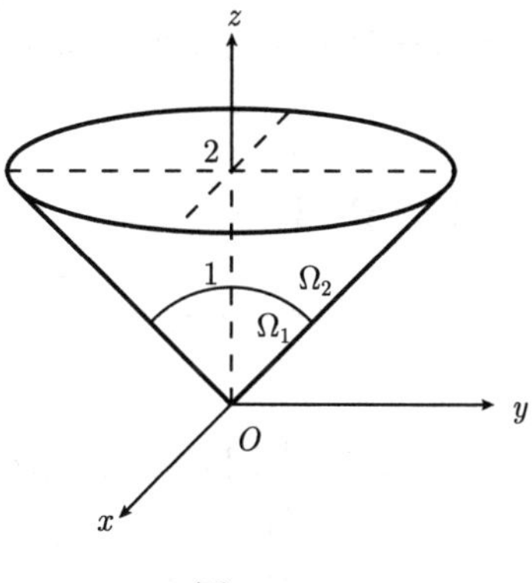

图 6.31

例 6.3.8 设 Ω 是锥体 $\sqrt{x^2+y^2}\leqslant z\leqslant 2$, 计算 $\iiint\limits_{\Omega}\left|\sqrt{x^2+y^2+z^2}-1\right|\mathrm{d}x\mathrm{d}y\mathrm{d}z$.

解 用曲面 $x^2+y^2+z^2=1$ 将 Ω 分为两部分, 分别记为 Ω_1 与 Ω_2(见图 6.31). 采用球坐标变换, 将 Ω_1 与 Ω_2 分别变为 Ω_1' 与 Ω_2',

$$\Omega_1':\ 0\leqslant r\leqslant 1,\ 0\leqslant\varphi\leqslant\frac{\pi}{4},\ 0\leqslant\theta\leqslant 2\pi,$$

$$\Omega_2':\ 1\leqslant r\leqslant\frac{2}{\cos\varphi},\ 0\leqslant\varphi\leqslant\frac{\pi}{4},\ 0\leqslant\theta\leqslant 2\pi,$$

$$\begin{aligned}
\text{原式}&=\iiint\limits_{\Omega_1}\left(1-\sqrt{x^2+y^2+z^2}\right)\mathrm{d}x\mathrm{d}y\mathrm{d}z+\iiint\limits_{\Omega_2}\left(\sqrt{x^2+y^2+z^2}-1\right)\mathrm{d}x\mathrm{d}y\mathrm{d}z\\
&=\iiint\limits_{\Omega_1'}r^2\sin\varphi\cdot(1-r)\mathrm{d}r\mathrm{d}\varphi\mathrm{d}\theta+\iiint\limits_{\Omega_2'}r^2\sin\varphi\cdot(r-1)\mathrm{d}r\mathrm{d}\varphi\mathrm{d}\theta\\
&=\int_0^{2\pi}\mathrm{d}\theta\int_0^{\frac{\pi}{4}}\mathrm{d}\varphi\int_0^1 r^2\sin\varphi\cdot(1-r)\mathrm{d}r+\int_0^{2\pi}\mathrm{d}\theta\int_0^{\frac{\pi}{4}}\mathrm{d}\varphi\int_1^{\frac{2}{\cos\varphi}}r^2\sin\varphi\cdot(r-1)\mathrm{d}r\\
&=\frac{31\sqrt{2}-30}{6}\pi.
\end{aligned}$$

□

除了球坐标变换, 还有广义球坐标变换.

例 6.3.9 计算三重积分 $\iiint\limits_{\Omega}x^2\,\mathrm{d}x\mathrm{d}y\mathrm{d}z$, 其中 Ω 是椭球体 $\frac{x^2}{a^2}+\frac{y^2}{b^2}+\frac{z^2}{c^2}\leqslant 1$.

解 采用广义球坐标变换, 令

$$x=ar\sin\varphi\cos\theta,\qquad y=br\sin\varphi\sin\theta,\qquad z=cr\cos\varphi,$$

雅可比行列式

$$J(r,\varphi,\theta)=\begin{vmatrix}a\sin\varphi\cos\theta & ar\cos\varphi\cos\theta & -ar\sin\varphi\sin\theta\\ b\sin\varphi\sin\theta & br\cos\varphi\sin\theta & br\sin\varphi\cos\theta\\ c\cos\varphi & -cr\sin\varphi & 0\end{vmatrix}=abcr^2\sin\varphi,$$

在球坐标下将 Ω 变为 Ω', 其中

$$\Omega':\ 0\leqslant r\leqslant 1,\ 0\leqslant\varphi\leqslant\pi,\ 0\leqslant\theta\leqslant 2\pi,$$

$$\begin{aligned}
\text{原式}&=\iiint\limits_{\Omega'}a^2r^2\sin^2\varphi\cos^2\theta\cdot abcr^2\sin\varphi\,\mathrm{d}r\mathrm{d}\varphi\mathrm{d}\theta\\
&=\int_0^{2\pi}\mathrm{d}\theta\int_0^{\pi}\mathrm{d}\varphi\int_0^1 a^2r^2\sin^2\varphi\cos^2\theta\cdot abcr^2\sin\varphi\mathrm{d}r\\
&=\frac{4}{15}a^3bc\pi.
\end{aligned}$$

□

习题 6.3

1. 将三重积分 $\iiint\limits_{\Omega} f(x,y,z)\mathrm{d}x\mathrm{d}y\mathrm{d}z$ 化为直角坐标下适当次序的累次积分, 其中 Ω 分别为:

(1) 圆柱面 $x^2+y^2=1$ 与平面 $x+y+z=10$ 以及 $z=0$ 所围的立体;

(2) 抛物面 $z=1-x^2-y^2$ 与平面 $z=0$ 所围的立体;

(3) 椭球面 $\dfrac{x^2}{a^2}+\dfrac{y^2}{b^2}+\dfrac{z^2}{c^2}=1$ 所围的立体;

(4) 圆锥面 $z=\sqrt{x^2+y^2}$ 与半球面 $z=\sqrt{2-x^2-y^2}$ 所围的立体.

2. 计算下列三重积分:

(1) $\iiint\limits_{\Omega} xyz\,\mathrm{d}x\mathrm{d}y\mathrm{d}z$, 其中 Ω 是由平面 $x+y+2z=1$ 与坐标面所围立体;

(2) $\iiint\limits_{\Omega} y\,\mathrm{d}x\mathrm{d}y\mathrm{d}z$, 其中 Ω 是由 $z=xy, x+y=1$ 与 $z=0$ 所围立体;

(3) $\iiint\limits_{\Omega} z\,\mathrm{d}x\mathrm{d}y\mathrm{d}z$, 其中 Ω 是由圆锥面 $z=\sqrt{x^2+y^2}$ 与 $z=1$ 所围立体;

(4) $\iiint\limits_{\Omega} y\sin(x+z)\mathrm{d}x\mathrm{d}y\mathrm{d}z$, 其中 Ω 是由 $y=\sqrt{x}$, $y=0$, $z=0$ 以及 $x+z=\dfrac{\pi}{2}$ 所围立体.

3. 用适当的方法计算下列三重积分:

(1) $\iiint\limits_{\Omega} z\,\mathrm{d}x\mathrm{d}y\mathrm{d}z$, 其中 Ω 是由 $z=x^2+y^2$ 与 $z=4$ 所围立体;

(2) $\iiint\limits_{\Omega} (x+y+z)\mathrm{d}x\mathrm{d}y\mathrm{d}z$, 其中 Ω 是由曲面 $z=\sqrt{4-x^2-y^2}$ 与 $3z=x^2+y^2$ 所围立体;

(3) $\iiint\limits_{\Omega} \dfrac{1}{1+x^2+y^2}\mathrm{d}x\mathrm{d}y\mathrm{d}z$, 其中 Ω 是由圆锥面 $z=\sqrt{x^2+y^2}$ 与 $z=1$ 所围立体;

(4) $\iiint\limits_{\Omega} z\,\mathrm{d}x\mathrm{d}y\mathrm{d}z$, 其中 Ω 为 $x^2+y^2\leqslant z\leqslant 2-\sqrt{x^2+y^2}$;

(5) $\iiint\limits_{\Omega} x^2\,\mathrm{d}x\mathrm{d}y\mathrm{d}z$, 其中 Ω 为 $1\leqslant x^2+y^2+z^2\leqslant 2$;

(6) $\iiint\limits_{\Omega} (x+z)\mathrm{d}x\mathrm{d}y\mathrm{d}z$, 其中 Ω 为 $\sqrt{x^2+y^2}\leqslant z\leqslant\sqrt{1-x^2-y^2}$;

(7) $\iiint\limits_{\Omega} \mathrm{e}^{|z|}\,\mathrm{d}x\mathrm{d}y\mathrm{d}z$, 其中 Ω 为球体 $x^2+y^2+z^2\leqslant 1$;

(8) $\iiint\limits_{\Omega} z\ln(x^2+y^2+z^2)\mathrm{d}x\mathrm{d}y\mathrm{d}z$, 其中 Ω 为 $1 \leqslant x^2+y^2+z^2 \leqslant 4$.

4. 计算三重积分 $\iiint\limits_{\Omega}(x+y+z)^2\,\mathrm{d}x\mathrm{d}y\mathrm{d}z$, 其中 Ω 是椭球体 $\dfrac{x^2}{a^2}+\dfrac{y^2}{b^2}+\dfrac{z^2}{c^2} \leqslant 1$.

5. 设 Ω 是球体 $x^2+y^2+z^2 \leqslant t^2$, 计算

$$\lim_{t\to 0}\frac{1}{\pi t^4}\iiint\limits_{\Omega} f(\sqrt{x^2+y^2+z^2})\mathrm{d}x\mathrm{d}y\mathrm{d}z,$$

其中 $f(u)$ 连续可微, $f(0)=0$.

6. 设 $f(x)$ 为连续函数, 证明

$$\int_0^a \mathrm{d}y\int_0^y \mathrm{d}z\int_0^z f(x)\mathrm{d}x = \frac{1}{2}\int_0^a f(x)(a-x)^2\mathrm{d}x.$$

6.4 重积分的应用

6.4.1 重积分在几何上的应用

一、立体的体积

设 Ω 为空间的有界闭区域, 若 Ω 可表示为

$$\Omega = \{(x,y,z)|\, z_1(x,y) \leqslant z \leqslant z_2(x,y), (x,y)\in D\},$$

这里 D 为 xOy 平面上的有界闭区域, 函数 $z_1(x,y), z_2(x,y)$ 在 D 上连续, 则 Ω 的体积为

$$V = \iiint\limits_{\Omega}\mathrm{d}x\mathrm{d}y\mathrm{d}z = \iint\limits_{D}\mathrm{d}x\mathrm{d}y\int_{z_1(x,y)}^{z_2(x,y)}\mathrm{d}z = \iint\limits_{D}(z_2(x,y)-z_1(x,y))\mathrm{d}x\mathrm{d}y. \tag{6.4.1}$$

立体的体积还可用柱坐标或球坐标下的三重积分进行计算, 分别有公式:

$$V = \iiint\limits_{\Omega'}\rho\,\mathrm{d}\rho\mathrm{d}\theta\mathrm{d}z, \tag{6.4.2}$$

$$V = \iiint\limits_{\Omega'} r^2\sin\varphi\,\mathrm{d}r\mathrm{d}\varphi\mathrm{d}\theta. \tag{6.4.3}$$

上述公式中的 Ω' 分别为区域 Ω 在柱坐标及球坐标变换下所对应的区域.

例 6.4.1 求曲面 $z=x^2+y^2$ 与 $z=2-\sqrt{x^2+y^2}$ 所围立体 Ω 的体积 (见图 6.32).

解

$$\Omega = \{(x,y,z)|\, x^2+y^2 \leqslant z \leqslant 2-\sqrt{x^2+y^2}, x^2+y^2 \leqslant 1\},$$

则

$$\begin{aligned} V &= \iint\limits_{x^2+y^2\leqslant 1} (2-\sqrt{x^2+y^2}-x^2-y^2)\mathrm{d}x\mathrm{d}y \\ &= \int_0^{2\pi}\mathrm{d}\theta\int_0^1 (2-\rho-\rho^2)\rho\mathrm{d}\rho = \frac{5\pi}{6}. \end{aligned}$$

□

例 6.4.2　求曲面 $z = x^2+y^2$ 与 $z=1, z=4$ 所围立体 Ω 的体积 (见图 6.33).

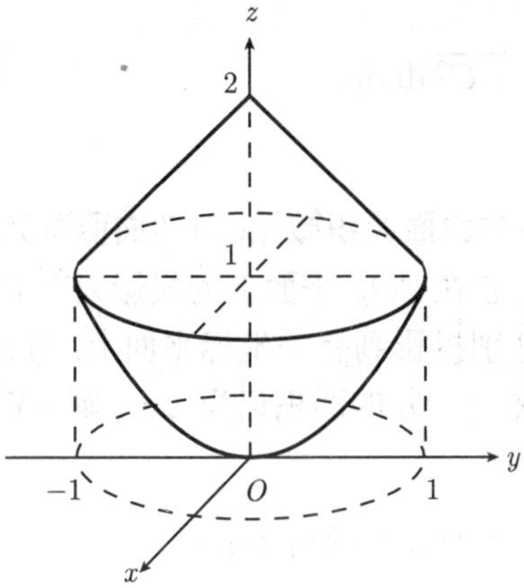

图 6.32

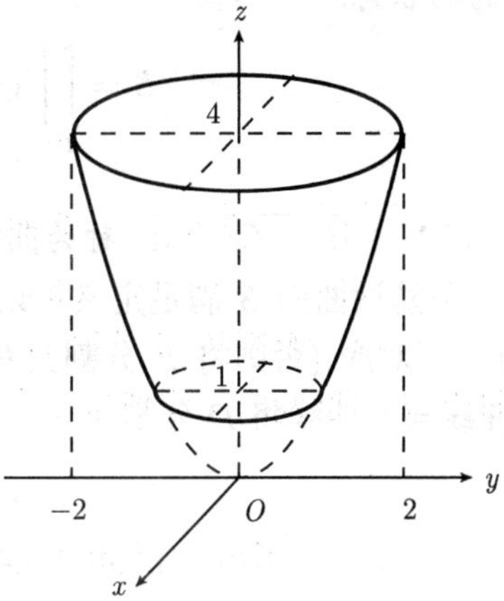

图 6.33

解　采用柱坐标, 最后对 z 积分. 则

$$\Omega' = \{(\rho,\theta,z)|\, 0 \leqslant \rho \leqslant \sqrt{z}, 0 \leqslant \theta \leqslant 2\pi, 1 \leqslant z \leqslant 4\},$$

$$V = \iiint\limits_{\Omega'} \rho\,\mathrm{d}\rho\mathrm{d}\theta\mathrm{d}z = \int_1^4 \mathrm{d}z\int_0^{2\pi}\mathrm{d}\theta\int_0^{\sqrt{z}}\rho\mathrm{d}\rho = \frac{15}{2}\pi.$$

□

二、曲面的面积

定义 6.4.1 (曲面面积)　设 S 为有界光滑曲面, 曲面 S 在某个坐标面 (如 xOy 平面) 上的投影为有界闭区域 D, S 与 D 的点一一对应. 将区域 D 任意地分割为 n 个小区域 $D_i(i=1,2,\cdots,n)$, 记 $\lambda = \max\limits_{1\leqslant i\leqslant n}\{D_i\text{的直径}\}$, λ 充分小. 以 D_i 的边界为准线作母线平行于 z 轴的柱面 $S_i'(i=1,\cdots,n)$, 这些柱面将曲面 S 分割为 n 个小曲面 $S_i(i=1,2,\cdots,n)$. 在 S_i 上任取点 P_i, 过 P_i 作曲面 S 的切平面, 设此切平面被柱面 S_i' 截得的平面区域为 Π_i, 记 Π_i 的面积为 $\sigma(\Pi_i)$. 若

$$\lim_{\lambda\to 0}\sum_{i=1}^{n}\sigma(\Pi_i)$$

存在, 则称此极限值为**曲面 S 的面积**.

下面推导曲面面积的计算公式.

定理 6.4.1(参数方程下曲面的面积公式)　设 S 为光滑曲面 (我们也用 S 表示其面积), 其参数方程为

$$x = x(u,v),\quad y = y(u,v),\quad z = z(u,v),\quad (u,v) \in D',$$

D' 为 uv 平面上的有界闭区域, 函数 $x(u,v), y(u,v), z(u,v)$ 在 D' 上连续可微, 记

$$A = \frac{D(y,z)}{D(u,v)},\quad B = \frac{D(z,x)}{D(u,v)},\quad C = \frac{D(x,y)}{D(u,v)},$$

则曲面 S 的面积为

$$S = \iint\limits_{D'} \sqrt{A^2+B^2+C^2}\,\mathrm{d}u\mathrm{d}v.$$

这里 $\mathrm{d}S = \sqrt{A^2+B^2+C^2}\,\mathrm{d}u\mathrm{d}v$ 称为**曲线坐标下的曲面面积微元**, 简称**曲面微元**.

证明　不妨设曲面 S 满足定义 6.4.1 的条件, 它在 xOy 平面上的投影为有界闭域 D, S 与 D 的点一一对应 (否则将 S 分割为有限块, 分别投影到有关坐标平面上, 对证明没有影响). 用 u 曲线与 v 曲线将 D 分割为 n 个子闭区域 D_i, D_i 的面积记为 $\Delta\sigma_i$, 则由定理 6.2.3 的证明可知

$$\Delta\sigma_i \approx |J(u_i,v_i)|\Delta u_i \Delta v_i = |C(u_i,v_i)|\Delta u_i \Delta v_i.$$

设曲面 S 上点 P_i 的曲线坐标为 (u_i,v_i), 由于曲面 S 在点 P_i 的法向量为

$$\boldsymbol{n}_i = \big(A(u_i,v_i), B(u_i,v_i), C(u_i,v_i)\big),$$

设向量 $\boldsymbol{n}_i$ 的方向余弦为 $\cos\alpha_i, \cos\beta_i, \cos\gamma_i$, 则

$$\cos\gamma_i = \left.\frac{C}{\sqrt{A^2+B^2+C^2}}\right|_{(u_i,v_i)},$$

所以

$$\sigma(\Pi_i) = \frac{\Delta\sigma_i}{|\cos\gamma_i|} \approx \left.\sqrt{A^2+B^2+C^2}\right|_{(u_i,v_i)} \Delta u_i \Delta v_i,$$

据定义 6.4.1 和二重积分的定义即得

$$\begin{aligned} S &= \lim_{\lambda\to 0}\sum_{i=1}^{n}\sigma(\Pi_i) = \lim_{\lambda\to 0}\sum_{i=1}^{n}\left.\sqrt{A^2+B^2+C^2}\right|_{(u_i,v_i)}\Delta u_i \Delta v_i \\ &= \iint\limits_{D'}\sqrt{A^2+B^2+C^2}\,\mathrm{d}u\mathrm{d}v. \end{aligned}$$

□

推论 6.4.2 设 S 为光滑曲面 (我们也用 S 表示其面积), 其参数方程为

$$x = x(u, v),\ y = y(u, v),\ z = z(u, v),$$

其中 $(u, v) \in D'$, D' 为 uv 平面上的有界闭区域, 函数 x, y, z 在 D' 上连续可微, 记

$$\boldsymbol{r} = \big(x(u, v),\ y(u, v),\ z(u, v)\big), \quad E = \boldsymbol{r}'_u \cdot \boldsymbol{r}'_u, \quad F = \boldsymbol{r}'_u \cdot \boldsymbol{r}'_v, \quad G = \boldsymbol{r}'_v \cdot \boldsymbol{r}'_v,$$

则曲面 S 的面积为

$$S = \iint\limits_{D'} \sqrt{EG - F^2}\,\mathrm{d}u\mathrm{d}v.$$

推论 6.4.3 (直角坐标下曲面的面积公式) 设光滑曲面 S 的方程为

$$z = f(x, y), \quad (x, y) \in D,$$

D 为 xOy 平面上的有界闭区域, 函数 f 在 D 上连续可微, 则曲面 S 的面积为

$$S = \iint\limits_{D} \sqrt{1 + (f'_x)^2 + (f'_y)^2}\,\mathrm{d}x\mathrm{d}y.$$

这里 $\mathrm{d}S = \sqrt{1 + (f'_x)^2 + (f'_y)^2}\,\mathrm{d}x\mathrm{d}y$ 称为**直角坐标下的曲面微元**.

证明 此时我们取曲面 S 的参数方程为: $x = x$, $y = y$, $z = f(x, y)$, 记 $\boldsymbol{r} = \big(x, y, f(x, y)\big)$, $(x, y) \in D$, 则

$$\boldsymbol{r}'_x = (1, 0, f'_x), \quad \boldsymbol{r}'_y = (0, 1, f'_y),$$

于是

$$E = \boldsymbol{r}'_x \cdot \boldsymbol{r}'_x = 1 + (f'_x)^2, \quad F = \boldsymbol{r}'_x \cdot \boldsymbol{r}'_y = f'_x f'_y, \quad G = \boldsymbol{r}'_y \cdot \boldsymbol{r}'_y = 1 + (f'_y)^2,$$

所以

$$S = \iint\limits_{D} \sqrt{1 + (f'_x)^2 + (f'_y)^2}\,\mathrm{d}x\mathrm{d}y.$$

□

例 6.4.3 求球面 $x^2 + y^2 + z^2 = a^2$ 被柱面 $x^2 + y^2 = ax$ 所截下的部分曲面的面积, 其中 $a > 0$ (见图 6.34).

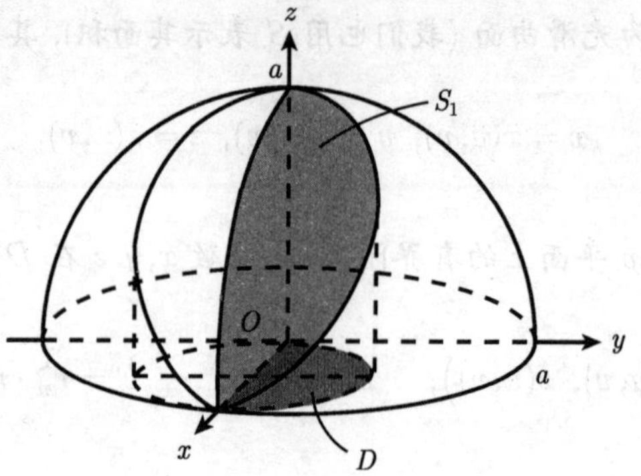

图 6.34

解　设 S_1 是所求曲面在第一卦限部分的面积, 则由对称性, $S = 4S_1$.

$$S_1:\ z=\sqrt{a^2-x^2-y^2},\ (x,y)\in D,\qquad D: x^2+y^2=ax, y\geqslant 0.$$

$$S=4S_1=4\iint\limits_D\sqrt{1+(z'_x)^2+(z'_y)^2}\mathrm{d}x\mathrm{d}y=4\iint\limits_D\frac{a}{\sqrt{a^2-x^2-y^2}}\mathrm{d}x\mathrm{d}y$$

$$=4a\int_0^{\frac{\pi}{2}}\mathrm{d}\theta\int_0^{a\cos\theta}\frac{\rho}{\sqrt{a^2-\rho^2}}\mathrm{d}\rho=2a^2(\pi-2).$$ □

例 6.4.4　求柱面 $x^2+y^2=ax$ 位于球面 $x^2+y^2+z^2=a^2$ 内部分曲面的面积 $(a>0)$.

解　设 S_1 是所求曲面在第一卦限部分的面积, 则由对称性, $S=4S_1$(见图 6.35).

$$S_1:\ y=\sqrt{ax-x^2},\ (x,z)\in D,\qquad D: 0\leqslant z\leqslant\sqrt{a^2-ax},\ 0\leqslant x\leqslant a,$$

$$S=4S_1=4\iint\limits_D\sqrt{1+(y'_x)^2+(y'_z)^2}\,\mathrm{d}z\mathrm{d}x=2\iint\limits_D\frac{a}{\sqrt{ax-x^2}}\,\mathrm{d}z\mathrm{d}x$$

$$=2a\int_0^a\mathrm{d}x\int_0^{\sqrt{a^2-ax}}\frac{1}{\sqrt{ax-x^2}}\mathrm{d}z=4a^2.$$ □

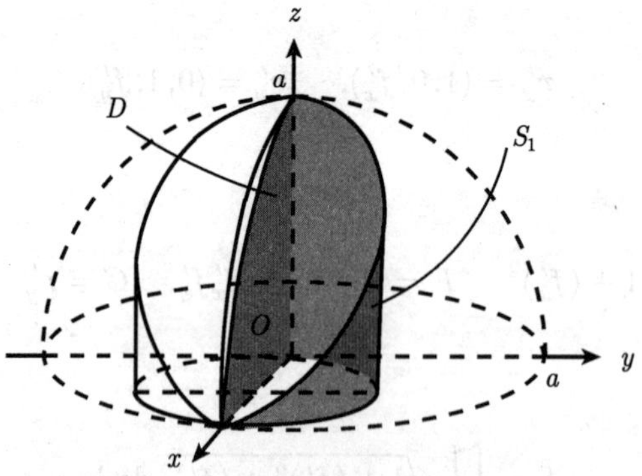

图 6.35

6.4.2　重积分在物理上的应用*

从二重积分和三重积分概念的引入可以看到, 利用它们可以分别求平面薄片以及空间立体的质量. 除此以外, 重积分在物理上还有着广泛的应用. 下面我们仅从几个方面举例说明.

一、引力

设空间中有一物体, 占有空间中的有界闭区域 Ω, 密度为 Ω 上的连续函数 $\mu=\mu(x,y,z)$, 求它对位于 Ω 外的质点 $P_0(x_0,y_0,z_0)$ (质量为 m) 的引力 $\boldsymbol{F}$.

在 Ω 内任取一直径很小的区域 $\mathrm{d}V$(我们也用 $\mathrm{d}V$ 表示该区域的体积), 在 $\mathrm{d}V$ 内任取一点 $P(x,y,z)$, 把 $\mathrm{d}V$ 看作以 P 点处的密度为均匀密度的区域, 则 $\mathrm{d}V$ 的质量为 $\mu(x,y,z)\mathrm{d}V$, 把 $\mathrm{d}V$ 看作质点 (质量集中在点 P 处), 则按两点之间的引力公式有

$$\mathrm{d}\boldsymbol{F}=k\frac{m\mu(x,y,z)\mathrm{d}V}{r^2}\cdot\boldsymbol{n}^\circ.$$

这里 k 为引力常数, $r=|\overrightarrow{P_0P}|=\sqrt{(x-x_0)^2+(y-y_0)^2+(z-z_0)^2}$, $\boldsymbol{n}^\circ$ 为与 $\overrightarrow{P_0P}$ 同向的单位向量, 即

$$\boldsymbol{n}^\circ=\frac{\overrightarrow{P_0P}}{|\overrightarrow{P_0P}|}=\left(\frac{x-x_0}{r},\frac{y-y_0}{r},\frac{z-z_0}{r}\right),$$

因此 $\mathrm{d}\boldsymbol{F}$ 在三个坐标轴上的分量分别为

$$\mathrm{d}F_x=k\frac{m\mu(x,y,z)(x-x_0)}{r^3}\mathrm{d}V,$$

$$\mathrm{d}F_y=k\frac{m\mu(x,y,z)(y-y_0)}{r^3}\mathrm{d}V,$$

$$\mathrm{d}F_z=k\frac{m\mu(x,y,z)(z-z_0)}{r^3}\mathrm{d}V,$$

于是得到引力 $\boldsymbol{F}$ 在三个坐标轴上的分量分别为

$$F_x=km\iiint\limits_{\Omega}\frac{\mu(x,y,z)(x-x_0)}{r^3}\mathrm{d}V,$$

$$F_y=km\iiint\limits_{\Omega}\frac{\mu(x,y,z)(y-y_0)}{r^3}\mathrm{d}V,$$

$$F_z=km\iiint\limits_{\Omega}\frac{\mu(x,y,z)(z-z_0)}{r^3}\mathrm{d}V,$$

其中 $r=|\overrightarrow{P_0P}|=\sqrt{(x-x_0)^2+(y-y_0)^2+(z-z_0)^2}$.

如果考虑平面薄片对薄片外一点 $P_0(x_0,y_0,z_0)$ 处的质量为 m 的质点的引力, 设平面薄片占有 xOy 平面上的有界闭区域 D, 其面密度为 $\mu(x,y)$, 那么只要将上式中的密度 $\mu(x,y,z)$ 换成面密度 $\mu(x,y)$, 将 Ω 上的三重积分换成 D 上的二重积分, 就可得到相应的计算公式.

例 6.4.5 求质量为 M, 半径为 R 的均匀球体对质量为 m, 与球心距离为 a $(a>R)$ 的质点的引力.

解 设球体的球心在坐标原点, 质点为 $(0,0,a)$, 球体的密度为 μ, 则球体 Ω 的方程为 $x^2+y^2+z^2\leqslant R^2$. 由对称性易知 $F_x=0, F_y=0$.

$$F_z=km\mu\iiint\limits_{\Omega}\frac{(z-a)}{(\sqrt{x^2+y^2+(z-a)^2})^3}\mathrm{d}V,$$

$$\begin{aligned}F_z&=km\mu\int_{-R}^{R}\mathrm{d}z\int_0^{2\pi}\mathrm{d}\theta\int_0^{\sqrt{R^2-z^2}}\frac{(z-a)\rho}{(\sqrt{\rho^2+(z-a)^2})^3}\mathrm{d}\rho\\&=km\mu\int_{-R}^{R}\mathrm{d}z\int_0^{2\pi}\left(-\frac{z-a}{\sqrt{\rho^2+(z-a)^2}}\right)\Bigg|_{\rho=0}^{\rho=\sqrt{R^2-z^2}}\mathrm{d}\theta\\&=km\mu\int_{-R}^{R}\mathrm{d}z\int_0^{2\pi}\left(\frac{z-a}{a-z}-\frac{z-a}{\sqrt{R^2-2az+a^2}}\right)\mathrm{d}\theta\\&=2\pi km\mu\int_{-R}^{R}\left(-1-\frac{z-a}{\sqrt{R^2-2az+a^2}}\right)\mathrm{d}z\\&=2\pi km\mu\left(-2R+\frac{1}{a}\int_{-R}^{R}(z-a)\mathrm{d}\sqrt{R^2-2az+a^2}\right)\\&=-\frac{4\pi R^3}{3a^2}km\mu.\end{aligned}$$

所以球体对已知质点的引力为 $\left(0,0,-\dfrac{4\pi R^3}{3a^2}km\mu\right)$. □

二、质心

一物体占有空间区域 Ω, 密度为 $\mu(x,y,z)$, 求 Ω 的质心.

在 Ω 内任取一直径很小的区域 $\mathrm{d}V$($\mathrm{d}V$ 也表示该区域的体积), 在 $\mathrm{d}V$ 内任取一点 $P(x,y,z)$, 把 $\mathrm{d}V$ 看作以 P 点处的密度为均匀密度的区域, 则 $\mathrm{d}V$ 的质量为 $\mu(x,y,z)\mathrm{d}V$, 把 $\mathrm{d}V$ 看作质点 (质量集中在点 P 处), 则其静矩微元 $\mathrm{d}M_x$, $\mathrm{d}M_y$, $\mathrm{d}M_z$ 分别为

$$\mathrm{d}M_x=x\mu(x,y,z)\mathrm{d}V,\quad \mathrm{d}M_y=y\mu(x,y,z)\mathrm{d}V,\quad \mathrm{d}M_z=z\mu(x,y,z)\mathrm{d}V,$$

于是

$$M_x=\iiint\limits_{\Omega}x\mu(x,y,z)\mathrm{d}V,\quad M_y=\iiint\limits_{\Omega}y\mu(x,y,z)\mathrm{d}V,\quad M_z=\iiint\limits_{\Omega}z\mu(x,y,z)\mathrm{d}V,$$

由此得立体 Ω 的质心坐标 $(\overline{x},\overline{y},\overline{z})$ 为

$$\overline{x}=\frac{M_x}{M}=\frac{1}{M}\iiint\limits_{\Omega}x\mu(x,y,z)\mathrm{d}V,$$

$$\overline{y}=\frac{M_y}{M}=\frac{1}{M}\iiint\limits_{\Omega} y\mu(x,y,z)\mathrm{d}V,$$

$$\overline{z}=\frac{M_z}{M}=\frac{1}{M}\iiint\limits_{\Omega} z\mu(x,y,z)\mathrm{d}V,$$

其中 $M=\iiint\limits_{\Omega}\mu(x,y,z)\mathrm{d}V$.

当 Ω 质量均匀时, 其质心坐标 $(\overline{x},\overline{y},\overline{z})$ 为

$$\overline{x}=\frac{1}{V}\iiint\limits_{\Omega} x\,\mathrm{d}V,\qquad \overline{y}=\frac{1}{V}\iiint\limits_{\Omega} y\,\mathrm{d}V,\qquad \overline{z}=\frac{1}{V}\iiint\limits_{\Omega} z\,\mathrm{d}V,$$

此时称 $(\overline{x},\overline{y},\overline{z})$ 为 Ω 的**形心**.

设一平面薄片占有平面区域 D, 其面密度为 $\mu(x,y)$, 则类似可得 D 的质心坐标为

$$\overline{x}=\frac{M_x}{M}=\frac{1}{M}\iint\limits_{D} x\mu(x,y)\mathrm{d}x\mathrm{d}y,$$

$$\overline{y}=\frac{M_y}{M}=\frac{1}{M}\iint\limits_{D} y\mu(x,y)\mathrm{d}x\mathrm{d}y,$$

其中 $M=\iint\limits_{D}\mu(x,y)\mathrm{d}x\mathrm{d}y$.

例 6.4.6　设有一半径为 R 的球体, P_0 是球面上一定点, 球体上任何一点的密度与该点到 P_0 的距离成正比 (比例系数为 k), 求球体的质心位置.

解　设球体的球心在点 $(0,0,R)$, 点 P_0 位于坐标原点, 则球体内任意一点 (x,y,z) 的密度为 $\mu(x,y,z)=k\sqrt{x^2+y^2+z^2}$, 则球体的质量为

$$M=\iiint\limits_{\Omega}\mu(x,y,z)\mathrm{d}V=k\iiint\limits_{\Omega}\sqrt{x^2+y^2+z^2}\,\mathrm{d}V.$$

采用球坐标变换, 则

$$M=k\int_0^{2\pi}\mathrm{d}\theta\int_0^{\frac{\pi}{2}}\mathrm{d}\varphi\int_0^{a\cos\varphi}r^3\sin\varphi\mathrm{d}r=\frac{1}{10}k\pi a^4.$$

记质心坐标为 $(\overline{x},\overline{y},\overline{z})$, 则

$$\overline{x}=\frac{1}{M}\iiint\limits_{\Omega} kx\sqrt{x^2+y^2+z^2}\,\mathrm{d}V=0,$$

$$\overline{y}=\frac{1}{M}\iiint\limits_{\Omega}ky\sqrt{x^2+y^2+z^2}\,\mathrm{d}V=0,$$

$$\begin{aligned}\overline{z}=&\frac{1}{M}\iiint\limits_{\Omega}kz\sqrt{x^2+y^2+z^2}\,\mathrm{d}V\\=&\frac{k}{M}\int_0^{2\pi}\mathrm{d}\theta\int_0^{\frac{\pi}{2}}\mathrm{d}\varphi\int_0^{a\cos\varphi}r^4\sin\varphi\cos\varphi\mathrm{d}r=\frac{4a}{7}.\end{aligned}$$

因此, 此球体质心坐标为 $\left(0,0,\dfrac{4a}{7}\right)$. □

三、转动惯量

我们知道, 平面上位于点 $P(x,y)$ 处一质量为 m 的质点对于 x 轴, y 轴, 以及坐标原点 O 的转动惯量分别为

$$I_x=my^2,\quad I_y=mx^2,\quad I_0=m(x^2+y^2),$$

现在考虑空间一物体, 它占有空间区域 Ω, 密度为 $\mu(x,y,z)$, 求 Ω 分别对 x 轴、y 轴、z 轴及坐标原点的转动惯量.

在 Ω 内任取一直径很小的区域 $\mathrm{d}V$ ($\mathrm{d}V$ 也表示该区域的体积), 在 $\mathrm{d}V$ 内任取一点 $P(x,y,z)$, 把 $\mathrm{d}V$ 看作以 P 点处的密度为均匀密度的区域, 则 $\mathrm{d}V$ 的质量为 $\mu(x,y,z)\mathrm{d}V$, 把 $\mathrm{d}V$ 看作质点 (质量集中在点 P 处), 则其对 x 轴、y 轴、z 轴及坐标原点的转动惯量微元分别为

$$\mathrm{d}I_x=(y^2+z^2)\mu(x,y,z)\mathrm{d}V,$$

$$\mathrm{d}I_y=(z^2+x^2)\mu(x,y,z)\mathrm{d}V,$$

$$\mathrm{d}I_z=(x^2+y^2)\mu(x,y,z)\mathrm{d}V,$$

$$\mathrm{d}I_0=(x^2+y^2+z^2)\mu(x,y,z)\mathrm{d}V,$$

于是

$$I_x=\iiint\limits_{\Omega}(y^2+z^2)\mu(x,y,z)\mathrm{d}V,$$

$$I_y=\iiint\limits_{\Omega}(z^2+x^2)\mu(x,y,z)\mathrm{d}V,$$

$$I_z=\iiint\limits_{\Omega}(x^2+y^2)\mu(x,y,z)\mathrm{d}V,$$

$$I_0=\iiint\limits_{\Omega}(x^2+y^2+z^2)\mu(x,y,z)\mathrm{d}V.$$

类似可得面密度为 $\mu(x,y)$ 的平面薄片 D 对坐标轴及坐标原点的转动惯量分别为

$$I_x = \iint\limits_D y^2 \mu(x,y)\mathrm{d}x\mathrm{d}y,$$

$$I_y = \iint\limits_D x^2 \mu(x,y)\mathrm{d}x\mathrm{d}y,$$

$$I_0 = \iint\limits_D (x^2+y^2) \mu(x,y)\mathrm{d}x\mathrm{d}y.$$

例 6.4.7 设 D 是由心脏线 $\rho = a(1+\cos\theta)$ 所围的质量均匀的平面薄片, 求它对 y 轴的转动惯量.

解 设平面薄片的密度为 k, 则

$$I_y = \iint\limits_D x^2 k\,\mathrm{d}x\mathrm{d}y,$$

采用极坐标变换, 则

$$I_y = k\int_0^{2\pi}\mathrm{d}\theta\int_0^{a(1+\cos\theta)}\rho^3\cos^2\theta\mathrm{d}\rho = \frac{49}{32}k\pi a^4. \qquad \square$$

习题 6.4

1. 求下列立体的体积:
   (1) $\Omega: x^2+y^2 \leqslant z \leqslant 1$;
   (2) Ω: 圆柱体 $x^2+y^2 \leqslant Rx$ 被球面 $x^2+y^2+z^2=R^2$ 截下的部分;
   (3) $\Omega: \sqrt{x^2+y^2} \leqslant z \leqslant \sqrt{2-x^2-y^2}$;
   (4) $\Omega: x^2+y^2 \leqslant 1, z^2+x^2 \leqslant 1, y^2+z^2 \leqslant 1$;
   (5) $\Omega: 0 \leqslant 2z \leqslant x^2+y^2, (x^2+y^2)^2 \leqslant x^2-y^2$;
   (6) Ω: 平面 $x=0, y=0, x+y=1$ 所围的三棱柱体被 $z=0$ 及 $z=6-x^2-y^2$ 所截的部分;
   (7) Ω: 六个平面 $x+y+z=\pm1, -x+2y+3z=\pm2, 2x-y+5z=\pm3$ 所围平行六面体.
2. 求下列曲面的面积:
   (1) 平面 $x+2y+3z=1$ 被圆柱面 $x^2+y^2=1$ 截下的部分;
   (2) 双曲抛物面 $z=xy$ 被 $x^2+y^2=1$ 截下的第一卦限的部分;
   (3) 两个圆柱面 $x^2+y^2=1, x^2+z^2=1$ 所围立体的表面积;
   (4) 三个圆柱面 $x^2+y^2=1, z^2+x^2=1, y^2+z^2=1$ 所围立体的表面积;
   (5) 球面 $x^2+y^2+z^2=R^2$ 被 $z=h$ 与 $z=-h\ (0 \leqslant h \leqslant R)$ 截下的部分;
   (6) 圆锥面 $z^2=x^2+y^2$ 被圆柱面 $x^2+y^2=2x$ 所截下的部分;
   (7) 圆柱面 $x^2+y^2=2x$ 被圆锥面 $z^2=x^2+y^2$ 截下的部分.

3. 求密度均匀圆锥体 $\sqrt{x^2+y^2} \leqslant z \leqslant 1$ 对位于坐标原点处一单位质点的引力.
4. 设圆盘 $x^2+y^2 \leqslant a^2, z=0$ 的密度为 $\mu(x,y)=y^2$, 求它对位于 z 轴上点 $(0,0,b)$ 处的单位质点的引力.
5. 求下列平面薄片 D 的质心:
   (1) D 为 $y=x^2$ 与 $y=1$ 所围区域, 密度 $\mu(x,y)=1+x$;
   (2) D 为心脏线 $\rho=a(1+\cos\theta)$ 所围区域, 密度 $\mu(x,y)=1$;
   (3) D 为旋轮线 $x=a(t-\sin t), y=a(1-\cos t)$ $(0 \leqslant t \leqslant 2\pi)$ 与 x 轴所围区域, 密度 $\mu(x,y)=1$.
6. 求下列立体的质心:
   (1) Ω 为上半球体 $0 \leqslant z \leqslant \sqrt{1-x^2-y^2}$, 密度 $\mu=1+x^2+y^2+z^2$;
   (2) Ω 为 $x^2+y^2 \leqslant z \leqslant 1$, 密度 $\mu=\dfrac{1}{\sqrt{x^2+y^2}}$;
   (3) Ω 为平面 $x+y+z=1$ 与 $x=0, y=0, z=0$ 所围区域, 密度 $\mu=x$.
7. 求下列平面物体对相应直线或点的转动惯量:
   (1) D 为正方形区域 $0 \leqslant x \leqslant 1,\ 0 \leqslant y \leqslant 1$, 密度 $\mu(x,y)=x+y$, 求 I_x;
   (2) D 为 $x^2+y^2 \leqslant 1$ 在第一象限的部分, 密度 $\mu(x,y)=1$, 求 D 对坐标原点的转动惯量 I_0 及 D 对直线 $y=-1$ 的转动惯量;
   (3) D 为旋轮线 $x=a(t-\sin t), y=a(1-\cos t)$ $(0 \leqslant t \leqslant 2\pi)$ 与 x 轴所围区域, 密度 $\mu(x,y)=1$, 求 I_x;
   (4) D 为心脏线 $\rho=a(1+\cos\theta)$ 所围区域, 密度 $\mu(x,y)=1$, 求 I_y.
8. 设 Ω 为均匀球体 $x^2+y^2+z^2 \leqslant 2z$, 分别求其对三个坐标轴的转动惯量.
9. 设 Ω 为圆柱体 $x^2+y^2 \leqslant 1$ 介于平面 $z=0, z=1$ 之间的部分, 密度分布均匀, 求 Ω 对 x 轴及 z 轴的转动惯量.

6.5 广义重积分简介

与广义积分类似, 广义重积分也分两类, 一类是积分区域无界的广义重积分, 一类是被积函数无界的广义重积分. 本节我们简单介绍广义二重积分. 对于广义三重积分有类似的定义及结论, 在此不赘述.

定义 6.5.1 (无界区域上的广义二重积分)　设 D 为平面上的无界区域, D' 是 D 中任意的有界闭区域, 函数 $f(x,y)$ 在区域 D' 上常义可积, $D' \to D$ 表示按任意方式扩大 D', 使得区域 D 中任一点总包含在足够大的 D' 中. 若 $D' \to D$ 时,

$$\iint\limits_{D'} f(x,y)\mathrm{d}x\mathrm{d}y$$

极限存在, 则称**无界区域 D 上的广义二重积分** $\iint\limits_{D} f(x,y)\mathrm{d}x\mathrm{d}y$**收敛**, 记为

$$\iint\limits_D f(x,y)\mathrm{d}x\mathrm{d}y = \lim_{D'\to D}\iint\limits_{D'} f(x,y)\mathrm{d}x\mathrm{d}y,$$

否则称其为**发散**.

定义 6.5.2(无界函数的广义二重积分)　设 D 为平面上的有界闭区域, C 是 D 中的光滑曲线 (C 可退化为一点), 函数 $f(x,y)$ 在 C 上任意一点的邻域内无界. D' 是 $D\setminus C$ 中任意的有界闭区域, 函数 $f(x,y)$ 在区域 D' 上常义可积, $D'\to D$ 表示按任意方式扩大 D', 使得 $D\setminus C$ 中任一点总包含在足够大的 D' 中. 若 $D'\to D$ 时,

$$\iint\limits_{D'} f(x,y)\mathrm{d}x\mathrm{d}y$$

极限存在, 则称**无界函数的广义二重积分** $\iint\limits_D f(x,y)\mathrm{d}x\mathrm{d}y$ **收敛**, 记为

$$\iint\limits_D f(x,y)\mathrm{d}x\mathrm{d}y = \lim_{D'\to D}\iint\limits_{D'} f(x,y)\mathrm{d}x\mathrm{d}y,$$

否则称其为**发散**.

对于非负被积函数的广义二重积分, 有下面常用的结论 (略去证明)

定理 6.5.1　设函数 $f(x,y)$ 在 $D\subseteq\mathbb{R}^2$ 上非负, 对于两类广义二重积分, 若按某一确定的方式取 D_1, 使得 $D_1\to D$ 时

$$\iint\limits_{D_1} f(x,y)\mathrm{d}x\mathrm{d}y$$

以 A 为极限, 则广义二重积分 $\iint\limits_D f(x,y)\mathrm{d}x\mathrm{d}y$ 收敛于 A.

例 6.5.1　计算 $\iint\limits_D \mathrm{e}^{-(x^2+y^2)}\mathrm{d}x\mathrm{d}y$, 其中 D 为第一象限.

解　取 $D_1=\{(x,y)\mid x^2+y^2\leqslant r^2, x\geqslant 0, y\geqslant 0\}$, 则由定理 6.5.1 可知

$$\iint\limits_D \mathrm{e}^{-(x^2+y^2)}\mathrm{d}x\mathrm{d}y = \lim_{D_1\to D}\iint\limits_{D_1}\mathrm{e}^{-(x^2+y^2)}\mathrm{d}x\mathrm{d}y$$

$$=\lim_{r\to+\infty}\int_0^{\frac{\pi}{2}}\mathrm{d}\theta\int_0^r \mathrm{e}^{-\rho^2}\rho\mathrm{d}\rho = \lim_{r\to+\infty}\frac{\pi}{4}(1-\mathrm{e}^{-r^2}) = \frac{\pi}{4}.$$

□

例 6.5.2　计算 $\int_0^{+\infty}\mathrm{e}^{-x^2}\mathrm{d}x$.

解　在上面的例子中, 重新取 $D_1=\{(x,y)\mid 0\leqslant x\leqslant A,0\leqslant y\leqslant A\}$,

$$\iint_D \mathrm{e}^{-(x^2+y^2)}\mathrm{d}x\mathrm{d}y=\lim_{D_1\to D}\iint_{D_1}\mathrm{e}^{-(x^2+y^2)}\mathrm{d}x\mathrm{d}y$$

$$=\lim_{A\to+\infty}\int_0^A \mathrm{e}^{-x^2}\mathrm{d}x\cdot\int_0^A \mathrm{e}^{-y^2}\mathrm{d}y=\left(\int_0^{+\infty}\mathrm{e}^{-x^2}\mathrm{d}x\right)^2.$$

应用上题的结论即得

$$\int_0^{+\infty}\mathrm{e}^{-x^2}\mathrm{d}x=\frac{\sqrt{\pi}}{2}.$$ □

这个积分在“概率统计”学科中经常用到, 被称为“概率积分”.

习题 6.5

1. 计算 $\iint_D \mathrm{e}^{-(x+y)}\mathrm{d}x\mathrm{d}y$, 其中 D 为第一象限.
2. 计算 $\iint_D \frac{1}{(x^2+y^2)^2}\mathrm{d}x\mathrm{d}y$, 其中 D 为 $x^2+y^2\geqslant 1$.
3. 计算 $\iint_D \ln\sqrt{x^2+y^2}\mathrm{d}x\mathrm{d}y$, 其中 D 为 $x^2+y^2\leqslant 1$.

第 7 章　曲线积分 · 曲面积分与场论

前面我们将积分的概念推广到二重积分和三重积分, 即积分范围为平面区域和空间区域, 这一章我们将讨论积分范围为曲线弧或一片曲面的情况, 分别称为曲线积分和曲面积分.

7.1　第一类曲线积分

7.1.1　第一类曲线积分的概念与性质

物质曲线的质量: 如果一条物质曲线的线密度是一个常值, 那么这条物质曲线的质量就等于它的线密度与长度的乘积. 现设有一条密度不均匀的物质曲线 C, 以 A, B 为其端点, 并设 C 上任一点 $M(x,y)$ 处的线密度为 $\rho(x,y)$. 为了求得 C 的质量, 我们用 C 上的点 $A=M_0, M_1, M_2, \cdots, M_{n-1}, M_n=B$ 将 C 分为 n 个小段 (见图 7.1). 当 $\overset{\frown}{M_{i-1}M_i}$ 很短时, 这一段上每点的密度都与其中一固定点 (ξ_i,η_i) 的密度相差很小, 因而, 我们可以求得这一小段质量 Δm_i 的近似值

$$\Delta m_i \approx \rho(\xi_i,\eta_i)\Delta s_i,$$

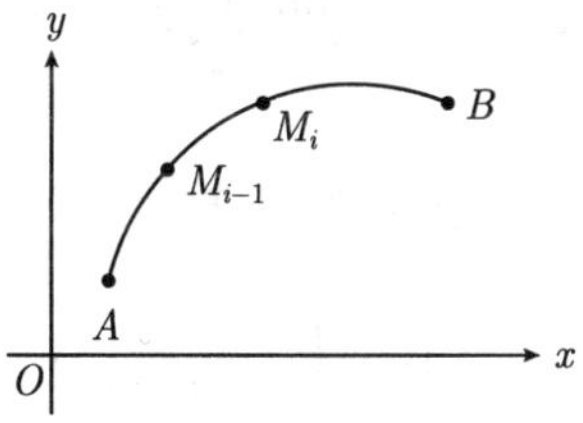

图 7.1

其中 Δs_i 表示 $\overset{\frown}{M_{i-1}M_i}$ 的长度. 于是整个物质曲线质量的近似值

$$m=\sum_{i=1}^{n}\Delta m_i \approx \sum_{i=1}^{n}\rho(\xi_i,\eta_i)\Delta s_i.$$

令 $\lambda=\max\limits_{1\leqslant i\leqslant n}\{\Delta s_i\}$, 如果极限

$$\lim_{\lambda\to 0}\sum_{i=1}^{n}\rho(\xi_i,\eta_i)\Delta s_i$$

存在, 则我们称此极限值就是物质曲线 C 的质量 m, 即

$$m=\lim_{\lambda\to 0}\sum_{i=1}^{n}\rho(\xi_i,\eta_i)\Delta s_i.$$

在许多其他问题中, 都会遇到这种形式的和的极限. 因而我们将其总结为下面的定义.

定义 7.1.1 (第一类曲线积分)　设 C 为 xOy 平面上的一条光滑曲线段, 函数 $f(x,y)$ 在 C 上有定义, 在 C 上任意插入一点列 $M_0, M_1, \cdots, M_n$, 将 C 分为 n 小段, 第 i 段的长度记为 $\Delta s_i(i=1,2,\cdots,n)$. 在第 i 段上任取一点 (ξ_i,η_i). 令 $\lambda=\max\limits_{1\leqslant i\leqslant n}\{\Delta s_i\}$, 如果对于曲线的任意分割及点 (ξ_i,η_i) 的任意取法, 下面的极限

$$\lim_{\lambda\to 0}\sum_{i=1}^{n} f(\xi_i,\eta_i)\Delta s_i$$

都存在且唯一, 则称此极限值为函数 $f(x,y)$ 在曲线段 C 上的**第一类曲线积分**, 也称为**对弧长的曲线积分**, 记为 $\int_C f(x,y)\mathrm{d}s$, 即

$$\int_C f(x,y)\mathrm{d}s=\lim_{\lambda\to 0}\sum_{i=1}^{n} f(\xi_i,\eta_i)\Delta s_i.$$

其中 $f(x,y)$ 称为**被积函数**,C 称为**积分曲线**,$\mathrm{d}s$ 称为**弧微分**.

类似地, 我们可以定义函数 $f(x,y,z)$ 在空间曲线 C 上的第一类曲线积分

$$\int_C f(x,y,z)\mathrm{d}s=\lim_{\lambda\to 0}\sum_{i=1}^{n} f(\xi_i,\eta_i,\zeta_i)\Delta s_i.$$

如果 C 是逐段光滑曲线, 即 C 是由有限条光滑曲线 $C_1, C_2, \cdots, C_n$ 连接而成, 则我们规定

$$\int_C f(x,y,z)\mathrm{d}s=\int_{C_1} f(x,y,z)\mathrm{d}s+\int_{C_2} f(x,y,z)\mathrm{d}s+\cdots+\int_{C_n} f(x,y,z)\mathrm{d}s.$$

由第一类曲线积分的定义可知, 它有以下性质.

定理 7.1.1 (第一类曲线积分的性质)　*设函数 $f(x,y), g(x,y)$ 在逐段光滑曲线 C 上第一类曲线积分存在, 则有*

(1) *设 k 为常数, 则*

$$\int_C kf(x,y)\mathrm{d}s=k\int_C f(x,y)\mathrm{d}s.$$

(2) $\int_C (f(x,y)\pm g(x,y))\,\mathrm{d}s=\int_C f(x,y)\mathrm{d}s\pm\int_C g(x,y)\mathrm{d}s.$

(3) *若 $C=C_1+C_2$, 即 C 由两条逐段光滑曲线 C_1, C_2 连接而成, 则*

$$\int_C f(x,y)\mathrm{d}s=\int_{C_1} f(x,y)\mathrm{d}s+\int_{C_2} f(x,y)\mathrm{d}s.$$

(4) *设在 C 上有 $f(x,y)\leqslant g(x,y)$, 则*

$$\int_C f(x,y)\mathrm{d}s \leqslant \int_C g(x,y)\mathrm{d}s,$$

特别地

$$\left|\int_C f(x,y)\mathrm{d}s\right| \leqslant \int_C |f(x,y)|\,\mathrm{d}s.$$

(5) 设 A,B 为曲线 C 的两个端点, 则

$$\int_{\overset{\frown}{AB}} f(x,y)\mathrm{d}s = \int_{\overset{\frown}{BA}} f(x,y)\mathrm{d}s,$$

即第一类曲线积分的值不依赖于积分曲线的走向.

(6) $\int_C \mathrm{d}s = C$ 的弧长.

7.1.2　第一类曲线积分的计算

我们将第一类曲线积分化为我们熟悉的定积分来计算.

定理 7.1.2　设 $f(x,y)$ 为定义在曲线段 C 上的连续函数, C 的参数方程为

$$\begin{cases} x=\varphi(t), \\ y=\psi(t), \end{cases} \qquad (a\leqslant t\leqslant b),$$

其中 $\varphi(t),\psi(t)$ 在 $[a,b]$ 上具有连续的一阶导数, 且 $[\varphi'(t)]^2+[\psi'(t)]^2\neq 0$, 则第一类曲线积分 $\int_C f(x,y)\mathrm{d}s$ 存在, 且

$$\int_C f(x,y)\mathrm{d}s = \int_a^b f(\varphi(t),\psi(t))\sqrt{[\varphi'(t)]^2+[\psi'(t)]^2}\,\mathrm{d}t.$$

证明　曲线 $C=\overset{\frown}{AB}$ 的一个分割

$$A=M_0,M_1,M_2,\cdots,M_{n-1},M_n=B,$$

对应于对参数区间 $[a,b]$ 的一个分割

$$a=t_0<t_1<\cdots<t_{n-1}<t_n=b.$$

其中 M_i 为点 $(\varphi(t_i),\psi(t_i))$, 根据第一类曲线积分的定义, 有

$$\int_C f(x,y)\mathrm{d}s = \lim_{\lambda\to 0}\sum_{i=1}^{n} f(\xi_i,\eta_i)\Delta s_i.$$

设点 (ξ_i,η_i) 对应的参数值为 τ_i, 即

$$\xi_i=\varphi(\tau_i), \quad \eta_i=\psi(\tau_i) \qquad (t_{i-1}\leqslant\tau_i\leqslant t_i),$$

由于

$$\Delta s_i = \int_{t_{i-1}}^{t_i} \sqrt{[\varphi'(t)]^2 + [\psi'(t)]^2}\mathrm{d}t,$$

应用积分中值定理, 有

$$\Delta s_i = \sqrt{[\varphi'(\tau_i')]^2 + [\psi'(\tau_i')]^2}\Delta t_i,$$

其中 $\Delta t_i = t_i - t_{i-1}$, $t_{i-1} \leqslant \tau_i' \leqslant t_i$. 记 $\lambda = \max\limits_{1\leqslant i\leqslant n} \{\Delta t_i\}$, 于是

$$\int_C f(x,y)\mathrm{d}s = \lim_{\lambda\to 0}\sum_{i=1}^{n} f(\varphi(\tau_i), \psi(\tau_i))\sqrt{[\varphi'(\tau_i')]^2 + [\psi'(\tau_i')]^2}\Delta t_i.$$

由于函数 $\sqrt{[\varphi'(t)]^2 + [\psi'(t)]^2}$ 在闭区间 $[a,b]$ 上连续, 我们可以将上式中的 τ_i' 换成 τ_i(证明从略), 从而由定积分的定义及

$$f[\varphi(t), \psi(t)]\sqrt{[\varphi'(t)]^2 + [\psi'(t)]^2}$$

在 $[a,b]$ 上的连续性知

$$\begin{aligned}\int_C f(x,y)\mathrm{d}s &= \lim_{\lambda\to 0}\sum_{i=1}^{n} f[\varphi(\tau_i), \psi(\tau_i)]\sqrt{[\varphi'(\tau_i)]^2 + [\psi'(\tau_i)]^2}\Delta t_i \\ &= \int_a^b f[\varphi(t), \psi(t)]\sqrt{[\varphi'(t)]^2 + [\psi'(t)]^2}\mathrm{d}t \quad (a < b).\end{aligned}$$

因此, $\int_C f(x,y)\mathrm{d}s = \int_a^b f(\varphi(t), \psi(t))\sqrt{[\varphi'(t)]^2 + [\psi'(t)]^2}\mathrm{d}t.$ □

注 定积分的下限 a 一定要小于上限 b. 这是因为 $\Delta s_i > 0$, 从而 $\Delta t_i > 0$, 所以 $a < b$.

如果曲线 C 的方程为

$$y = \psi(x) \qquad (a \leqslant x \leqslant b),$$

那么有

$$\int_C f(x,y)\mathrm{d}s = \int_a^b f[x, \psi(x)]\sqrt{1 + [\psi'(x)]^2}\mathrm{d}x.$$

如果曲线 C 的方程为

$$x = \varphi(y) \qquad (c \leqslant y \leqslant d),$$

则有

$$\int_C f(x,y)\mathrm{d}s = \int_c^d f[\varphi(y), y]\sqrt{[\varphi'(y)]^2 + 1}\mathrm{d}y.$$

类似地, 我们可以得到空间曲线第一类曲线积分的计算公式. 设空间曲线 C 的方程为

$$x = \varphi(t), \quad y = \psi(t), \quad z = \omega(t) \qquad (a \leqslant t \leqslant b),$$

则有

$$\int_C f(x,y,z)\mathrm{d}s = \int_a^b f[\varphi(t),\psi(t),\omega(t)]\sqrt{[\varphi'(t)]^2+[\psi'(t)]^2+[\omega'(t)]^2}\mathrm{d}t \quad (a<b).$$

例 7.1.1　计算曲线积分 $\int_C x\,\mathrm{d}s$, 其中 C 是抛物线 $y=x^2$ 上点 $O(0,0)$ 与点 $A(1,1)$ 之间的一段弧.

解　曲线 C 由方程 $y=x^2(0\leqslant x\leqslant 1)$ 给出, 因此

$$\begin{aligned}\int_C x\,\mathrm{d}s &= \int_0^1 x\sqrt{1+(2x)^2}\mathrm{d}x\\ &= \int_0^1 x\sqrt{1+4x^2}\mathrm{d}x = \frac{1}{12}(1+4x^2)^{\frac{3}{2}}\Big|_0^1 = \frac{1}{12}(5\sqrt{5}-1).\end{aligned}$$ □

例 7.1.2　计算曲线积分

$$\int_C (x^2+y^2+z^2)\mathrm{d}s,$$

其中 C 是螺旋线 $x=a\cos t$, $y=a\sin t$, $z=kt$ $(0\leqslant t\leqslant 2\pi, k\in\mathbb{R})$.

解

$$\begin{aligned}\int_C (x^2+y^2+z^2)\mathrm{d}s &= \int_0^{2\pi}[(a\cos t)^2+(a\sin t)^2+(kt)^2]\sqrt{(-a\sin t)^2+(a\cos t)^2+k^2}\mathrm{d}t\\ &= \int_0^{2\pi}(a^2+k^2t^2)\sqrt{a^2+k^2}\mathrm{d}t = \sqrt{a^2+k^2}(a^2t+\frac{1}{3}k^2t^3)\Big|_0^{2\pi}\\ &= \frac{2\pi}{3}\sqrt{a^2+k^2}(3a^2+4k^2\pi^2).\end{aligned}$$ □

例 7.1.3　计算曲线积分 $\int_C \sqrt{x^2+y^2}\,\mathrm{d}s$, 其中 C 为圆周 $x^2+y^2=ay(a>0)$.

解　C 的参数方程为

$$x=a\sin\theta\cos\theta,\quad y=a\sin^2\theta\qquad (0\leqslant\theta\leqslant\pi),$$

$$\begin{aligned}\int_C \sqrt{x^2+y^2}\,\mathrm{d}s &= \int_0^{\pi}\sqrt{a^2\sin^2\theta}\sqrt{a^2(\cos^2\theta-\sin^2\theta)^2+4a^2\sin^2\theta\cos^2\theta}\mathrm{d}\theta\\ &= \int_0^{\pi}a\sin\theta\sqrt{a^2(\sin^2\theta+\cos^2\theta)^2}\mathrm{d}\theta = \int_0^{\pi}a^2\sin\theta\mathrm{d}\theta\\ &= 2a^2.\end{aligned}$$ □

例 7.1.4　求空间曲线 $x=3t, y=3t^2, z=2t^3$ 从点 $O(0,0,0)$ 到点 $A(3,3,2)$ 的弧长.

解　所求弧长

$$\begin{aligned}s &= \int_{\widehat{OA}}\mathrm{d}s = \int_0^1\sqrt{3^2+(6t)^2+(6t^2)^2}\mathrm{d}t\\ &= 3\int_0^1(1+2t^2)\mathrm{d}t = 3(t+\frac{2}{3}t^3)\Big|_0^1 = 5.\end{aligned}$$ □

习题 7.1

1. 计算下列第一类曲线积分:

(1) $\int_C (x+y)\mathrm{d}s$, 其中 C 是顶点为 $O(0,0), A(1,0)$ 和 $B(0,1)$ 的三角形的边界;

(2) $\int_C (x^2+y^2)^n\,\mathrm{d}s$, 其中 C 为圆周 $x=a\cos\theta, y=a\sin\theta(0\leqslant\theta\leqslant 2\pi), n\in\mathbb{N}$;

(3) $\int_C y^2\,\mathrm{d}s$, 其中 C 为摆线 $x=a(t-\sin t), y=a(1-\cos t)(0\leqslant t\leqslant 2\pi)$;

(4) $\oint_C x\,\mathrm{d}s$, 其中 C 为由直线 $y=x$ 及抛物线 $y=x^2$ 所围区域的边界;

(5) $\oint_C \mathrm{e}^{\sqrt{x^2+y^2}}\,\mathrm{d}s$, 其中 C 是圆周 $x^2+y^2=a^2$ 与直线 $y=x, y=0$ 所围成的位于第一象限的区域的边界;

(6) $\int_C y\,\mathrm{d}s$, 其中 C 为 $y=2x$ 上从 $O(0,0)$ 到 $A(1,2)$ 的线段;

(7) $\int_C xy\,\mathrm{d}s$, 其中 C 为椭圆周 $\dfrac{x^2}{a^2}+\dfrac{y^2}{b^2}=1$ 位于第一象限的一段弧;

(8) $\int_C \sqrt{x^2+y^2}\,\mathrm{d}s$, 其中 C 为圆周 $x^2+y^2=ax(a>0)$;

(9) $\int_C \dfrac{1}{x^2+y^2+z^2}\,\mathrm{d}s$, 其中 C 为螺旋线段: $x=a\cos t, y=a\sin t, z=bt\,(0\leqslant t\leqslant 2\pi, a>0, b>0)$;

(10) $\oint_C (x^2+2y^2+z^2)\mathrm{d}s$, 其中 C 为球面 $x^2+y^2+z^2=a^2$ 与平面 $z=x$ 的交线;

(11) $\int_C x^2yz\,\mathrm{d}s$, 其中 C 为折线 $ABCD$, 这里 A,B,C,D 点分别为 $A(0,0,0)$, $B(0,0,2)$, $C(1,0,2)$, $D(1,3,2)$;

(12) $\int_C x^2\,\mathrm{d}s$, 其中 C 为圆周 $x^2+y^2+z^2=a^2, x+y+z=0$.

2. 若曲线在点 (x,y) 处的线密度为 $\rho=|y|$, 求曲线 $x=a\cos t, y=b\sin t\ (0\leqslant t\leqslant 2\pi, a\geqslant b>0)$ 的质量.

3. 求均匀摆线段 $x=a(t-\sin t), y=a(1-\cos t)(0\leqslant t\leqslant \pi)$ 的质心 $(a>0)$.

4. 设螺旋线一段的方程为 $x=a\cos t, y=a\sin t, z=kt(0\leqslant t\leqslant 2\pi)$, 它的线密度 $\rho(x,y,z)=x^2+y^2+z^2$, 求

(1) 它关于 z 轴的转动惯量;　　(2) 它的质心.

7.2　第二类曲线积分

7.2.1　第二类曲线积分的概念与性质

变力沿曲线所做的功: 设有一条 xOy 平面上的光滑曲线 C, 并且给定了 C 的方向, 其起点为 A, 终点为 B, 设有一个质点在外力

$$\boldsymbol{F}(x,y)=P(x,y)\boldsymbol{i}+Q(x,y)\boldsymbol{j}$$

的作用下, 从 A 点沿曲线 C 移动到 B 点, 求此时力 $\boldsymbol{F}$ 做的功 W.

我们用分点 $A=M_0,M_1,\cdots,M_{n-1},M_n=B$ 将曲线 C 分成 n 个小弧段 (见图 7.2), 设第 i 小段的弧长为 Δs_i. 当 $\overset{\frown}{M_{i-1}M_i}$ 很短时, $\boldsymbol{F}$ 在 $\overset{\frown}{M_{i-1}M_i}$ 的变化不大, 可近似地看作常力 $\boldsymbol{F}(\xi_i,\eta_i)$, 其中 (ξ_i,η_i) 为弧段 $\overset{\frown}{M_{i-1}M_i}$ 上的任意一点, 同时可将质点运动的路径 $\overset{\frown}{M_{i-1}M_i}$ 近似地看作直线段 $M_{i-1}M_i$. 于是, 力 $\boldsymbol{F}$ 在这段弧上所做的功为

$$\Delta W_i\approx\boldsymbol{F}(\xi_i,\eta_i)\cdot\overrightarrow{M_{i-1}M_i}.$$

而

$$\boldsymbol{F}(\xi_i,\eta_i)=P(\xi_i,\eta_i)\boldsymbol{i}+Q(\xi_i,\eta_i)\boldsymbol{j},$$
$$\overrightarrow{M_{i-1}M_i}=\Delta x_i\boldsymbol{i}+\Delta y_i\boldsymbol{j}.$$

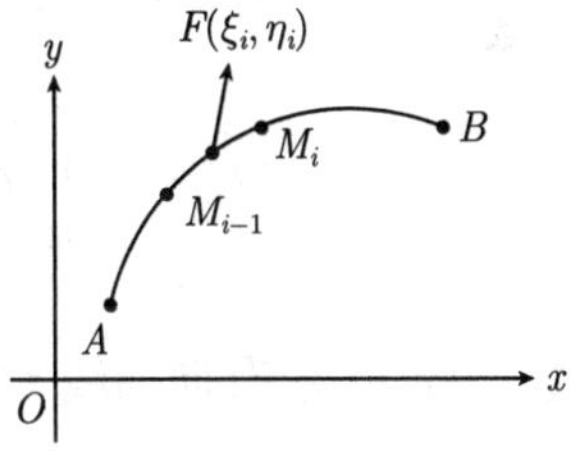

图 7.2

其中 $\Delta x_i=x_i-x_{i-1}$, $\Delta y_i=y_i-y_{i-1}$, 于是

$$\Delta W_i\approx P(\xi_i,\eta_i)\Delta x_i+Q(\xi_i,\eta_i)\Delta y_i,$$

因此, 力 $\boldsymbol{F}$ 沿 C 所做的功为

$$W=\sum_{i=1}^{n}\Delta W_i\approx\sum_{i=1}^{n}\left[P(\xi_i,\eta_i)\Delta x_i+Q(\xi_i,\eta_i)\Delta y_i\right].$$

令 $\lambda=\max\limits_{1\leqslant i\leqslant n}\{\Delta s_i\}$, 如果当 $\lambda\to0$ 时, 上述和式的极限存在, 则这个极限被称为变力 $\boldsymbol{F}$ 沿曲线段 C 所做的功, 即

$$W=\lim_{\lambda\to0}\sum_{i=1}^{n}\left[P(\xi_i,\eta_i)\Delta x_i+Q(\xi_i,\eta_i)\Delta y_i\right].$$

这种和式的极限, 在研究其他问题时也会遇到. 对这类问题, 我们归结为下面的定义.

定义 7.2.1 (第二类曲线积分)　设 C 是 xOy 平面上从点 A 到点 B 的一条有向光滑曲线段, 向量函数 $\boldsymbol{F}(x,y)=P(x,y)\boldsymbol{i}+Q(x,y)\boldsymbol{j}$ 在 C 上有定义, 沿 C 的方向用分点

$$A=M_0(x_0,y_0),M_1(x_1,y_1),\cdots,M_{n-1}(x_{n-1},y_{n-1}),M_n(x_n,y_n)=B,$$

将 C 分为 n 个有向小弧段 $\overset{\frown}{M_{i-1}M_i}(i=1,2,\cdots,n)$, $\overset{\frown}{M_{i-1}M_i}$ 的弧长记为 $\Delta s_i(i=1,2,\cdots,n)$. 设 $\lambda=\max\limits_{1\leqslant i\leqslant n}\{\Delta s_i\}$, $\Delta x_i=x_i-x_{i-1}$, $\Delta y_i=y_i-y_{i-1}$. 在 $\overset{\frown}{M_{i-1}M_i}$ 上任取一点 (ξ_i,η_i). 如果极限

$$\lim_{\lambda\to 0}\sum_{i=1}^{n}\boldsymbol{F}(\xi_i,\eta_i)\cdot\overrightarrow{M_{i-1}M_i}=\lim_{\lambda\to 0}\sum_{i=1}^{n}[P(\xi_i,\eta_i)\Delta x_i+Q(\xi_i,\eta_i)\Delta y_i]$$

存在唯一 (不依赖于对曲线的分割及 $\widehat{M_{i-1}M_i}$ 上点 (ξ_i,η_i) 的选取), 则称此极限为向量函数 $\boldsymbol{F}(x,y)$ 沿曲线 C 从 A 点到 B 点的**第二类曲线积分**. 记为

$$\int_C P(x,y)\mathrm{d}x+Q(x,y)\mathrm{d}y \quad 或 \quad \int_C \boldsymbol{F}(x,y)\cdot\mathrm{d}\boldsymbol{r},$$

其中 $\mathrm{d}\boldsymbol{r}=(\mathrm{d}x,\mathrm{d}y)$, 有向曲线 $C=\widehat{AB}$ 称为**积分路径**. 第二类曲线积分也称为**对坐标的曲线积分**.

特别地,

$$\int_C P(x,y)\mathrm{d}x=\lim_{\lambda\to 0}\sum_{i=1}^{n}P(\xi_i,\eta_i)\Delta x_i$$

称为函数 $P(x,y)$ 沿有向曲线 C 对坐标 x 的曲线积分,

$$\int_C Q(x,y)\mathrm{d}y=\lim_{\lambda\to 0}\sum_{i=1}^{n}Q(\xi_i,\eta_i)\Delta y_i$$

称为函数 $Q(x,y)$ 沿有向曲线 C 对坐标 y 的曲线积分. 如果曲线 C 为闭曲线, 则记第二类曲线积分为

$$\oint_C P(x,y)\mathrm{d}x+Q(x,y)\mathrm{d}y \quad 或 \quad \oint_C \boldsymbol{F}(x,y)\cdot\mathrm{d}\boldsymbol{r}.$$

由定义可知, 变力 $\boldsymbol{F}(x,y)$ 沿曲线 C 所做的功可表为

$$W=\int_C P(x,y)\mathrm{d}x+Q(x,y)\mathrm{d}y=\int_C \boldsymbol{F}(x,y)\cdot\mathrm{d}\boldsymbol{r}.$$

类似地可以定义空间向量函数

$$\boldsymbol{F}(x,y,z)=P(x,y,z)\boldsymbol{i}+Q(x,y,z)\boldsymbol{j}+R(x,y,z)\boldsymbol{k}$$

沿空间有向曲线 C 的第二类曲线积分

$$\int_C P(x,y,z)\mathrm{d}x+Q(x,y,z)\mathrm{d}y+R(x,y,z)\mathrm{d}z,$$

或

$$\int_C \boldsymbol{F}(x,y,z)\cdot\mathrm{d}\boldsymbol{r}.$$

其中

$$\mathrm{d}\boldsymbol{r} = \mathrm{d}x\boldsymbol{i} + \mathrm{d}y\boldsymbol{j} + \mathrm{d}z\boldsymbol{k}.$$

今后, 我们用 $\boldsymbol{F}(M)$ 表示平面或空间中点 M 的向量值函数, $\mathrm{d}\boldsymbol{r}$ 表示平面向量 $(\mathrm{d}x, \mathrm{d}y)$ 或空间向量 $(\mathrm{d}x, \mathrm{d}y, \mathrm{d}z)$. 由定义不难推出第二类曲线积分的如下性质.

定理 7.2.1(第二类曲线积分的性质)　若 $\boldsymbol{F}(M), \boldsymbol{G}(M)$ 在有向曲线 C 上第二类曲线积分存在, 则有

(1) $\boldsymbol{F}(M) \pm \boldsymbol{G}(M)$ 在 C 上第二类曲线积分也存在, 并且

$$\int_C [\boldsymbol{F}(M) \pm \boldsymbol{G}(M)] \cdot \mathrm{d}\boldsymbol{r} = \int_C \boldsymbol{F}(M) \cdot \mathrm{d}\boldsymbol{r} \pm \int_C \boldsymbol{G}(M) \cdot \mathrm{d}\boldsymbol{r}.$$

(2) $k\boldsymbol{F}(M)$ 在 C 上第二类曲线积分也存在, 并且

$$\int_C k\boldsymbol{F}(M) \cdot \mathrm{d}\boldsymbol{r} = k\int_C \boldsymbol{F}(M) \cdot \mathrm{d}\boldsymbol{r}.$$

(3) 若有向曲线 C 可以分成两段逐段光滑的有向曲线 C_1 与 C_2, 则

$$\int_C \boldsymbol{F}(M) \cdot \mathrm{d}\boldsymbol{r} = \int_{C_1} \boldsymbol{F}(M) \cdot \mathrm{d}\boldsymbol{r} + \int_{C_2} \boldsymbol{F}(M) \cdot \mathrm{d}\boldsymbol{r}.$$

(4) 设 C 是一条有向光滑曲线, C^- 是 C 的反向曲线, 则

$$\int_{C^-} \boldsymbol{F}(M) \cdot \mathrm{d}\boldsymbol{r} = -\int_C \boldsymbol{F}(M) \cdot \mathrm{d}\boldsymbol{r}.$$

性质 (4) 表明, 当积分曲线的方向改变时, 第二类曲线积分要改变符号. 这是第一类曲线积分与第二类曲线积分的重要区别.

7.2.2　第二类曲线积分的计算

与第一类曲线积分的计算类似, 第二类曲线积分也可以化为定积分来计算. 我们首先讨论平面曲线的情况.

定理 7.2.2　设 $P(x,y), Q(x,y)$ 在有向曲线 C 上有定义且连续, C 的参数方程为

$$\begin{cases} x = \varphi(t), \\ y = \psi(t), \end{cases}$$

当 t 单调地由 α 变到 β 时, 点 $M(x,y)$ 从 C 的起点 A 沿 C 运动到终点 B, $\varphi(t), \psi(t)$ 在以 α, β 为端点的闭区间上具有一阶连续的导数, 且 $[\varphi'(t)]^2 + [\psi'(t)]^2 \neq 0$. 则第二类曲线积分

$$\int_C P(x,y)\mathrm{d}x + Q(x,y)\mathrm{d}y$$

存在, 且

$$\int_C P(x,y)\mathrm{d}x+Q(x,y)\mathrm{d}y=\int_\alpha^\beta[P(\varphi(t),\psi(t))\varphi'(t)+Q(\varphi(t),\psi(t))\psi'(t)]\mathrm{d}t.$$

证明　在 C 上取一点列

$$A=M_0,M_1,M_2,\cdots,M_{n-1},M_n=B,$$

它们对应于一列单调变化的参数值

$$\alpha=t_0,t_1,t_2,\cdots,t_{n-1},t_n=\beta.$$

由拉格朗日 (Lagrange) 中值定理, 有

$$\Delta x_i=\varphi(t_i)-\varphi(t_{i-1})=\varphi'(\tau_i)\Delta t_i,$$

其中 τ_i 位于 t_{i-1} 与 t_i 之间, 根据第二类曲线积分的定义, 取 $\xi_i=\varphi(\tau_i),\eta_i=\psi(\tau_i)$ 有

$$\int_C P(x,y)\mathrm{d}x=\lim_{\lambda\to 0}\sum_{i=1}^n P(\varphi(\tau_i),\psi(\tau_i))\varphi'(\tau_i)\Delta t_i.$$

由 $P(x,y)$ 在 C 上的连续性及 $\varphi(t),\psi(t),\varphi'(t)$ 的连续性知 $P(\varphi(t),\psi(t))\varphi'(t)$ 在以 α,β 为端点的闭区间上连续, 从而可积, 令 $\mu=\max\limits_{1\leqslant i\leqslant n}\{|\Delta t_i|\}$, 不难看出, 当 $\lambda\to 0$ 时, $\mu\to 0$. 因此

$$\begin{aligned}\int_C P(x,y)\mathrm{d}x&=\lim_{\mu\to 0}\sum_{i=1}^n P(\varphi(\tau_i),\psi(\tau_i))\varphi'(\tau_i)\Delta t_i\\&=\int_\alpha^\beta P(\varphi(t),\psi(t))\varphi'(t)\mathrm{d}t.\end{aligned}$$

同理可证

$$\int_C Q(x,y)\mathrm{d}y=\int_\alpha^\beta Q(\varphi(t),\psi(t))\psi'(t)\mathrm{d}t.$$

将上面两式相加即得

$$\int_C P(x,y)\mathrm{d}x+Q(x,y)\mathrm{d}y=\int_\alpha^\beta[P(\varphi(t),\psi(t))\varphi'(t)+Q(\varphi(t),\psi(t))\psi'(t)]\mathrm{d}t.$$

特别要注意, 下限 α 对应于有向曲线 C 的起点, 上限 β 对应于有向曲线 C 的终点.　□

这个定理说明, 计算第二类曲线积分

$$\int_C P(x,y)\mathrm{d}x+Q(x,y)\mathrm{d}y,$$

只要将 $x,y,\mathrm{d}x,\mathrm{d}y$ 分别换为 $\varphi(t),\psi(t),\varphi'(t)\mathrm{d}t,\psi'(t)\mathrm{d}t$, 就化为了从 α 到 β 的定积分.

如果 C 由方程 $y=\varphi(x)$ 或 $x=\psi(y)$ 给出, 可以看作参数方程的特殊情形. 例如, 当 C 由 $y=\varphi(x)$ 给出时, 则有

$$\int_C P(x,y)\mathrm{d}x+Q(x,y)\mathrm{d}y=\int_a^b[P(x,\varphi(x))+Q(x,\varphi(x))\varphi'(x)]\mathrm{d}x.$$

其中下限 a 对应 C 的起点, 上限 b 对应于 C 的终点.

空间曲线上第二类曲线积分的计算, 完全类似于平面曲线. 我们给出计算公式而略去其证明. 设空间曲线 C 的参数方程为

$$\begin{cases}x=\varphi(t),\\ y=\psi(t),\\ z=\omega(t),\end{cases}\qquad(\alpha\leqslant t\leqslant\beta\quad\text{或}\quad\beta\leqslant t\leqslant\alpha),$$

其中参数 α 对应曲线的起点, 参数 β 对应曲线的终点,$\varphi(t),\psi(t),\omega(t)$ 有连续的一阶导数, 且 $[\varphi'(t)]^2+[\psi'(t)]^2+[\omega'(t)]^2\neq0$. 若 $P(x,y,z),Q(x,y,z),R(x,y,z)$ 在 C 上连续, 则

$$\begin{aligned}&\int_C P(x,y,z)\mathrm{d}x+Q(x,y,z)\mathrm{d}y+R(x,y,z)\mathrm{d}z\\=&\int_\alpha^\beta[P(\varphi(t),\psi(t),\omega(t))\varphi'(t)+Q(\varphi(t),\psi(t),\omega(t))\psi'(t)+R(\varphi(t),\psi(t),\omega(t))\omega'(t)]\mathrm{d}t.\end{aligned}$$

其中参数 α 对应 C 的起点, 参数 β 对应于 C 的终点.

例 7.2.1　计算曲线积分 $\int_C xy\mathrm{d}x$, 其中 C 是抛物线 $y^2=x$ 上点 $A(1,-1)$ 到点 $B(1,1)$ 之间的一段弧 (见图 7.3).

解　方法 1: 将 y 作为参数

$$\int_C xy\mathrm{d}x=\int_{-1}^1 y^2\cdot y\cdot(y^2)'\mathrm{d}y=2\int_{-1}^1 y^4\mathrm{d}y=\frac{2}{5}y^5\Big|_{-1}^1=\frac{4}{5}.$$

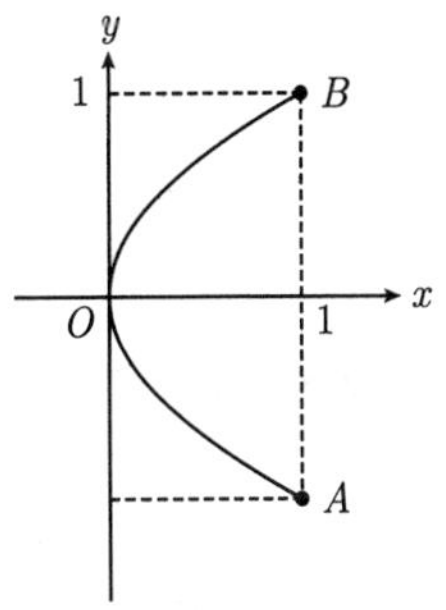

图 7.3

方法 2: 将 x 作为参数. 由于 $y=\pm\sqrt{x}$ 不是单值函数, 所以将 C 分为 $\overset{\frown}{AO},\overset{\frown}{OB}$ 两部分. 在 $\overset{\frown}{AO}$ 上, $y=-\sqrt{x}$, x 从 1 变到 0, 在 $\overset{\frown}{OB}$ 上, $y=\sqrt{x}$, x 从 0 变到 1. 因此,

$$\begin{aligned}\int_C xy\mathrm{d}x&=\int_{\overset{\frown}{AO}}xy\mathrm{d}x+\int_{\overset{\frown}{OB}}xy\mathrm{d}x\\&=\int_1^0 x(-\sqrt{x})\mathrm{d}x+\int_0^1 x\sqrt{x}\mathrm{d}x\\&=2\int_0^1 x^{\frac{3}{2}}\mathrm{d}x=2\cdot\frac{2}{5}x^{\frac{5}{2}}\Big|_0^1=\frac{4}{5}.\end{aligned}$$

□

例 7.2.2　计算曲线积分 $\int_C y^2\mathrm{d}x$, 其中 C 为

(1) 按逆时针方向绕行的上半圆周 $x^2+y^2=a^2, y\geqslant 0$;

(2) 从点 $A(a,0)$ 沿 x 轴到点 $B(-a,0)$ 的直线段.

解　(1) C 的参数方程为 $x=a\cos\theta,\ y=a\sin\theta$, θ 从 0 变到 π, 所以

$$\begin{aligned}\int_C y^2\mathrm{d}x &= \int_0^{\pi} a^2\sin^2\theta(-a\sin\theta)\mathrm{d}\theta\\ &= a^3\int_0^{\pi}(1-\cos^2\theta)d(\cos\theta) = a^3\left(\cos\theta-\frac{1}{3}\cos^3\theta\right)\Big|_0^{\pi}\\ &= -\frac{4}{3}a^3.\end{aligned}$$

(2) C 的参数方程为 $y=0, x$ 从 a 变到 $-a$, 所以

$$\int_C y^2\mathrm{d}x = \int_a^{-a} 0\mathrm{d}x = 0.$$ □

从上面的例子看出, 虽然两个曲线积分的被积函数相同, 积分路径的起点和终点也相同, 但沿不同路径得出的积分值并不相等.

例 7.2.3　计算曲线积分 $\oint_{\widehat{OmAnO}} \arctan\frac{y}{x}\mathrm{d}y-\mathrm{d}x$, 其中 $\widehat{OmA}$ 为抛物线段 $y=x^2$, AnO 为直线段 $y=x$ (见图 7.4).

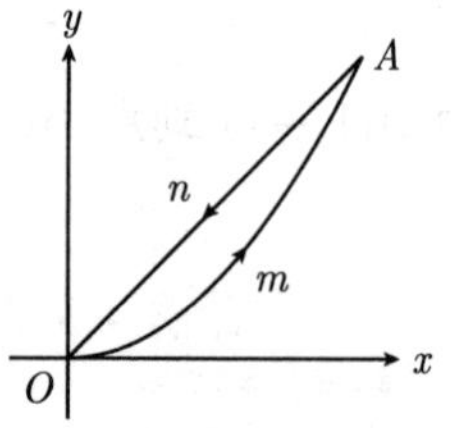

图 7.4

解

$$\begin{aligned}&\oint_{\widehat{OmAnO}} \arctan\frac{y}{x}\mathrm{d}y-\mathrm{d}x\\ =&\int_{\widehat{OmA}} \arctan\frac{y}{x}\mathrm{d}y-\mathrm{d}x+\int_{AnO}\arctan\frac{y}{x}\mathrm{d}y-\mathrm{d}x\\ =&\int_0^1(2x\arctan x-1)\mathrm{d}x+\int_1^0(\arctan 1-1)\mathrm{d}x\\ =&\int_0^1 2x\arctan x\mathrm{d}x-\int_0^1\frac{\pi}{4}\mathrm{d}x\\ =&x^2\arctan x\Big|_0^1-\int_0^1\frac{x^2}{1+x^2}\mathrm{d}x-\frac{\pi}{4}\\ =&\frac{\pi}{4}-\int_0^1\frac{1+x^2-1}{1+x^2}\mathrm{d}x-\frac{\pi}{4}=(\arctan x-x)\Big|_0^1=\frac{\pi}{4}-1.\end{aligned}$$ □

例 7.2.4　计算曲线积分 $\int_C y^2\mathrm{d}x+z^2\mathrm{d}y+x^2\mathrm{d}z$, 其中 C 为曲线

$$x^2+y^2+z^2=a^2,\quad x^2+y^2=ax\qquad (z\geqslant 0, a>0),$$

从 z 轴正向看去取逆时针方向 (见图 7.5).

图 7.5

解　柱面 $x^2+y^2=ax$ 的方程可变为 $\left(x-\frac{a}{2}\right)^2+y^2=\left(\frac{a}{2}\right)^2$. 故令

$$x=\frac{a}{2}+\frac{a}{2}\cos t,\quad y=\frac{a}{2}\sin t\quad (0\leqslant t\leqslant 2\pi),$$

则 $z=\sqrt{a^2-x^2-y^2}=\sqrt{a^2-\frac{a^2(1+\cos t)^2}{4}-\frac{a^2\sin^2 t}{4}}=a\sin\frac{t}{2}$. 从而曲线的参数方程为

$$x=\frac{a(1+\cos t)}{2}, y=\frac{a\sin t}{2}, z=a\sin\frac{t}{2}(0\leqslant t\leqslant 2\pi).$$

所以

$$\begin{aligned}
&\int_C y^2\mathrm{d}x+z^2\mathrm{d}y+x^2\mathrm{d}z\\
=&\int_0^{2\pi}\left(-\frac{a^3\sin^3 t}{8}+\frac{a^3\sin^2(t/2)\cos t}{2}+\frac{a^3(1+\cos t)^2\cos(t/2)}{8}\right)\mathrm{d}t\\
=&\frac{a^3}{8}\int_0^{2\pi}(1-\cos^2 t)\mathrm{d}(\cos t)+\frac{a^3}{2}\int_0^{2\pi}\frac{1-\cos t}{2}\cos t\mathrm{d}t\\
&+a^3\int_0^{2\pi}\left(1-\sin^2\frac{t}{2}\right)^2\mathrm{d}\left(\sin\frac{t}{2}\right)\\
=&\left[\frac{a^3}{8}\left(\cos t-\frac{1}{3}\cos^3 t\right)+\frac{a^3}{4}\left(\sin t-\frac{t}{2}-\frac{1}{4}\sin 2t\right)\right.\\
&\left.+a^3\left(\sin\frac{t}{2}-\frac{2}{3}\sin^3\frac{t}{2}+\frac{1}{5}\sin^5\frac{t}{2}\right)\right]\Bigg|_0^{2\pi}\\
=&-\frac{\pi a^3}{4}.
\end{aligned}$$

□

例 7.2.5　计算曲线积分

$$\int_C(x+y)\mathrm{d}x+(x-y)\mathrm{d}y,$$

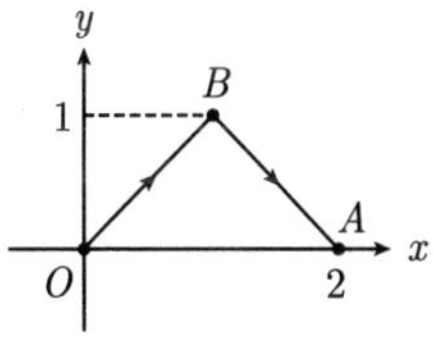

图 7.6

其中 C 为 $y=1-|1-x|$ 上从点 $O(0,0)$ 到点 $A(2,0)$ 上的一段 (见图 7.6).

解　点 $B(1,1)$ 将曲线分为两个有向直线段 $\overrightarrow{OB},\overrightarrow{BA}$. $\overrightarrow{OB}$ 的方程为

$$y=x\qquad(0\leqslant x\leqslant 1),$$

$\overrightarrow{BA}$ 的方程为

$$y=2-x\qquad(1\leqslant x\leqslant 2),$$

于是

$$\begin{aligned}
&\int_C(x+y)\mathrm{d}x+(x-y)\mathrm{d}y\\
=&\int_{\overrightarrow{OB}}(x+y)\mathrm{d}x+(x-y)\mathrm{d}y+\int_{\overrightarrow{BA}}(x+y)\mathrm{d}x+(x-y)\mathrm{d}y\\
=&\int_0^1 2x\mathrm{d}x+\int_1^2[2-(2x-2)]\mathrm{d}x=x^2\Big|_0^1+(4x-x^2)\Big|_1^2\\
=&1+4-3=2.
\end{aligned}$$

□

7.2.3 两类曲线积分之间的联系

虽然两类曲线积分的定义不同, 但在一定条件下可以互相转化, 我们先讨论平面曲线. 设有向曲线 C 的起点为 A, 终点为 B, 曲线 C 的参数方程为

$$\begin{cases} x = \varphi(t), \\ y = \psi(t), \end{cases}$$

起点 A, 终点 B 分别对应于参数 α, β, 不妨设 $\alpha < \beta$(若 $\alpha > \beta$, 可令 $s = -t, A, B$ 分别对应于参数 $s = -\alpha, s = -\beta$, 就有 $(-\alpha) < (-\beta)$, 对参数 s 讨论就可以了). $(\varphi'(t), \psi'(t))$ 是曲线的切向量, 因而

$$\mathrm{d}\boldsymbol{r} = (\mathrm{d}x, \mathrm{d}y) = (\varphi'(t), \psi'(t))\mathrm{d}t,$$

也是 C 的切向量且其方向与积分路径的方向一致, 又 $\mathrm{d}\boldsymbol{r}$ 的模正好是弧微分

$$|\mathrm{d}\boldsymbol{r}| = \sqrt{(\mathrm{d}x)^2 + (\mathrm{d}y)^2} = \mathrm{d}s,$$

设 $\mathrm{d}\boldsymbol{r}$ 的方向余弦为 $\cos\alpha, \cos\beta$, 则有

$$(\cos\alpha, \cos\beta) = \frac{\mathrm{d}\boldsymbol{r}}{|\mathrm{d}\boldsymbol{r}|} = \left(\frac{\mathrm{d}x}{\mathrm{d}s}, \frac{\mathrm{d}y}{\mathrm{d}s}\right),$$

所以

$$\mathrm{d}x = \cos\alpha\,\mathrm{d}s, \qquad \mathrm{d}y = \cos\beta\,\mathrm{d}s,$$

因此

$$\int_C P(x,y)\mathrm{d}x + Q(x,y)\mathrm{d}y = \int_C (P(x,y)\cos\alpha + Q(x,y)\cos\beta)\mathrm{d}s.$$

其中 $(\cos\alpha, \cos\beta)$ 为曲线 C 上点 (x, y) 处的单位切向量 (且其方向与积分曲线方向一致). 类似地, 空间曲线 C 上的两类曲线积分之间有如下的联系

$$\int_C P\,\mathrm{d}x + Q\,\mathrm{d}y + R\,\mathrm{d}z = \int_C (P\cos\alpha + Q\cos\beta + R\cos\gamma)\mathrm{d}s,$$

其中 $(\cos\alpha, \cos\beta, \cos\gamma)$ 为曲线 C 上点 (x, y, z) 处的单位切向量 (且其方向与积分曲线方向一致).

习题 7.2

1. 计算下列第二类曲线积分:

(1) $\int_C (x^2-2xy)\mathrm{d}x+(y^2-2xy)\mathrm{d}y$, 其中 C 为抛物线 $y=x^2$ 上从点 $(-1,1)$ 到 $(1,1)$ 的一段弧;

(2) $\int_C (x^2-y^2)\mathrm{d}x$, 其中 C 为抛物线 $y=x^2$ 上从点 $(0,0)$ 到点 $(2,4)$ 的一段弧;

(3) $\oint_C xy\mathrm{d}x$, 其中 C 为圆周 $(x-a)^2+y^2=a^2(a>0)$ 与 x 轴所围成的第一象限内的区域的边界 (按逆时针方向绕行);

(4) $\oint_C (x+y)\mathrm{d}x+(x-y)\mathrm{d}y$, 其中 C 为椭圆周 $\dfrac{x^2}{a^2}+\dfrac{y^2}{b^2}=1$(按逆时针方向绕行) $(a>0,b>0)$;

(5) $\oint_C \dfrac{(x+y)\mathrm{d}x-(x-y)\mathrm{d}y}{x^2+y^2}$, 其中 C 为圆周 $x^2+y^2=a^2(a>0)$(按逆时针方向绕行);

(6) $\oint_C x\mathrm{d}x+z\mathrm{d}y+y\mathrm{d}z$, 其中 C 由 C_1,C_2,C_3 连接而成 (按参数增加的方向)

$C_1: x=\cos t,\ y=\sin t,\ z=t,\quad 0\leqslant t\leqslant \dfrac{\pi}{2}$,

$C_2: x=0,\ y=1,\ z=\dfrac{\pi}{2}(1-t),\quad 0\leqslant t\leqslant 1$,

$C_3: x=t,\ y=1-t,\ z=0,\quad 0\leqslant t\leqslant 1$;

(7) $\int_C x\mathrm{d}x+y\mathrm{d}y+(x+y-1)\mathrm{d}z$, 其中 C 是从点 $(1,1,1)$ 到点 $(2,3,4)$ 的直线段;

(8) $\oint_C \mathrm{d}x-\mathrm{d}y+y\mathrm{d}z$, 其中 C 为有向闭折线 $ABCA$, 这里 A,B,C 分别为点 $(1,0,0)$, $(0,1,0)$, $(0,0,1)$;

(9) $\int_C (x^4-z^2)\mathrm{d}x+2xy^2\mathrm{d}y-y\mathrm{d}z$, 其中 C 为依参数增加方向的曲线: $x=t$, $y=t^2$, $z=t^3(0\leqslant t\leqslant 1)$;

(10) $\oint_C \dfrac{\mathrm{d}x+\mathrm{d}y}{|x|+|y|}$, 其中 C 是以 $A(1,0),B(0,1),C(-1,0),D(0,-1)$ 为顶点的正向正方形闭路 $ABCDA$.

2. 求 $\int_C 2xy\mathrm{d}x-x^2\mathrm{d}y$ 的值, 其中 C 为

(1) 从点 $O(0,0)$ 到点 $A(1,1)$ 的直线段;

(2) 沿 $y=x^2$ 从点 $O(0,0)$ 到点 $A(1,1)$ 的抛物线段;

(3) 折线 OBA, 其中 B 为点 $(1,0)$;

(4) 折线 OCA, 其中 C 为点 $(0,1)$;

(5) 沿上半圆周 $x^2+y^2=2x$ 从点 $O(0,0)$ 到点 $A(1,1)$.

3. 设力 $\boldsymbol{F}=(y-x^2,z-y^2,x-z^2)$, 今有一质点沿曲线 $x=t$, $y=t^2$, $z=t^3$ $(0\leqslant t\leqslant 1)$, 被力 $\boldsymbol{F}$ 从点 $A(0,0,0)$ 移动至 $B(1,1,1)$. 求 $\boldsymbol{F}$ 所做的功.

7.3 格林公式及其应用

本节我们将讨论, 当 $P(x,y), Q(x,y)$ 满足什么条件时, 曲线积分

$$\int_C P(x,y)\mathrm{d}x + Q(x,y)\mathrm{d}y$$

与积分路径无关而只依赖于起点 A 和终点 B.

7.3.1 格林 (Green) 公式

设曲线 C 的参数方程为

$$\begin{cases} x=\varphi(t), \\ y=\psi(t), \end{cases} \quad (\alpha \leqslant t \leqslant \beta).$$

如果 φ,ψ 连续, 且对不同的参数 $t_1,t_2\in[\alpha,\beta]$(不妨设 $t_1<t_2$), $(\varphi(t_1),\psi(t_1))=(\varphi(t_2),\psi(t_2))$ 当且仅当 $t_1=\alpha, t_2=\beta$, 则称 C 为**简单闭曲线**. 从几何上看, 一条简单闭曲线是起点和终点重合, 而在其他处不相重的曲线, 见图 7.7(a). 而图 7.7 中的 (b)(c) 两图则不是简单闭曲线.

图 7.7

下面我们介绍平面单连通区域的概念. 设 D 为一平面区域, 如果 D 内的任一条简单闭曲线所围的部分都属于 D, 则称 D 为**单连通区域**, 否则称为**多连通区域**.

例如, 上半平面 $H=\{(x,y)|\, y>0\}$(见图 7.8) 及单位圆盘 $\Delta=\{(x,y)|\, x^2+y^2\leqslant 1\}$(见图 7.9) 都是单连通区域. 而圆环 $R=\{(x,y)|\, 1\leqslant x^2+y^2\leqslant 2\}$(见图 7.10) 为多连通区域.

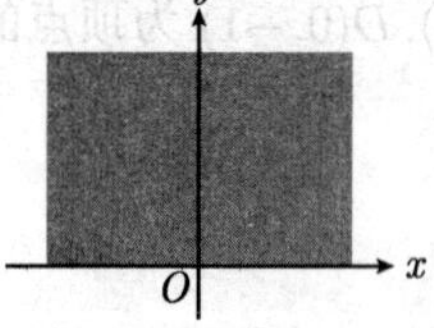

图 7.8

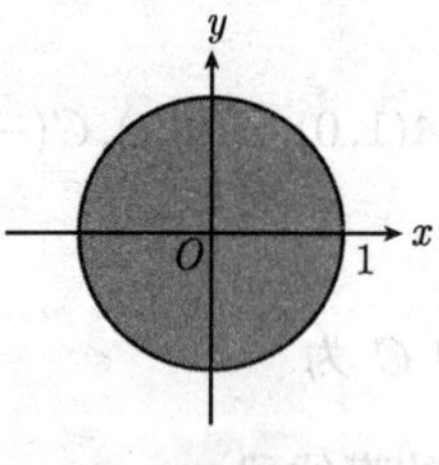

图 7.9

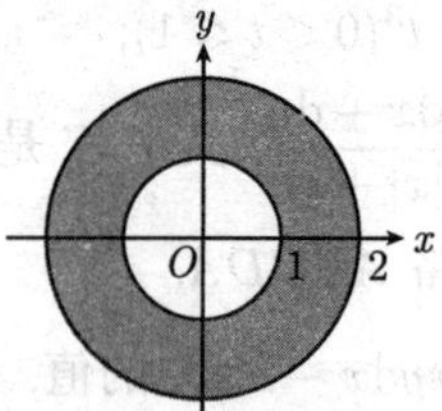

图 7.10

对于平面区域 D 的边界曲线 C, 我们规定 C 的正向如下: 当观察者沿 C 的这个方向行走时, 区域 D 总在他的左手边. 例如, 圆环 $R=\{(x,y)|1<x^2+y^2<2\}$ 的边界是圆周 $L: x^2+y^2=2$ 及 $l: x^2+y^2=1$. 作为 R 的正向边界, L 的正向是逆时针方向, 而 l 的正向是顺时针方向 (见图 7.11).

定理 7.3.1 (格林 (Green*) 公式) *设有界闭区域 D 由逐段光滑曲线 C 围成, 函数 $P(x,y)$ 及 $Q(x,y)$ 在 D 上具有一阶连续偏导数, 则*

* 格林 (Green G, 1793~1841), 英国数学家.

$$\oint_C P\,\mathrm{d}x + Q\,\mathrm{d}y = \iint_D \left(\frac{\partial Q}{\partial x} - \frac{\partial P}{\partial y}\right)\mathrm{d}x\mathrm{d}y. \tag{7.3.1}$$

其中 C 的方向按 D 的正向边界曲线所取.

证明　先证

$$\oint_C P\,\mathrm{d}x = -\iint_D \frac{\partial P}{\partial y}\mathrm{d}x\mathrm{d}y. \tag{7.3.2}$$

根据区域 D 的情况, 我们分三种情况进行讨论.

(1) 区域 D 由曲线

$$y = \varphi_1(x), \qquad y = \varphi_2(x),$$

(当 $a \leqslant x \leqslant b$ 时,$\varphi_1(x) \leqslant \varphi_2(x)$) 及直线 $x = a, x = b$ 所围成 (见图 7.12), 即

$$D = \{(x,y)|\,\varphi_1(x) \leqslant y \leqslant \varphi_2(x), a \leqslant x \leqslant b)\}.$$

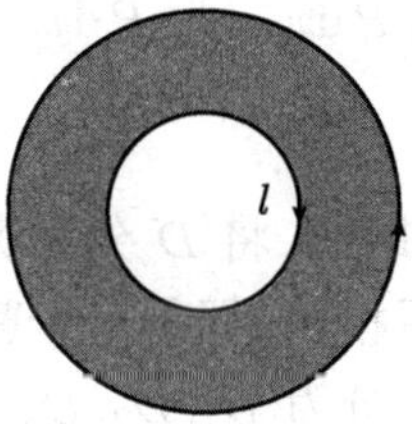

图 7.11

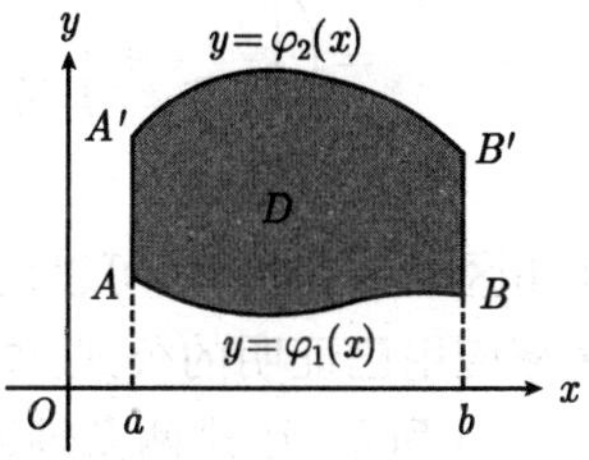

图 7.12

根据曲线积分的计算公式, 有

$$\begin{aligned}\oint_C P\,\mathrm{d}x &= \int_{\widehat{AB}} P\,\mathrm{d}x + \int_{\overline{BB'}} P\,\mathrm{d}x + \int_{\widehat{B'A'}} P\,\mathrm{d}x + \int_{\overline{A'A}} P\,\mathrm{d}x \\ &= \int_a^b P(x,\varphi_1(x))\mathrm{d}x + 0 + \int_b^a P(x,\varphi_2(x))\mathrm{d}x + 0 \\ &= -\int_a^b [P(x,\varphi_2(x)) - P(x,\varphi_1(x))]\mathrm{d}x.\end{aligned}$$

另一方面, 根据二重积分的计算法, 有

$$\iint_D \frac{\partial P}{\partial y}\mathrm{d}x\mathrm{d}y = \int_a^b \mathrm{d}x \int_{\varphi_1(x)}^{\varphi_2(x)} \frac{\partial P}{\partial y}\mathrm{d}y = \int_a^b [\,P(x,\varphi_2(x)) - P(x,\varphi_1(x))]\mathrm{d}x.$$

比较上面的两个式子, 即得

$$\oint_C P\,\mathrm{d}x = -\iint_D \frac{\partial P}{\partial y}\mathrm{d}x\mathrm{d}y.$$

(2) D 是单连通区域, 但 D 的边界曲线与某些平行于 y 轴的直线之交点多于两点 (见图 7.13). 这时, 可引进一些辅助线将区域 D 分成几个子闭区域, 使得在每个子闭区域上满足上述条件. 在每个子闭区域上利用已证得的公式 (7.3.2), 然后将所得的结果相加, 注意到在引进的辅助线上, 使用公式 (7.3.2) 时, 两曲线积分的方向正好相反, 因而在这些辅助线上的曲线积分正好抵消, 这就推出公式 (7.3.2) 对整个区域依然成立.

例如, 图 7.13 所示的闭区域 D, 它的边界曲线 C 为 $\widehat{MNPM}$, 引进一条辅助线 ABC, 将 D 分为 D_1, D_2, D_3 三部分, 将公式 (7.3.2) 应用于每个部分并相加得

$$
\begin{aligned}
-\iint\limits_D \frac{\partial P}{\partial y}\mathrm{d}x\mathrm{d}y &= -\sum_{i=1}^{3}\iint\limits_{D_i} \frac{\partial P}{\partial y}\mathrm{d}x\mathrm{d}y \\
&= \oint_{\widehat{AMBA}} P\,\mathrm{d}x + \oint_{\widehat{BNCB}} P\,\mathrm{d}x + \oint_{\widehat{CPAC}} P\,\mathrm{d}x \\
&= \int_{\widehat{AMB}} P\,\mathrm{d}x + \int_{\overline{BA}} P\,\mathrm{d}x + \int_{\widehat{BNC}} P\,\mathrm{d}x + \int_{\overline{CB}} P\,\mathrm{d}x \\
&\quad + \int_{\widehat{CPA}} P\,\mathrm{d}x + \int_{\overline{AC}} P\,\mathrm{d}x \\
&= \left(\int_{\widehat{AMB}} + \int_{\widehat{BNC}} + \int_{\widehat{CPA}}\right) P\,\mathrm{d}x = \oint_C P\,\mathrm{d}x.
\end{aligned}
$$

(3) D 是多连通闭区域, 这时仍然可以通过引进辅助线, 将 D 分为满足前面条件的子闭区域, 对每个子闭区域应用已证明的公式 (7.3.2), 然后相加, 即得对于整个闭区域 D, 公式 (7.3.2) 成立. 例如图 7.14 所示, 引进两条辅助线, 将 D 分为 D_1, D_2, D_3, D_4 则有

$$
-\iint\limits_D \frac{\partial P}{\partial y}\mathrm{d}x\mathrm{d}y = -\sum_{i=1}^{4}\iint\limits_{D_i} \frac{\partial P}{\partial y}\mathrm{d}x\mathrm{d}y = \oint_C P\,\mathrm{d}x.
$$

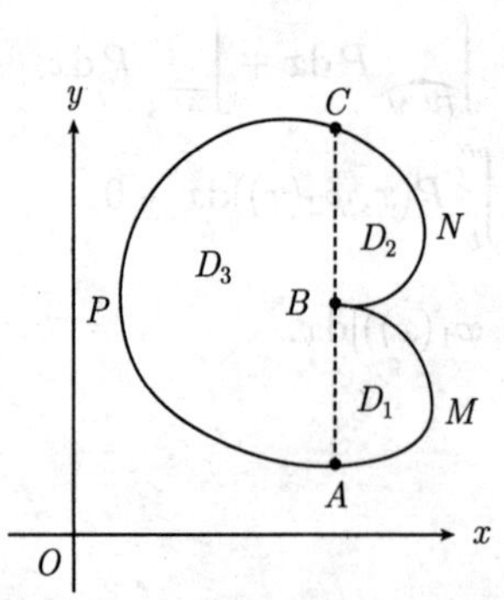

图 7.13

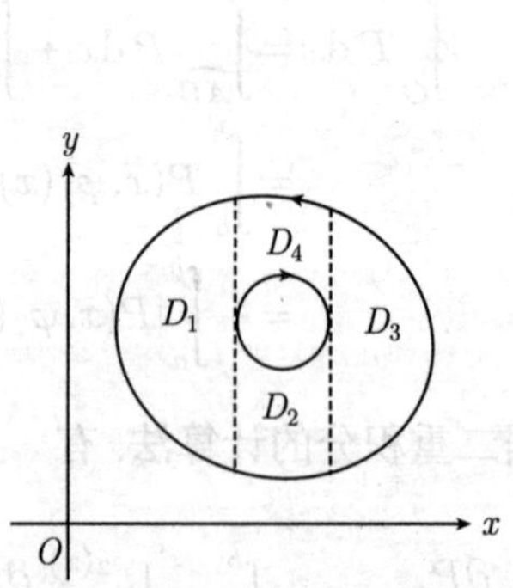

图 7.14

通过先考虑下面形式的闭区域

$$
D = \{(x,y)|\psi_1(y) \leqslant x \leqslant \psi_2(y), c \leqslant y \leqslant d\}.
$$

完全类似地, 可以证明

$$\oint_C Q\,\mathrm{d}y = \iint_D \frac{\partial Q}{\partial x}\mathrm{d}x\mathrm{d}y. \tag{7.3.3}$$

将式 (7.3.2) 与式 (7.3.3) 两式相加即得

$$\oint_C P\,\mathrm{d}x + Q\,\mathrm{d}y = \iint_D \left(\frac{\partial Q}{\partial x} - \frac{\partial P}{\partial y}\right)\mathrm{d}x\mathrm{d}y.$$ □

下面我们说明格林公式的一个简单应用. 在公式 (7.3.1) 中取 $P(x,y) = -y, Q(x,y) = x$, 即得

$$\oint_C x\mathrm{d}y - y\mathrm{d}x = 2\iint_D \mathrm{d}x\mathrm{d}y.$$

设闭区域 D 的面积为 A, 则有

$$A = \frac{1}{2}\oint_C x\mathrm{d}y - y\mathrm{d}x. \tag{7.3.4}$$

例 7.3.1　求椭圆 $x = a\cos\theta, y = b\sin\theta(0 \leqslant \theta \leqslant 2\pi)$ 所围图形的面积.

解　由公式 (7.3.4) 有

$$\begin{aligned} A &= \frac{1}{2}\oint_C x\mathrm{d}y - y\mathrm{d}x = \frac{1}{2}\int_0^{2\pi}(ab\cos^2\theta + ab\sin^2\theta)\mathrm{d}\theta \\ &= \frac{1}{2}ab\cdot 2\pi = ab\pi. \end{aligned}$$ □

例 7.3.2　计算 $\oint_C y\mathrm{d}x + 2x\mathrm{d}y$. 其中 C 是正方形 $ABCD$ 的边界取逆时针方向, 其中 $A = (1,0)$, $B = (0,1)$, $C = (-1,0)$, $D = (0,-1)$(见图 7.15).

解　$P = y, Q = 2x$, 由格林公式得

$$\begin{aligned} \oint_C y\mathrm{d}x + 2x\mathrm{d}y &= \iint_G \left(\frac{\partial Q}{\partial x} - \frac{\partial P}{\partial y}\right)\mathrm{d}x\mathrm{d}y \\ &= \iint_G (2-1)\mathrm{d}x\mathrm{d}y \\ &= \text{区域}G\text{的面积} \\ &= \left(\sqrt{2}\right)^2 = 2. \end{aligned}$$ □

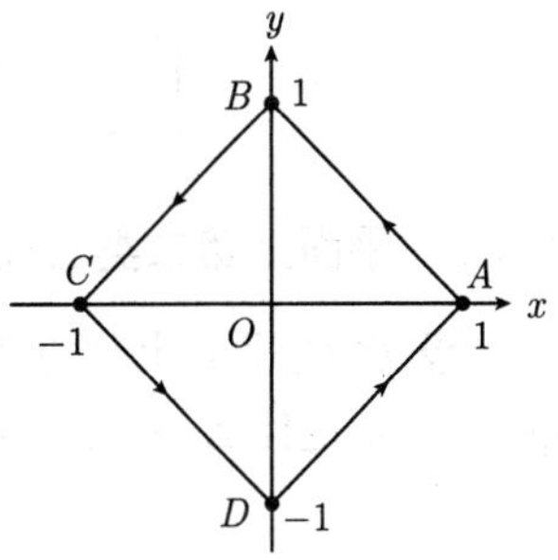

图 7.15

例 7.3.3　求曲线积分

$$\oint_C \frac{-(x+y)\mathrm{d}x + (x-y)\mathrm{d}y}{x^2+y^2},$$

其中 C 是不通过坐标原点的简单闭曲线, 取逆时针方向.

解

$$P(x,y)=\frac{-(x+y)}{x^2+y^2},\qquad Q(x,y)=\frac{x-y}{x^2+y^2},$$

$P(x,y),Q(x,y)$ 在 $O(0,0)$ 无定义, 当 $(x,y)\neq(0,0)$ 时,

$$\frac{\partial Q}{\partial x}=\frac{y^2+2xy-x^2}{(x^2+y^2)^2}=\frac{\partial P}{\partial y}.$$

分两种情况讨论:

(1) C 所围的区域 D 不包含坐标原点, 则由格林公式有

$$\begin{aligned}\oint_C\frac{-(x+y)\mathrm{d}x+(x-y)\mathrm{d}y}{x^2+y^2}&=\iint\limits_D\left(\frac{\partial Q}{\partial x}-\frac{\partial P}{\partial y}\right)\mathrm{d}x\mathrm{d}y\\&=\iint\limits_D 0\mathrm{d}x\mathrm{d}y=0.\end{aligned}$$

(2) C 所围的区域 D 包含坐标原点, 选取 $r>0$ 充分小, 使得圆周 $l:x^2+y^2=r^2$ 完全位于区域 D 内, 记 C 与 l 所围成的区域为 D_1, 对 D_1 应用格林公式有

$$\int_{C+l^-}\frac{-(x+y)\mathrm{d}x+(x-y)\mathrm{d}y}{x^2+y^2}=\iint\limits_{D_1}0\mathrm{d}x\mathrm{d}y=0.$$

因此

$$\begin{aligned}&\int_C\frac{-(x+y)\mathrm{d}x+(x-y)\mathrm{d}y}{x^2+y^2}=\int_l\frac{-(x+y)\mathrm{d}x+(x-y)\mathrm{d}y}{x^2+y^2}\\&=\int_0^{2\pi}\frac{-(r\cos\theta+r\sin\theta)(-r\sin\theta)+(r\cos\theta-r\sin\theta)(r\cos\theta)}{r^2}\mathrm{d}\theta\\&=\int_0^{2\pi}\mathrm{d}\theta=2\pi.\end{aligned}$$

□

7.3.2 平面上第二类曲线积分与路径无关的条件

设 C 为平面上起点为 A, 终点为 B 的逐段光滑曲线, 现在我们讨论, 当函数 $P(x,y)$, $Q(x,y)$ 满足什么条件时, 第二类曲线积分

$$\int_C P(x,y)\mathrm{d}x+Q(x,y)\mathrm{d}y$$

的值与积分路径无关, 而只与起点 A, 终点 B 有关.

设 G 为平面上的一个区域, $P(x,y),Q(x,y)$ 在区域 G 内具有一阶连续偏导数. 如果对于 G 内的任意指定的两点 A,B, 以及 G 内从 A 点到 B 点的任意两条曲线 L_1,L_2 (见图 7.16) 恒有

$$\int_{L_1} P\,\mathrm{d}x + Q\,\mathrm{d}y = \int_{L_2} P\,\mathrm{d}x + Q\,\mathrm{d}y,$$

则称曲线积分 $\int_C P\,\mathrm{d}x + Q\,\mathrm{d}y$ 在 G 内**与路径无关**. 否则, 就称**与路径有关**.

曲线积分 $\int_C P\,\mathrm{d}x + Q\,\mathrm{d}y$ 在 G 内与路径无关等价于对于 G 内的任何简单闭曲线 L, 有

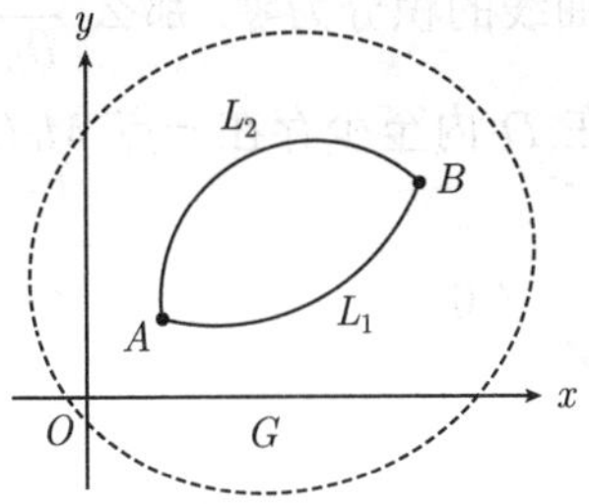

图 7.16

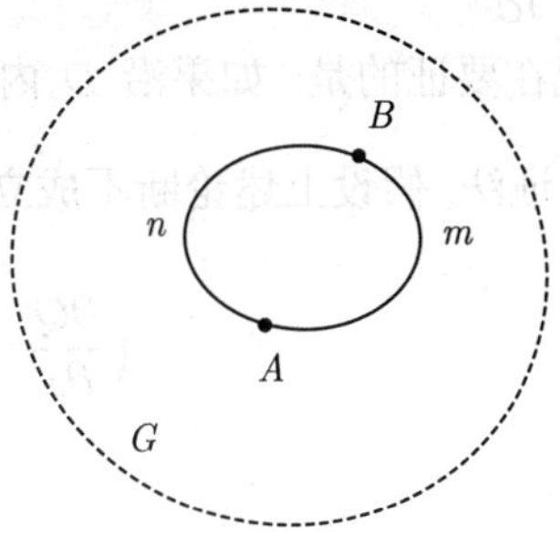

图 7.17

$$\oint_L P\,\mathrm{d}x + Q\,\mathrm{d}y = 0.$$

事实上, 如果曲线积分 $\int_C P\,\mathrm{d}x + Q\,\mathrm{d}y$ 在 G 内与积分路径无关, 则对 G 内的闭曲线 L, 在 L 上取两点 A, B(见图 7.17), 则曲线 L 被分成 $\widehat{AmB}$ 与 $\widehat{AnB}$ 两段, 由假设有

$$\int_{\widehat{AmB}} P\,\mathrm{d}x + Q\,\mathrm{d}y = \int_{\widehat{AnB}} P\,\mathrm{d}x + Q\,\mathrm{d}y,$$

从而有

$$\begin{aligned} 0 &= \int_{\widehat{AmB}} P\,\mathrm{d}x + Q\,\mathrm{d}y - \int_{\widehat{AnB}} P\,\mathrm{d}x + Q\,\mathrm{d}y \\ &= \int_{\widehat{AmB}} P\,\mathrm{d}x + Q\,\mathrm{d}y + \int_{\widehat{BnA}} P\,\mathrm{d}x + Q\,\mathrm{d}y = \oint_L P\,\mathrm{d}x + Q\,\mathrm{d}y, \end{aligned}$$

反过来, 可同样地证明.

定理 7.3.2　设 D 是一单连通区域, 函数 $P(x,y), Q(x,y)$ 在 D 内有一阶连续偏导数, 则曲线积分 $\int_C P\,\mathrm{d}x + Q\,\mathrm{d}y$ 在 D 内与路径无关的充分必要条件是

$$\frac{\partial P}{\partial y} = \frac{\partial Q}{\partial x}$$

在 D 内恒成立.

证明　充分性. 因为 D 为单连通区域, 对于 D 内的任一简单闭曲线 C, 其所围之闭区域 $G \subset D$, 故由条件及格林公式有

$$\oint_C P\,\mathrm{d}x + Q\,\mathrm{d}y = \iint_G \left(\frac{\partial Q}{\partial x} - \frac{\partial P}{\partial y}\right)\mathrm{d}x\mathrm{d}y = 0.$$

因此, 曲线积分 $\int_C P\,\mathrm{d}x + Q\,\mathrm{d}y$ 在 D 内与路径无关.

必要性. 现在要证的是: 如果沿 D 内任意闭曲线的积分为零, 那么 $\dfrac{\partial P}{\partial y} = \dfrac{\partial Q}{\partial x}$ 在 D 内恒成立. 采用反证法, 假设上述论断不成立, 那么在 D 内至少存在一点 $M_0(x_0, y_0)$ 使

$$\left.\left(\frac{\partial Q}{\partial x} - \frac{\partial P}{\partial y}\right)\right|_{M_0} \neq 0.$$

不妨设

$$\left.\left(\frac{\partial Q}{\partial x} - \frac{\partial P}{\partial y}\right)\right|_{M_0} = \eta > 0,$$

由于 $\dfrac{\partial P}{\partial y}, \dfrac{\partial Q}{\partial x}$ 在 D 内连续, 因而存在

$$\overline{N_r(M_0)} = \left\{(x,y) | (x-x_0)^2 + (y-y_0)^2 \leqslant r^2\right\} \subset D,$$

使得在 $\overline{N_r(M_0)}$ 上有

$$\frac{\partial Q}{\partial x} - \frac{\partial P}{\partial y} \geqslant \frac{\eta}{2}.$$

设 γ 为正向圆周 $(x-x_0)^2 + (y-y_0)^2 = r^2$, 于是由格林公式有

$$\begin{aligned}\oint_\gamma P\,\mathrm{d}x + Q\,\mathrm{d}y &= \iint_{\overline{N_r(M_0)}} \left(\frac{\partial Q}{\partial x} - \frac{\partial P}{\partial y}\right)\mathrm{d}x\mathrm{d}y \\ &\geqslant \iint_{\overline{N_r(M_0)}} \frac{\eta}{2}\mathrm{d}x\mathrm{d}y = \frac{\eta}{2}\cdot \pi r^2 > 0.\end{aligned}$$

这与沿 D 内任意闭曲线的曲线积分为零的假设相矛盾. 因此, 在 D 内恒有

$$\frac{\partial P}{\partial y} = \frac{\partial Q}{\partial x}.$$

□

在定理 7.3.2 中, 要求区域 D 为单连通区域且函数 $P(x,y), Q(x,y)$ 在 D 内具有一阶连续偏导数. 如果这两个条件之一不能满足, 那么定理的结论不能保证成立. 例如, 函数

$$P(x,y) = \frac{-(x+y)}{x^2+y^2}, \quad Q(x,y) = \frac{x-y}{x^2+y^2},$$

在闭圆环 $D=\{(x,y)|\,1\leqslant x^2+y^2\leqslant 2\}$ 上有一阶连续的偏导数, 且 $\dfrac{\partial P}{\partial y}=\dfrac{\partial Q}{\partial x}$ 在 D 内恒成立, 但对于绕坐标原点的简单闭曲线 C,

$$\oint_C P\,\mathrm{d}x+Q\,\mathrm{d}y=2\pi\neq 0.$$

定理 7.3.3 设 D 是一单连通区域, 函数 $P(x,y),Q(x,y)$ 在 D 内具有一阶连续偏导数, 则 $P(x,y)\mathrm{d}x+Q(x,y)\mathrm{d}y$ 在 D 内恰是某一函数 $u(x,y)$ 的全微分的充分必要条件是

$$\frac{\partial P}{\partial y}=\frac{\partial Q}{\partial x}$$

在 D 内恒成立.

证明 必要性. 假设 $P(x,y)\mathrm{d}x+Q(x,y)\mathrm{d}y$ 是某一函数 $u(x,y)$ 的全微分, 即

$$\mathrm{d}u=P(x,y)\mathrm{d}x+Q(x,y)\mathrm{d}y,$$

则

$$\frac{\partial u}{\partial x}=P(x,y),\qquad \frac{\partial u}{\partial y}=Q(x,y),$$

从而

$$\frac{\partial^2 u}{\partial x\partial y}=\frac{\partial P}{\partial y},\quad \frac{\partial^2 u}{\partial y\partial x}=\frac{\partial Q}{\partial x}.$$

由于 P,Q 具有一阶连续偏导数, 所以 $\dfrac{\partial^2 u}{\partial x\partial y},\dfrac{\partial^2 u}{\partial y\partial x}$ 连续, 因此 $\dfrac{\partial^2 u}{\partial x\partial y}=\dfrac{\partial^2 u}{\partial y\partial x}$, 即

$$\frac{\partial P}{\partial y}=\frac{\partial Q}{\partial x}.$$

充分性. 已知 $\dfrac{\partial P}{\partial y}=\dfrac{\partial Q}{\partial x}$ 在 D 内恒成立, 由定理 7.3.2 知曲线积分

$$\int_{\widehat{AB}} P\mathrm{d}x+Q\mathrm{d}y$$

与路径无关. 当起点 $A(x_0,y_0)$ 固定, 而终点 $B(x,y)$ 在 D 内移动, 则上述曲线积分就是终点 (x,y) 的函数. 用 $u(x,y)$ 来表示这个函数, 即

$$u(x,y)=\int_{(x_0,y_0)}^{(x,y)} P(x,y)\mathrm{d}x+Q(x,y)\mathrm{d}y. \tag{7.3.5}$$

下面我们证明

$$\mathrm{d}u=P(x,y)\mathrm{d}x+Q(x,y)\mathrm{d}y.$$

因为 $P(x,y),Q(x,y)$ 都是连续的, 因此只要证明

$$\frac{\partial u}{\partial x}=P(x,y),\qquad \frac{\partial u}{\partial y}=Q(x,y).$$

对于任意的定点 $B(x,y)$, 取 $|\Delta x|$ 充分小使得点 $B'(x+\Delta x,y)$ 及线段 BB' 都完全位于 D 内 (见图 7.18)

$$u(x+\Delta x,y)=\int_{(x_0,y_0)}^{(x+\Delta x,y)}P\,\mathrm{d}x+Q\,\mathrm{d}y.$$

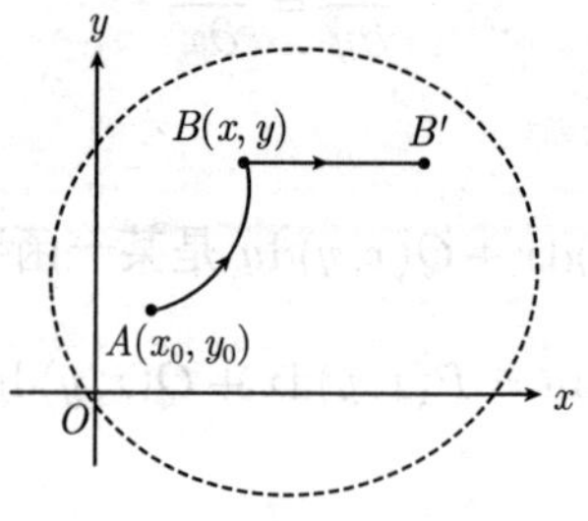

图 7.18

由于曲线积分与路径无关, 可以先从 A 到 B, 然后沿线段 BB' 从 B 到 B' 作为曲线积分的路径. 所以

$$u(x+\Delta x,y)=u(x,y)+\int_{(x,y)}^{(x+\Delta x,y)}P(x,y)\mathrm{d}x+Q(x,y)\mathrm{d}y,$$

从而

$$u(x+\Delta x,y)-u(x,y)=\int_{(x,y)}^{(x+\Delta x,y)}P(x,y)\mathrm{d}x+Q(x,y)\mathrm{d}y.$$

因为直线 BB' 的方程为 $y=$ 常数, 上式变为

$$u(x+\Delta x,y)-u(x,y)=\int_{x}^{x+\Delta x}P(x,y)\mathrm{d}x.$$

再由积分中值定理得

$$u(x+\Delta x,y)-u(x,y)=P(\xi,y)\Delta x,$$

其中 ξ 是 x 与 $x+\Delta x$ 之间的点. 因此由 $P(x,y)$ 的连续性, 可得

$$\frac{\partial u}{\partial x}=\lim_{\Delta x\to 0}\frac{u(x+\Delta x,y)-u(x,y)}{\Delta x}=\lim_{\Delta x\to 0}P(\xi,y)=P(x,y).$$

同理可证 $\dfrac{\partial u}{\partial y}=Q(x,y)$. 这样就证明了充分性. □

推论 7.3.4　设区域 D 是一个单连通区域, 函数 $P(x,y),Q(x,y)$ 在 D 内具有一阶连续偏导数, 对于 D 内的任意两点 A,B, 曲线积分 $\int_{\widehat{AB}} P\,\mathrm{d}x+Q\,\mathrm{d}y$ 与路径无关的充分必要条件是: $P\,\mathrm{d}x+Q\,\mathrm{d}y$ 恰是某个函数 $u(x,y)$ 的全微分, 即 $\mathrm{d}u=P\,\mathrm{d}x+Q\,\mathrm{d}y$(这时我们称 $P\,\mathrm{d}x+Q\,\mathrm{d}y$ 为**恰当微分**). 此时有

$$\int_{\widehat{AB}} P\,\mathrm{d}x+Q\,\mathrm{d}y=\int_A^B \mathrm{d}u=u(B)-u(A), \tag{7.3.6}$$

其中 $u(A),u(B)$ 分别表示函数 $u(x,y)$ 在 A,B 点的函数值.

证明　推论的前半部分由定理7.3.2及定理7.3.3立即可推得. 下面我们证明公式 (7.3.6). 过 A,B 两点在 D 内作一曲线 $\widehat{AB}$, 设 $\widehat{AB}$ 的参数方程为

$$\begin{cases} x=\varphi(t), \\ y=\psi(t), \end{cases} \qquad (\alpha\leqslant t\leqslant\beta).$$

其中 α,β 分别对应于点 A 及点 B. 从而有

$$\begin{aligned}
&\int_{\widehat{AB}} P(x,y)\mathrm{d}x+Q(x,y)\mathrm{d}y \\
=&\int_\alpha^\beta [P(\varphi(t),\psi(t))\varphi'(t)+Q(\varphi(t),\psi(t))\psi'(t)]\mathrm{d}t \\
=&\int_\alpha^\beta \left[\frac{\partial u}{\partial x}\frac{\mathrm{d}x}{\mathrm{d}t}+\frac{\partial u}{\partial y}\frac{\mathrm{d}y}{\mathrm{d}t}\right]\mathrm{d}t=\int_\alpha^\beta \frac{\mathrm{d}u(\varphi(t),\psi(t))}{\mathrm{d}t}\mathrm{d}t \\
=&u(\varphi(t),\psi(t))\Big|_\alpha^\beta=u(B)-u(A).
\end{aligned}$$

□

这个公式与牛顿-莱布尼兹公式十分相似, 因此, 我们将其称为**曲线积分的基本公式**. 而将满足条件

$$\mathrm{d}u=P(x,y)\mathrm{d}x+Q(x,y)\mathrm{d}y$$

的函数 u 称为 $P\,\mathrm{d}x+Q\,\mathrm{d}y$ 的原函数. $u(x,y)$ 可用公式 (7.3.5) 来求出. 因为公式 (7.3.5) 中的曲线积分与路径无关, 为计算简便, 我们可以选取 D 内一些特殊的曲线. 例如, 联结 A,B 两点直线段 AB, 或由平行于坐标轴的直线段连成的折线 AMB 或 ANB(见图 7.19).

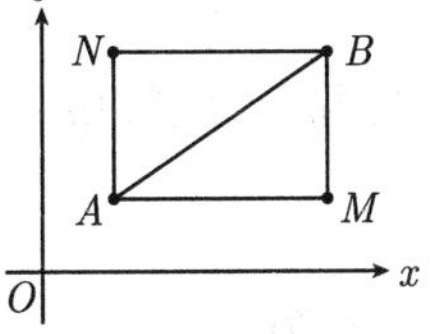

图 7.19

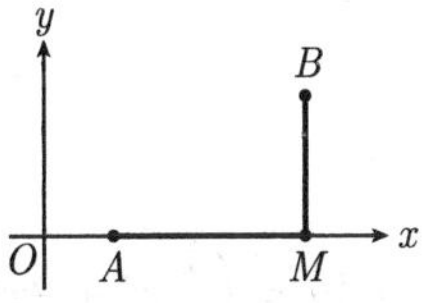

图 7.20

例 7.3.4　验证: $\dfrac{x\mathrm{d}y-y\mathrm{d}x}{x^2+y^2}$ 在右半平面 $x>0$ 内是某个函数的全微分, 并求出一个这样的函数.

解

$$P(x,y)=-\frac{y}{x^2+y^2},\quad Q(x,y)=\frac{x}{x^2+y^2},$$

$$\frac{\partial Q}{\partial x}=\frac{y^2-x^2}{(x^2+y^2)^2}=\frac{\partial P}{\partial y}\quad (x^2+y^2\neq 0),$$

在右半平面内恒成立, 因此在右半平面内, $\frac{x\mathrm{d}y-y\mathrm{d}x}{x^2+y^2}$ 是某个函数的全微分.

在 $x>0$ 内取点 $A(1,0),B(x,y)$, 积分路径为折线 AMB(见图 7.20). 有

$$\begin{aligned}u(x,y)&=\int_{(1,0)}^{(x,y)}\frac{x\mathrm{d}y-y\mathrm{d}x}{x^2+y^2}\\&=\int_{AM}\frac{x\mathrm{d}y-y\mathrm{d}x}{x^2+y^2}+\int_{MB}\frac{x\mathrm{d}y-y\mathrm{d}x}{x^2+y^2}\\&=0+\int_0^y\frac{x\mathrm{d}y}{x^2+y^2}=\arctan\frac{y}{x}\Big|_0^y=\arctan\frac{y}{x}.\end{aligned}$$

□

例 7.3.5 设 $P(x,y)=x^4+4xy^3,\ Q(x,y)=6x^2y^2+5y^4$,

(1) 验证在整个 xOy 平面内,$P\,\mathrm{d}x+Q\,\mathrm{d}y$ 是某个函数的全微分;

(2) 求 $P\,\mathrm{d}x+Q\,\mathrm{d}y$ 的原函数 $u(x,y)$;

(3) 求曲线积分 $\int_{(0,0)}^{(5,1)}P\,\mathrm{d}x+Q\,\mathrm{d}y$.

解 (1) 由于 $P(x,y),Q(x,y)$ 在全平面上有一阶连续偏导数, 且

$$\frac{\partial P}{\partial y}=12xy^2=\frac{\partial Q}{\partial x}.$$

所以 $P\,\mathrm{d}x+Q\,\mathrm{d}y$ 是某个函数 $u(x,y)$ 的全微分.

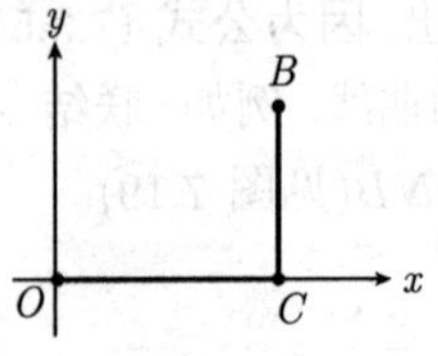

图 7.21

(2) 取点 $A(0,0)$, 任一点 $B(x,y)$, 点 $C(x,0)$(见图 7.21), 则

$$\begin{aligned}u(x,y)&=\int_{(0,0)}^{(x,y)}P\,\mathrm{d}x+Q\,\mathrm{d}y\\&=\int_{OC}P\,\mathrm{d}x+Q\,\mathrm{d}y+\int_{CB}P\,\mathrm{d}x+Q\,\mathrm{d}y\\&=\int_0^x x^4\mathrm{d}x+\int_0^y(6x^2y^2+5y^4)\mathrm{d}y=\frac{1}{5}x^5+2x^2y^3+y^5.\end{aligned}$$

(3) $$\int_{(0,0)}^{(5,1)}P\,\mathrm{d}x+Q\,\mathrm{d}y=\left(\frac{1}{5}x^5+2x^2y^3+y^5\right)\Big|_{(0,0)}^{(5,1)}=676.$$

□

习题 7.3

1. 应用格林公式计算下列曲线积分 (闭曲线均为逆时针方向绕行):

(1) $\oint_C xy^2\mathrm{d}y - x^2y\mathrm{d}x$, 其中 C 为圆周 $x^2+y^2=a^2$;

(2) $\oint_C (x+y)\mathrm{d}x-(x-y)\mathrm{d}y$, 其中 C 为椭圆 $\dfrac{x^2}{a^2}+\dfrac{y^2}{b^2}=1$;

(3) $\oint_C (2x-y+4)\mathrm{d}x+(5y+3x-6)\mathrm{d}y$, 其中 C 为三个顶点分别为 $(0,0),(3,0)$ 和 $(3,2)$ 的三角形的正向边界;

(4) $\oint_C (x+\mathrm{e}^x\sin y)\mathrm{d}x+(x+\mathrm{e}^x\cos y)\mathrm{d}y$, 其中 C 是双纽线 $r^2=\cos 2\theta$ 的右半支;

(5) $\oint_C \mathrm{e}^x[(1-\cos y)\mathrm{d}x-(y-\sin y)\mathrm{d}y]$, 其中 C 为区域 $D=\{(x,y)|0<x<\pi, 0<y<\sin x\}$ 的边界;

(6) $\oint_C (x^2y\cos x+2xy\sin x-y^2\mathrm{e}^x)\mathrm{d}x+(x^2\sin x-2y\mathrm{e}^x)\mathrm{d}y$, 其中 C 为正向星形线 $x^{\frac{2}{3}}+y^{\frac{2}{3}}=a^{\frac{2}{3}}\quad(a>0)$.

2. 利用曲线积分, 求下列所围区域的面积:

(1) 星形线 $x=a\cos^3 t, y=a\sin^3 t(a>0, 0\leqslant t\leqslant 2\pi)$;

(2) 椭圆 $9x^2+16y^2=144$;

(3) 心脏线 $\begin{cases} x=a(1-\cos t)\cos t, \\ y=a(1-\cos t)\sin t, \end{cases}\quad 0\leqslant t\leqslant 2\pi.$

3. 证明下列曲线积分与路径无关, 并求积分值:

(1) $\displaystyle\int_{(0,1)}^{(2,3)}(x+y)\mathrm{d}x+(x-y)\mathrm{d}y$;

(2) $\displaystyle\int_{(1,0)}^{(2,1)}(2xy-y^4+3)\mathrm{d}x+(x^2-4xy^3)\mathrm{d}y$;

(3) $\displaystyle\int_{(0,0)}^{(3,4)}\mathrm{e}^x\cos y\mathrm{d}x-\mathrm{e}^x\sin y\mathrm{d}y$.

4. 可微函数 $F(x,y)$ 满足什么条件使得曲线积分 $\int_{\overparen{AB}} F(x,y)(y\mathrm{d}x+x\mathrm{d}y)$ 与积分路径无关.

5. 计算 $I=\oint_C \dfrac{x\mathrm{d}y-y\mathrm{d}x}{x^2+y^2}$, 其中 C 为不通过坐标原点的简单闭曲线.

6. 验证下列 $P(x,y)\mathrm{d}x+Q(x,y)\mathrm{d}y$ 在整个 xOy 平面内是某一个函数 $u(x,y)$ 的全微分, 并求出一个这样的 $u(x,y)$:

(1) $(x^2+2xy-y^2)\mathrm{d}x+(x^2-2xy-y^2)\mathrm{d}y$;

(2) $(x+2y)\mathrm{d}x+(2x+y)\mathrm{d}y$;

(3) $2xy\mathrm{d}x+x^2\mathrm{d}y$;

(4) $(2x\cos y-y^2\sin x)\mathrm{d}x+(2y\cos x-x^2\sin y)\mathrm{d}y$;

(5) $(3x^2y+8xy^2)\mathrm{d}x+(x^3+8x^2y+12y\mathrm{e}^y)\mathrm{d}y$.

7. 设 D 是平面有界区域, 其边界 C 是逐段光滑曲线, 函数 $P(x,y),Q(x,y)$ 在 $\overline{D}=D\bigcup C$ 上有连续的一阶偏导数. 证明

$$\oint_C [\,P\cos\langle \boldsymbol{n},x\rangle + Q\cos\langle \boldsymbol{n},y\rangle\,]\,\mathrm{d}s = \iint\limits_D \left(\frac{\partial P}{\partial x}+\frac{\partial Q}{\partial y}\right)\mathrm{d}x\mathrm{d}y$$

其中 C 是按区域 D 的正向绕行, $\cos\langle \boldsymbol{n},x\rangle,\cos\langle \boldsymbol{n},y\rangle$ 为曲线 C 的外法向量 $\boldsymbol{n}$ 的方向余弦.

8. 设 D 为有界区域, D 的边界 C 为逐段光滑闭曲线. 函数 $u(x,y),v(x,y)$ 在有界闭区域 $\overline{D}=D\bigcup C$ 上有二阶连续偏导数, 证明

(1) $\displaystyle\iint\limits_D v\Delta u\mathrm{d}x\mathrm{d}y = \oint_C v\frac{\partial u}{\partial \boldsymbol{n}}\,\mathrm{d}s - \iint\limits_D \left(\frac{\partial u}{\partial x}\cdot\frac{\partial v}{\partial x}+\frac{\partial u}{\partial y}\cdot\frac{\partial v}{\partial y}\right)\mathrm{d}x\mathrm{d}y$, 其中 $\dfrac{\partial u}{\partial \boldsymbol{n}}$ 为 u 沿 C 的外法线方向 $\boldsymbol{n}$ 的方向导数, 算子 $\Delta=\dfrac{\partial^2}{\partial x^2}+\dfrac{\partial^2}{\partial y^2}$;

(2) $\displaystyle\iint\limits_D (u\Delta v - v\Delta u)\mathrm{d}x\mathrm{d}y = \oint_C \left(u\frac{\partial v}{\partial \boldsymbol{n}} - v\frac{\partial u}{\partial \boldsymbol{n}}\right)\mathrm{d}s.$

9. 设 D 为有界区域,D 的边界 C 为逐段光滑闭曲线, $u(x,y)$ 为有界闭区域 $\overline{D}$ 上的调和函数, 即 $u(x,y)$ 有连续的二阶偏导数, 且满足

$$\frac{\partial^2 u}{\partial x^2}+\frac{\partial^2 u}{\partial y^2}=0.$$

证明:

(1) $\displaystyle\oint_C u\frac{\partial u}{\partial \boldsymbol{n}}\,\mathrm{d}s = \iint\limits_D \left[\left(\frac{\partial u}{\partial x}\right)^2+\left(\frac{\partial u}{\partial y}\right)^2\right]\mathrm{d}x\mathrm{d}y$, 其中 $\boldsymbol{n}$ 为 C 的外法线方向;

(2) 若 $u(x,y)$ 在 C 上恒为零, 则 $u(x,y)$ 在 D 上也恒为零.

10. 设 $f(t)$ 为连续函数,C 为逐段光滑的闭曲线, 证明:

$$\oint_C f(xy)(y\mathrm{d}x + x\mathrm{d}y) = 0.$$

11. 证明下面的不等式

$$\left|\int_C P\,\mathrm{d}x + Q\,\mathrm{d}y\right| \leqslant lM.$$

其中 l 为曲线 C 的长度, $M=\max\limits_{(x,y)\in C}\sqrt{P^2+Q^2}$.

12. 估计积分

$$I_R=\oint_C \frac{y\mathrm{d}x - x\mathrm{d}y}{(x^2+xy+y^2)^2},$$

其中 C 为圆周 $x^2+y^2=R^2$, 积分按逆时针方向进行. 证明 $\lim\limits_{R\to+\infty} I_R=0$.

13. 计算曲线积分

$$\int_{\widehat{AmO}}(\mathrm{e}^x\sin y-my)\mathrm{d}x+(\mathrm{e}^x\cos y-m)\mathrm{d}y.$$

其中 $\widehat{AmO}$ 为从点 $A(a,0)$ 到点 $O(0,0)$ 的上半圆周 $x^2+y^2=ax$(提示: 用 Ox 轴上的直线段 OA 与 $\widehat{AmO}$ 构成闭曲线).

14. 计算曲线积分

$$\int_{\widehat{AmB}}[\varphi(y)\mathrm{e}^x-my]\mathrm{d}x+[\varphi'(y)\mathrm{e}^x-m]\mathrm{d}y.$$

其中 $\varphi(y),\varphi'(y)$ 均连续,$\widehat{AmB}$ 为连接点 $A(x_1,y_1)$ 与点 $B(x_2,y_2)$ 的路径, 且与直线段 AB 围成的区域的面积为 S.

15. 求曲线积分

$$I=\oint_C\sqrt{x^2+y^2}\mathrm{d}x+y[xy+\ln(x+\sqrt{x^2+y^2})]\mathrm{d}y.$$

其中 C 为圆周:$x^2+y^2=1$, 积分按逆时针方向进行.

7.4　第一类曲面积分

7.4.1　第一类曲面积分的概念与性质

设在空间中有一张光滑曲面 S(即在曲面上每点都有切平面, 且切平面的法向量随曲面上的点连续地变动), 其上任一点 (x,y,z) 处的面密度为 $\rho(x,y,z)$. 函数 $\rho(x,y,z)$ 在 S 上连续, 要求曲面 S 的质量 m.

将 S 任意地分成 n 小块 $\Delta S_i(i=1,\cdots,n)$, 同时也用 ΔS_i 表示小块的面积 (见图 7.22). 在每一小块 ΔS_i 上任取一点 (ξ_i,η_i,ζ_i), 则小块 ΔS_i 的质量

$$\Delta m_i\approx\rho(\xi_i,\eta_i,\zeta_i)\Delta S_i,$$

因而

$$m\approx\sum_{i=1}^n\rho(\xi_i,\eta_i,\zeta_i)\Delta S_i.$$

令 $\lambda=\max\limits_{1\leqslant i\leqslant n}\{\Delta S_i\text{ 的直径}\}$, 若极限

$$\lim_{\lambda\to0}\sum_{i=1}^n\rho(\xi_i,\eta_i,\zeta_i)\Delta S_i$$

存在, 则称此极限值就是曲面 S 的质量 m, 即

$$m=\lim_{\lambda\to0}\sum_{i=1}^n\rho(\xi_i,\eta_i,\zeta_i)\Delta S_i.$$

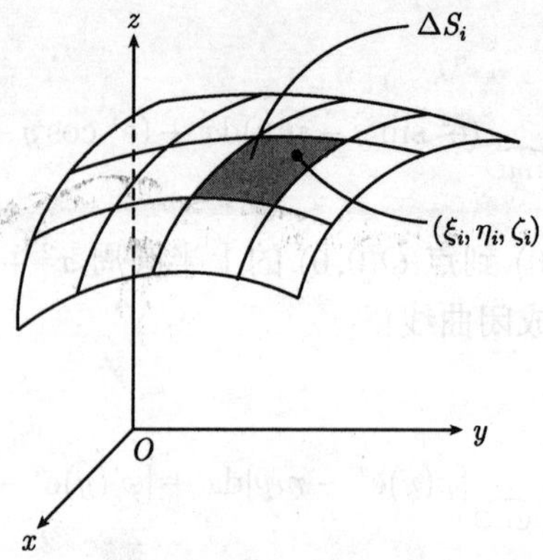

图 7.22

这样的极限也会在其他问题中遇到, 抽去它们的具体意义, 就得出第一类曲面积分的概念.

定义 7.4.1 (第一类曲面积分) 设曲面 S 是光滑的, 函数 $f(x,y,z)$ 在 S 上有定义, 将 S 任意分为 n 小块 $\Delta S_i(i=1,2,\cdots,n)$, ΔS_i 同时也表示这个小的曲面面积. 令 $\lambda=\max\limits_{1\leqslant i\leqslant n}\{\Delta S_i$ 的直径$\}$. 在 ΔS_i 上任取一点 (ξ_i,η_i,ζ_i), 作乘积 $f(\xi_i,\eta_i,\zeta_i)\Delta S_i(i=1,2,\cdots,n)$, 并作和 $\sum\limits_{i=1}^{n} f(\xi_i,\eta_i,\zeta_i)\Delta S_i$, 如果当 $\lambda\to 0$ 时, 这个和式的极限总存在 (且与曲面 S 的分割和点 (ξ_i,η_i,ζ_i) 的取法无关), 则称此极限为函数 $f(x,y,z)$ 在曲面 S 上的**第一类曲面积分**或**对面积的曲面积分**, 记为

$$\iint\limits_S f(x,y,z)\mathrm{d}S,$$

即

$$\iint\limits_S f(x,y,z)\mathrm{d}S=\lim_{\lambda\to 0}\sum_{i=1}^{n} f(\xi_i,\eta_i,\zeta_i)\Delta S_i.$$

其中 $f(x,y,z)$ 称为**被积函数**, S 称为**积分曲面**, $\mathrm{d}S$ 称为面积**微元**.

根据定义可知, 面密度为连续函数 $\rho(x,y,z)$ 的光滑曲面 S 的质量 m 可表示为

$$m=\iint\limits_S \rho(x,y,z)\mathrm{d}S.$$

如果 S 是分片光滑的, 我们规定函数在 S 上第一类曲面积分等于函数在光滑的各片曲面上第一类曲面积分之和. 例如, 设 S 是由两片光滑曲面组成 (记为 $S=S_1\bigcup S_2$), 就规定

$$\iint\limits_S f(x,y,z)\mathrm{d}S=\iint\limits_{S_1} f(x,y,z)\mathrm{d}S+\iint\limits_{S_2} f(x,y,z)\mathrm{d}S.$$

我们指出, 第一类曲面积分有以下性质:

定理 7.4.1 (第一类曲面积分的性质) 当 $f(x,y,z),g(x,y,z)$ 在分片光滑曲面 S 上连续时, 第一类曲面积分总存在, 并且

(1) 设 k 为常数, 则

$$\iint_S kf(x,y,z)\mathrm{d}S = k\iint_S f(x,y,z)\mathrm{d}S.$$

(2) $\iint_S [f(x,y,z)\pm g(x,y,z)]\,\mathrm{d}S = \iint_S f(x,y,z)\mathrm{d}S \pm \iint_S g(x,y,z)\mathrm{d}S.$

(3) 若 $S=S_1\bigcup S_2$, 即 S 由互不重叠的分片光滑曲面 S_1,S_2 所组成, 则

$$\iint_S f(x,y,z)\mathrm{d}S = \iint_{S_1} f(x,y,z)\mathrm{d}S + \iint_{S_2} f(x,y,z)\mathrm{d}S.$$

(4) $\iint_S \mathrm{d}S = S$ 的面积.

7.4.2　第一类曲面积分的计算

第一类曲面积分的计算方法是将其转化为二重积分. 我们给出其计算公式. 设曲面 S 由方程 $z=g(x,y),(x,y)\in D$ 确定, 且函数 $g(x,y)$ 在闭区域 D 上具有连续的一阶偏导数, 则有计算公式

$$\iint_S f(x,y,z)\mathrm{d}S = \iint_D f(x,y,g(x,y))\sqrt{1+g_x'^2+g_y'^2}\,\mathrm{d}x\mathrm{d}y.$$

下面我们给出简略的证明. 按定义, 有

$$\iint_S f(x,y,z)\mathrm{d}S = \lim_{\lambda\to 0}\sum_{i=1}^{n} f(\xi_i,\eta_i,\zeta_i)\Delta S_i.$$

设 S 上第 i 小块曲面 ΔS_i(它的面积也记为 ΔS_i) 在 xOy 平面上的投影区域为 $\Delta\sigma_i$(见图 7.23), 则 ΔS_i 可表示为二重积分

$$\Delta S_i = \iint_{\Delta\sigma_i}\sqrt{1+[g_x'(x,y)]^2+[g_y'(x,y)]^2}\,\mathrm{d}x\mathrm{d}y.$$

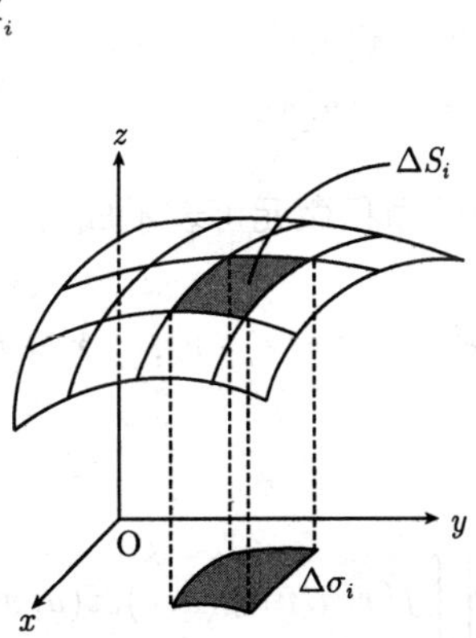

图 7.23

利用二重积分的中值定理, 上式可写成

$$\Delta S_i = \sqrt{1+[g'_x(\xi'_i,\eta'_i)]^2+[g'_y(\xi'_i,\eta'_i)]^2}\Delta\sigma_i.$$

其中 $(\xi'_i,\eta'_i)\in\Delta\sigma_i$. 又由 $(\xi_i,\eta_i,\zeta_i)\in S$, 故 $\zeta_i=g(\xi_i,\eta_i)$, 于是

$$\sum_{i=1}^{n} f(\xi_i,\eta_i,\zeta_i)\Delta S_i = \sum_{i=1}^{n} f(\xi_i,\eta_i,g(\xi_i,\eta_i))\sqrt{1+[g'_x(\xi'_i,\eta'_i)]^2+[g'_y(\xi'_i,\eta'_i)]^2}\Delta\sigma_i.$$

其中 $\Delta\sigma_i(i=1,2,\cdots,n)$ 构成闭区域 D 的一个分割. $\mu=\max\limits_{1\leqslant i\leqslant n}\{\Delta\sigma_i\text{的直径}\}$, 且 $\lambda\to 0$ 时有 $\mu\to 0$.

由于函数 $f(x,y,g(x,y))$ 以及函数 $\sqrt{1+[g'_x(x,y)]^2+[g'_y(x,y)]^2}$ 都在闭区域 D 上连续, 从而一致连续. 可以证明:

$$\begin{aligned}&\lim_{\lambda\to 0}\sum_{i=1}^{n} f(\xi_i,\eta_i,g(\xi_i,\eta_i))\sqrt{1+[g'_x(\xi'_i,\eta'_i)]^2+[g'_y(\xi'_i,\eta'_i)]^2}\Delta\sigma_i\\ =&\lim_{\mu\to 0}\sum_{i=1}^{n} f(\xi_i,\eta_i,g(\xi_i,\eta_i))\sqrt{1+[g'_x(\xi_i,\eta_i)]^2+[g'_y(\xi_i,\eta_i)]^2}\Delta\sigma_i\\ =&\iint\limits_D f(x,y,g(x,y))\sqrt{1+[g'_x(x,y)]^2+[g'_y(x,y)]^2}\,\mathrm{d}x\mathrm{d}y.\end{aligned}$$

因此, 有

$$\iint\limits_S f(x,y,z)\mathrm{d}S = \iint\limits_D f(x,y,g(x,y))\sqrt{1+[g'_x(x,y)]^2+[g'_y(x,y)]^2}\,\mathrm{d}x\mathrm{d}y.$$

如果积分曲面 S 由方程 $y=h(z,x)$ 或 $x=k(y,z)$ 给出, 也可将第一类曲面积分化为相应的二重积分, 请读者给出其相应的计算公式.

当曲面 S 由参数方程

$$\begin{cases} x=x(u,v),\\ y=y(u,v), & (u,v)\in D\\ z=z(u,v),\end{cases}$$

给出时, 由第 6 章的讨论知, 曲面的面积微元可表示成 $\mathrm{d}S=\sqrt{EG-F^2}\mathrm{d}u\mathrm{d}v$, 其中

$$E=\boldsymbol{r}'_u\cdot\boldsymbol{r}'_u,\quad F=\boldsymbol{r}'_u\cdot\boldsymbol{r}'_v,\quad G=\boldsymbol{r}'_v\cdot\boldsymbol{r}'_v,\quad \boldsymbol{r}=\Big(x(u,v),\ y(u,v),\ z(u,v)\Big),$$

因此, 有下面的计算公式

$$\iint\limits_S f(x,y,z)\mathrm{d}S = \iint\limits_D f(x(u,v),y(u,v),z(u,v))\sqrt{EG-F^2}\mathrm{d}u\mathrm{d}v.$$

例 7.4.1　计算曲面积分 $\iint\limits_S z\,\mathrm{d}S$, 其中 S 是球面 $x^2+y^2+z^2=a^2$ 被平面 $z=h(0<h<a)$ 截出的顶部 (见图 7.24).

解　S 的方程为

$$z=\sqrt{a^2-x^2-y^2},\qquad (x,y)\in D=\{(x,y)|x^2+y^2\leqslant a^2-h^2\},$$

又

$$\sqrt{1+z_x'^2+z_y'^2}=\frac{a}{\sqrt{a^2-x^2-y^2}},$$

因此有

$$\iint\limits_S z\,\mathrm{d}S=\iint\limits_D \sqrt{a^2-x^2-y^2}\cdot\frac{a}{\sqrt{a^2-x^2-y^2}}\mathrm{d}x\mathrm{d}y$$
$$=a\iint\limits_D \mathrm{d}x\mathrm{d}y=\pi a(a^2-h^2).$$ □

例 7.4.2　空间立体 V 由 $\begin{cases}x^2+y^2=1,\\ z=0,\\ z=2-x\end{cases}$ 所围成, S 为 V 的边界曲面 (见图 7.25).

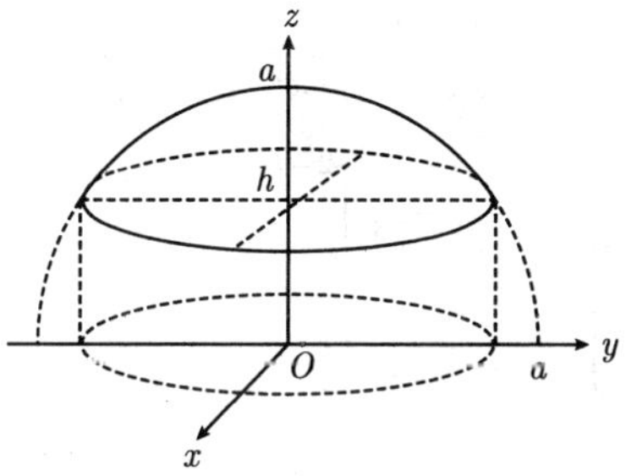

图 7.24

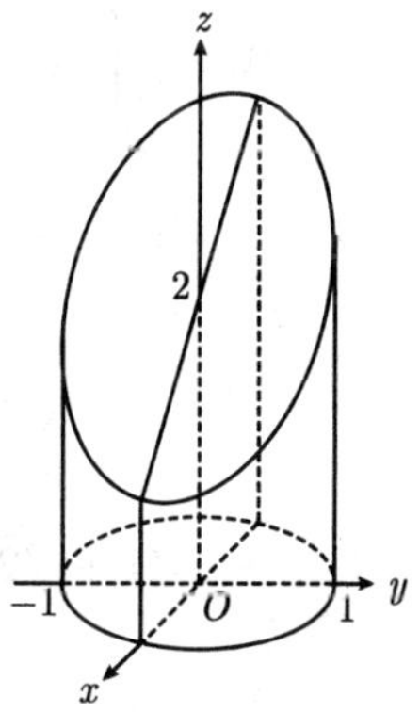

图 7.25

(1) 求曲面积分 $\iint\limits_S x\,\mathrm{d}S$;

(2) 若 S 有均匀密度 a(常数), 求 S 的质量 M.

解　S 由 $S_1: z=0, x^2+y^2\leqslant 1, S_2: z=2-x, x^2+y^2\leqslant 1, S_3: y=\sqrt{1-x^2}, 0\leqslant z\leqslant 2-x, S_4: y=-\sqrt{1-x^2}, 0\leqslant z\leqslant 2-x$ 所组成. 因此

$$\iint\limits_S x\,\mathrm{d}S=\iint\limits_{S_1} x\,\mathrm{d}S+\iint\limits_{S_2} x\,\mathrm{d}S+\iint\limits_{S_3} x\,\mathrm{d}S+\iint\limits_{S_4} x\,\mathrm{d}S$$
$$=\iint\limits_{D_1} x\,\mathrm{d}x\mathrm{d}y+\iint\limits_{D_1}\sqrt{2}x\,\mathrm{d}x\mathrm{d}y+2\iint\limits_{D_2}\frac{x\mathrm{d}x\mathrm{d}z}{\sqrt{1-x^2}}.$$

其中 D_1 为 xOy 平面上的闭区域: $x^2+y^2\leqslant 1$.

D_2 为 zOx 平面上的闭区域: $-1\leqslant x\leqslant 1, 0\leqslant z\leqslant 2-x$, 从而

$$\begin{aligned}
\text{原式} &= (1+\sqrt{2})\int_{-1}^{1}x\mathrm{d}x\int_{-\sqrt{1-x^2}}^{\sqrt{1-x^2}}\mathrm{d}y+2\int_{-1}^{1}\frac{x\mathrm{d}x}{\sqrt{1-x^2}}\int_0^{2-x}\mathrm{d}z\\
&= (1+\sqrt{2})\int_{-1}^{1}2x\sqrt{1-x^2}\mathrm{d}x+2\int_{-1}^{1}\frac{2x-x^2}{\sqrt{1-x^2}}\mathrm{d}x\\
&= 0-2\int_{-1}^{1}\frac{x^2}{\sqrt{1-x^2}}\mathrm{d}x+4\int_{-1}^{1}\frac{x}{\sqrt{1-x^2}}\mathrm{d}x\\
&= -4\int_0^1\frac{x^2}{\sqrt{1-x^2}}\mathrm{d}x+0=-4\int_0^1\frac{x^2}{\sqrt{1-x^2}}\mathrm{d}x.
\end{aligned}$$

而

$$\int_0^1\frac{x^2}{\sqrt{1-x^2}}\mathrm{d}x=\int_0^{\frac{\pi}{2}}\sin^2 t\mathrm{d}t=\frac{\pi}{4},$$

因此

$$\iint_S x\,\mathrm{d}S=-4\int_0^1\frac{x^2}{\sqrt{1-x^2}}\mathrm{d}x=-4\times\frac{\pi}{4}=-\pi.$$

$$\begin{aligned}
M &= \iint_S a\,\mathrm{d}S\\
&= (1+\sqrt{2})\iint_{D_1}a\mathrm{d}x\mathrm{d}y+2\iint_{D_2}\frac{a\mathrm{d}x\mathrm{d}z}{\sqrt{1-x^2}}\\
&= (1+\sqrt{2})a\pi+2a\int_{-1}^{1}\frac{\mathrm{d}x}{\sqrt{1-x^2}}\int_0^{2-x}\mathrm{d}z\\
&= (1+\sqrt{2})a\pi+2a\int_{-1}^{1}\frac{2-x}{\sqrt{1-x^2}}\mathrm{d}x\\
&= (1+\sqrt{2})a\pi+4a\int_{-1}^{1}\frac{1}{\sqrt{1-x^2}}\mathrm{d}x\\
&= (1+\sqrt{2})a\pi+4a\arcsin x\Big|_{-1}^{1}=(5+\sqrt{2})a\pi.
\end{aligned}$$

□

习题 7.4

1. 计算下列第一类曲面积分:

(1) $\iint\limits_S(x+y+z)\mathrm{d}S$, 其中 S 为曲面 $x^2+y^2+z^2=a^2, z\geqslant 0$;

(2) $\iint\limits_S(x^2+y^2)\mathrm{d}S$, 其中 S 为锥面 $z=\sqrt{x^2+y^2}$ 及平面 $z=1$ 所围成的区域的边界曲面;

(3) $\iint\limits_S \dfrac{\mathrm{d}S}{(1+x+y)^2}$, 其中 S 为四面体 $x+y+z\leqslant 1$, $x\geqslant 0$, $y\geqslant 0$, $z\geqslant 0$ 的边界曲面;

(4) $\iint\limits_S (z+2x+\frac{4}{3}y)\mathrm{d}S$, 其中 S 为平面 $\dfrac{x}{2}+\dfrac{y}{3}+\dfrac{z}{4}=1$ 在第一卦限中的部分;

(5) $\iint\limits_S (xy+yz+zx)\mathrm{d}S$, 其中 S 为锥面 $z=\sqrt{x^2+y^2}$ 被柱面 $x^2+y^2=2ax$ 所截得的有限部分.

2. 求抛物面壳 $z=x^2+y^2(0\leqslant z\leqslant 1)$ 的质量, 其面密度 $\rho=x+y+z$.
3. 求面密度为 ρ_0 的均匀半球壳 $x^2+y^2+z^2=a^2(z\geqslant 0)$ 对 Oz 轴的转动惯量.
4. 求半球 $x^2+y^2+z^2=a^2(z\geqslant 0)$ 的质量, 它的面密度 $\rho(x,y,z)=\dfrac{z}{a}$.
5. 证明泊松 (Poisson) 公式

$$\iint\limits_S f(ax+by+cz)\mathrm{d}S=2\pi\int_{-1}^{1} f(\sqrt{a^2+b^2+c^2}u)\mathrm{d}u,$$

其中 S 为单位球面 $x^2+y^2+z^2=1$.

7.5　第二类曲面积分

7.5.1　第二类曲面积分的概念与性质

这一节我们讨论第二类曲面积分. 与第一类曲面积分不同, 它涉及曲面的定侧问题. 因此, 我们首先说明曲面侧的概念.

通常我们遇见的曲面都是双侧曲面, 例如上半球面 $S: z=\sqrt{1-x^2-y^2}$ 表示的曲面, 有上侧与下侧之分. 闭球面有内侧与外侧之分. 对于这种曲面, 如果我们从曲面一侧的一点开始给曲面涂一种颜色, 若不越过曲面的边界曲线, 不能涂到曲面的另一侧.

但对于另一种曲面, 从曲面上的一点开始, 给内面涂颜色, 不越过边界曲线, 可以将颜色涂满整个曲面. 例如, 将一长方形的带子 $ABCD$, 将 AB 保持不动, 而将 CD 扭转 180°, 再将 A 与 C 粘合, 将 B 与 D 粘合, 就得如图 7.26 所示的曲面 (称为麦比乌斯 (Möbius[†]) 带). 具有这样性质的曲面称为**单侧曲面**.

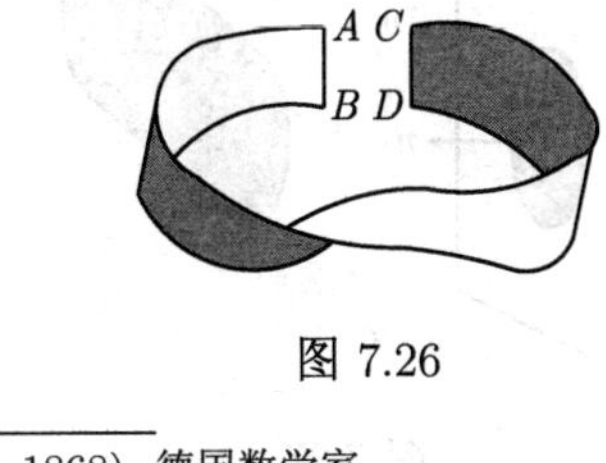

图 7.26

† 麦比乌斯 (Möbius A F, 1790~1868), 德国数学家.

下面我们用数学语言来描述双侧曲面. 我们考虑光滑曲面. 在 S 上取定一点 P_0, 那么 S 在 P_0 点有两个方向相反的法向量. 我们任意取定其中一个作为从 P_0 点的出发方向, 记作 $\boldsymbol{n}(P_0)$. 设一动点 P 从 P_0 点出发沿完全落在曲面 S 上的任何一条连续闭曲线 C 变动, 再回到点 P_0, 如 S 是非闭的, 还假设 C 不越过 S 的边界曲线. 当点 P 在 C 上运动时, 其法向量 $\boldsymbol{n}(P)$ 也随之连续变化, 当点 P 返回到起始点 P_0 时, $\boldsymbol{n}(P)$ 的指向没有发生改变, 则称 S 为**双侧曲面**.

不具有上述性质的曲面称为单侧曲面.

以后我们总假设所考虑的曲面是双侧曲面. 在双侧曲面上只要选定了一点的法向量方向, 则曲面上全部点的法线方向也随之而定, 也就选定了曲面的一侧. 若改变原先选定的法线方向, 则在其他点的法线方向也一律改变, 这样就确定了曲面的另一侧. 所以对双侧曲面要确定它的一侧, 只要在它上面任一点选定一法线方向就行了. 例如, 设曲面 S 由方程

$$z = f(x,y), \qquad (x,y) \in D,$$

确定, 其中 $f(x,y)$ 在区域 D 上有一阶连续偏导数. S 在其上每一点 $P(x,y,z)$ 都有两个法向量

$$(f'_x, f'_y, -1) \quad 及 \quad (-f'_x, -f'_y, 1),$$

这里前一个法向量的第三个坐标 < 0, 说明该法向量与 z 轴的正向成钝角, 故该法向量指向下方. 从而, 我们称这样确定的一侧为曲面的下侧.

法向量 $(-f'_x, -f'_y, 1)$ 指向上方, 它确定的一侧为曲面的上侧.

对于闭曲面, 我们可以确定曲面的内侧与外侧.

在引进第二类曲面积分的概念之前, 先讨论一个例子.

流向曲面一侧的流量: 设有一不可压缩流体流经曲面 S, 其流速与时间 t 无关, 只与点的位置有关, 设在点 $(x,y,z) \in S$ 的流速为

$$\boldsymbol{v}(x,y,z) = P(x,y,z)\boldsymbol{i} + Q(x,y,z)\boldsymbol{j} + R(x,y,z)\boldsymbol{k},$$

其中 $P(x,y,z), Q(x,y,z), R(x,y,z)$ 都在 S 上连续. 求在单位时间内流向 S 指定侧的流体的质量 (假设流体的密度为 1), 即流量 Φ.

如果流体流过平面上面积为 A 的一个闭区域, 且流体在这闭区域上各点处的流速为 $\boldsymbol{v}$(常向量), 又设 $\boldsymbol{n}$ 为该平面的单位法向量, 那么在单位时间内流过这个闭区域的流体组成一个底面积为 A, 斜高为 $|\boldsymbol{v}|$ 的斜柱体 (见图 7.27).

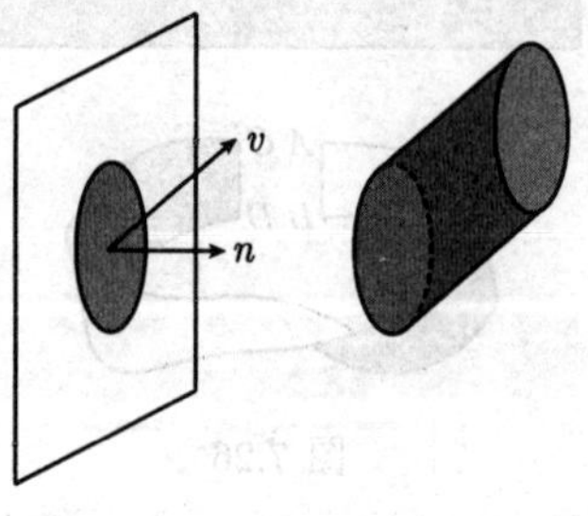

图 7.27

当 $\boldsymbol{n}$ 与 $\boldsymbol{v}$ 的夹角 $\langle\boldsymbol{n},\boldsymbol{v}\rangle=\theta<\dfrac{\pi}{2}$ 时, 斜柱体的体积为

$$A|\boldsymbol{v}|\cos\theta=A\boldsymbol{v}\cdot\boldsymbol{n}.$$

这就是通过闭区域 A 流向 $\boldsymbol{n}$ 所指一侧的流量 Φ.

当 $\langle\boldsymbol{n},\boldsymbol{v}\rangle=\dfrac{\pi}{2}$ 时, 显然流体通过闭区域 A 流向 $\boldsymbol{n}$ 所指一侧的流量 Φ 为零. 而 $A\boldsymbol{v}\cdot\boldsymbol{n}=0$, 故 $\Phi=A\boldsymbol{v}\cdot\boldsymbol{n}$.

当 $\langle\boldsymbol{v},\boldsymbol{n}\rangle=\theta>\dfrac{\pi}{2}$ 时, $A\boldsymbol{v}\cdot\boldsymbol{n}<0$, 这时我们仍将 $A\boldsymbol{v}\cdot\boldsymbol{n}$ 称为流体通过闭区域 A 流向 $\boldsymbol{n}$ 所指一侧的流量, 它表示流体通过闭区域 A 实际上流向 $-\boldsymbol{n}$ 所指一侧, 且流向 $-\boldsymbol{n}$ 所指一侧的流量为 $-A\boldsymbol{v}\cdot\boldsymbol{n}$. 因此, 不论 $\langle\boldsymbol{n},\boldsymbol{v}\rangle$ 为何值, 流体通过闭区域 A 流向 $\boldsymbol{n}$ 所指一侧的流量 Φ 均为 $A\boldsymbol{v}\cdot\boldsymbol{n}$.

如果流体所经过的是一片曲面 S, 且流速 $\boldsymbol{v}$ 也不是常向量, 我们可以运用极限的思想来求流体通过曲面 S 一侧的流量 Φ.

将曲面 S 分成 n 小块 ΔS_i(ΔS_i 同时也表示第 i 小块曲面的面积), 在 ΔS_i 上任取一点 $M_i(\xi_i,\eta_i,\zeta_i)$, 用在 M_i 点处的流速

$$\boldsymbol{v}_i=\boldsymbol{v}(\xi_i,\eta_i,\zeta_i)=P(\xi_i,\eta_i,\zeta_i)\boldsymbol{i}+Q(\xi_i,\eta_i,\zeta_i)\boldsymbol{j}+R(\xi_i,\eta_i,\zeta_i)\boldsymbol{k}$$

代替 ΔS_i 上其他各点处的流速, 以 M_i 点处曲面 S 的单位法向量 $\boldsymbol{n}_i=\boldsymbol{n}(\xi_i,\eta_i,\zeta_i)$ 代替 ΔS_i 上其他各点处的单位法向量 (见图 7.28). 从而通过 ΔS_i 流向指定侧的流量 $\Delta\Phi_i$ 的近似值为

$$\Delta\Phi_i\approx\boldsymbol{v}_i\cdot\boldsymbol{n}_i\Delta S_i.$$

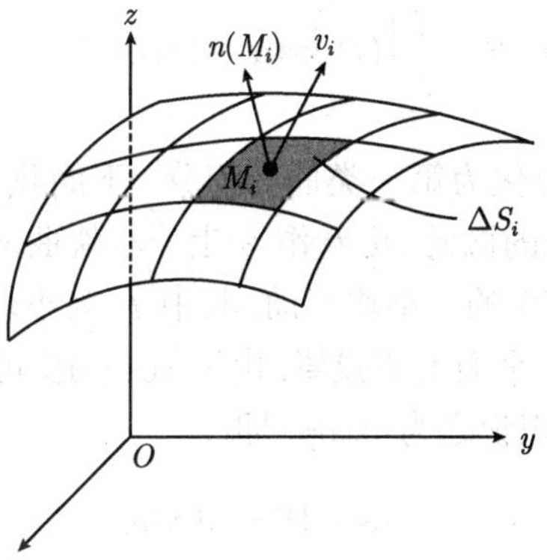

图 7.28

于是, 通过 S 流向指定侧的流量

$$\Phi\approx\sum_{i=1}^{n}\boldsymbol{v}_i\cdot\boldsymbol{n}_i\Delta S_i.$$

设 $\lambda=\max\limits_{1\leqslant i\leqslant n}\{\Delta S_i$ 的直径$\}$, 如果 $\lambda\to 0$, 上式右端和式的极限存在, 则我们称这个极限值是流量 Φ, 即

$$\Phi=\lim_{\lambda\to 0}\sum_{i=1}^{n}\boldsymbol{v}_i\cdot\boldsymbol{n}_i\Delta S_i.$$

这样的极限还会在其他问题中遇到, 抽去它们的具体意义, 就得到了第二类曲面积分的定义.

定义 7.5.1 (第二类曲面积分) 设 S 为光滑的有向曲面, 在 S 上选定一侧, 记选定一侧的单位法向量为 $\boldsymbol{n}(P)$, $\boldsymbol{F}(x,y,z)$ 为定义在 S 上的一个向量函数. 将 S 任意分成 n 块小曲面 ΔS_i(ΔS_i 同时又表示第 i 块小曲面的面积), 在 ΔS_i 上任取一点 $P_i(\xi_i,\eta_i,\zeta_i)$, 如果当各小块曲面的直径的最大者 $\lambda\to 0$ 时

$$\lim_{\lambda\to 0}\sum_{i=1}^{n}\boldsymbol{F}(\xi_i,\eta_i,\zeta_i)\cdot\boldsymbol{n}(\xi_i,\eta_i,\zeta_i)\Delta S_i$$

存在, 且与 S 分割和 $P_i(\xi_i,\eta_i,\zeta_i)$ 的取法无关. 则称此极限值为 $\boldsymbol{F}(x,y,z)$ 在 S 上的**第二类曲面积分**, 并记为

$$\iint_S\boldsymbol{F}(x,y,z)\cdot\boldsymbol{n}(x,y,z)\mathrm{d}S.$$

即

$$\iint_S\boldsymbol{F}(x,y,z)\cdot\boldsymbol{n}(x,y,z)\mathrm{d}S=\lim_{\lambda\to 0}\sum_{i=1}^{n}\boldsymbol{F}(\xi_i,\eta_i,\zeta_i)\cdot\boldsymbol{n}(\xi_i,\eta_i,\zeta_i)\Delta S_i.$$

如果设 $\boldsymbol{F}(x,y,z)=P(x,y,z)\boldsymbol{i}+Q(x,y,z)\boldsymbol{j}+R(x,y,z)\boldsymbol{k}$, 法向量 $\boldsymbol{n}(x,y,z)$ 的方向角为 $\alpha=\alpha(x,y,z)$, $\beta=\beta(x,y,z)$, $\gamma=\gamma(x,y,z)$, 则

$$\iint_S\boldsymbol{F}\cdot\boldsymbol{n}\,\mathrm{d}S=\iint_S(P\cos\alpha+Q\cos\beta+R\cos\gamma)\mathrm{d}S.$$

这样第二类曲面积分便转化为第一类曲面积分. 下面我们来研究 $\cos\gamma\,\mathrm{d}S$ 的几何意义. 这里 $\mathrm{d}S$ 是曲面 S 的一个面积的微元, 可看作 S 上一小块曲面的面积, 因为这小块曲面很小, 故可近似地看作是垂直于 $\boldsymbol{n}(P)$ 的一小块平面, 其中 P 为小块曲面上的一点 (见图 7.29). 这样 $|\cos\gamma|\,\mathrm{d}S$ 就是 $\mathrm{d}S$ 在 xOy 平面上的投影. 由于 $\cos\gamma\,\mathrm{d}S$ 可正可负, 我们称 $\cos\gamma\,\mathrm{d}S$ 为 $\mathrm{d}S$ 在 xOy 平面上的有向投影面积记之为 $\mathrm{d}x\mathrm{d}y$, 即

$$\cos\gamma\,\mathrm{d}S=\mathrm{d}x\mathrm{d}y.$$

显然 $\mathrm{d}x\mathrm{d}y$ 的符号依赖于 γ. 当 $0\leqslant\gamma<\dfrac{\pi}{2}$ 时,$\mathrm{d}x\mathrm{d}y>0$, 当 $\dfrac{\pi}{2}<\gamma\leqslant\pi$ 时,$\mathrm{d}x\mathrm{d}y<0$. 完全类似地, 我们可以得到 $\mathrm{d}S$ 在 yOz 平面及 zOx 平面的有向投影面积, 并记 $\cos\alpha\,\mathrm{d}S=\mathrm{d}y\mathrm{d}z$, $\cos\beta\,\mathrm{d}S=\mathrm{d}z\mathrm{d}x$. 这里 $\mathrm{d}y\mathrm{d}z$ 与 $\mathrm{d}z\mathrm{d}x$ 的符号分别依赖于 α 与 β. 引入有向投影面积微元的记号后, 第二类曲面积分也可写成下列形式:

$$\iint_S\boldsymbol{F}\cdot\boldsymbol{n}\,\mathrm{d}S=\iint_S P\,\mathrm{d}y\mathrm{d}z+Q\,\mathrm{d}z\mathrm{d}x+R\,\mathrm{d}x\mathrm{d}y.$$

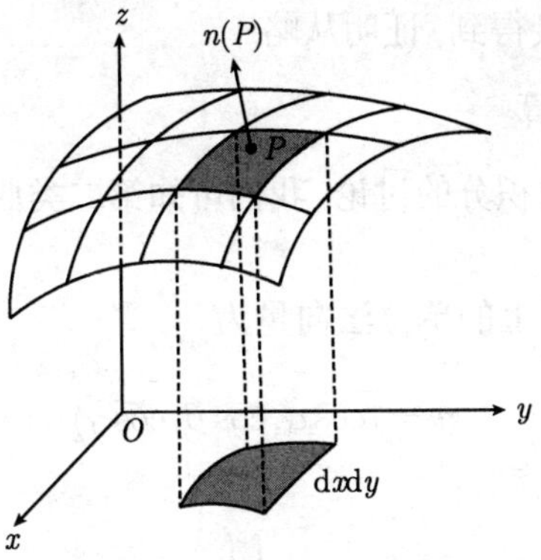

图 7.29

上式右边称为第二类曲面积分的坐标形式, 因此第二类曲面积分也称为**对坐标的曲面积分**.

要特别注意, 第二类曲面积分的坐标形式与二重积分的区别.

例如, 当 $P = Q \equiv 0$ 时, 这时 S 上的第二类曲面积分为

$$\iint\limits_S R(x,y,z)\mathrm{d}x\mathrm{d}y.$$

它与在 xOy 平面上某个区域上的二重积分有本质的区别. 首先, 二重积分的被积函数是二元函数, 而第二类曲面积分中的被积函数 $R(x,y,z)$ 为三元函数, 其中点 (x,y,z) 位于曲面 S 上. 其次, 记号 $\mathrm{d}x\mathrm{d}y$ 在二重积分中表示面积微元, 它是一个正的量, 而上面第二类曲面积分中 $\mathrm{d}x\mathrm{d}y$ 表示曲面上的面积微元 $\mathrm{d}S$ 在 xOy 平面上的有向投影面积, 它可能为正也可能为负, 其符号由曲面的法向量的方向所决定.

如果 S 是分片光滑的有向曲面, 我们规定向量函数 $\boldsymbol{F}(x,y,z)$ 在 S 上的第二类曲面积分等于它在各片光滑曲面上第二类曲面积分之和.

第二类曲面积分具有以下性质:

(1) $\displaystyle\iint\limits_{S^+} P\,\mathrm{d}y\mathrm{d}z + Q\,\mathrm{d}z\mathrm{d}x + R\,\mathrm{d}x\mathrm{d}y = -\iint\limits_{S^-} P\,\mathrm{d}y\mathrm{d}z + Q\,\mathrm{d}z\mathrm{d}x + R\,\mathrm{d}x\mathrm{d}y.$

其中 S^+, S^- 是同一曲面的两个不同的侧.

(2) 如果将 S 分成 S_1 和 S_2, 则

$$\begin{aligned}&\iint\limits_S P\,\mathrm{d}y\mathrm{d}z + Q\,\mathrm{d}z\mathrm{d}x + R\,\mathrm{d}x\mathrm{d}y\\ =&\iint\limits_{S_1} P\,\mathrm{d}y\mathrm{d}z + Q\,\mathrm{d}z\mathrm{d}x + R\mathrm{d}x\mathrm{d}y + \iint\limits_{S_2} P\,\mathrm{d}y\mathrm{d}z + Q\,\mathrm{d}z\mathrm{d}x + R\mathrm{d}x\mathrm{d}y.\end{aligned}$$

(3)

$$\iint\limits_S P\,\mathrm{d}y\mathrm{d}z + Q\,\mathrm{d}z\mathrm{d}x + R\mathrm{d}x\mathrm{d}y = \iint\limits_S P\,\mathrm{d}y\mathrm{d}z + \iint\limits_S Q\,\mathrm{d}z\mathrm{d}x + \iint\limits_S R\mathrm{d}x\mathrm{d}y.$$

以上性质可以由定义直接得到, 证明从略.

7.5.2 第二类曲面积分的计算

从前一节关于第二类曲面积分的讨论, 我们可知第二类曲面积分的计算方法之一是将其化为第一类曲面积分.

设 S 是一个有向曲面, S 上的单位法向量为

$$\boldsymbol{n}=(\cos\alpha,\cos\beta,\cos\gamma),$$

则

$$\iint_S P\,\mathrm{d}y\mathrm{d}z+Q\,\mathrm{d}z\mathrm{d}x+R\,\mathrm{d}x\mathrm{d}y=\iint_S(P\cos\alpha+Q\cos\beta+R\cos\gamma)\mathrm{d}S.$$

例 7.5.1 计算

$$\iint_S \frac{1}{(x^2+y^2+z^2)^{\frac{3}{2}}}(x\,\mathrm{d}y\mathrm{d}z+y\,\mathrm{d}z\mathrm{d}x+z\,\mathrm{d}x\mathrm{d}y),$$

其中 S 为球面 $x^2+y^2+z^2=R^2$ 的外侧.

解 球面 S 外侧的单位法向量为

$$\boldsymbol{n}=\frac{1}{\sqrt{x^2+y^2+z^2}}(x,y,z),$$

故

$$\begin{aligned}&\iint_S \frac{1}{(x^2+y^2+z^2)^{\frac{3}{2}}}(x\,\mathrm{d}y\mathrm{d}z+y\,\mathrm{d}z\mathrm{d}x+z\,\mathrm{d}x\mathrm{d}y)\\&=\iint_S \frac{1}{(x^2+y^2+z^2)^2}(x^2+y^2+z^2)\mathrm{d}S\\&=\iint_S \frac{1}{x^2+y^2+z^2}\,\mathrm{d}S=\frac{1}{R^2}\iint_S \mathrm{d}S=\frac{1}{R^2}\cdot 4\pi R^2=4\pi.\end{aligned}$$ □

这一个例子有一些特殊性. 一般我们需要将第二类曲面积分化为二重积分来计算. 因此, 我们有下面的一些结论.

定理 7.5.1 *设 S 为一有向曲面, 其方程为*

$$z=f(x,y)\qquad (x,y)\in D_{xy},$$

函数 P,Q,R 为定义在曲面 S 上的连续函数, 则有

$$\begin{aligned}&\iint_S P\,\mathrm{d}y\mathrm{d}z+Q\,\mathrm{d}z\mathrm{d}x+R\,\mathrm{d}x\mathrm{d}y\\&=\pm\iint_{D_{xy}}[P(x,y,f(x,y))(-f'_x)+Q(x,y,f(x,y))(-f'_y)+R(x,y,f(x,y))]\,\mathrm{d}x\mathrm{d}y.\end{aligned}$$

其中正负号由 S 的定向决定, 法向量指向上侧时取正号, 指向下侧时取负号.

证明　曲面 S 在点 (x,y,z) 的单位法向量为

$$\pm\frac{1}{\sqrt{1+f_x'^2+f_y'^2}}(-f_x',-f_y',1),$$

其中当法向量指向上侧时取正号, 当法向量指向下侧时取负号, 所以我们有

$$\iint_S P\,\mathrm{d}y\mathrm{d}z+Q\,\mathrm{d}z\mathrm{d}x+R\,\mathrm{d}x\mathrm{d}y=\iint_S(P\cos\alpha+Q\cos\beta+R\cos\gamma)\mathrm{d}S$$

$$=\pm\iint_S\frac{1}{\sqrt{1+f_x'^2+f_y'^2}}\left[P(-f_x')+Q(-f_y')+R\right]\mathrm{d}S.$$

而

$$\mathrm{d}S=\sqrt{1+f_x'^2+f_y'^2}\,\mathrm{d}x\mathrm{d}y,$$

因此

$$\iint_S P\,\mathrm{d}y\mathrm{d}z+Q\,\mathrm{d}z\mathrm{d}x+R\,\mathrm{d}x\mathrm{d}y$$

$$=\pm\iint_{D_{xy}}\left[P(x,y,f(x,y))(-f_x')+Q(x,y,f(x,y))(-f_y')+R(x,y,f(x,y))\right]\mathrm{d}x\mathrm{d}y.$$ □

特别地, 我们有下面的推论.

推论 7.5.2　*设 S 的方程为 $z=f(x,y),(x,y)\in D_{xy}$, 则*

$$\iint_S R(x,y,z)\mathrm{d}x\mathrm{d}y=\pm\iint_{D_{xy}}R(x,y,f(x,y))\mathrm{d}x\mathrm{d}y.$$

如果光滑曲面 S 的方程为

$$y=y(z,x)\qquad(z,x)\in D_{zx},$$

其中 D_{zx} 为 S 在 zOx 平面上的投影, 由类似于上面证明可得

$$\iint_S(P\,\mathrm{d}y\mathrm{d}z+Q\,\mathrm{d}z\mathrm{d}x+R\,\mathrm{d}x\mathrm{d}y)$$

$$=\pm\iint_{D_{zx}}\left[P(x,g(z,x),z)(-g_x')+Q(x,g(z,x),z)+R(x,g(z,x),z)(-g_z')\right]\mathrm{d}z\mathrm{d}x.$$

特别地

$$\iint_S Q(x,y,z)\mathrm{d}z\mathrm{d}x=\pm\iint_{D_{zx}}Q(x,g(z,x),z)\mathrm{d}z\mathrm{d}x.$$

其中正负号由 S 的定向所决定, 当 S 的法向量指向右侧时取正号, 当 S 的法向量指向左侧时取负号.

类似地, 如果分片光滑曲面 S 的方程为

$$x = h(y,z) \qquad (y,z) \in D_{yz},$$

其中 D_{yz} 为 S 在 yOz 平面上的投影, 则有

$$\begin{aligned}&\iint\limits_S P\,\mathrm{d}y\mathrm{d}z + Q\,\mathrm{d}z\mathrm{d}x + R\,\mathrm{d}x\mathrm{d}y\\&= \pm\iint\limits_{D_{yz}} [P(h(y,z),y,z) + Q(h(y,z),y,z)(-h_y') + R(h(y,z),y,z)(-h_z')]\,\mathrm{d}y\mathrm{d}z.\end{aligned}$$

特别地

$$\iint\limits_S P(x,y,z)\mathrm{d}y\mathrm{d}z = \pm\iint\limits_{D_{yz}} P(h(y,z),y,z)\mathrm{d}y\mathrm{d}z.$$

其中正负号由 S 的定向所决定, 当 S 的法向量指向前侧时取正号, 当 S 的法向量指向后侧时取负号.

如果曲面 S 用参数方程 $x = x(u,v)$, $y = y(u,v)$, $z = z(u,v)$ 表示, 记

$$\boldsymbol{r} = (x(u,v),\ y(u,v),\ z(u,v)),$$

也可将第二类曲面积分化为二重积分计算. 因为

$$\cos\gamma = \pm\frac{C}{\sqrt{A^2+B^2+C^2}},$$

$$\mathrm{d}S = \sqrt{EG-F^2}\mathrm{d}u\mathrm{d}v = \sqrt{A^2+B^2+C^2}\mathrm{d}u\mathrm{d}v.$$

这里 $(A,B,C) = \boldsymbol{r}_u' \times \boldsymbol{r}_v' = (y_u'z_v' - z_u'y_v', z_u'x_v' - x_u'z_v', x_u'y_v' - y_u'x_v')$.

将这两个表达式代入两类曲面积分的联系公式

$$\iint\limits_S R(x,y,z)\mathrm{d}x\mathrm{d}y = \iint\limits_S R(x,y,z)\cos\gamma\,\mathrm{d}S$$

可得

$$\iint\limits_S R(x,y,z)\mathrm{d}x\mathrm{d}y = \pm\iint\limits_{\Omega} R(x(u,v),y(u,v),z(u,v))C\,\mathrm{d}u\mathrm{d}v.$$

其中 Ω 为 u,v 的变化区域. 类似地, 我们有

$$\iint\limits_S P(x,y,z)\mathrm{d}y\mathrm{d}z = \pm\iint\limits_{\Omega} P(x(u,v),y(u,v),z(u,v))A\,\mathrm{d}u\mathrm{d}v,$$

$$\iint\limits_S Q(x,y,z)\mathrm{d}z\mathrm{d}x = \pm\iint\limits_\Omega Q(x(u,v),y(u,v),z(u,v))B\,\mathrm{d}u\mathrm{d}v.$$

例 7.5.2　计算

$$\iint\limits_S x^2\,\mathrm{d}y\mathrm{d}z + y^2\,\mathrm{d}z\mathrm{d}x + z^2\,\mathrm{d}x\mathrm{d}y,$$

其中 S 为球面

$$(x-a)^2+(y-b)^2+(z-c)^2=R^2$$

的外侧.

解　先计算

$$I_3=\iint\limits_S z^2\,\mathrm{d}x\mathrm{d}y=\iint\limits_{S_1^+} z^2\,\mathrm{d}x\mathrm{d}y+\iint\limits_{S_2^-} z^2\,\mathrm{d}x\mathrm{d}y,$$

其中 S_1^+ 是上半球面

$$z-c=\sqrt{R^2-(x-a)^2-(y-b)^2}$$

取上侧, S_2^- 是下半球面

$$z-c=-\sqrt{R^2-(x-a)^2-(y-b)^2}$$

取下侧, 所以

$$\begin{aligned}I_3=&\iint\limits_{(x-a)^2+(y-b)^2\leqslant R^2}[c+\sqrt{R^2-(x-a)^2-(y-b)^2}]^2\,\mathrm{d}x\mathrm{d}y\\&-\iint\limits_{(x-a)^2+(y-b)^2\leqslant R^2}[c-\sqrt{R^2-(x-a)^2-(y-b)^2}]^2\,\mathrm{d}x\mathrm{d}y\\=&4c\iint\limits_{(x-a)^2+(y-b)^2\leqslant R^2}\sqrt{R^2-(x-a)^2-(y-b)^2}\,\mathrm{d}x\mathrm{d}y.\end{aligned}$$

作变量代换

$$x=a+r\cos\varphi,\qquad y=b+r\sin\varphi,$$

则得

$$\begin{aligned}I_3=&4c\int_0^{2\pi}\mathrm{d}\varphi\int_0^R\sqrt{R^2-r^2}r\mathrm{d}r\\=&8\pi c\left(-\frac{1}{3}(R^2-r^2)^{\frac{3}{2}}\Big|_0^R\right)=\frac{8}{3}\pi R^3c.\end{aligned}$$

由对称性知

$$I_1=\iint_S x^2\,\mathrm{d}y\mathrm{d}z=\frac{8}{3}\pi R^3a,$$
$$I_2=\iint_S y^2\,\mathrm{d}z\mathrm{d}x=\frac{8}{3}\pi R^3b,$$

因此

$$\iint_S x^2\,\mathrm{d}y\mathrm{d}z+y^2\,\mathrm{d}z\mathrm{d}x+z^2\,\mathrm{d}x\mathrm{d}y=\frac{8}{3}\pi R^3(a+b+c).$$

□

例 7.5.3 计算曲面积分

$$\iint_S f(x)\mathrm{d}y\mathrm{d}z+g(y)\mathrm{d}z\mathrm{d}x+h(z)\mathrm{d}x\mathrm{d}y,$$

其中 $f(x)$, $g(y)$, $h(z)$ 为连续函数, a,b,c 为正实数, S 为长方体 V 的整个表面的外侧, $V=\{(x,y,z)|\,0\leqslant x\leqslant a,\,0\leqslant y\leqslant b,\,0\leqslant z\leqslant c\}$.

解 将有向曲面 S 分成六部分

$S_1: z=c, 0\leqslant x\leqslant a, 0\leqslant y\leqslant b$ 的上侧,
$S_2: z=0, 0\leqslant x\leqslant a, 0\leqslant y\leqslant b$ 的下侧,
$S_3: x=a, 0\leqslant y\leqslant b, 0\leqslant z\leqslant c$ 的前侧,
$S_4: x=0, 0\leqslant y\leqslant b, 0\leqslant z\leqslant c$ 的后侧,
$S_5: y=b, 0\leqslant x\leqslant a, 0\leqslant z\leqslant c$ 的右侧,
$S_6: y=0, 0\leqslant x\leqslant a, 0\leqslant z\leqslant c$ 的左侧.

除 S_3, S_4 外, 其余四片曲面在 yOz 平面上的投影为一线段, 故面积为零. 因此

$$\begin{aligned}\iint_S f(x)\mathrm{d}y\mathrm{d}z&=\iint_{S_3} f(x)\mathrm{d}y\mathrm{d}z+\iint_{S_4} f(x)\mathrm{d}y\mathrm{d}z\\&=\iint_{D_{yz}} f(a)\mathrm{d}y\mathrm{d}z-\iint_{D_{yz}} f(0)\mathrm{d}y\mathrm{d}z\\&=[\,f(a)-f(0)]\,bc.\end{aligned}$$

类似地可得

$$\iint_S g(y)\mathrm{d}z\mathrm{d}x=[\,g(b)-g(0)]\,ac,$$
$$\iint_S h(z)\mathrm{d}x\mathrm{d}y=[\,h(c)-h(0)]\,ab.$$

因此

$$\iint_S f(x)\mathrm{d}y\mathrm{d}z+g(y)\mathrm{d}z\mathrm{d}x+h(z)\mathrm{d}x\mathrm{d}y$$
$$=abc\left(\frac{f(a)-f(0)}{a}+\frac{g(b)-g(0)}{b}+\frac{h(c)-h(0)}{c}\right).\qquad\square$$

例 7.5.4　计算曲面积分 $\iint_S xyz\,\mathrm{d}x\mathrm{d}y$, 其中 S 是球面 $x^2+y^2+z^2=1$ 外侧在 $x\geqslant 0, y\geqslant 0$ 的部分.

解　将 S 分为两部分 (见图 7.30), 其中 S_1 的方程为 $z=\sqrt{1-x^2-y^2}$, 其法线向上. S_2 的方程为 $z=-\sqrt{1-x^2-y^2}$, 其法线向下. 两个曲面在 xOy 平面上的投影区域均为

$$D_{xy}=\{(x,y)|x^2+y^2\leqslant 1,x\geqslant 0,y\geqslant 0\}.$$

因此

$$\begin{aligned}\iint_S xyz\,\mathrm{d}x\mathrm{d}y&=\iint_{S_1} xyz\mathrm{d}x\mathrm{d}y+\iint_{S_2} xyz\,\mathrm{d}x\mathrm{d}y\\&=\iint_{D_{xy}} xy\sqrt{1-x^2-y^2}\,\mathrm{d}x\mathrm{d}y-\iint_{D_{xy}} xy(-\sqrt{1-x^2-y^2})\mathrm{d}x\mathrm{d}y\\&=2\iint_{D_{xy}} xy\sqrt{1-x^2-y^2}\,\mathrm{d}x\mathrm{d}y\\&=2\int_0^{\frac{\pi}{2}}\int_0^1 \rho^2\sin\theta\cos\theta\sqrt{1-\rho^2}\rho\mathrm{d}\rho\mathrm{d}\theta\\&=\int_0^{\frac{\pi}{2}}\sin 2\theta\mathrm{d}\theta\int_0^1\rho^3\sqrt{1-\rho^2}\mathrm{d}\rho=\frac{2}{15}.\end{aligned}\qquad\square$$

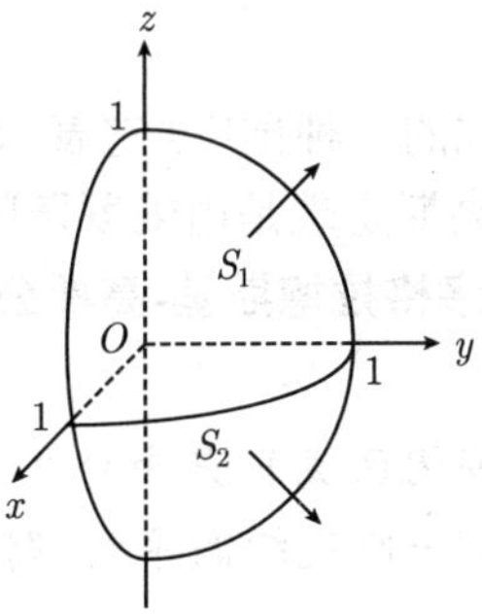

图 7.30

习题 7.5

计算下列第二类曲面积分:

1. $\iint\limits_S (x\,\mathrm{d}y\mathrm{d}z + y\,\mathrm{d}z\mathrm{d}x + z\,\mathrm{d}x\mathrm{d}y)$, 其中 S 为球面 $x^2+y^2+z^2=a^2$ 的外侧.

2. $\iint\limits_S yz\,\mathrm{d}y\mathrm{d}z + xz\,\mathrm{d}z\mathrm{d}x + xy\,\mathrm{d}x\mathrm{d}y$, 其中 S 为平面 $x=0$, $y=0$, $z=0$ 及 $x+y+z=a(a>0)$ 所围四面体的表面外侧.

3. $\iint\limits_S x^2y^2z\,\mathrm{d}x\mathrm{d}y$, 其中 S 是球面 $x^2+y^2+z^2=a^2$ 上半部的上侧.

4. $\iint\limits_S (y-z)\mathrm{d}y\mathrm{d}z+(z-x)\mathrm{d}z\mathrm{d}x+(x-y)\mathrm{d}x\mathrm{d}y$, 其中 S 为圆锥曲面 $x^2+y^2=z^2(0\leqslant z\leqslant h)$ 的外侧.

5. $\iint\limits_S \left(\frac{\mathrm{d}y\mathrm{d}z}{x}+\frac{\mathrm{d}z\mathrm{d}x}{y}+\frac{\mathrm{d}x\mathrm{d}y}{z}\right)$, 其中 S 为椭球 $\frac{x^2}{a^2}+\frac{y^2}{b^2}+\frac{z^2}{c^2}=1$ 的外侧面.

6. $\iint\limits_S (x+a)\mathrm{d}y\mathrm{d}z+(y+b)\mathrm{d}z\mathrm{d}x+(z+c)\mathrm{d}x\mathrm{d}y$, 其中 S 为球面 $x^2+y^2+z^2=R^2$ 的外侧, a, b, c 为常数.

7. $\iint\limits_S z\,\mathrm{d}x\mathrm{d}y + x\,\mathrm{d}y\mathrm{d}z + y\,\mathrm{d}z\mathrm{d}x$, 其中 S 是柱面 $x^2+y^2=1$ 被平面 $z=0$ 及 $z=2$ 所截得的第一卦限内的部分的前侧.

8. $\iint\limits_S -2\,\mathrm{d}y\mathrm{d}z+2y\,\mathrm{d}z\mathrm{d}x+\mathrm{e}^x\sin(x+2y)\mathrm{d}x\mathrm{d}y$, 其中 S 是曲面 $y=\mathrm{e}^x(1\leqslant y\leqslant 2,\ 0\leqslant z\leqslant 2)$ 的前侧.

7.6 高斯公式与斯托克斯公式

7.6.1 高斯 (Gauss) 公式

高斯 (Gauss‡) 公式是格林公式的一种推广, 它表示了空间闭区域上的三重积分与其边界曲面上的曲面积分之间的关系. 高斯定理是由俄罗斯数学家奥斯特洛格拉德斯基§ 首先发表, 故公式也称**奥氏公式**或**奥斯特洛格拉德斯基-高斯公式**(简称**奥-高公式**). 高斯公式可陈述如下.

定理 7.6.1(高斯公式) 设空间闭区域 V 是由分片光滑的闭曲面 S 所围成, 函数 $P(x,y,z)$, $Q(x,y,z)$, $R(x,y,z)$ 在 V 上具有一阶连续偏导数, 则有

$$\iint\limits_S P\,\mathrm{d}y\mathrm{d}z+Q\,\mathrm{d}z\mathrm{d}x+R\,\mathrm{d}x\mathrm{d}y=\iiint\limits_V\left(\frac{\partial P}{\partial x}+\frac{\partial Q}{\partial y}+\frac{\partial R}{\partial z}\right)\mathrm{d}V,$$

‡ 高斯 (Gauss K F, 1777~1855), 德国数学家.

§ 奥斯特洛格拉德斯基 (1801~1862), 俄罗斯数学家.

或

$$\iint\limits_S (P\cos\alpha + Q\cos\beta + R\cos\gamma)\mathrm{d}S = \iiint\limits_V \left(\frac{\partial P}{\partial x} + \frac{\partial Q}{\partial y} + \frac{\partial R}{\partial z}\right)\mathrm{d}V.$$

这里 S 是 V 的边界曲面的外侧, $\cos\alpha, \cos\beta, \cos\gamma$ 是 S 在点 (x,y,z) 处的法向量的方向余弦.

证明　设区域 V 是以曲面 S_1 为底, 曲面 S_2 为顶, 母线平行于 z 轴的柱体 (见图 7.31). 设 V 在 xOy 平面上的投影区域为 D_{xy}, S_1, S_2 的方程分别为

$$S_1 : z = f_1(x,y), (x,y) \in D_{xy},$$
$$S_2 : z = f_2(x,y), (x,y) \in D_{xy}.$$

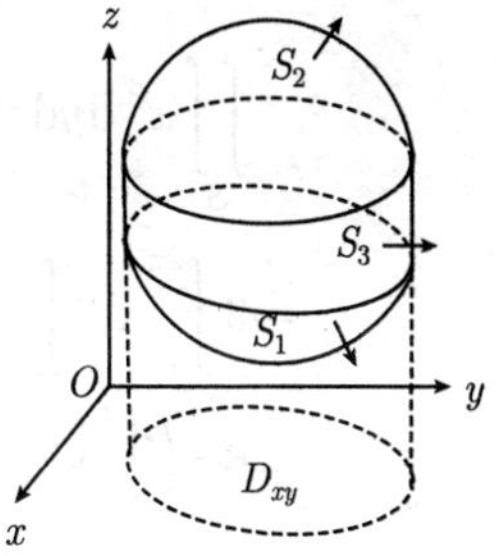

图 7.31

由三重积分的计算法, 有

$$\iiint\limits_V \frac{\partial R}{\partial z}\mathrm{d}V = \iint\limits_{D_{xy}} \left(\int_{f_1(x,y)}^{f_2(x,y)} \frac{\partial R}{\partial z}\mathrm{d}z\right)\mathrm{d}x\mathrm{d}y$$
$$= \iint\limits_{D_{xy}} \Big[R(x,y,f_2(x,y)) - R(x,y,f_1(x,y))\Big]\,\mathrm{d}x\mathrm{d}y.$$

另一方面, 这里 V 的边界曲面 S 由 S_1, S_2 及 S_3 组成, 其中 S_3 为柱体的侧表面, 其在 xOy 平面上的投影为 D_{xy} 的边界曲线, 因而其面积为零. 故由曲面积分的计算公式知

$$\iint\limits_S R\,\mathrm{d}x\mathrm{d}y = \iint\limits_{S_1} R\,\mathrm{d}x\mathrm{d}y + \iint\limits_{S_2} R\,\mathrm{d}x\mathrm{d}y + \iint\limits_{S_3} R\,\mathrm{d}x\mathrm{d}y$$
$$= -\iint\limits_{D_{xy}} R(x,y,f_1(x,y))\mathrm{d}x\mathrm{d}y + \iint\limits_{D_{xy}} R(x,y,f_2(x,y))\mathrm{d}x\mathrm{d}y + 0$$
$$= \iint\limits_{D_{xy}} \Big[R(x,y,f_2(x,y)) - R(x,y,f_1(x,y))\Big]\,\mathrm{d}x\mathrm{d}y.$$

即

$$\iiint\limits_V \frac{\partial R}{\partial z}\mathrm{d}V = \iint\limits_S R\,\mathrm{d}x\mathrm{d}y. \tag{7.6.1}$$

对于一般的区域 V, 可引进一些辅助曲面将 V 分成有限个如图 7.31 所示的小区域, 则在每个小区域上式 (7.6.1) 成立, 并注意到沿辅助曲面相反两侧的两个曲面积分的绝对值相等而符号相反. 因此, 将在各小区域上的等式相加就得在整个 V 上式 (7.6.1) 仍然成立. 同理可证

$$\iiint\limits_V \frac{\partial P}{\partial x}\mathrm{d}V = \iint\limits_S P\,\mathrm{d}y\mathrm{d}z, \tag{7.6.2}$$

$$\iiint\limits_V \frac{\partial Q}{\partial y}\mathrm{d}V = \iint\limits_S Q\,\mathrm{d}z\mathrm{d}x. \tag{7.6.3}$$

将式 (7.6.1), (7.6.2), (7.6.3) 相加, 即得高斯公式. □

例 7.6.1　利用高斯公式计算曲面积分

$$\iint_S x^3\,\mathrm{d}y\mathrm{d}z+y^3\,\mathrm{d}z\mathrm{d}x+z^3\,\mathrm{d}x\mathrm{d}y,$$

其中 S 为球面 $x^2+y^2+z^2=a^2$ 的外侧.

解　由高斯公式得

$$\iint_S x^3\,\mathrm{d}y\mathrm{d}z+y^3\,\mathrm{d}z\mathrm{d}x+z^3\,\mathrm{d}x\mathrm{d}y=3\iiint_{x^2+y^2+z^2\leqslant a^2}(x^2+y^2+z^2)\mathrm{d}x\mathrm{d}y\mathrm{d}z$$

$$=3\int_0^{2\pi}\mathrm{d}\theta\int_0^{\pi}\mathrm{d}\varphi\int_0^a r^2\cdot r^2\sin\varphi\mathrm{d}r$$

$$=6\pi\left(\int_0^{\pi}\sin\varphi\mathrm{d}\varphi\right)\left(\int_0^a r^4\mathrm{d}r\right)=\frac{12\pi a^5}{5}.$$ □

例 7.6.2　计算

$$\iint_S (x-y+z)\mathrm{d}y\mathrm{d}z+(y-z+x)\mathrm{d}z\mathrm{d}x+(z-x+y)\mathrm{d}x\mathrm{d}y,$$

其中 S 为曲面 $|x-y+z|+|y-z+x|+|z-x+y|=1$ 的外侧.

解　由高斯公式得

$$\iint_S (x-y+z)\mathrm{d}y\mathrm{d}z+(y-z+x)\mathrm{d}z\mathrm{d}x+(z-x+y)\mathrm{d}x\mathrm{d}y=3\iiint_V \mathrm{d}x\,\mathrm{d}y\mathrm{d}z.$$

其中 V 为曲面 $|x-y+z|+|y-z+x|+|z-x+y|=1$ 所围的区域.

作变换 $u=x-y+z, v=y-z+x, w=z-x+y$, 则

$$\frac{D(u,v,w)}{D(x,y,z)}=\begin{vmatrix}\dfrac{\partial u}{\partial x} & \dfrac{\partial u}{\partial y} & \dfrac{\partial u}{\partial z}\\ \dfrac{\partial v}{\partial x} & \dfrac{\partial v}{\partial y} & \dfrac{\partial v}{\partial z}\\ \dfrac{\partial w}{\partial x} & \dfrac{\partial w}{\partial y} & \dfrac{\partial w}{\partial z}\end{vmatrix}=\begin{vmatrix}1 & -1 & 1\\ 1 & 1 & -1\\ -1 & 1 & 1\end{vmatrix}=4,$$

因而 $\dfrac{D(x,y,z)}{D(u,v,w)}=\dfrac{1}{4}$.

又区域 V 变为 $V_1=\{(u,v,w)|\,|u|+|v|+|w|\leqslant 1\}$, 这是一个关于坐标原点对称的正八面体, 且在第一卦限的部分由平面 $u+v+w=1$, $u=0$, $v=0$, $w=0$ 围成, 其体积为

$\frac{1}{3}\cdot\frac{1}{2}\cdot 1=\frac{1}{6}$, 故八面体的体积为 $8\cdot\frac{1}{6}=\frac{4}{3}$. 因此

$$\iint\limits_S (x-y+z)\mathrm{d}y\mathrm{d}z+(y-z+x)\mathrm{d}z\mathrm{d}x+(z-x+y)\mathrm{d}x\mathrm{d}y$$

$$=3\iiint\limits_V \mathrm{d}x\,\mathrm{d}y\mathrm{d}z=3\iiint\limits_{|u|+|v|+|w|\leqslant 1}\frac{1}{4}\mathrm{d}u\mathrm{d}v\mathrm{d}w=3\cdot\frac{1}{4}\cdot\frac{4}{3}=1.$$ □

例 7.6.3　利用高斯公式计算曲面积分

$$\iint\limits_S (x-y)\mathrm{d}x\mathrm{d}y+(y-z)x\,\mathrm{d}y\mathrm{d}z,$$

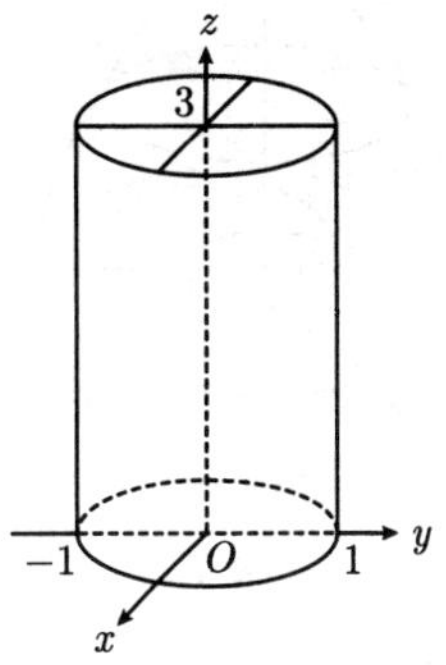

图 7.32

其中 S 为柱面 $x^2+y^2=1$ 及平面 $z=0,z=3$ 所围成的空间闭区域 V 的整个边界曲面的外侧 (见图 7.32).

解　$P=(y-z)x,\ Q=0,\ R=x-y$, 由高斯公式得

$$\iint\limits_S (x-y)\mathrm{d}x\mathrm{d}y+(y-z)x\,\mathrm{d}y\mathrm{d}z=\iiint\limits_V (y-z)\mathrm{d}x\,\mathrm{d}y\mathrm{d}z$$

$$=\int_0^{2\pi}\mathrm{d}\theta\int_0^1\rho\mathrm{d}\rho\int_0^3(\rho\sin\theta-z)\mathrm{d}z=-\frac{9\pi}{2}.$$ □

例 7.6.4　求

$$I=\iint\limits_S \frac{1}{(x^2+y^2+z^2)^{\frac{3}{2}}}(x\,\mathrm{d}y\mathrm{d}z+y\,\mathrm{d}z\mathrm{d}x+z\,\mathrm{d}x\mathrm{d}y),$$

其中 S 是空间闭区域 V 的整个边界曲面的外侧, 且坐标原点不在 S 上.

解　分两种情况讨论:

(1) V 不包含坐标原点. 因为

$$P=\frac{x}{(x^2+y^2+z^2)^{\frac{3}{2}}},\quad Q=\frac{y}{(x^2+y^2+z^2)^{\frac{3}{2}}},\quad R=\frac{z}{(x^2+y^2+z^2)^{\frac{3}{2}}},$$

则在 V 上有

$$\frac{\partial P}{\partial x}=\frac{y^2+z^2-2x^2}{(x^2+y^2+z^2)^{\frac{5}{2}}},\quad \frac{\partial Q}{\partial y}=\frac{x^2+z^2-2y^2}{(x^2+y^2+z^2)^{\frac{5}{2}}},\quad \frac{\partial R}{\partial z}=\frac{x^2+y^2-2z^2}{(x^2+y^2+z^2)^{\frac{5}{2}}}.$$

于是

$$\frac{\partial P}{\partial x}+\frac{\partial Q}{\partial y}+\frac{\partial R}{\partial z}=0.$$

故由高斯公式有

$$
\begin{aligned}
I &= \iint_S \frac{1}{(x^2+y^2+z^2)^{\frac{3}{2}}}(x\,\mathrm{d}y\mathrm{d}z + y\,\mathrm{d}z\mathrm{d}x + z\,\mathrm{d}x\mathrm{d}y) \\
&= \iiint_V \left(\frac{\partial P}{\partial x} + \frac{\partial Q}{\partial y} + \frac{\partial R}{\partial z}\right)\mathrm{d}x\,\mathrm{d}y\mathrm{d}z = \iiint_V 0\,\mathrm{d}x\,\mathrm{d}y\mathrm{d}z = 0.
\end{aligned}
$$

□

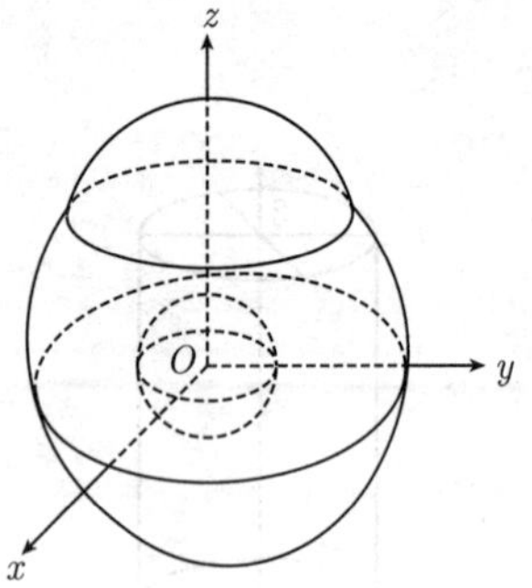

图 7.33

(2) V 包含坐标原点, 以 $(0,0,0)$ 为球心, 充分小的正整数 r 为半径, 作一球体

$$V_2 = \{(x,y,z)|\, x^2+y^2+z^2 \leqslant r^2\},$$

使得 V_2 完全包含在 V 内 (见图 7.33). 记 $S_1 = \{(x,y,z)|\, x^2+y^2+z^2 = r^2\}$, 取外侧. 记 V_1 为由 S 及 S_1 包含的闭区域, 则在 V_1 上有

$$\frac{\partial P}{\partial x} + \frac{\partial Q}{\partial y} + \frac{\partial R}{\partial z} = 0.$$

因此

$$\iint_{S+S_1^-} \frac{1}{(x^2+y^2+z^2)^{\frac{3}{2}}}(x\,\mathrm{d}y\mathrm{d}z + y\,\mathrm{d}z\mathrm{d}x + z\,\mathrm{d}x\mathrm{d}y) = 0.$$

其中 S_1^- 的法向量指向内侧. 故

$$
\begin{aligned}
&\iint_S \frac{1}{(x^2+y^2+z^2)^{\frac{3}{2}}}(x\,\mathrm{d}y\mathrm{d}z + y\,\mathrm{d}z\mathrm{d}x + z\,\mathrm{d}x\mathrm{d}y) \\
=&\iint_{S_1} \frac{1}{(x^2+y^2+z^2)^{\frac{3}{2}}}(x\,\mathrm{d}y\mathrm{d}z + y\,\mathrm{d}z\mathrm{d}x + z\,\mathrm{d}x\mathrm{d}y) = 4\pi.
\end{aligned}
$$

□

7.6.2 斯托克斯 (Stokes) 公式

我们要将格林公式由平面推广到曲面, 使在具有光滑边界曲线的光滑曲面上的曲面积分与其边界上的曲线积分联系起来, 得到下面的斯托克斯 (Stokes¶) 公式.

定理 7.6.2 (斯托克斯公式) 设 S 为分片光滑的有向曲面, 其边界 Γ 为逐段光滑的有向闭曲线, Γ 的正向与 S 的正侧符合右手法则 (即当右手除大拇指外的四指依 Γ 的正向绕行时, 大拇指所指的方向与 S 上法向量所指的方向相同, 这时 Γ 称为有向曲面 S 的正向边界曲线), 函数 $P(x,y,z), Q(x,y,z), R(x,y,z)$ 在曲面 S 及曲线 Γ 上具有一阶连续偏导数, 则有

$$
\begin{aligned}
&\oint_\Gamma P\,\mathrm{d}x + Q\,\mathrm{d}y + R\,\mathrm{d}z \\
=&\iint_S \left(\frac{\partial R}{\partial y} - \frac{\partial Q}{\partial z}\right)\mathrm{d}y\mathrm{d}z + \left(\frac{\partial P}{\partial z} - \frac{\partial R}{\partial x}\right)\mathrm{d}z\mathrm{d}x + \left(\frac{\partial Q}{\partial x} - \frac{\partial P}{\partial y}\right)\mathrm{d}x\mathrm{d}y. \qquad (7.6.4)
\end{aligned}
$$

¶ 斯托克斯 (Stokes G G, 1819~1903), 英国数学家.

证明　我们只需证明下面三个式子成立

$$\oint_\Gamma P(x,y,z)\mathrm{d}x = \iint_S \frac{\partial P}{\partial z}\mathrm{d}z\mathrm{d}x - \frac{\partial P}{\partial y}\mathrm{d}x\mathrm{d}y, \tag{7.6.5}$$

$$\oint_\Gamma Q(x,y,z)\mathrm{d}y = \iint_S \frac{\partial Q}{\partial x}\mathrm{d}x\mathrm{d}y - \frac{\partial Q}{\partial z}\mathrm{d}y\mathrm{d}z, \tag{7.6.6}$$

$$\oint_\Gamma R(x,y,z)\mathrm{d}z = \iint_S \frac{\partial R}{\partial y}\mathrm{d}y\mathrm{d}z - \frac{\partial R}{\partial x}\mathrm{d}z\mathrm{d}x. \tag{7.6.7}$$

我们首先证明式 (7.6.5). 先假设 S 与平行于 z 轴的直线相交不多于一点, 并设 S 的方程为

$$z = f(x,y) \qquad (x,y)\in D_{xy},$$

其中 D_{xy} 为曲面 S 在 xOy 平面上的投影区域, 记 D_{xy} 的边界为 C, C 也是 S 的边界曲线 Γ 在 xOy 平面上的投影. 不妨设 S 取上侧, 则 Γ 的正向如图 7.34 所示, 而 C 的指向是逆时针方向. 因为函数 $P(x,y,f(x,y))$ 在曲线 C 上点 (x,y) 处的值与函数 $P(x,y,z)$ 在曲线 Γ 上对应点 (x,y,z) 处的值是一样的, 并且两曲线上的对应小弧段在 x 轴上的投影相同, 根据曲线积分的定义, 我们有

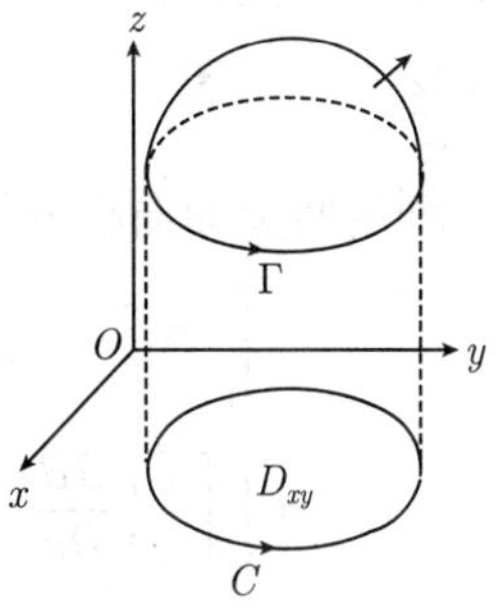

图 7.34

$$\oint_\Gamma P(x,y,z)\mathrm{d}x = \oint_C P(x,y,f(x,y))\mathrm{d}x,$$

由格林公式可得

$$\begin{aligned}\oint_\Gamma P(x,y,z)\mathrm{d}x &= \oint_C P(x,y,f(x,y))\mathrm{d}x \\ &= \iint_{D_{xy}} \left(-\frac{\partial}{\partial y}P(x,y,f(x,y))\right)\mathrm{d}x\mathrm{d}y = -\iint_{D_{xy}}\left(\frac{\partial P}{\partial y}+\frac{\partial P}{\partial z}f'_y\right)\mathrm{d}x\mathrm{d}y.\end{aligned}$$

另一方面, 由第二类曲面积分的计算公式有

$$\begin{aligned}\iint_S \frac{\partial P}{\partial z}\mathrm{d}z\mathrm{d}x - \frac{\partial P}{\partial y}\mathrm{d}x\mathrm{d}y &= \iint_{D_{xy}}\left(\frac{\partial P}{\partial z}(-f'_y) - \frac{\partial P}{\partial y}\right)\mathrm{d}x\mathrm{d}y \\ &= -\iint_{D_{xy}}\left(\frac{\partial P}{\partial z}f'_y + \frac{\partial P}{\partial y}\right)\mathrm{d}x\mathrm{d}y.\end{aligned}$$

这样, 我们就证得此时式 (7.6.5) 成立.

其次, 如果曲面与平行于 z 轴的直线的交点多于一个, 则可作辅助曲线将曲面分成几个小曲面, 使得每个小曲面与平行于 z 轴的直线的交点不多于一个, 对每个小曲面可得公式 (7.6.5), 然后相加, 因为沿辅助曲线而方向相反的两个曲线积分相加时正好抵消, 所以, 我们得到式 (7.6.5) 对这一类曲面 S 成立, 同样可证得公式 (7.6.6), (7.6.7). 将这三式相加, 就得到斯托克斯公式. □

为了便于记忆, 斯托克斯公式也可写成

$$\int_\Gamma P\,\mathrm{d}x + Q\,\mathrm{d}y + R\,\mathrm{d}z = \iint_S \begin{vmatrix} \mathrm{d}y\mathrm{d}z & \mathrm{d}z\mathrm{d}x & \mathrm{d}x\mathrm{d}y \\ \dfrac{\partial}{\partial x} & \dfrac{\partial}{\partial y} & \dfrac{\partial}{\partial z} \\ P & Q & R \end{vmatrix}.$$

将其中的行列式按第一行展开, 并将 $\dfrac{\partial}{\partial y}$ 与 R 的 "积" 理解为 $\dfrac{\partial R}{\partial y}, \dfrac{\partial}{\partial z}$ 与 Q 的 "积" 理解为 $\dfrac{\partial Q}{\partial z}$.

利用两类曲面积分间的联系, 可得斯托克斯公式的另一种形式

$$\begin{aligned} &\int_\Gamma P\,\mathrm{d}x + Q\,\mathrm{d}y + R\,\mathrm{d}z \\ =&\iint_S \left(\left(\frac{\partial R}{\partial y} - \frac{\partial Q}{\partial z}\right)\cos\alpha + \left(\frac{\partial P}{\partial z} - \frac{\partial R}{\partial x}\right)\cos\beta + \left(\frac{\partial Q}{\partial x} - \frac{\partial P}{\partial y}\right)\cos\gamma\right)\mathrm{d}S \\ =&\iint_S \begin{vmatrix} \cos\alpha & \cos\beta & \cos\gamma \\ \dfrac{\partial}{\partial x} & \dfrac{\partial}{\partial y} & \dfrac{\partial}{\partial z} \\ P & Q & R \end{vmatrix}\mathrm{d}S. \end{aligned}$$

其中 $\boldsymbol{n} = (\cos\alpha, \cos\beta, \cos\gamma)$ 为有向曲面 S 在点 (x, y, z) 处的单位法向量.

如果 S 是 xOy 平面上的一个闭区域, 则斯托克斯公式就变为格林公式. 因此, 格林公式可看成斯托克斯公式的一种特殊情况.

由斯托克斯公式, 我们可以得到空间曲线积分与路径无关的充分必要条件.

定理 7.6.3 设空间区域 V 是单连通区域, 函数 $P(x, y, z), Q(x, y, z), R(x, y, z)$ 在 V 内具有一阶连续偏导数, 则空间曲线积分

$$\int_C P(x, y, z)\mathrm{d}x + Q(x, y, z)\mathrm{d}y + R(x, y, z)\mathrm{d}z$$

在 V 内与路径无关 (或沿 V 内任意闭曲线的曲线积分为零) 的充分必要条件是

$$\frac{\partial R}{\partial y} = \frac{\partial Q}{\partial z}, \quad \frac{\partial P}{\partial z} = \frac{\partial R}{\partial x}, \quad \frac{\partial Q}{\partial x} = \frac{\partial P}{\partial y} \tag{7.6.8}$$

在 V 内恒成立.

定理 7.6.4　设空间区域 V 是单连通区域, 函数 $P(x,y,z)$, $Q(x,y,z)$, $R(x,y,z)$ 在 V 内具有一阶连续偏导数, 则存在 V 内的可微函数 $u(x,y,z)$ 使得 $\mathrm{d}u=P(x,y,z)\mathrm{d}x+Q(x,y,z)\mathrm{d}y+R(x,y,z)\mathrm{d}z$ 在 V 内成立的充分必要条件是式 (7.6.8) 在 V 内恒成立.

例 7.6.5　利用斯托克斯公式计算曲线积分

$$\oint_{\Gamma} z\mathrm{d}x+x\mathrm{d}y+y\mathrm{d}z,$$

其中 Γ 为平面 $x+y+z=1$ 被三个坐标面所截成的三角形 S 的边界, 它的正向与这个平面三角形 S 上侧的法向量之间符合右手法则 (见图 7.35).

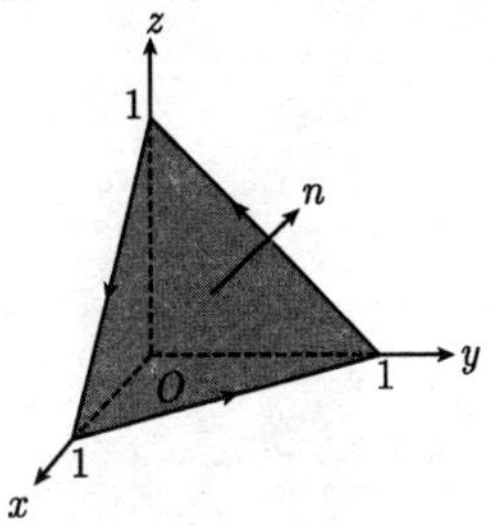

图 7.35

解　根据斯托克斯公式有

$$\oint_{\Gamma} z\mathrm{d}x+x\mathrm{d}y+y\mathrm{d}z=\iint_{S}\begin{vmatrix}\mathrm{d}y\mathrm{d}z & \mathrm{d}z\mathrm{d}x & \mathrm{d}x\mathrm{d}y\\ \dfrac{\partial}{\partial x} & \dfrac{\partial}{\partial y} & \dfrac{\partial}{\partial z}\\ z & x & y\end{vmatrix}$$

$$=\iint_{S}\mathrm{d}y\mathrm{d}z+\mathrm{d}z\mathrm{d}x+\mathrm{d}x\mathrm{d}y.$$

而

$$\iint_{S}\mathrm{d}y\mathrm{d}z=\iint_{D_{yz}}\mathrm{d}y\mathrm{d}z=\frac{1}{2},\quad \iint_{S}\mathrm{d}z\mathrm{d}x=\iint_{D_{zx}}\mathrm{d}z\mathrm{d}x=\frac{1}{2},\quad \iint_{S}\mathrm{d}x\mathrm{d}y=\iint_{D_{xy}}\mathrm{d}x\mathrm{d}y=\frac{1}{2},$$

其中 D_{yz}, D_{zx}, D_{xy} 分别为 S 在 yOz, zOx, xOy 平面上的投影区域. 因此

$$\oint_{\Gamma} z\mathrm{d}x+x\mathrm{d}y+y\mathrm{d}z=\frac{3}{2}.$$

□

例 7.6.6　利用斯托克斯公式计算曲线积分

$$\oint_{C}(y-z)\mathrm{d}x+(z-x)\mathrm{d}y+(x-y)\mathrm{d}z.$$

其中 C 是椭圆 $x^2+y^2=a^2$, $\dfrac{x}{a}+\dfrac{z}{h}=1(a>0,\ h>0)$, 若从 Ox 轴的正向看去, 此椭圆是依逆时针方向进行 (见图 7.36).

解　将平面 $\dfrac{x}{a}+\dfrac{z}{h}=1$ 上 C 所围的区域记为 S, 则 S 的法向量为 $(h,0,a)$, 故

$$\cos\alpha=\frac{h}{\sqrt{a^2+h^2}},\ \cos\beta=0,\ \cos\gamma=\frac{a}{\sqrt{a^2+h^2}}.$$

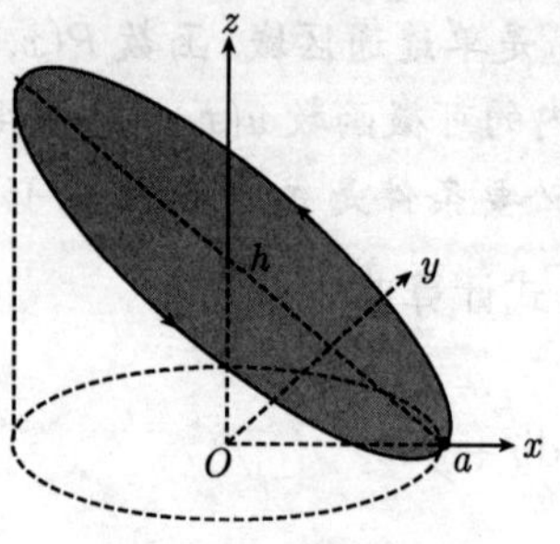

图 7.36

由斯托克斯公式有

$$
\begin{aligned}
&\oint_C (y-z)\mathrm{d}x+(z-x)\mathrm{d}y+(x-y)\mathrm{d}z\\
=&\iint_S \begin{vmatrix} \cos\alpha & \cos\beta & \cos\gamma \\ \dfrac{\partial}{\partial x} & \dfrac{\partial}{\partial y} & \dfrac{\partial}{\partial z} \\ y-z & z-x & x-y \end{vmatrix} \mathrm{d}S\\
=&-2\iint_S(\cos\alpha+\cos\beta+\cos\gamma)\mathrm{d}S\\
=&-2\left(\frac{h}{\sqrt{a^2+h^2}}+0+\frac{a}{\sqrt{a^2+h^2}}\right)\iint_S \mathrm{d}S\\
=&-2\frac{h+a}{\sqrt{a^2+h^2}}\cdot a\sqrt{a^2+h^2}\pi=-2\pi a(h+a).
\end{aligned}
$$

□

习题 7.6

1. 利用高斯公式计算下列曲面积分:

(1) $\displaystyle\iint_S x^2\,\mathrm{d}y\mathrm{d}z+y^2\,\mathrm{d}z\mathrm{d}x+z^2\,\mathrm{d}x\mathrm{d}y$, 其中 S 为立方体 $0\leqslant x\leqslant a,\ 0\leqslant y\leqslant a,\ 0\leqslant z\leqslant a$ 全表面的外侧;

(2) $\displaystyle\iint_S x\,\mathrm{d}y\mathrm{d}z+y\,\mathrm{d}z\mathrm{d}x+z\,\mathrm{d}x\mathrm{d}y$, 其中 S 是圆柱 $x^2+y^2\leqslant 4$ 被 $z=0$ 及 $z=3$ 所截得的立体的表面的外侧;

(3) $\displaystyle\iint_S (xy^2+y+z)\mathrm{d}y\mathrm{d}z+(yz^2+xz)\mathrm{d}z\mathrm{d}x+(zx^2+5x^2y^2)\mathrm{d}x\mathrm{d}y$, 其中 S 为椭球面 $\dfrac{x^2}{a^2}+\dfrac{y^2}{b^2}+\dfrac{z^2}{c^2}=1$ 的外侧.

2. 设 D 为空间中的区域, 分片光滑闭曲面 S 为 D 的边界,$u(x,y,z)$, $v(x,y,z)$ 是定义在闭区域 $\overline{D}=D\bigcup S$ 上且具有二阶连续偏导数的函数, $\dfrac{\partial u}{\partial \boldsymbol{n}}$, $\dfrac{\partial v}{\partial \boldsymbol{n}}$ 依次表示 $u(x,\ y,\ z)$, $v(x,y,z)$ 沿 S 的外法线方向 $\boldsymbol{n}$ 的方向导数, 证明第二格林公式

$$\iiint\limits_{D}(u\Delta v-v\Delta u)\mathrm{d}x\,\mathrm{d}y\mathrm{d}z=\iint\limits_{S}\left(u\frac{\partial v}{\partial \boldsymbol{n}}-v\frac{\partial u}{\partial \boldsymbol{n}}\right)\mathrm{d}S,$$

或记为

$$\iiint\limits_{D}\begin{vmatrix}\Delta u & \Delta v\\ u & v\end{vmatrix}\mathrm{d}x\,\mathrm{d}y\mathrm{d}z=\iint\limits_{S}\begin{vmatrix}\dfrac{\partial u}{\partial \boldsymbol{n}} & \dfrac{\partial v}{\partial \boldsymbol{n}}\\ u & v\end{vmatrix}\mathrm{d}S,$$

其中算子 $\Delta=\dfrac{\partial^2}{\partial x^2}+\dfrac{\partial^2}{\partial y^2}+\dfrac{\partial^2}{\partial z^2}$.

3. 设 S 为一光滑闭曲面, S 所围区域为 D, $u(x,y,z)$ 是闭区域 $\overline{D}=D\bigcup S$ 上的调和函数, 即 u 有连续的二阶偏导数, 且满足

$$\frac{\partial^2 u}{\partial x^2}+\frac{\partial^2 u}{\partial y}+\frac{\partial^2 u}{\partial z^2}=0.$$

证明:

(1) $\displaystyle\iint\limits_{S}u\frac{\partial u}{\partial \boldsymbol{n}}\mathrm{d}S=\iiint\limits_{D}\left(\left(\frac{\partial u}{\partial x}\right)^2+\left(\frac{\partial u}{\partial y}\right)^2+\left(\frac{\partial u}{\partial z}\right)^2\right)\mathrm{d}x\,\mathrm{d}y\mathrm{d}z$, 其中 $\dfrac{\partial u}{\partial \boldsymbol{n}}$ 为 S 沿 S 的外法线方向 $\boldsymbol{n}$ 的方向导数;

(2) 若 $u(x,y,z)$ 在 S 上恒为零, 则 $u(x,y,z)$ 在区域 D 也恒为零.

4. 利用斯托克斯公式计算下列曲线积分:

(1) $\displaystyle\oint_C (y+z)\mathrm{d}x+(z+x)\mathrm{d}y+(x+y)\mathrm{d}z$, 其中 C 为椭圆 $x=a\sin^2 t$, $y=2a\sin t\cos t$, $z=a\cos^2 t(0\leqslant t\leqslant \pi)$, 沿参数 t 的递增方向运动;

(2) $\displaystyle\oint_C y^2\mathrm{d}x+xy\mathrm{d}y+xz\mathrm{d}z$, 其中 C 是柱面 $x^2+y^2=2y$ 与平面 $y=z$ 的交线, 逆时针方向运动;

(3) $\displaystyle\oint_C y\mathrm{d}x+z\mathrm{d}y+x\mathrm{d}z$, 其中 C 为圆周 $x^2+y^2+z^2=a^2$, $x+y+z=0$, 若从 x 轴的正向看去, 此圆周是取逆时针方向;

(4) $\displaystyle\oint_C (y^2-z^2)\mathrm{d}x+(z^2-x^2)\mathrm{d}y+(x^2-y^2)\mathrm{d}z$, 其中 C 是球面 $x^2+y^2+z^2=a^2$ 与圆柱面 $x^2+y^2=ax(x>0)$ 位于 xOy 平面上的部分, 若从 x 轴正向看去为逆时针方向.

(5) $\oint_C 3y\mathrm{d}x - xz\mathrm{d}y + yz^2\mathrm{d}z$, 其中 C 是圆周 $x^2+y^2=2z$, $z=2$, 若从 z 轴正向看去, 此圆周取逆时针方向;

(6) $\oint_C 2y\mathrm{d}x + 3x\mathrm{d}y - z^2\mathrm{d}z$, 其中 C 是圆周 $x^2+y^2+z^2=9$, $z=0$, 若从 z 轴正向看去, 此圆周取逆时针方向;

(7) $\oint_C (y^2-z^2+x^2)\mathrm{d}x + (z^2-x^2+y^2)\mathrm{d}y + (x^2-y^2+z^2)\mathrm{d}z$, 其中 C 是平面 $x+y+z=\dfrac{3}{2}R$ 与立方体 $\{(x,y,z)|\,0\leqslant x\leqslant R,\ 0\leqslant y\leqslant R,\ 0\leqslant z\leqslant R\}$ 的交线, 若从 x 轴正向看去, C 按逆时针方向绕行.

5. 求 $I_1 - I_2$, 其中

$$I_1 = \iint\limits_{S_1}(x^2+y^2+z^2)\mathrm{d}S, \quad I_2 = \iint\limits_{S_2}(x^2+y^2+z^2)\mathrm{d}S,$$

S_1 为球面 $x^2+y^2+z^2=a^2(a>0)$, S_2 为内接于 S_1 的八面体的边界: $|x|+|y|+|z|=a$.

6. 求积分 $F(a)=\iint\limits_S f(x,y,z)\mathrm{d}S$, 其中曲面 S 为球面 $x^2+y^2+z^2=a^2\,(a>0)$, 被积函数

$$f(x,y,z)=\begin{cases} x^2+y^2, & z\geqslant\sqrt{x^2+y^2}, \\ 0, & z<\sqrt{x^2+y^2}. \end{cases}$$

7. 设 C 是平面 $2x+2y+z=2$ 上的一条光滑的简单闭曲线. 证明: 曲线积分

$$\oint_C 2y\mathrm{d}x + 3z\mathrm{d}y - x\mathrm{d}z$$

只与 C 所围区域的面积有关, 而与 C 的形状及位置无关.

8. 当具有单位质量的物质沿直线段从点 $M_1(x_1,y_1,z_1)$ 移动到点 $M_2(x_2,y_2,z_2)$ 时, 求作用于物质的引力 $\boldsymbol{F}=\dfrac{k}{|\boldsymbol{r}|^3}\boldsymbol{r}(\boldsymbol{r}=x\boldsymbol{i}+y\boldsymbol{j}+z\boldsymbol{k})$ 所做的功.

7.7 场论初步

7.7.1 场的概念

在物理学中我们遇到各式各样的场, 如电场, 磁场, 温度场, 流体流动的速度场等. 如果忽略其物理意义, 单纯从数学上看, 所谓场就是一种数量或向量在空间中的分布. 更确切地说, 如果对于 $\Omega\subset\mathbf{R}^3$ 中每一点 $M(x,y,z)$ 都有一个唯一确定的量

$$u=f(M)=f(x,y,z)$$

或向量

$$\boldsymbol{u} = \boldsymbol{F}(M) = P(M)\boldsymbol{i} + Q(M)\boldsymbol{j} + R(M)\boldsymbol{k}$$

与之对应, 则称 $u = f(M)$ 或 $\boldsymbol{u} = \boldsymbol{F}(M)$ 为 Ω 上的一个场; 前者称为**数量场**, 后者称为**向量场**.

形成场的物理量常常依赖于时间, 这样的场的分布不仅是位置的函数也是时间的函数, 即 $u = f(x,y,z,t)$ 或 $\boldsymbol{u} = \boldsymbol{F}(x,y,z,t)$. 依赖于时间的场称为**不定常场或不稳定场**, 而不依赖于时间的场称为**定常场或稳定场**, 本节中我们只考察稳定场.

7.7.2　数量场 · 等值面 · 梯度

我们来考虑数量场 $u = f(x,y,z)$, 为了研究这个场的分布, 我们考察它的一个特殊情形, 就是仅考察场中有相同物理量的点, 即对于任意常数 C, 考察集合

$$M_C = \{(x,y,z)|f(x,y,z) = C\}.$$

M_C 称为数量场的一个等值面. 在多数情况下,M_C 是空间中的一个曲面. 由隐函数存在定理可知, 如果 $f(x,y,z)$ 有一阶连续的偏导数且 f'_x, f'_y, f'_z 不同时为零, 进一步假设 $M_C \neq \varnothing$, 则 M_C 必为空间中的曲面. 对空间中每一点至多只能作一个等值面. 设 $P(x,y,z)$ 为等值面 M_C 上的任一点, 现作一向量 $\left(\left.\dfrac{\partial f}{\partial x}\right|_P, \left.\dfrac{\partial f}{\partial y}\right|_P, \left.\dfrac{\partial f}{\partial z}\right|_P\right)$, 这个向量称为数量场 $u = f(x,y,z)$ 在 P 点的**梯度**, 记为 $\mathrm{grad}f$, 即

$$\mathrm{grad}f = \frac{\partial f}{\partial x}\boldsymbol{i} + \frac{\partial f}{\partial y}\boldsymbol{j} + \frac{\partial f}{\partial z}\boldsymbol{k}.$$

由此可见, 每一个数量场 f 都有一个向量场 $\mathrm{grad}f$ 与之对应, $\mathrm{grad}f$ 称为数量场 f 的**梯度场**. 梯度 $\mathrm{grad}f$ 在三个坐标轴上的投影分别为 $\dfrac{\partial f}{\partial x}, \dfrac{\partial f}{\partial y}, \dfrac{\partial f}{\partial z}$. 而它的长度为

$$|\mathrm{grad}f| = \sqrt{\left(\frac{\partial f}{\partial x}\right)^2 + \left(\frac{\partial f}{\partial y}\right)^2 + \left(\frac{\partial f}{\partial z}\right)^2}.$$

设过点 $P(x,y,z)$ 的等值面为 $M_C: f(x,y,z) = C$, 则曲面 M_C 在点 P 的法向量为

$$\left.\left(\frac{\partial f}{\partial x}, \frac{\partial f}{\partial y}, \frac{\partial f}{\partial z}\right)\right|_P,$$

即数量场 $f(x,y,z)$ 在点 P 的梯度. 因此, 数量场一点处的梯度恰好是通过该点的等值面的法向量. 进一步再讨论梯度的几何解释. 首先, 我们知道函数 $u = f(x,y,z)$ 在任意给定方向 $\boldsymbol{l}$ 上的导数是

$$\frac{\partial f}{\partial \boldsymbol{l}} = \frac{\partial f}{\partial x}\cos\alpha + \frac{\partial f}{\partial y}\cos\beta + \frac{\partial f}{\partial z}\cos\gamma,$$

其中 $\cos\alpha, \cos\beta, \cos\gamma$ 为方向 $\boldsymbol{l}$ 的方向余弦. 因此, 若以 $\boldsymbol{l}^0$ 表示该方向上的单位向量, 即 $\boldsymbol{l}^0=\cos\alpha\cdot\boldsymbol{i}+\cos\beta\cdot\boldsymbol{j}+\cos\gamma\cdot\boldsymbol{k}$, 则有 $\dfrac{\partial f}{\partial \boldsymbol{l}}=\mathrm{grad}f\cdot\boldsymbol{l}^0$. 又由于 $\boldsymbol{l}^0$ 为单位向量, 故上式右端的数量积等于向量 $\mathrm{grad}f$ 在方向 $\boldsymbol{l}$ 上的投影, 记为 $\mathrm{grad}_{\boldsymbol{l}}f$:

$$\frac{\partial f}{\partial \boldsymbol{l}}=\mathrm{grad}_{\boldsymbol{l}}f=|\mathrm{grad}f|\cos(\mathrm{grad}\,f,\boldsymbol{l}^0).$$

由此可见, 当 $\boldsymbol{l}$ 与 $\mathrm{grad}f$ 同方向时, $\dfrac{\partial f}{\partial \boldsymbol{l}}$ 达到最大值 $|\mathrm{grad}f|$. 这说明在每一点处, 梯度 $\mathrm{grad}f$ 的方向是函数 $f(x,y,z)$ 在该点变化最快的那个方向, 也就是函数 $f(x,y,z)$ 在这个方向上的变化率为最大. 而 $|\mathrm{grad}f|$ 就是函数 $f(x,y,z)$ 在点 P 的最大变化率. 这样也知道梯度 $\mathrm{grad}f$ 的定义与坐标系的选取无关. 如果我们以 $\boldsymbol{n}^0$ 表示等值面的单位法向量, 且该向量指向函数 $f(x,y,z)$ 的值增大的方向, 而以 $\dfrac{\partial f}{\partial \boldsymbol{n}}$ 表示 $f(x,y,z)$ 沿该法线方向的方向导数, 则有

$$\mathrm{grad}f=\frac{\partial f}{\partial \boldsymbol{n}}\boldsymbol{n}^0.$$

如果我们用 ∇(nabla) 表示向量微分算子 $\dfrac{\partial}{\partial x}\boldsymbol{i}+\dfrac{\partial}{\partial y}\boldsymbol{j}+\dfrac{\partial}{\partial z}\boldsymbol{k}$ 即 $\nabla=\dfrac{\partial}{\partial x}\boldsymbol{i}+\dfrac{\partial}{\partial y}\boldsymbol{j}+\dfrac{\partial}{\partial z}\boldsymbol{k}$, 则 $\mathrm{grad}f=\nabla f$.

类似地讨论可知平面数量场 $u=f(x,y)$ 的梯度 $\mathrm{grad}f=\dfrac{\partial f}{\partial x}\boldsymbol{i}+\dfrac{\partial f}{\partial y}\boldsymbol{j}$ 是等值线

$$M_C=\{(x,y)|f(x,y)=C\}$$

的法向量.

下面是梯度的基本性质:

(1) $\nabla C=\mathbf{0}$(C 为常数);

(2) $\nabla(u\pm v)=\nabla u\pm\nabla v$;

(3) $\nabla(uv)=u\nabla v+v\nabla u$;

(4) $\nabla\left(\dfrac{u}{v}\right)=\dfrac{1}{v^2}(v\nabla u-u\nabla v)$;

(5) $\nabla\varphi(u)=\varphi'(u)\nabla u$;

(6) $\nabla\varphi(u,v)=\dfrac{\partial\varphi}{\partial u}\nabla u+\dfrac{\partial\varphi}{\partial v}\nabla v$.

例 7.7.1 试求数量场 $\dfrac{1}{r}$ 所产生的梯度场, 其中 $r=\sqrt{x^2+y^2+z^2}$.

解

$$\frac{\partial}{\partial x}\left(\frac{1}{r}\right)=-\frac{1}{r^2}\frac{\partial r}{\partial x}=-\frac{x}{r^3},$$
$$\frac{\partial}{\partial y}\left(\frac{1}{r}\right)=-\frac{y}{r^3},\quad \frac{\partial}{\partial z}\left(\frac{1}{r}\right)=-\frac{z}{r^3}.$$

所以

$$\mathrm{grad}\left(\frac{1}{r}\right)=-\frac{1}{r^3}(x\boldsymbol{i}+y\boldsymbol{j}+z\boldsymbol{k}).$$ □

7.7.3 向量场的流量与散度

设有向量场

$$\boldsymbol{A}(x,y,z)=P(x,y,z)\boldsymbol{i}+Q(x,y,z)\boldsymbol{j}+R(x,y,z)\boldsymbol{k}.$$

又假设 S 是场内的一个有向曲面,$\boldsymbol{n}$ 是 S 在点 $M(x,y,z)$ 处的单位法向量, 则积分

$$\iint_S \boldsymbol{A}\cdot\boldsymbol{n}\,\mathrm{d}S$$

称为向量场 $\boldsymbol{A}$ 通过曲面 S 指定侧的流量 (通量). 由两类曲面积分的关系, 流量又可表示为

$$\iint_S \boldsymbol{A}\cdot\boldsymbol{n}\,\mathrm{d}S=\iint_S P\,\mathrm{d}y\mathrm{d}z+Q\,\mathrm{d}z\mathrm{d}x+R\,\mathrm{d}x\mathrm{d}y.$$

如果将 $\boldsymbol{A}$ 看作流速场, 则上述积分的值恰好是在单位时间内通过 S 的流量的代数和.

当 S 是一个闭曲面, 而法向量朝外时, 流量实际上就是曲面上整体的流出量与流入量之差. 当流量大于零时, 意味着流出的量多于流入的量, 而流量小于零时则相反, 当流量等于零时, 流出量等于流入量.

由高斯公式, 我们有

$$\iint_S \boldsymbol{A}\cdot\boldsymbol{n}\,\mathrm{d}S=\iiint_\Omega\left(\frac{\partial P}{\partial x}+\frac{\partial Q}{\partial y}+\frac{\partial R}{\partial z}\right)\mathrm{d}x\mathrm{d}y\mathrm{d}z.$$

其中 Ω 为曲面 S 所包围的区域,$\boldsymbol{n}$ 为 S 的外法向量, 量 $\dfrac{\partial P}{\partial x}+\dfrac{\partial Q}{\partial y}+\dfrac{\partial R}{\partial z}$ 称为向量场 $\boldsymbol{A}(x,y,z)$ 的**散度**. 它形成一个数量场, 记为

$$\mathrm{div}\boldsymbol{A}=\frac{\partial P}{\partial x}+\frac{\partial Q}{\partial y}+\frac{\partial R}{\partial z}.$$

从而高斯公式可写为

$$\iint_S \boldsymbol{A}\cdot\boldsymbol{n}\,\mathrm{d}S=\iiint_\Omega \mathrm{div}\boldsymbol{A}\,\mathrm{d}V,$$

用 V 表示区域 Ω 的体积, 则由积分中值定理有

$$\mathrm{div}\boldsymbol{A}|_{(\overline{x},\overline{y},\overline{z})}=\frac{\displaystyle\iint_S \boldsymbol{A}\cdot\boldsymbol{n}\,\mathrm{d}S}{V}.$$

其中 $M(\bar{x},\bar{y},\bar{z})$ 为 Ω 中的一点. 当 Ω 缩成一点 $M_0(x_0,y_0,z_0)$ 时, 则可得到

$$\operatorname{div}\boldsymbol{A}|_{M_0} = \lim_{\Omega \to M_0} \frac{\iint\limits_S \boldsymbol{A} \cdot \boldsymbol{n} \, \mathrm{d}S}{V}.$$

由此可见, 散度在一点的值可以看作在该点附近单位体积内的流量, 它与坐标轴的选取无关. 若散度在一点大于零, 表明在该点附近流向该点的量少于该点流出的量, 我们称该点为 "源", 若散度在一点处小于零, 则表明在该点附近流向该点的量多于自该点流出的量, 我们称该点为 "漏". 若 $\operatorname{div}\boldsymbol{A}|_M = 0$, 则点 M 既非 "源" 也非 "漏".

如果向量场 $\boldsymbol{A}$ 的散度 $\operatorname{div}\boldsymbol{A}$ 处处为零, 则称向量场为**无源场**, 也称**管形场**.

利用向量微分算子 ∇, $\boldsymbol{A}$ 的散度 $\operatorname{div}\boldsymbol{A}$ 还可以表示为 $\nabla \cdot \boldsymbol{A}$ 即

$$\operatorname{div}\boldsymbol{A} = \nabla \cdot \boldsymbol{A}.$$

散度有以下的基本性质:

(1) $\operatorname{div}(\lambda \boldsymbol{A}) = \lambda \operatorname{div}\boldsymbol{A}$, 其中 λ 为实常数;

(2) $\operatorname{div}(\boldsymbol{A}_1 \pm \boldsymbol{A}_2) = \operatorname{div}\boldsymbol{A}_1 \pm \operatorname{div}\boldsymbol{A}_2$;

(3) $\operatorname{div}(\varphi \boldsymbol{A}) = \varphi \operatorname{div}\boldsymbol{A} + \boldsymbol{A} \cdot \operatorname{grad}\varphi$, 其中 φ 是一个数量场;

(4) $\operatorname{div}\operatorname{grad}\varphi = \dfrac{\partial^2 \varphi}{\partial x^2} + \dfrac{\partial^2 \varphi}{\partial y^2} + \dfrac{\partial^2 \varphi}{\partial z^2}$ 或记为

$$\nabla \cdot \nabla \varphi = \Delta \varphi.$$

其中 Δ 为拉普拉斯算子

$$\Delta = \frac{\partial^2}{\partial x^2} + \frac{\partial^2}{\partial y^2} + \frac{\partial^2}{\partial z^2}.$$

7.7.4 向量场的环流量与旋度

设有向量场

$$\boldsymbol{A}(x, y, z) = P(x, y, z)\boldsymbol{i} + Q(x, y, z)\boldsymbol{j} + R(x, y, z)\boldsymbol{k}.$$

其中函数 P, Q, R 均连续,C 为 $\boldsymbol{A}$ 的定义域内的一条逐段光滑的有向闭曲线, 则曲线积分

$$I = \oint_C P \, \mathrm{d}x + Q \, \mathrm{d}y + R \, \mathrm{d}z$$

称为向量场 $\boldsymbol{A}$ 沿曲线 C 的环流量. 积分 I 又可以写成

$$I = \oint_C \boldsymbol{A} \cdot \mathrm{d}\boldsymbol{r}.$$

其中 $\mathrm{d}\boldsymbol{r} = (\mathrm{d}x, \mathrm{d}y, \mathrm{d}z)$.

当 $\boldsymbol{A}$ 是一个静力场时, 其环流量 I 是 $\boldsymbol{A}$ 沿曲线 C 作用一周时所做的功. 当 $\boldsymbol{A}$ 是一个流速场时,$\boldsymbol{A} \cdot \mathrm{d}\boldsymbol{r} = \boldsymbol{A} \cdot \boldsymbol{\tau} \, \mathrm{d}S$(其中 $\boldsymbol{\tau}$ 是 C 在点 (x, y, z) 处的单位切向量) 是曲线 C 上一点处

的流速在切线方向的投影乘以相应的弧微分. 因此, 在流速场中沿一条有向闭曲线 C 的环流量 I 是流速沿曲线切线方向投影的代数和. 它的物理意义是流速场 $\boldsymbol{A}$ 沿闭曲线 C 整体上看是否旋转. 如果环流量 I 不为零, 则说明流速场沿着闭曲线 C 有旋转.

为了说明向量场在每一点附近的旋转情况, 我们引入旋度的概念.

设闭曲线 C 为某一曲面 S 的边界, 那么由斯托克斯公式有

$$I=\oint_C \boldsymbol{A}\cdot \mathrm{d}\boldsymbol{r}=\iint_S\left[\left(\frac{\partial R}{\partial y}-\frac{\partial Q}{\partial z}\right)\cos\alpha+\left(\frac{\partial P}{\partial z}-\frac{\partial R}{\partial x}\right)\cos\beta+\left(\frac{\partial Q}{\partial x}-\frac{\partial P}{\partial y}\right)\cos\gamma\right]\mathrm{d}S.$$

其中 $\cos\alpha, \cos\beta, \cos\gamma$ 为 S 的法向量的方向余弦.

我们称向量

$$\left(\frac{\partial R}{\partial y}-\frac{\partial Q}{\partial z}\right)\boldsymbol{i}+\left(\frac{\partial P}{\partial z}-\frac{\partial R}{\partial x}\right)\boldsymbol{j}+\left(\frac{\partial Q}{\partial x}-\frac{\partial P}{\partial y}\right)\boldsymbol{k}$$

为向量场 $\boldsymbol{A}$ 的**旋度**, 记为 $\mathrm{rot}\boldsymbol{A}$, 即

$$\mathrm{rot}\boldsymbol{A}=\left(\frac{\partial R}{\partial y}-\frac{\partial Q}{\partial z}\right)\boldsymbol{i}+\left(\frac{\partial P}{\partial z}-\frac{\partial R}{\partial x}\right)\boldsymbol{j}+\left(\frac{\partial Q}{\partial x}-\frac{\partial P}{\partial y}\right)\boldsymbol{k}.$$

利用向量微分算子 ∇, $\mathrm{rot}\boldsymbol{A}$ 可表示为

$$\mathrm{rot}\boldsymbol{A}=\nabla\times\boldsymbol{A}=\begin{vmatrix}\boldsymbol{i} & \boldsymbol{j} & \boldsymbol{k}\\ \dfrac{\partial}{\partial x} & \dfrac{\partial}{\partial y} & \dfrac{\partial}{\partial z}\\ P & Q & R\end{vmatrix}.$$

用 σ_S 表示曲面 S 的面积, 并令 S 收缩成给定的点 M, 即 $\sigma_S\to 0$. 应用曲面积分中值定理可得

$$\begin{aligned}\lim_{\sigma_S\to 0}\frac{\displaystyle\oint_C \boldsymbol{A}\cdot \mathrm{d}r}{S}&=\left[\left(\frac{\partial R}{\partial y}-\frac{\partial Q}{\partial z}\right)\cos\alpha+\left(\frac{\partial P}{\partial z}-\frac{\partial R}{\partial x}\right)\cos\beta+\left(\frac{\partial Q}{\partial x}-\frac{\partial P}{\partial y}\right)\cos\gamma\right]_M\\&=\mathrm{rot}\boldsymbol{A}\cdot\boldsymbol{n}.\end{aligned}$$

其中 $\boldsymbol{n}=(\cos\alpha, \cos\beta, \cos\gamma)$ 为有向曲面 S 在点 M 的法向量的方向余弦. 这个公式给出了向量 $\mathrm{rot}\boldsymbol{A}$ 在任意方向 $\boldsymbol{n}$ 上的投影的定义, 很明显, 它与坐标系的选择无关.

向量的旋度有几个简单而重要的性质.

设 $\boldsymbol{A}, \boldsymbol{B}$ 为向量场,u 为数量场,C 为常数, 则有

(1) $\mathrm{rot}(C\boldsymbol{A})=C\cdot\mathrm{rot}\boldsymbol{A}$;

(2) $\mathrm{rot}(\boldsymbol{A}\pm\boldsymbol{B})=\mathrm{rot}\boldsymbol{A}\pm\mathrm{rot}\boldsymbol{B}$;

(3) $\mathrm{rot}(u\boldsymbol{A})=u\cdot\mathrm{rot}\boldsymbol{A}+\mathrm{grad}u\times\boldsymbol{A}$;

(4) $\mathrm{div}(\boldsymbol{A}\times\boldsymbol{B})=\boldsymbol{B}\cdot\mathrm{rot}\boldsymbol{A}-\boldsymbol{A}\cdot\mathrm{rot}\boldsymbol{B}$;

(5) $\mathrm{rot}(\mathrm{grad}u)=\mathbf{0}$;

(6) $\mathrm{div}(\mathrm{rot}\boldsymbol{A})=0$.

建议读者自己完成这些性质的证明.

7.7.5 有势场

如果构成一个向量场的向量 $\boldsymbol{A}(x,y,z)$ 是某一数量场 $u=f(x,y,z)$ 的梯度, 即 $\boldsymbol{A}(x,y,z)=\mathrm{grad}f$, 这样的向量场称为**有势场**(或**位势场**, **保守场**), 而函数 $f(x,y,z)$ 称为场 $\boldsymbol{A}(x,y,z)$ 的**势函数** (**位函数**). 并非所有向量场都是有势场, 因此有必要来研究一个向量场 $\boldsymbol{A}(x,y,z)$ 为有势场的充分必要条件. 从关系式

$$\boldsymbol{A}(x,y,z)=\mathrm{grad}f$$

知

$$P(x,y,z)=\frac{\partial f}{\partial x},\qquad Q(x,y,z)=\frac{\partial f}{\partial y},\qquad R(x,y,z)=\frac{\partial f}{\partial z}.$$

因此, $P\,\mathrm{d}x+Q\,\mathrm{d}y+R\,\mathrm{d}z$ 为函数 $f(x,y,z)$ 的全微分. 但要它是一个函数的全微分, 充要条件是 (这里所考虑的是单连通区域):

$$\frac{\partial R}{\partial y}-\frac{\partial Q}{\partial z}=0,\quad \frac{\partial P}{\partial z}-\frac{\partial R}{\partial x}=0,\quad \frac{\partial Q}{\partial x}-\frac{\partial P}{\partial y}=0,$$

即

$$\mathrm{rot}\boldsymbol{A}=\mathbf{0}.$$

因此, 向量场 $\boldsymbol{A}$ 为有势场的充分必要条件是 $\mathrm{rot}\boldsymbol{A}=\mathbf{0}$. 如果向量场 $\boldsymbol{A}$ 的旋度 $\mathrm{rot}\boldsymbol{A}$ 处处为零, 则称向量场 $\boldsymbol{A}$ 为无旋场. 因此, 有势场为无旋场.

若向量场 $\boldsymbol{A}$ 既是无源场, 又是无旋场, 则称向量场 $\boldsymbol{A}$ 为调和场.

定理 7.7.1 调和场 $\boldsymbol{A}$ 的势函数 $u=f(x,y,z)$ 满足拉普拉斯方程

$$\frac{\partial^2 u}{\partial x^2}+\frac{\partial^2 u}{\partial y^2}+\frac{\partial^2 u}{\partial z^2}=0.$$

我们称这样的函数为调和函数.

证明 因为 A 为无旋场, 所以存在势函数 $u=f(x,y,z)$ 使得

$$\boldsymbol{A}=\mathrm{grad}u=\left(\frac{\partial u}{\partial x},\frac{\partial u}{\partial y},\frac{\partial u}{\partial z}\right).$$

又 $\boldsymbol{A}$ 为无源场, 所以 $\mathrm{div}\boldsymbol{A}=0$. 即

$$\mathrm{div}(\mathrm{grad}u)=\frac{\partial^2 u}{\partial x^2}+\frac{\partial^2 u}{\partial y^2}+\frac{\partial^2 u}{\partial z^2}=0.\qquad\square$$

习题 7.7

1. 已知场 $v(x,y,z)=\dfrac{x^2}{a^2}+\dfrac{y^2}{b^2}+\dfrac{z^2}{c^2}$, 求沿场 $v(x,y,z)$ 的梯度方向的方向导数.
2. 证明:

   (1) $\mathrm{rot}(u\boldsymbol{A})=u\cdot\mathrm{rot}\boldsymbol{A}+\mathrm{grad}u\times\boldsymbol{A}$;　(2) $\mathrm{div}(\boldsymbol{A}\times\boldsymbol{B})=\boldsymbol{B}\cdot\mathrm{rot}\boldsymbol{A}-\boldsymbol{A}\cdot\mathrm{rot}\boldsymbol{B}$.
3. 证明: 向量场 $\boldsymbol{A}=yz(2x+y+z)\boldsymbol{i}+xz(x+2y+z)\boldsymbol{j}+xy(x+y+2z)\boldsymbol{k}$ 是有势场, 并求势函数.
4. 证明: 场 $\boldsymbol{A}=f(|\boldsymbol{r}|)\boldsymbol{r}$ 是一有势场, 其 $\boldsymbol{r}$ 表示向量 $\overrightarrow{OM}$ 即 $\boldsymbol{r}=x\boldsymbol{i}+y\boldsymbol{j}+z\boldsymbol{k}$, f 是连续函数.
5. 已给数量场 $u=\ln\dfrac{1}{r}$, 其中 $r=\sqrt{(x-a)^2+(y-b)^2+(z-c)^2}$, 求在空间中有哪些点, 使得等式: $|\mathrm{grad}u|=1$ 成立.
6. 求向量 $\boldsymbol{A}=\boldsymbol{r}$ 沿螺线 $\boldsymbol{r}=a\cos t\boldsymbol{i}+a\sin t\boldsymbol{j}+bt\boldsymbol{k}(0\leqslant t\leqslant 2\pi)$ 的一段所做的功.
7. 求向量 $\boldsymbol{A}=-y\boldsymbol{i}+x\boldsymbol{j}+c\boldsymbol{k}$($c$ 为常数) 的环流量:

   (1) 沿圆周 $x^2+y^2=1$, $z=0$;　(2) 沿圆周 $(x-2)^2+y^2=a^2$, $z=0$.
8. 求下列向量场 $\boldsymbol{A}$ 的旋度:

   (1) $\boldsymbol{A}=(2z-3y)\boldsymbol{i}+(3x-z)\boldsymbol{j}+(y-2x)\boldsymbol{k}$;

   (2) $\boldsymbol{A}=(z+\sin y)\boldsymbol{i}-(z-x\cos y)\boldsymbol{j}$.
9. 证明: $\mathrm{rot}(\boldsymbol{A}+\boldsymbol{B})=\mathrm{rot}\boldsymbol{A}+\mathrm{rot}\boldsymbol{B}$.
10. 设 $u=u(x,y,z)$ 具有二阶连续偏导数, 求 $\mathrm{rot}(\mathrm{grad}u)$.

第 8 章　无 穷 级 数

无穷级数是微积分理论的发展与应用, 它是研究函数及数值计算的一个重要工具, 本章先讨论常数项级数, 然后讨论函数项级数.

8.1　常数项级数

8.1.1　常数项级数的概念

给定一个数列

$$u_1, u_2, u_3, \cdots, u_n, \cdots,$$

形如

$$u_1 + u_2 + u_3 + \cdots + u_n + \cdots \tag{8.1.1}$$

的和式称为**(常数项) 无穷级数**, 简称为**(常数项) 级数**, 记为 $\sum\limits_{n=1}^{\infty} u_n$, 即

$$\sum_{n=1}^{\infty} u_n = u_1 + u_2 + u_3 + \cdots + u_n + \cdots.$$

其中 u_n 称为级数的**通项**. 上面的和式仅仅是形式上的相加. 这样的加法是否有意义, 我们需要进一步讨论. 为此, 我们引入部分和的概念.

作级数 (8.1.1) 的前 n 项的和

$$S_n = u_1 + u_2 + \cdots + u_n = \sum_{k=1}^{n} u_k.$$

S_n 称为级数 (8.1.1) 的前 n 项的**部分和**. 我们得到一个新的数列 $\{S_n\}$, 这个数列称为级数 (8.1.1) 的**部分和数列**.

定义 8.1.1 (级数的敛散性)　如果级数 $\sum\limits_{n=1}^{\infty} u_n$ 的部分和数列 $\{S_n\}$ 有极限 S, 即 $\lim\limits_{n\to\infty} S_n = S$, 则称级数 $\sum\limits_{n=1}^{\infty} u_n$ **收敛**, 极限 S 称为这个级数的**和**, 记为

$$S = \sum_{n=1}^{\infty} u_n = u_1 + u_2 + \cdots + u_n + \cdots.$$

如果 $\{S_n\}$ 没有极限. 则称级数 $\sum\limits_{n=1}^{\infty} u_n$ **发散**.

显然, 当级数 (8.1.1) 收敛时, 其部分和 S_n 是级数和 S 的近似值, 它们之间的差

$$r_n = S - S_n = u_{n+1} + u_{n+2} + \cdots$$

称为级数 (8.1.1) 的**余项**. 用近似值 S_n 代替和 S 所产生的误差是这个余项的绝对值, 即误差为 $|r_n|$.

从上面的讨论可知, 级数与数列有着密切的联系, 给定级数 $\sum\limits_{n=1}^{\infty} u_n$, 我们就可以得到一个部分和数列 $\{S_n\}$, 反之给定数列 $\{S_n\}$, 就有以 $\{S_n\}$ 为部分和数列的级数 $\sum\limits_{n=1}^{\infty} u_n$, 事实上, 只需取 $u_1 = S_1, u_n = S_n - S_{n-1}(n \geqslant 2)$. 按定义, 级数 $\sum\limits_{n=1}^{\infty} u_n$ 与数列 $\{S_n\}$ 同时收敛或同时发散, 且在收敛时有

$$\sum_{n=1}^{\infty} u_n = \lim_{n\to\infty} S_n.$$

例 8.1.1　讨论等比级数

$$\sum_{n=0}^{\infty} aq^n = a + aq + aq^2 + \cdots + aq^n + \cdots$$

的收敛性. 其中 $a \neq 0$, q 叫做级数的**公比** (这个级数又称为**几何级数**).

解　如果 $|q| \neq 1$, 则部分和

$$S_n = a + aq + \cdots + aq^{n-1} = \frac{a(1-q^n)}{1-q}.$$

当 $|q| < 1$ 时, $\lim\limits_{n\to\infty} q^n = 0$. 从而 $\lim\limits_{n\to\infty} S_n = \dfrac{a}{1-q}$. 因此, 此时级数 $\sum\limits_{n=0}^{\infty} aq^n$ 收敛到 $\dfrac{a}{1-q}$.

当 $|q| > 1$ 时, $\lim\limits_{n\to\infty} q^n = \infty$, 从而 $\lim\limits_{n\to\infty} S_n = \infty$. 这时级数 $\sum\limits_{n=0}^{\infty} aq^n$ 发散.

如果 $|q| = 1$, 则当 $q = 1$ 时, $S_n = na \to \infty$. 因此级数 $\sum\limits_{n=0}^{\infty} aq^n$ 发散.

当 $q = -1$ 时, $S_{2k-1} = a$, $S_{2k} = 0(k = 1, 2, \cdots)$. 从而 S_n 的极限不存在. 因此, 此时级数 $\sum\limits_{n=0}^{\infty} aq^n$ 发散.

综上所述, 我们可得: 如果 $|q| < 1$, 则等比级数 $\sum\limits_{n=0}^{\infty} aq^n$ 收敛于 $\dfrac{a}{1-q}$. 如果 $|q| \geqslant 1$, 则等比级数 $\sum\limits_{n=0}^{\infty} aq^n$ 发散. □

例 8.1.2 判断级数

$$(1+1)+\left(\frac{1}{2}+\frac{1}{3}\right)+\left(\frac{1}{2^2}+\frac{1}{3^2}\right)+\cdots+\left(\frac{1}{2^{n-1}}+\frac{1}{3^{n-1}}\right)+\cdots$$

的敛散性. 若收敛, 求其和.

解

$$\begin{aligned}S_n&=(1+1)+\left(\frac{1}{2}+\frac{1}{3}\right)+\cdots+\left(\frac{1}{2^{n-1}}+\frac{1}{3^{n-1}}\right)\\&=\left(1+\frac{1}{2}+\cdots+\frac{1}{2^{n-1}}\right)+\left(1+\frac{1}{3}+\cdots+\frac{1}{3^{n-1}}\right)\\&=\frac{1-\frac{1}{2^n}}{1-\frac{1}{2}}+\frac{1-\frac{1}{3^n}}{1-\frac{1}{3}}.\end{aligned}$$

$$\lim_{n\to\infty}S_n=\frac{1}{1-\frac{1}{2}}+\frac{1}{1-\frac{1}{3}}=\frac{7}{2}.$$

因此, 这个级数收敛, 其和为 $\frac{7}{2}$. □

例 8.1.3 判断级数

$$\frac{1}{1\cdot 2}+\frac{1}{2\cdot 3}+\cdots+\frac{1}{n(n+1)}+\cdots$$

的敛散性. 若收敛, 求其和.

解 因为

$$u_n=\frac{1}{n(n+1)}=\frac{1}{n}-\frac{1}{n+1},$$

所以

$$\begin{aligned}S_n&=\frac{1}{1\cdot 2}+\frac{1}{2\cdot 3}+\cdots+\frac{1}{n(n+1)}\\&=\left(1-\frac{1}{2}\right)+\left(\frac{1}{2}-\frac{1}{3}\right)+\cdots+\left(\frac{1}{n}-\frac{1}{n+1}\right)\\&=1-\frac{1}{n+1}.\end{aligned}$$

从而

$$\lim_{n\to\infty}S_n=\lim_{n\to\infty}\left(1-\frac{1}{n+1}\right)=1.$$

因此, 这个级数收敛, 其和为 1. □

8.1.2 收敛级数的基本性质

由级数收敛的定义, 我们可以推出收敛级数的基本性质.

定理 8.1.1　若级数 $\sum\limits_{n=1}^{\infty} u_n$ 收敛, k 为任一常数, 则 $\sum\limits_{n=1}^{\infty} ku_n$ 亦收敛, 并且有:

$$\sum_{n=1}^{\infty} ku_n = k\sum_{n=1}^{\infty} u_n.$$

证明　设 $\sum\limits_{n=1}^{\infty} u_n$ 的和为 S, 并设

$$S_n = u_1 + u_2 + \cdots + u_n,\ \sigma_n = ku_1 + ku_2 + \cdots + ku_n.$$

则有

$$\lim_{n\to\infty} \sigma_n = \lim_{n\to\infty} kS_n = k\lim_{n\to\infty} S_n = kS.$$

即 $\sum\limits_{n=1}^{\infty} ku_n$ 收敛, 并且 $\sum\limits_{n=1}^{\infty} ku_n = kS$. □

定理 8.1.2　若两个级数 $\sum\limits_{n=1}^{\infty} u_n$ 和 $\sum\limits_{n=1}^{\infty} v_n$ 皆收敛, 则级数 $\sum\limits_{n=1}^{\infty}(u_n \pm v_n)$ 也收敛, 并且

$$\sum_{n=1}^{\infty}(u_n \pm v_n) = \sum_{n=1}^{\infty} u_n \pm \sum_{n=1}^{\infty} v_n.$$

证明　设 $\sum\limits_{n=1}^{\infty}(u_n \pm v_n)$, $\sum\limits_{n=1}^{\infty} u_n$, $\sum\limits_{n=1}^{\infty} v_n$ 的部分和分别为 τ_n, s_n, σ_n. 再设 $\sum\limits_{n=1}^{\infty} u_n = s$, $\sum\limits_{n=1}^{\infty} v_n = \sigma$, 则

$$\lim_{n\to\infty} \tau_n = \lim_{n\to\infty} (s_n \pm \sigma_n) = \lim_{n\to\infty} s_n \pm \lim_{n\to\infty} \sigma_n = s \pm \sigma.$$ □

定理 8.1.3　如果级数 $\sum\limits_{n=1}^{\infty} u_n$ 收敛, 则对这级数的项任意加括号所成的级数

$$(u_1 + u_2 + \cdots + u_{i_1}) + (u_{i_1+1} + \cdots + u_{i_2}) + \cdots + (u_{i_{n-1}+1} + \cdots + u_{i_n}) + \cdots$$

仍收敛, 且其和不变.

证明　设 $\sum\limits_{n=1}^{\infty} u_n$ 的部分和数列为 $\{S_n\}$. 加括号后的级数的部分和数列为 $\{A_n\}$, 则有

$$\begin{aligned}
&A_1 = u_1 + u_2 + \cdots + u_{i_1} = S_{i_1},\\
&A_2 = (u_1 + u_2 + \cdots + u_{i_1}) + (u_{i_1+1} + \cdots + u_{i_2}) = S_{i_2},\\
&\cdots\cdots\\
&A_n = (u_1 + u_2 + \cdots + u_{i_1}) + (u_{i_1+1} + \cdots + u_{i_2})\\
&\qquad + \cdots + (u_{i_{n-1}+1} + \cdots + u_{i_n}) = S_{i_n}.
\end{aligned}$$

可见, $\{A_n\}$ 实际上是 $\{S_n\}$ 的一个子数列, 故由 $\{S_n\}$ 的收敛性立即可得 $\{A_n\}$ 也收敛, 且其极限值相同. □

注　加括号后的级数收敛, 不能断言原来未加括号的级数也是收敛的, 例如, 级数

$$(1-1)+(1-1)+(1-1)+\cdots$$

收敛于零, 但级数

$$1-1+1-1+\cdots$$

是发散的.

由定理 8.1.3 可得到下面的结论: 如果加括号后所成的级数发散, 则原来级数也发散. 事实上, 如果原来级数收敛, 则根据定理 8.1.3 知道, 加括号后所成的级数也应收敛.

定理 8.1.4 (级数收敛的必要条件)　*若级数 $\sum\limits_{n=1}^{\infty}u_n$ 收敛, 则 $\lim\limits_{n\to\infty}u_n=0$.*

证明　设级数 $\sum\limits_{n=1}^{\infty}u_n$ 的部分和数列为 $\{S_n\}$, 和为 S, 则

$$\lim_{n\to\infty}u_n=\lim_{n\to\infty}(S_n-S_{n-1})=\lim_{n\to\infty}S_n-\lim_{n\to\infty}S_{n-1}=S-S=0. \quad \square$$

注　一般项 u_n 趋于零只是级数收敛的必要条件, 但不是充分条件. 例如, **调和级数**

$$1+\frac{1}{2}+\frac{1}{3}+\cdots+\frac{1}{n}+\cdots,$$

虽然它的一般项 $u_n=\dfrac{1}{n}\to 0(n\to\infty)$, 但它是发散级数. 我们用反证法证明.

反设调和级数收敛, 设它的部分和为 S_n, 则 $\lim\limits_{n\to\infty}S_{2n}=S$. 于是

$$\lim_{n\to\infty}(S_{2n}-S_n)=S-S=0.$$

但另一方面

$$S_{2n}-S_n=\frac{1}{n+1}+\frac{1}{n+2}+\cdots+\frac{1}{2n}>\underbrace{\frac{1}{2n}+\frac{1}{2n}+\cdots+\frac{1}{2n}}_{n\text{项}}=\frac{1}{2}.$$

故 $S_{2n}-S_n\not\to 0(n\to\infty)$, 矛盾! 这个矛盾说明调和级数发散.

定理 8.1.4 虽然不是级数收敛的充分条件, 但它在判断一个级数是否收敛的问题中仍起相当大的作用, 当我们考察一个级数是否收敛时, 我们首先考察这个级数的一般项 u_n 是否趋于零. 如果 u_n 不趋于零, 那么立即可以断定这个级数是发散的. 例如, 对于级数

$$\frac{1}{2}-\frac{2}{3}+\frac{3}{4}+\cdots+(-1)^{n+1}\frac{n}{n+1}+\cdots,$$

因为 $u_n=(-1)^{n+1}\dfrac{n}{n+1}$ 当 $n\to\infty$ 时, 不趋于零. 所以该级数发散.

定理 8.1.5　*在级数中去掉、加上或改变有限项, 不会改变级数的敛散性.*

证明　我们只需证明 "去掉级数前面部分的有限项或在级数前面加上有限项, 不会改变级数的敛散性". 因为其他情形 (即在级数中任意去掉、加上或改变有限项的情形) 都可以看成去掉级数前面的有限项, 然后在级数前面再加上有限项的结果.

设将级数

$$u_1+u_2+\cdots+u_k+u_{k+1}+\cdots+u_{k+n}+\cdots$$

的前 k 项去掉, 则得级数

$$u_{k+1}+u_{k+2}+\cdots+u_{k+n}+\cdots,$$

于是新级数的部分和为

$$\sigma_n=u_{k+1}+u_{k+2}+\cdots+u_{k+n}=S_{n+k}-S_k.$$

其中 S_{k+n} 是原级数前 $k+n$ 项的和. 因为 S_k 是常数, 所以 σ_n 与 S_{k+n} 同时收敛或发散. 类似地, 可以证明在级数的前面加上有限项, 不会改变级数的敛散性. □

下面的柯西收敛原理是判断级数是否收敛的基本原理.

定理 8.1.6 (柯西收敛原理)　*级数 $\sum_{n=1}^{\infty}u_n$ 收敛的充分必要条件为: 对任意给定的 $\varepsilon>0$, 总存在 N, 使得当 $n>N$ 时, 对于任意的正整数 p, 都有*

$$|u_{n+1}+u_{n+2}+\cdots+u_{n+p}|<\varepsilon.$$

证明　设级数 $\sum_{n=1}^{\infty}u_n$ 的部分和为 S_n. 因为

$$|u_{n+1}+u_{n+2}+\cdots+u_{n+p}|=|S_{n+p}-S_n|,$$

所以由数列的柯西收敛原理立得. □

例 8.1.4　利用柯西收敛原理判断级数 $\sum_{n=1}^{\infty}\frac{1}{n^2}$ 的敛散性.

解　因为对任何自然数 p,

$$\begin{aligned}
&|u_{n+1}+u_{n+2}+\cdots+u_{n+p}|=\frac{1}{(n+1)^2}+\frac{1}{(n+2)^2}+\cdots+\frac{1}{(n+p)^2}\\
&<\frac{1}{n(n+1)}+\frac{1}{(n+1)(n+2)}+\cdots+\frac{1}{(n+p-1)(n+p)}\\
&=\left(\frac{1}{n}-\frac{1}{n+1}\right)+\left(\frac{1}{n+1}-\frac{1}{n+2}\right)+\cdots+\left(\frac{1}{n+p-1}-\frac{1}{n+p}\right)\\
&=\frac{1}{n}-\frac{1}{n+p}<\frac{1}{n}.
\end{aligned}$$

于是对于任意给定的 $\varepsilon>0$, 取 $N=\left[\frac{1}{\varepsilon}\right]+1$, 当 $n>N$ 时, 对于任何自然数 p, 总有

$$|u_{n+1}+u_{n+2}+\cdots+u_{n+p}|<\varepsilon$$

由柯西收敛原理知级数 $\sum\limits_{n=1}^{\infty}\frac{1}{n^2}$ 收敛. □

习题 8.1

1. 已知级数 $\sum\limits_{n=1}^{\infty}a_n$ 收敛, 级数 $\sum\limits_{n=1}^{\infty}b_n$ 发散, 问级数 $\sum\limits_{n=1}^{\infty}(a_n\pm b_n)$ 是否收敛?

2. 写出下列级数的部分和, 并讨论其收敛性:

(1) $\frac{1}{1\cdot 6}+\frac{1}{6\cdot 11}+\cdots+\frac{1}{(5n-4)(5n+1)}+\cdots$;

(2) $\frac{1}{1\cdot 3^2}+\frac{2}{3^2\cdot 5^2}+\cdots+\frac{n}{(2n-1)^2(2n+1)^2}+\cdots$;

(3) $\sum\limits_{n=1}^{\infty}(\sqrt{n+1}-\sqrt{n})$;

(4) $\sin\frac{\pi}{6}+\sin\frac{2\pi}{6}+\cdots+\sin\frac{n\pi}{6}+\cdots$.

3. 判断下列级数是否收敛:

(1) $\sum\limits_{n=1}^{\infty}(-1)^{n+1}\frac{7^n}{9^n}$;

(2) $\sum\limits_{n=1}^{\infty}\frac{1}{5n}$;

(3) $\sum\limits_{n=1}^{\infty}\frac{1}{(2n-1)(2n+1)}$;

(4) $\sum\limits_{n=1}^{\infty}\cos\frac{\pi}{n}$;

(5) $\sum\limits_{n=1}^{\infty}\frac{n}{2n+1}$;

(6) $\sum\limits_{n=1}^{\infty}\left(\frac{\ln 9}{2}\right)^n$;

(7) $\sum\limits_{n=1}^{\infty}a^{\frac{1}{n}},(0<a<1)$.

4. 利用柯西收敛原理判断下列级数的收敛性:

(1) $\sum\limits_{n=1}^{\infty}\frac{(-1)^{n+1}}{n}$;

(2) $\sum\limits_{n=1}^{\infty}\frac{\cos x^n}{n^2}$;

(3) $\sum\limits_{n=1}^{\infty}\frac{\sin nx}{2^n}$;

(4) $1+\frac{1}{2}-\frac{1}{3}+\frac{1}{4}+\frac{1}{5}-\frac{1}{6}+\cdots$;

(5) $\sum\limits_{n=1}^{\infty}\frac{1}{\sqrt{n}}$.

8.2 正 项 级 数

每一项都是非负的级数称为**正项级数**, 即若 $u_n\geqslant 0\,(n=1,2,\cdots)$, 则 $\sum\limits_{n=1}^{\infty}u_n$ 称为正项级数, 这一节专门考虑正项级数的收敛问题.

设正项级数 $\sum\limits_{n=1}^{\infty} u_n\,(u_n \geqslant 0, n=1,2,\cdots)$ 的部分和为 S_n, 显然

$$S_1 \leqslant S_2 \leqslant S_3 \leqslant \cdots \leqslant S_n \leqslant \cdots,$$

即 $\{S_n\}$ 为单调增加数列. 如果 $\{S_n\}$ 具有上界, 即存在 $M>0$ 使得 $S_n \leqslant M\,(n=1,2,\cdots)$. 根据单调有界数列必有极限的准则知级数 $\sum\limits_{n=1}^{\infty} u_n$ 收敛. 如果 $\sum\limits_{n=1}^{\infty} u_n$ 收敛于 S, 知 $\lim\limits_{n\to\infty} S_n = S$. 根据收敛数列必为有界数列的性质知, 部分和数列 $\{S_n\}$ 有界. 因此, 我们得到下面的基本定理.

定理 8.2.1 (基本定理)　正项级数 $\sum\limits_{n=1}^{\infty} u_n$ 收敛的充分必要条件是它的部分和数列 $\{S_n\}$ 有上界.

根据这一基本定理, 我们立即可得到关于正项级数的比较判别法.

定理 8.2.2 (比较判别法)　如果两个正项级数 $\sum\limits_{n=1}^{\infty} u_n$ 和 $\sum\limits_{n=1}^{\infty} v_n$ 的一般项满足关系 $u_n \leqslant v_n (n=1,2,3,\cdots)$, 则:

(1) 当级数 $\sum\limits_{n=1}^{\infty} v_n$ 收敛时, 级数 $\sum\limits_{n=1}^{\infty} u_n$ 也收敛.

(2) 当级数 $\sum\limits_{n=1}^{\infty} u_n$ 发散时, 级数 $\sum\limits_{n=1}^{\infty} v_n$ 也发散.

证明　(1) 设级数 $\sum\limits_{n=1}^{\infty} v_n$ 收敛于和 σ, 则级数 $\sum\limits_{n=1}^{\infty} u_n$ 的部分和

$$S_n = u_1 + u_2 + \cdots + u_n \leqslant v_1 + v_2 + \cdots + v_n \leqslant \sigma.$$

由定理 8.2.1 知, 级数 $\sum\limits_{n=1}^{\infty} u_n$ 收敛.

(2) 用反证法, 若 $\sum\limits_{n=1}^{\infty} v_n$ 收敛, 由 (1) 的结论知 $\sum\limits_{n=1}^{\infty} u_n$ 收敛, 这与 (2) 的假设矛盾. 因此 $\sum\limits_{n=1}^{\infty} v_n$ 发散. □

推论 8.2.3　若存在正整数 N 及常数 $C>0$ 使得

$$0 \leqslant u_n \leqslant C v_n \qquad (n \geqslant N)$$

成立, 则当 $\sum\limits_{n=1}^{\infty} v_n$ 收敛时, $\sum\limits_{n=1}^{\infty} u_n$ 也收敛; 当 $\sum\limits_{n=1}^{\infty} u_n$ 发散时, $\sum\limits_{n=1}^{\infty} v_n$ 也发散.

例 8.2.1　讨论p-级数

$$1 + \frac{1}{2^p} + \frac{1}{3^p} + \frac{1}{4^p} + \cdots + \frac{1}{n^p} + \cdots$$

的收敛性, 其中常数 $p>0$.

解 当 $p\leqslant 1$ 时, $\frac{1}{n^p}\geqslant\frac{1}{n}$, 而调和级数 $\sum\limits_{n=1}^{\infty}\frac{1}{n}$ 发散, 因此, 根据比较判别法知, 当 $p\leqslant 1$ 时, 级数 $\sum\limits_{n=1}^{\infty}\frac{1}{n^p}$ 发散. 当 $p>1$ 时, 因为当 $k-1\leqslant x\leqslant k$ 时, 有 $\frac{1}{k^p}\leqslant\frac{1}{x^p}$, 所以

$$\frac{1}{k^p}=\int_{k-1}^{k}\frac{1}{k^p}\,\mathrm{d}x\leqslant\int_{k-1}^{k}\frac{1}{x^p}\,\mathrm{d}x\qquad(k=2,3,\cdots),$$

从而, p-级数的部分和

$$\begin{aligned}S_n&=1+\sum_{k=2}^{n}\frac{1}{k^p}\leqslant 1+\sum_{k=2}^{n}\int_{k-1}^{k}\frac{1}{x^p}\,\mathrm{d}x=1+\int_{1}^{n}\frac{1}{x^p}\,\mathrm{d}x\\&=1+\frac{1}{p-1}\left(1-\frac{1}{n^{p-1}}\right)<1+\frac{1}{p-1},\ (n=2,3,\cdots)\end{aligned}$$

这说明数列 $\{S_n\}$ 有界, 因此, 当 $p>1$ 时级数 $\sum\limits_{n=1}^{\infty}\frac{1}{n^p}$ 收敛.

综上所述, 我们有 p-级数 $\sum\limits_{n=1}^{\infty}\frac{1}{n^p}$ 当 $p>1$ 时收敛, 当 $p\leqslant 1$ 时发散. □

例 8.2.2 证明级数 $\sum\limits_{n=1}^{\infty}\frac{1}{\sqrt{n(n+1)}}$ 是发散的.

证明 因为 $n(n+1)<(n+1)^2$, 所以 $\frac{1}{\sqrt{n(n+1)}}>\frac{1}{n+1}$. 而级数

$$\sum_{n=1}^{\infty}\frac{1}{n+1}=\frac{1}{2}+\frac{1}{3}+\cdots+\frac{1}{n+1}+\cdots$$

发散, 根据比较判别法, 知 $\sum\limits_{n=1}^{\infty}\frac{1}{\sqrt{n(n+1)}}$ 是发散的. □

定理 8.2.4 (比较判别法的极限形式) 设 $\sum\limits_{n=1}^{\infty}u_n, \sum\limits_{n=1}^{\infty}v_n$ 都是正项级数,

(1) 如果 $\lim\limits_{n\to\infty}\frac{u_n}{v_n}=l\ \ (0\leqslant l<+\infty)$, 且级数 $\sum\limits_{n=1}^{\infty}v_n$ 收敛, 则级数 $\sum\limits_{n=1}^{\infty}u_n$ 收敛.

(2) 如果 $\lim\limits_{n\to\infty}\frac{u_n}{v_n}=l>0$ 或 $\lim\limits_{n\to\infty}\frac{u_n}{v_n}=+\infty$, 且级数 $\sum\limits_{n=1}^{\infty}v_n$ 发散, 则级数 $\sum\limits_{n=1}^{\infty}u_n$ 发散.

证明 (1) 由极限的定义知, 对于 $\varepsilon=1$, 存在正整数 N, 当 $n>N$ 时, 有 $\frac{u_n}{v_n}<l+1$. 即 $u_n<(l+1)v_n$. 如果级数 $\sum\limits_{n=1}^{\infty}v_n$ 收敛, 根据推论 8.2.3 知 $\sum\limits_{n=1}^{\infty}u_n$ 收敛.

(2) 由已知条件知极限 $\lim\limits_{n\to\infty}\dfrac{v_n}{u_n}$ 存在, 如果 $\sum\limits_{n=1}^{\infty}u_n$ 收敛, 则由结论 (1) 知 $\sum\limits_{n=1}^{\infty}v_n$ 也收敛, 但已知级数 $\sum\limits_{n=1}^{\infty}v_n$ 发散, 因此, 级数 $\sum\limits_{n=1}^{\infty}u_n$ 必发散. □

例 8.2.3　讨论级数 $\sum\limits_{n=1}^{\infty}\sin\dfrac{1}{n}$ 的收敛性.

解　因为 $\lim\limits_{n\to\infty}\dfrac{\sin\frac{1}{n}}{\frac{1}{n}}=1$. 而级数 $\sum\limits_{n=1}^{\infty}\dfrac{1}{n}$ 发散. 由定理 8.2.4 知原级数也发散. □

例 8.2.4　讨论级数 $\sum\limits_{n=1}^{\infty}\ln\left(1+\dfrac{1}{n^2}\right)$ 的敛散性.

解　因为

$$\lim_{n\to\infty}\frac{\ln\left(1+\dfrac{1}{n^2}\right)}{\dfrac{1}{n^2}}=1,$$

而级数 $\sum\limits_{n=1}^{\infty}\dfrac{1}{n^2}$ 收敛, 所以级数 $\sum\limits_{n=1}^{\infty}\ln\left(1+\dfrac{1}{n^2}\right)$ 收敛. □

例 8.2.5　讨论级数 $\sum\limits_{n=2}^{\infty}\dfrac{\sqrt{n+2}-\sqrt{n-2}}{n^{\alpha}}$ 的敛散性.

解　因为

$$\lim_{n\to\infty}\frac{\dfrac{\sqrt{n+2}-\sqrt{n-2}}{n^{\alpha}}}{\dfrac{1}{n^{\alpha+\frac{1}{2}}}}=\lim_{n\to\infty}\frac{4\sqrt{n}}{\sqrt{n+2}+\sqrt{n-2}}=2.$$

而当 $\alpha+\dfrac{1}{2}>1$ 即 $\alpha>\dfrac{1}{2}$ 时, 级数 $\sum\limits_{n=2}^{\infty}\dfrac{1}{n^{\alpha+\frac{1}{2}}}$ 收敛. 所以当 $\alpha>\dfrac{1}{2}$ 时原级数收敛.

当 $\alpha+\dfrac{1}{2}\leqslant 1$, 即 $\alpha\leqslant\dfrac{1}{2}$ 时级数 $\sum\limits_{n=2}^{\infty}\dfrac{1}{n^{\alpha+\frac{1}{2}}}$ 发散. 故当 $\alpha\leqslant\dfrac{1}{2}$ 时, 原级数发散. □

利用比较判别法, 将要判定的级数与几何级数比较, 可以得到下面两个很有用的判别法.

定理 8.2.5 (达朗贝尔 (D′Alembert*) 判别法)　设 $\sum\limits_{n=1}^{\infty}u_n$ 为正项级数, 如果

$$\lim_{n\to\infty}\frac{u_{n+1}}{u_n}=\rho,$$

则当 $\rho<1$ 时级数收敛; $\rho>1$(或 $\lim\limits_{n\to\infty}\dfrac{u_{n+1}}{u_n}=+\infty$) 时级数发散; $\rho=1$ 时级数可能收敛也可能发散.

---

* 达朗贝尔 (D′Alembert J L R, 1717~1783), 法国数学家.

达朗贝尔判别法也称为**比值判别法**.

证明　(1) 当 $\rho<1$ 时, 取一个充分小的 $\varepsilon>0$ 使得 $\rho+\varepsilon=r<1$. 根据极限定义, 存在正整数 N, 当 $n\geqslant N$ 时有

$$\frac{u_{n+1}}{u_n}<\rho+\varepsilon=r.$$

因此

$$u_{N+1}<ru_N, u_{N+2}<r^2u_N,\cdots$$
$$u_{N+k}<r^ku_N,\cdots$$

而级数 $\sum_{k=1}^{\infty}r^ku_N$ 为公比 $r<1$ 的几何级数, 从而收敛. 根据定理8.2.2的推论, 知级数 $\sum_{n=1}^{\infty}u_n$ 收敛.

(2) 当 $\rho>1$ 时, 取一个充分小的 $\varepsilon>0$, 使得 $\rho-\varepsilon>1$. 根据极限定义, 存在正整数 N, 当 $n\geqslant N$ 时有

$$\frac{u_{n+1}}{u_n}>\rho-\varepsilon>1.$$

从而

$$u_{n+1}>u_n>u_{n-1}>\cdots>u_N>0.$$

因此, u_n 的极限不可能为零. 根据级数收敛的必要条件知级数 $\sum_{n=1}^{\infty}u_n$ 发散.

类似地, 可以证明当 $\lim\limits_{n\to\infty}\frac{u_{n+1}}{u_n}=+\infty$ 时, 级数 $\sum_{n=1}^{\infty}u_n$ 发散.

(3) 当 $\rho=1$ 时, 级数可能收敛也可能发散.

例如, 对于级数 $\sum_{n=1}^{\infty}\frac{1}{n^2}$ 及级数 $\sum_{n=1}^{\infty}\frac{1}{n}$ 都有 $\rho=1$. 但前者收敛, 后者发散. □

例 8.2.6　判定级数 $\sum_{n=1}^{\infty}\frac{a^n}{n^s}(s>0,a>0)$ 的敛散性.

解　因为 $u_n=\frac{a^n}{n^s}$, 从而

$$\lim_{n\to\infty}\frac{u_{n+1}}{u_n}=\lim_{n\to\infty}\frac{a^{n+1}}{(n+1)^s}\cdot\frac{n^s}{a^n}=a\lim_{n\to\infty}\left(\frac{n}{n+1}\right)^s=a.$$

因此, 当 $a<1$ 时, 级数收敛. 当 $a>1$ 时, 级数发散. 而 $a=1$ 时, 根据例题8.2.1 知 $s\leqslant1$ 时, 级数 $\sum_{n=1}^{\infty}\frac{1}{n^s}$ 发散; 当 $s>1$ 时级数 $\sum_{n=1}^{\infty}\frac{1}{n^s}$ 收敛. □

例 8.2.7　证明级数

$$1+\frac{1}{1}+\frac{1}{2!}+\frac{1}{3!}+\cdots+\frac{1}{(n-1)!}+\cdots$$

是收敛的.

证明 因为

$$\lim_{n\to\infty}\frac{u_{n+1}}{u_n}=\lim_{n\to\infty}\frac{(n-1)!}{n!}=\lim_{n\to\infty}\frac{1}{n}=0<1,$$

由达朗贝尔判别法知级数收敛. □

例 8.2.8 判断级数

$$\frac{1}{10}+\frac{1\cdot 2}{10^2}+\frac{1\cdot 2\cdot 3}{10^3}+\cdots+\frac{n!}{10^n}+\cdots$$

的敛散性.

解 因为

$$\lim_{n\to\infty}\frac{u_{n+1}}{u_n}=\lim_{n\to\infty}\frac{n+1}{10}=+\infty,$$

根据达朗贝尔判别法知级数发散. □

定理 8.2.6 (柯西判别法) 设 $\sum\limits_{n=1}^{\infty}u_n$ 为正项级数, 如果

$$\lim_{n\to\infty}\sqrt[n]{u_n}=\rho,$$

则当 $\rho<1$ 时级数收敛; 当 $\rho>1$(或 $\lim\limits_{n\to\infty}\sqrt[n]{u_n}=+\infty$) 时级数发散; 当 $\rho=1$ 时级数可能收敛也可能发散.

柯西判别法也称为**根值判别法**.

证明 (1) 给定 $\varepsilon>0$ 使得 $\rho+\varepsilon=r<1$, 对于这个给定的 $\varepsilon>0$, 存在 N 使得当 $n\geqslant N$ 时

$$\sqrt[n]{u_n}<\rho+\varepsilon=r,$$

即 $u_n<r^n(n\geqslant N)$, 而级数 $\sum\limits_{n=1}^{\infty}r^n$ 收敛. 因此, 级数 $\sum\limits_{n=1}^{\infty}u_n$ 收敛.

(2)$\rho>1$, 则存在充分小的 $\varepsilon>0$ 使得 $r=\rho-\varepsilon>1$, 对于这个给定的 $\varepsilon>0$, 存在 N 使得当 $n\geqslant N$ 时

$$\sqrt[n]{u_n}>\rho-\varepsilon=r>1,$$

即 $u_n>r^n>1$. 因此, 当 n 趋于无穷时, u_n 的极限不能为零.

由级数收敛的必要条件知此时级数 $\sum\limits_{n=1}^{\infty}u_n$ 发散.

(3) 当 $\rho=1$ 时级数可能收敛, 也可能发散. 例如级数 $\sum\limits_{n=1}^{\infty}\frac{1}{n^2}$ 和 $\sum\limits_{n=1}^{\infty}\frac{1}{n}$. 这两个级数都有 $\rho=1$, 但前者收敛, 后者发散. □

例 8.2.9　考察级数 $\sum_{n=1}^{\infty} x^n (x \geqslant 0)$ 的敛散性.

解　因为 $\lim_{n\to\infty} \sqrt[n]{x^n} = x$. 根据柯西判别法, 当 $x<1$ 时级数收敛, 当 $x>1$ 时级数发散. 当 $x=1$ 时级数为 $1+1+1+\cdots$, 显然是发散的. 所以, 原级数当 $x<1$ 时收敛, $x \geqslant 1$ 时发散. □

例 8.2.10　考察级数 $\sum_{n=1}^{\infty}\left(\frac{3n-1}{5n+2}\right)^n$ 的敛散性.

解　因为 $\lim_{n\to\infty}\sqrt[n]{\left(\frac{3n-1}{5n+2}\right)^n} = \lim_{n\to\infty}\frac{3n-1}{5n+2} = \frac{3}{5} < 1$. 根据柯西判别法, 级数收敛. □

定理 8.2.7 (柯西积分判别法)　设 $\sum_{n=1}^{\infty} u_n$ 为正项级数, 若存在一个连续的单调减少的正值函数 $f(x)$, 使得

$$u_n = f(n), \qquad n = 1, 2, 3, \cdots,$$

则级数 $\sum_{n=1}^{\infty} u_n$ 与广义积分 $\int_1^{+\infty} f(x)\,\mathrm{d}x$ 具有相同的敛散性.

证明　由于

$$u_{k-1} = \int_{k-1}^{k} u_{k-1}\,\mathrm{d}x \geqslant \int_{k-1}^{k} f(x)\,\mathrm{d}x \geqslant \int_{k-1}^{k} u_k\,\mathrm{d}x = u_k,$$

所以

$$\sum_{k=2}^{n} u_{k-1} \geqslant \sum_{k=2}^{n}\int_{k-1}^{k} f(x)\,\mathrm{d}x = \int_1^n f(x)\,\mathrm{d}x \geqslant \sum_{k=2}^{n} u_k.$$

由此即得证明. □

例 8.2.11　证明级数 $\sum_{n=2}^{\infty}\frac{1}{n\ln n}$ 发散, 级数 $\sum_{n=2}^{\infty}\frac{1}{n(\ln n)^2}$ 收敛.

证明　因为

$$\int_2^{+\infty}\frac{1}{x\ln x}\,\mathrm{d}x = \lim_{A\to+\infty}\int_2^{A}\frac{\mathrm{d}x}{x\ln x} = \lim_{A\to+\infty}[\ln\ln A - \ln\ln 2] = +\infty,$$

所以级数 $\sum_{n=2}^{\infty}\frac{1}{n\ln n}$ 发散. 又

$$\int_2^{+\infty}\frac{1}{x(\ln x)^2}\,\mathrm{d}x = \lim_{A\to+\infty}\int_2^{A}\frac{\mathrm{d}x}{x(\ln x)^2} = \lim_{A\to+\infty}\left(\frac{1}{\ln 2} - \frac{1}{\ln A}\right) = \frac{1}{\ln 2},$$

所以级数 $\sum_{n=2}^{\infty}\frac{1}{n(\ln n)^2}$ 收敛. □

习题 8.2

1. 讨论下列级数的敛散性:

(1) $\sum_{n=1}^{\infty} 2^n \sin\frac{\pi}{4^n}$;

(2) $\sum_{n=1}^{\infty} \frac{1}{\sqrt{3n^3+1}}$;

(3) $\sum_{n=1}^{\infty} \frac{1+n}{1+n^2}$;

(4) $\sum_{n=1}^{\infty} \frac{1}{2+a^n}\quad (a>0)$;

(5) $\sum_{n=1}^{\infty} \frac{n}{4n^2+4n-3}$;

(6) $\sum_{n=1}^{\infty} \frac{n^n}{(n^2+3n+1)^{\frac{n+2}{2}}}$;

(7) $\sum_{n=1}^{\infty} n\tan\frac{\pi}{4^n}$.

2. 讨论下列级数的敛散性:

(1) $\sum_{n=1}^{\infty} \frac{n^2}{3^n}$;

(2) $\sum_{n=1}^{\infty} \frac{n^5}{n!}$;

(3) $\sum_{n=1}^{\infty} \frac{n!}{3n^2}$;

(4) $\sum_{n=1}^{\infty} \frac{4^n\cdot n!}{n^n}$;

(5) $\sum_{n=1}^{\infty} \frac{1}{n\sqrt[n]{n}}$;

(6) $\sum_{n=1}^{\infty} \frac{n^2}{\left(3-\frac{1}{n}\right)^n}$;

(7) $\sum_{n=2}^{\infty} \frac{n}{(\ln n)^n}$;

(8) $\sum_{n=1}^{\infty} \left(\frac{n}{2n+1}\right)^n$;

(9) $\sum_{n=1}^{\infty} \frac{100^n}{n!}$;

(10) $\sum_{n=1}^{\infty} \frac{1}{[\ln(n+1)]^n}$;

(11) $\sum_{n=1}^{\infty} \frac{(n!)^2}{(2n)!}$;

(12) $\sum_{n=2}^{\infty} \frac{1}{n(\ln n)^p}\quad (p>0)$;

(13) $\sum_{n=3}^{\infty} \frac{1}{n\cdot\ln n\cdot\ln\ln n}$;

(14) $\sum_{n=3}^{\infty} \frac{1}{n(\ln n)^p(\ln\ln n)^q}\quad (p>0,q>0)$;

(15) $\sum_{n=1}^{\infty} \left(\frac{b}{a_n}\right)^n$, 其中 $\lim\limits_{n\to\infty} a_n = a>0, b>0$.

3. 证明: 若正项级数 $\sum_{n=1}^{\infty} u_n$ 收敛, 则级数 $\sum_{n=1}^{\infty} u_n^2$ 也收敛, 反之不一定成立, 试举例说明.

4. 设级数 $\sum_{n=1}^{\infty} a_n^2$ 及 $\sum_{n=1}^{\infty} b_n^2$ 均收敛, 证明下列级数均收敛.

$\sum_{n=1}^{\infty} |a_n b_n|$; $\sum_{n=1}^{\infty} (a_n+b_n)^2$; $\sum_{n=1}^{\infty} \frac{|a_n|}{n}$.

5. 若正项级数 $\sum_{n=1}^{\infty} u_n$ 与 $\sum_{n=1}^{\infty} v_n$ 都发散, 问下列级数是否发散?

(1) $\sum_{n=1}^{\infty}(u_n+v_n)$; (2) $\sum_{n=1}^{\infty}(u_n-v_n)$; (3) $\sum_{n=1}^{\infty} u_n v_n$.

6. 设有 $\alpha>0$ 使得 $\ln\frac{1}{a_n} \geqslant (1+\alpha)\ln n (n \geqslant N)$, 其中 $a_n>0$, 试证明 $\sum_{n=1}^{\infty} a_n$ 收敛.

8.3 任意项级数

这一节我们来讨论正负项可以任意出现的级数的收敛问题. 首先讨论一类特殊的任意项级数 —— 交错级数.

8.3.1 交错级数

凡正负相间的级数, 也就是形如

$$u_1-u_2+u_3-u_4+\cdots+(-1)^{n+1}u_n+\cdots=\sum_{n=1}^{\infty}(-1)^{n+1}u_n$$

的级数, 其中 $u_n>0(n=1,2,\cdots)$, 称为**交错级数**.

对于交错级数, 我们有下面常用的判别法.

定理 8.3.1 (莱布尼茨定理) 如果一个交错级数 $\sum_{n=1}^{\infty}(-1)^{n+1}u_n$ $(u_n>0, n=1,2,3,\cdots)$ 的一般项满足下列条件:

(1) $u_n \geqslant u_{n+1}$ $(n=1,2,\cdots)$;

(2) $\lim_{n\to\infty} u_n=0$,

则级数 $\sum_{n=1}^{\infty}(-1)^{n+1}u_n$ 收敛, 其余项 r_n 的符号与余项第一项 $(-1)^{n+2}u_{n+1}$ 的符号相同, 并且 $|r_n| \leqslant u_{n+1}$.

证明 设级数 $\sum_{n=1}^{\infty}(-1)^{n+1}u_n$ 的部分和为 S_n, 我们来考察由偶数项所组成的部分和数列 $\{S_{2m}\}$ 及由奇数项所组成的部分和数列 $\{S_{2m+1}\}$,

$$S_{2m}=(u_1-u_2)+(u_3-u_4)+\cdots+(u_{2m-1}-u_{2m}),$$
$$S_{2m+1}=(u_1-u_2)+(u_3-u_4)+\cdots+(u_{2m-1}-u_{2m})+u_{2m+1}.$$

由条件 (1), 即 $u_{n-1}-u_n \geqslant 0(n=1,2,\cdots)$ 知 $\{S_{2m}\}$ 为单调增加的数列. 另一方面

$$0 \leqslant S_{2m}=u_1-(u_2-u_3)-(u_4-u_5)-\cdots-(u_{2m-2}-u_{2m-1})-u_{2m} \leqslant u_1.$$

因此 $\{S_{2m}\}$ 是单调有界数列, 故 $\{S_{2m}\}$ 极限存在.

设

$$\lim_{m\to\infty} S_{2m}=S.$$

而

$$S_{2m+1}=S_{2m}+u_{2m+1},$$

由条件 (2) 知 $\lim\limits_{m\to\infty} u_{2m+1}=0$. 因此

$$\lim_{m\to\infty} S_{2m+1}=\lim_{m\to\infty} S_{2m}+\lim_{m\to\infty} u_{2m+1}=S.$$

因为

$$\lim_{m\to\infty} S_{2m}=\lim_{m\to\infty} S_{2m+1}=S,$$

所以 $\lim\limits_{n\to\infty} S_n=S$, 即级数 $\sum\limits_{n=1}^{\infty}(-1)^{n+1}u_n$ 收敛于 S, 并且 $0 \leqslant S \leqslant u_1$.

最后, 余项 r_n 可以写成

$$r_n=(-1)^{n+2}(u_{n+1}-u_{n+2}+\cdots),$$
$$|r_n|=u_{n+1}-u_{n+2}+\cdots.$$

上式右端是一个交错级数, 它也满足收敛的两个条件. 根据前面的结论有

$$0 \leqslant u_{n+1}-u_{n+2}+\cdots \leqslant u_{n+1},$$

从而

$$-u_{n+1} \leqslant -(u_{n+1}-u_{n+2}+\cdots) \leqslant 0.$$

即余项 r_n 的符号与余项中第一项的符号相同. 并且 $|r_n| \leqslant u_{n+1}$. □

例如级数

$$1-\frac{1}{2}+\frac{1}{3}-\frac{1}{4}+\cdots+(-1)^{n+1}\frac{1}{n}+\cdots$$

是一交错级数, 满足条件

(1) $u_n=\dfrac{1}{n}>\dfrac{1}{n+1}=u_{n+1} \quad (n=1,2,\cdots)$;

(2) $\lim\limits_{n\to\infty} u_n=\lim\limits_{n\to\infty}\dfrac{1}{n}=0$.

所以它是收敛的. 其和 $S<1$. 如果用前 n 项的部分和

$$S_n = 1 - \frac{1}{2} + \cdots + (-1)^{n+1}\frac{1}{n}$$

作为 S 的近似值, 所产生的误差 $|r_n| < \dfrac{1}{n+1}$.

8.3.2 绝对收敛与条件收敛

如果级数 $\sum\limits_{n=1}^{\infty} u_n$ 各项的绝对值所构成的级数 $\sum\limits_{n=1}^{\infty} |u_n|$ 收敛, 则称级数 $\sum\limits_{n=1}^{\infty} u_n$**绝对收敛**. 如果级数 $\sum\limits_{n=1}^{\infty} u_n$ 收敛, 但 $\sum\limits_{n=1}^{\infty} |u_n|$ 发散, 则称级数为**条件收敛**. 条件收敛的级数是存在的, 例如级数 $\sum\limits_{n=1}^{\infty} (-1)^{n+1}\dfrac{1}{n}$ 就是一个条件收敛级数.

绝对收敛和收敛之间有着下面重要关系.

定理 8.3.2 *绝对收敛级数必为收敛级数, 但反之不然.*

证明 设级数 $\sum\limits_{n=1}^{\infty} u_n$ 为绝对收敛级数, 即级数 $\sum\limits_{n=1}^{\infty} |u_n|$ 收敛. 令

$$v_n = \frac{1}{2}(u_n + |u_n|), \qquad n = 1, 2, \cdots,$$

显然 $0 \leqslant v_n \leqslant |u_n|$, 由比较判别法知 $\sum\limits_{n=1}^{\infty} v_n$ 收敛, 从而级数 $\sum\limits_{n=1}^{\infty} 2v_n$ 也收敛. 而 $u_n = 2v_n - |u_n|$, 由收敛级数的基本性质有

$$\sum_{n=1}^{\infty} u_n = \sum_{n=1}^{\infty} 2v_n - \sum_{n=1}^{\infty} |u_n|.$$

因此, $\sum\limits_{n=1}^{\infty} u_n$ 收敛. □

上述证明中引入的级数 $\sum\limits_{n=1}^{\infty} v_n$, 其一般项

$$v_n = \frac{1}{2}(u_n + |u_n|) = \begin{cases} u_n, & u_n > 0, \\ 0, & u_n \leqslant 0. \end{cases}$$

类似地, 令

$$w_n = \frac{1}{2}(|u_n| - u_n) = \begin{cases} 0, & u_n > 0, \\ -u_n, & u_n \leqslant 0. \end{cases}$$

如果级数 $\sum\limits_{n=1}^{\infty} u_n$ 绝对收敛, 则 $\sum\limits_{n=1}^{\infty} v_n$ 与 $\sum\limits_{n=1}^{\infty} w_n$ 均收敛, 并且 $\sum\limits_{n=1}^{\infty} u_n = \sum\limits_{n=1}^{\infty} v_n - \sum\limits_{n=1}^{\infty} w_n$. 如果

级数条件收敛, 则级数 $\sum_{n=1}^{\infty} v_n$ 与 $\sum_{n=1}^{\infty} w_n$ 均发散.

定理8.3.2说明, 对于一般级数 $\sum_{n=1}^{\infty} u_n$, 如果它绝对收敛, 则它收敛. 但要特别注意的是, 当级数 $\sum_{n=1}^{\infty} |u_n|$ 发散时, 我们不能断定级数 $\sum_{n=1}^{\infty} u_n$ 也发散. 但是, 如果我们应用达朗贝尔判别法和柯西判别法判定级数 $\sum_{n=1}^{\infty} |u_n|$ 为发散时, 我们可以断言级数 $\sum_{n=1}^{\infty} u_n$ 也发散. 这是因为利用达朗贝尔判别法和柯西判别法来判定正项级数 $\sum_{n=1}^{\infty} |u_n|$ 为发散时, 是由于这个级数的一般项 $|u_n|$ 不趋于零, 因此对于级数 $\sum_{n=1}^{\infty} u_n$, 它的一般项 u_n 当 $n \to \infty$ 时也不会趋于零, 所以级数 $\sum_{n=1}^{\infty} u_n$ 是发散的.

例 8.3.1　判别级数 $\sum_{n=1}^{\infty} (-1)^n \frac{x^n}{n} (x > 0)$ 的敛散性.

解　考察级数

$$\sum_{n=1}^{\infty} \left| (-1)^n \frac{x^n}{n} \right| = \sum_{n=1}^{\infty} \frac{x^n}{n}.$$

因为

$$\lim_{n \to \infty} \sqrt[n]{\frac{x^n}{n}} = \lim_{n \to \infty} \frac{x}{\sqrt[n]{n}} = x,$$

由柯西判别法知当 $x < 1$ 时级数 $\sum_{n=1}^{\infty} \frac{x^n}{n}$ 收敛, 而当 $x > 1$ 时级数发散.

因此可以断言:

当 $x < 1$ 时, 级数 $\sum_{n=1}^{\infty} (-1)^n \frac{x^n}{n}$ 绝对收敛.

当 $x > 1$ 时, 级数 $\sum_{n=1}^{\infty} (-1)^n \frac{x^n}{n}$ 发散.

而当 $x = 1$ 时, 级数 $\sum_{n=1}^{\infty} \left| (-1)^n \frac{1}{n} \right|$ 发散, 而 $\sum_{n=1}^{\infty} \frac{(-1)^n}{n}$ 收敛, 故为条件收敛. □

例 8.3.2　判定级数 $\sum_{n=1}^{\infty} \frac{\sin n\alpha}{n^2}$ 的敛散性.

解　因为 $\left| \frac{\sin n\alpha}{n^2} \right| \leqslant \frac{1}{n^2}$, 而级数 $\sum_{n=1}^{\infty} \frac{1}{n^2}$ 收敛, 所以 $\sum_{n=1}^{\infty} \left| \frac{\sin n\alpha}{n^2} \right|$ 收敛. 从而级数 $\sum_{n=1}^{\infty} \frac{\sin n\alpha}{n^2}$ 也收敛, 且绝对收敛. □

下面我们讨论绝对收敛级数的性质.

定理 8.3.3　绝对收敛级数 $\sum_{n=1}^{\infty} u_n$ 的**更序级数**(即改变一般项的位置后所构成的级数) $\sum_{n=1}^{\infty} u'_n$ 仍为绝对收敛级数, 且其和相同, 即 $\sum_{n=1}^{\infty} u_n = \sum_{n=1}^{\infty} u'_n$.

证明　(1) 我们先证明当 $\sum_{n=1}^{\infty} u_n$ 为收敛的正项级数的情形.

考虑更序级数 $\sum_{n=1}^{\infty} u'_n$ 的部分和 S'_k. 因为

$$u'_1 = u_{n_1}, u'_2 = u_{n_2}, \cdots, u'_k = u_{n_k},$$

取 n 大于所有 $n_1, n_2, \cdots, n_k$, 显然有

$$S'_k = u'_1 + u'_2 + \cdots + u'_k \leqslant u_1 + u_2 + u_3 + \cdots + u_n = S_n.$$

设正项级数 $\sum_{n=1}^{\infty} u_n$ 的和为 S, 则 $S_n \leqslant S$, 于是对一切 k 都有 $S'_k \leqslant S$. 根据正项级数收敛的基本定理, 更序级数 $\sum_{n=1}^{\infty} u'_n$ 也收敛. 设其和为 S'. 故有 $S' \leqslant S$.

另一方面, 级数 $\sum_{n=1}^{\infty} u_n$ 也可以看作级数 $\sum_{n=1}^{\infty} u'_n$ 的更序级数, 由刚才的讨论, 故有 $S \leqslant S'$, 因此 $S = S'$.

(2) 下面证明 $\sum_{n=1}^{\infty} u_n$ 为任意绝对收敛级数的情形. 令

$$v_n = \frac{1}{2}(|u_n| + u_n), \quad w_n = \frac{1}{2}(|u_n| - u_n), \quad (n = 1, 2, \cdots)$$

显然有 $0 \leqslant v_n \leqslant |u_n|$, $0 \leqslant w_n \leqslant |u_n|$. 因为 $\sum_{n=1}^{\infty} |u_n|$ 收敛, 所以级数 $\sum_{n=1}^{\infty} v_n$ 及级数 $\sum_{n=1}^{\infty} w_n$ 均收敛. 设 $\sum_{n=1}^{\infty} v_n = V$, $\sum_{n=1}^{\infty} w_n = W$. 因为

$$u_n = v_n - w_n, \qquad |u_n| = v_n + w_n.$$

所以

$$\sum_{n=1}^{\infty} u_n = V - W, \qquad \sum_{n=1}^{\infty} |u_n| = V + W.$$

由 (1) 已经证明的结论知道, $\sum_{n=1}^{\infty} |u_n|$ 的更序级数 $\sum_{n=1}^{\infty} |u'_n|$ 成立

$$\sum_{n=1}^{\infty} |u'_n| = V + W.$$

这就表明更序级数 $\sum\limits_{n=1}^{\infty} u_n'$ 是绝对收敛的.

再设 $\sum\limits_{n=1}^{\infty} v_n'$ 和 $\sum\limits_{n=1}^{\infty} w_n'$ 分别为级数 $\sum\limits_{n=1}^{\infty} v_n$ 和 $\sum\limits_{n=1}^{\infty} w_n$ 的相应的更序级数. 由 (1) 的结论知道

$$\sum_{n=1}^{\infty} v_n' = \sum_{n=1}^{\infty} v_n = V, \quad \sum_{n=1}^{\infty} w_n' = \sum_{n=1}^{\infty} w_n = W.$$

而 $u_n' = v_n' - w_n'$, 所以

$$\sum_{n=1}^{\infty} u_n' = \sum_{n=1}^{\infty} (v_n' - w_n') = V - W = \sum_{n=1}^{\infty} u_n.$$

这样就证明了定理. □

注　对于绝对收敛的级数, 可以任意交换其各项的次序, 而不影响它的和, 这与有限项相加之和的性质相同. 但这个定理对条件收敛级数而言, 却不一定成立. 例如, 级数 $\sum\limits_{n=1}^{\infty} (-1)^{n+1}\dfrac{1}{n}$ 是条件收敛的, 设其和为 S, 考虑该级数的一个更序级数

$$1 - \frac{1}{2} - \frac{1}{4} + \frac{1}{3} - \frac{1}{6} - \frac{1}{8} + \cdots + \frac{1}{2k-1} - \frac{1}{4k-2} - \frac{1}{4k} + \cdots.$$

分别用 S_n 和 σ_n 表示这两个级数的部分和, 则

$$\begin{aligned}\sigma_{3m} &= \sum_{k=1}^{m} \left(\frac{1}{2k-1} - \frac{1}{4k-2} - \frac{1}{4k} \right) = \frac{1}{2} \sum_{k=1}^{m} \left(\frac{1}{2k-1} - \frac{1}{2k} \right) \\ &= \frac{1}{2} S_{2m} \to \frac{1}{2} S \quad (m \to +\infty).\end{aligned}$$

又不难得到

$$\begin{aligned}\sigma_{3m+1} &= \sigma_{3m} + \frac{1}{2m+1} \to \frac{1}{2} S \quad (m \to +\infty). \\ \sigma_{3m+2} &= \sigma_{3m} + \frac{1}{2m+1} - \frac{1}{4m+2} \to \frac{1}{2} S \quad (m \to +\infty).\end{aligned}$$

因此, 我们有 $\lim\limits_{n \to \infty} \sigma_n = \dfrac{1}{2} S$, 即更序级数收敛于 $\dfrac{S}{2}$.

在给出绝对收敛级数的另一个性质前, 我们来讨论级数的乘法运算.

设级数 $\sum\limits_{n=1}^{\infty} u_n$ 和 $\sum\limits_{n=1}^{\infty} v_n$ 都收敛, 仿照有限项之和相乘的规则, 作出这两个级数的项所有可能的乘积 $u_i v_j (i, j = 1, 2, \cdots)$, 这些乘积是

$$
\begin{array}{c}
u_1v_1, u_1v_2, u_1v_3, \cdots, u_1v_j, \cdots, \\
u_2v_1, u_2v_2, u_2v_3, \cdots, u_2v_j, \cdots, \\
u_3v_1, u_3v_2, u_3v_3, \cdots, u_3v_j, \cdots, \\
\cdots\cdots \\
u_iv_1, u_iv_2, u_iv_3, \cdots, u_iv_j, \cdots, \\
\cdots\cdots
\end{array}
$$

这些乘积可以用很多的方式将它们排列成一个数列, 例如可以按 “对角线法” 或按 “正方形法” 将它们排列成下面形状的数列.

对角线法

$$
\begin{array}{ccccccccc}
u_1v_1 & & u_1v_2 & & u_1v_3 & & u_1v_4 & & \cdots, \\
 & \swarrow & & \swarrow & & \swarrow & & & \\
u_2v_1 & & u_2v_2 & & u_2v_3 & & u_2v_4 & & \cdots, \\
 & \swarrow & & \swarrow & & \swarrow & & & \\
u_3v_1 & & u_3v_2 & & u_3v_3 & & u_3v_4 & & \cdots, \\
 & \swarrow & & \swarrow & & \swarrow & & \swarrow & \\
u_4v_1 & & u_4v_2 & & u_4v_3 & & u_4v_4 & & \cdots, \\
 & \swarrow & & \swarrow & & \swarrow & & \swarrow & \\
\cdots & & \cdots & & \cdots & & \cdots & & \cdots.
\end{array}
$$

正方形法

$$
\begin{array}{c|c|c|c|l}
u_1v_1 & u_1v_2 & u_1v_3 & u_1v_4 & \cdots, \\
\cline{1-1}
u_2v_1 & u_2v_2 & u_2v_3 & u_2v_4 & \cdots, \\
\cline{1-2}
u_3v_1 & u_3v_2 & u_3v_3 & u_3v_4 & \cdots, \\
\cline{1-3}
u_4v_1 & u_4v_2 & u_4v_3 & u_4v_4 & \cdots, \\
\cline{1-4}
\cdots & \cdots & \cdots & \cdots & \cdots.
\end{array}
$$

对角线法: $u_1v_1; u_1v_2, u_2v_1; u_1v_3, u_2v_2, u_3v_1; \cdots$.

正方形法: $u_1v_1; u_1v_2, u_2v_2, u_2v_1; u_1v_3, u_2v_3, u_3v_3, u_3v_2, u_3v_1; \cdots$.

将上面排好的数列用加号相连, 就得到一个无穷级数. 我们称按 “对角线法” 排列所组成的级数

$$u_1v_1 + (u_1v_2 + u_2v_1) + \cdots + (u_1v_n + u_2v_{n-1} + \cdots + u_nv_1) + \cdots$$

为两级数 $\sum\limits_{n=1}^{\infty} u_n$ 和 $\sum\limits_{n=1}^{\infty} v_n$ 的**柯西乘积**.

定理 8.3.4 (柯西定理)　若级数 $\sum\limits_{n=1}^{\infty} u_n$ 和 $\sum\limits_{n=1}^{\infty} v_n$ 皆绝对收敛, 其和分别为 s 和 σ. 则它们各项之积 $u_iv_j(i, j = 1, 2, 3\cdots)$ 按照任何方法排列所构成的级数也绝对收敛, 且其和为 $s\sigma$.

证明　用 $w_1, w_2, w_3, \cdots, w_n, \cdots$ 来表示按某一种次序排列 $u_iv_j(i, j = 1, 2, 3, \cdots)$ 所成的一个数列. 考虑级数

$$|w_1| + |w_2| + \cdots + |w_n| + \cdots.$$

设 s_n^* 是它的部分和

$$s_n^* = \sum_{k=1}^{n} |\, w_k \,| = \sum_{k=1}^{n} |\, u_{n_k} v_{m_k} \,|.$$

记

$$\mu = \max(n_1, n_2, \cdots, n_n, m_1, m_2, \cdots, m_n).$$

又记

$$U_\mu^* = |\, u_1 \,| + |\, u_2 \,| + \cdots + |\, u_\mu \,|,$$
$$V_\mu^* = |\, v_1 \,| + |\, v_2 \,| + \cdots + |\, v_\mu \,|.$$

由于 $\sum\limits_{n=1}^{\infty} u_n$ 和 $\sum\limits_{n=1}^{\infty} v_n$ 皆绝对收敛. 设 $U^* = \sum\limits_{n=1}^{\infty} |\, u_n \,|$, $V^* = \sum\limits_{n=1}^{\infty} |v_n|$, 则有 $U_\mu^* \leqslant U^*$, $V_\mu^* \leqslant V^*$, 从而有

$$\begin{aligned} s_n^* &= |\, u_{n_1} v_{m_1} \,| + |\, u_{n_2} v_{m_2} \,| + \cdots + |\, u_{n_n} v_{m_n} \,| \\ &\leqslant (|\, u_1 \,| + |\, u_2 \,| + \cdots + |\, u_\mu \,|)(|\, v_1 \,| + |\, v_2 \,| + \cdots + |\, v_\mu \,|) \\ &= U_\mu^* V_\mu^* \leqslant U^* V^*. \end{aligned}$$

由正项级数收敛的基本定理, 知 $\sum\limits_{n=1}^{\infty} |\, w_n \,|$ 收敛, 即 $\sum\limits_{n=1}^{\infty} w_n$ 绝对收敛. 因此级数 $\sum\limits_{n=1}^{\infty} w_n$ 的更序级数 $\sum\limits_{n=1}^{\infty} w'_n$ 也绝对收敛, 并且它们的和数相同, 也即 $\sum\limits_{n=1}^{\infty} w_n = \sum\limits_{n=1}^{\infty} w'_n$. 也就是说, 由 $u_i v_j (i, j = 1, 2, \cdots)$ 按任何方式排列所构成的级数都绝对收敛, 并且都收敛于同一和数.

下面再证明这个和数就是 $s\sigma$.

考虑由正方形法排列所构成的级数, 并加括号如下

$$\begin{aligned} \sum_{n=1}^{\infty} a_n = & u_1 v_1 + (u_1 v_2 + u_2 v_2 + u_2 v_1) \\ & + (u_1 v_3 + u_2 v_3 + u_3 v_3 + u_3 v_2 + u_3 v_1) + \cdots. \end{aligned}$$

由收敛级数的性质知, 加括号后并不影响和的数值.

设 $\sum\limits_{n=1}^{\infty} a_n$ 的部分和为 A_n, 则 $A_n = s_n \sigma_n$ 于是

$$\lim_{n\to\infty} A_n = \lim_{n\to\infty} (s_n \sigma_n) = s \cdot \sigma.$$

即 $\sum\limits_{n=1}^{\infty} a_n = s \cdot \sigma$. 因此 $\sum\limits_{n=1}^{\infty} w_n = s \cdot \sigma$. □

下面我们给出两个有效的任意项级数收敛性的判别法 (略去证明) .

定理 8.3.5 (阿贝尔判别法) 如果:

(1) 级数 $\sum_{n=1}^{\infty} b_n$ 收敛;

(2) 数列 $\{a_n\}$ 单调有界,

则级数 $\sum_{n=1}^{\infty} a_n b_n$ 收敛.

定理 8.3.6 (狄利克莱判别法) 如果:

(1) 级数 $\sum_{n=1}^{\infty} b_n$ 的部分和数列有界;

(2) 数列 $\{a_n\}$ 单调趋于零,

则级数 $\sum_{n=1}^{\infty} a_n b_n$ 收敛.

例 8.3.3 证明级数 $\sum_{n=1}^{\infty} \frac{\cos n}{n}$ 收敛而级数 $\sum_{n=1}^{\infty} \frac{\cos^2 n}{n}$ 发散.

证明 因为数列 $\left\{\frac{1}{n}\right\}$ 单调趋于零, 而

$$\begin{aligned}\left|\sum_{k=1}^{n} \cos k\right| &= \frac{1}{2\sin\frac{1}{2}}\left|\sum_{k=1}^{n} 2\cos k \sin\frac{1}{2}\right| \\ &= \frac{1}{2\sin\frac{1}{2}}\left|\sum_{k=1}^{n}\left(\sin\frac{2k+1}{2} - \sin\frac{2k-1}{2}\right)\right| \\ &= \frac{1}{2\sin\frac{1}{2}}\left|\sin\frac{2n+1}{2} - \sin\frac{1}{2}\right| \leqslant \frac{1}{\sin\frac{1}{2}},\end{aligned}$$

故级数 $\sum_{n=1}^{\infty} \cos n$ 的部分和有界. 由狄利克莱判别法知级数 $\sum_{n=1}^{\infty} \frac{\cos n}{n}$ 收敛.

因为

$$\sum_{n=1}^{\infty} \frac{\cos^2 n}{n} = \sum_{n=1}^{\infty} \frac{1}{2n} + \sum_{n=1}^{\infty} \frac{\cos 2n}{2n}.$$

与上面的证明类似, 可以知道级数 $\sum_{n=1}^{\infty} \frac{\cos 2n}{2n}$ 收敛, 而级数 $\sum_{n=1}^{\infty} \frac{1}{2n}$ 发散. 一个发散级数与一个收敛级数逐项相加所得的级数 $\sum_{n=1}^{\infty} \frac{\cos^2 n}{n}$ 必发散. □

习题 8.3

1. 判断下列级数是否收敛? 条件收敛还是绝对收敛?

(1) $\frac{1}{2}-\frac{3}{10}+\frac{1}{2^2}-\frac{3}{10^3}+\frac{1}{2^3}-\frac{3}{10^5}+\cdots$;　(2) $1-\frac{1}{2}+\frac{1}{3!}-\frac{1}{4}+\frac{1}{5!}-\cdots$;

(3) $\sum_{n=2}^{\infty}(-1)^{n-1}\frac{\ln n}{n}$;　(4) $\sum_{n=1}^{\infty}(-1)^{n-1}\frac{n^3}{2^n}$;

(5) $\sum_{n=1}^{\infty}(-1)^{n+1}\frac{n}{(n+1)^2}$;　(6) $\sum_{n=2}^{\infty}(-1)^{n}\frac{1}{n\ln n}$;

(7) $\sum_{n=1}^{\infty}(-1)^{n}\sin\frac{x}{n}(x\neq 0)$;　(8) $\sum_{n=1}^{\infty}\sin(\pi\sqrt{n^2+1})$;

(9) $\sum_{n=2}^{\infty}(\frac{1}{\sqrt{n}-1}-\frac{1}{\sqrt{n}+1})$;　(10) $\sum_{n=1}^{\infty}\frac{(-1)^{n-1}}{n^p}$;

(11) $\sum_{n=1}^{\infty}(-1)^{n}\frac{1\cdot 3\cdots(2n-1)}{2\cdot 4\cdots(2n)}$;　(12) $\sum_{n=1}^{\infty}(-1)^{n+1}\frac{n!}{3^{n^2}}$.

2. 已知级数 $\sum_{n=1}^{\infty}u_n$ 收敛, 证明级数 $\sum_{n=1}^{\infty}\frac{u_n}{n^p}(p>0)$ 与 $\sum_{n=1}^{\infty}\frac{n}{n+1}u_n$ 均收敛.

3. 证明: 将收敛级数 $\sum_{n=1}^{\infty}\frac{(-1)^{n-1}}{\sqrt{n}}$ 重排后的级数

$$1+\frac{1}{\sqrt{3}}-\frac{1}{\sqrt{2}}+\cdots+\frac{1}{\sqrt{4k-3}}+\frac{1}{\sqrt{4k-1}}-\frac{1}{\sqrt{2k}}+\cdots$$

发散 (提示: 先证明 $\sum_{k=1}^{\infty}u_k$ 发散, 其中 $u_k=\frac{1}{\sqrt{4k-3}}+\frac{1}{\sqrt{4k-1}}-\frac{1}{\sqrt{2k}}$).

4. 设级数 $\sum_{n=1}^{\infty}u_n$ 收敛, 且 $\lim_{n\to\infty}\frac{v_n}{u_n}=1$, 问级数 $\sum_{n=1}^{\infty}v_n$ 是否也收敛? 试说明理由.

8.4　函数项级数

8.4.1　函数项级数的收敛与一致收敛

前面我们讨论了常数项级数, 即级数的每一项都是常数, 这一节我们将讨论函数项级数, 即级数的每一项都是 x 的函数. 如果给定一个定义在区间 I 上的函数列

$$u_1(x),u_2(x),u_3(x),\cdots,u_n(x),\cdots,$$

则形式和

$$\sum_{n=1}^{\infty}u_n(x)=u_1(x)+u_2(x)+u_3(x)+\cdots+u_n(x)+\cdots \tag{8.4.1}$$

称为定义在区间 I 上的**函数项级数**.

对于每一个确定的值 $x_0\in I$, 函数项级数 (8.4.1) 成为常数项级数.

$$u_1(x_0)+u_2(x_0)+u_3(x_0)+\cdots+u_n(x_0)+\cdots. \tag{8.4.2}$$

如果常数项级数 (8.4.2) 收敛, 则称函数项级数 (8.4.1)**在 x_0 收敛**, 点 x_0 称为函数项级数 (8.4.1) 的**收敛点**. 如果级数 (8.4.2) 发散, 就称点 x_0 是函数项级数 (8.4.1) 的**发散点**. 函数项级数(8.4.1) 收敛点的全体称为它的**收敛域**, 发散点的全体称为它的**发散域**.

对于收敛域内的任一点 x, 函数项级数成为一收敛的常数项级数, 因而有一确定的和数 S. 这样, 在收敛域上, 函数项级数的和是 x 的函数 $S(x)$, 通常称 $S(x)$ 为函数项级数的和函数. 级数 (8.4.1) 的收敛域就是这个函数的定义域, 并写成

$$S(x)=u_1(x)+u_2(x)+u_3(x)+\cdots+u_n(x)+\cdots.$$

记函数项级数 (8.4.1) 前 n 项的部分和为 $S_n(x)$, 则在收敛域上有

$$\lim_{n\to\infty} S_n(x)=S(x).$$

这时称

$$r_n(x)=S(x)-S_n(x)=\sum_{k=n+1}^{\infty} u_k(x)$$

为级数 $\sum\limits_{n=1}^{\infty} u_n(x)$ 的余项, 并有 $\lim\limits_{n\to\infty} r_n(x)=0$.

例 8.4.1 函数项级数

$$\sum_{n=0}^{\infty} x^n=1+x+x^2+\cdots+x^n+\cdots$$

中每一项在区间 $(-\infty,+\infty)$ 上有定义, 但该函数项级数的收敛域为 $(-1,1)$, 在收敛域内, 其和函数为 $\dfrac{1}{1-x}$. 即

$$1+x+x^2+\cdots+x^n+\cdots=\frac{1}{1-x}\quad(-1<x<1).$$

例 8.4.2 求级数

$$x+(x^2-x)+(x^3-x^2)+\cdots+(x^n-x^{n-1})+\cdots$$

的收敛域与和函数.

解 级数的前 n 项的部分和为

$$S_n(x)=x^n,\qquad x\in\mathbf{R}.$$

当 $|x|>1$ 时, $S_n(x)=x^n\to\infty(n\to\infty)$.

当 $x=-1$ 时, $S_n(-1)=(-1)^n$, 当 $n\to\infty$ 时, 无极限.

当 $|x|<1$ 时, $\lim\limits_{n\to\infty} S_n(x) = \lim\limits_{n\to\infty} x^n = 0$.

当 $x=1$ 时, $S_n(1)=1$, 从而 $\lim\limits_{n\to\infty} S_n(1) = 1$.

所以, 级数的收敛域为 $(-1,1]$, 和函数为 $S(x)=\begin{cases} 0, & -1<x<1, \\ 1, & x=1. \end{cases}$ □

从这个例子, 我们看到, 级数 $x+\sum\limits_{n=2}^{\infty}(x^n-x^{n-1})$ 中的每一项在实数域上都是连续函数, 但其和函数 $S(x)$ 在其定义域 $(-1,1]$ 上并不连续. 我们还可以举出这样的例子, 函数项级数的每一项的导数或积分所成级数的和不等于它的和函数的导数或积分.

这些说明利用级数进行这些运算时, 还需特别慎重, 不然就会导致错误的结果. 然而对什么级数, 能够从每一项的连续性得出和函数的连续性, 或从和函数的导数或积分得出每一项导数或积分所成级数的和呢? 要回答这个问题, 就需要引入下面的函数项级数的一致收敛的概念.

设函数项级数

$$u_1(x)+u_2(x)+\cdots+u_n(x)+\cdots$$

在区间 I 上收敛于和函数 $S(x)$. 这就意味着对于区间 I 上的每一个值 x_0, 数项级数 $\sum\limits_{n=1}^{\infty} u_n(x_0)$ 收敛于 $S(x_0)$, 即部分和数列 $S_n(x_0)=\sum\limits_{i=1}^{n} u_i(x_0)$ 收敛于 $S(x_0)\,(n\to\infty)$. 根据数列极限的定义, 对于任意给定的 $\varepsilon>0$ 以及区间 I 上的每一个固定点 x_0, 都存在一个正整数 N, 使得当 $n>N$ 时, 有

$$|S(x_0)-S_n(x_0)|<\varepsilon.$$

即

$$|r_n(x_0)| = \left|\sum_{i=n+1}^{\infty} u_i(x_0)\right| < \varepsilon.$$

这个数 N 一般来说不仅依赖于 ε, 而且也依赖于 x_0, 我们记它为 $N(x_0,\varepsilon)$. 如果对于某一函数项级数能够得到这样一个正整数 N, 它只依赖于 ε 而不依赖于 x_0, 也就是对于区间 I 上的每一个点 x_0 都适用的 $N=N(\varepsilon)$. 对这类函数项级数, 我们称之为一致收敛, 这就是下面的定义.

定义 8.4.1 (函数项级数的一致收敛性)　设有函数项级数 $\sum\limits_{n=1}^{\infty} u_n(x)$. 如果对于任意给定的正数 ε, 都存在一个只依赖于 ε 的自然数 N, 使得当 $n>N$ 时, 对于区间 I 上的一切 x, 都有不等式

$$|\,r_n(x)\,| = |\,S(x)-S_n(x)\,| < \varepsilon$$

成立, 则称函数项级数 $\sum_{n=1}^{\infty} u_n(x)$ 在区间 I 上**一致收敛**于 $S(x)$, 也称函数列 $\{S_n(x)\}$ 在区间 I 上一致收敛于 $S(x)$.

$\{S_n(x)\}$ 在区间 I 上一致收敛于 $S(x)$ 的几何意义: 当 $n > N$ 时, 在区间 I 上所有曲线 $y = S_n(x)$ 将位于曲线

$$y = S(x) + \varepsilon$$

与

$$y = S(x) - \varepsilon$$

之间 (见图 8.1).

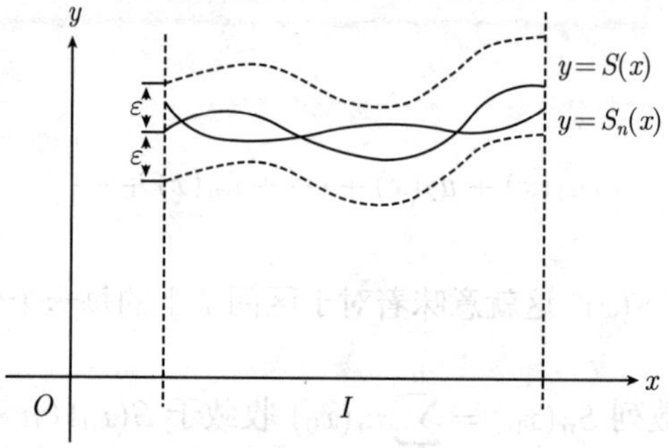

图 8.1

例 8.4.3 讨论下列函数项级数在所给区间是否一致收敛.

(1) $\frac{1}{x+1} + \left(\frac{1}{x+2} - \frac{1}{x+1}\right) + \cdots + \left(\frac{1}{x+n} - \frac{1}{x+n-1}\right) + \cdots, 0 \leqslant x < +\infty$;

(2) $x + (x^2 - x) + \cdots + (x^n - x^{n-1}) + \cdots, 0 < x < 1$.

解 (1) 级数的前 n 项的和 $S_n(x) = \frac{1}{x+n}$, 因此级数的和

$$S(x) = \lim_{n\to\infty} S_n(x) = \lim_{n\to\infty} \frac{1}{x+n} = 0 \quad (0 \leqslant x < +\infty),$$

于是

$$|r_n(x)| = |S(x) - S_n(x)| = \frac{1}{x+n} \leqslant \frac{1}{n} \quad (0 \leqslant x < +\infty).$$

对于任给 $\varepsilon > 0$, 取正整数 $N = \left[\frac{1}{\varepsilon}\right] + 1$, 则当 $n > N$ 时, 对于区间 $[0, +\infty)$ 上的任何 x 都有

$$|r_n(x)| < \varepsilon.$$

因此, 所给函数项级数在区间 $[0, +\infty)$ 上一致收敛于和函数 $S(x) \equiv 0$.

(2) 级数的前 n 项的和 $S_n(x) = x^n$, 因此级数的和

$$S(x)=\lim_{n\to\infty}S_n(x)=\lim_{n\to\infty}x^n=0\quad(0<x<1),$$

即所给级数在区间 $(0,1)$ 内收敛于 $S(x)\equiv 0$, 但并不一致收敛. 事实上对于任意一个正整数 n, 取

$$x_n=\frac{1}{\sqrt[n]{2}}\in(0,1).$$

于是

$$S_n(x_n)=x_n^n=\frac{1}{2},|\,r_n(x_n)\,|=|\,S(x_n)-S_n(x_n)\,|=\frac{1}{2},$$

所以, 对于 $0<\varepsilon<\dfrac{1}{2}$, 不论 n 多大, 在 $(0,1)$ 内总存在这样的点 x_n, 使得 $|\,r_n(x_n)\,|>\varepsilon$, 因此所给级数在 $(0,1)$ 内不一致收敛. 这表明虽然函数列 $S_n(x)=x^n$ 在 $(0,1)$ 内处处收敛于 $S(x)\equiv 0$, 但 $S_n(x)$ 在 $(0,1)$ 内各点收敛于零的快慢程度是不一致的. 事实上, 要使 $|\,r_n(x)\,|=|S(x)-S_n(x)|=x^n<\varepsilon$, 可取 $N=\left[\dfrac{\ln\varepsilon}{\ln x}\right]$, 这个 N 依赖于 x. 但可以证明级数在 $[0,C](0<C<1)$ 上是一致收敛的. □

上述例子说明一致收敛性与所讨论的区间有关. 下面介绍一个一致收敛的判别法.

定理 8.4.1 (魏尔斯特拉斯 (Weierstrass†) 判别法) 如果函数项级数 $\sum\limits_{n=1}^{\infty}u_n(x)$ 满足: $|u_n(x)|\leqslant a_n(x\in I,n=1,2,\cdots)$, 且正项级数 $\sum\limits_{n=1}^{\infty}a_n$ 收敛, 则函数项级数 $\sum\limits_{n=1}^{\infty}u_n(x)$ 在区间 I 上一致收敛.

证明 由柯西收敛原理知对任意给定的 $\varepsilon>0$, 存在正整数 N, 使得当 $n>N$ 时, 对任意的正整数 p, 都有

$$a_{n+1}+a_{n+2}+\cdots+a_{n+p}<\frac{\varepsilon}{2}.$$

从而, 对任何 $x\in I$, 都有

$$\begin{aligned}&|\,u_{n+1}(x)+u_{n+2}(x)+\cdots+u_{n+p}(x)\,|\\ \leqslant\;&|\,u_{n+1}(x)\,|+|\,u_{n+2}(x)\,|+\cdots+|\,u_{n+p}(x)\,|\\ \leqslant\;&a_{n+1}+a_{n+2}+\cdots+a_{n+p}<\frac{\varepsilon}{2}.\end{aligned}$$

令 $p\to\infty$, 则得

$$|\,r_n(x)\,|\leqslant\frac{\varepsilon}{2}<\varepsilon.$$

因此函数项级数 $\sum\limits_{n=1}^{\infty}u_n(x)$ 在区间 I 上一致收敛. □

† 魏尔斯特拉斯 (Weierstrass K, 1815~1897), 德国数学家.

定理中的级数 $\sum_{n=1}^{\infty} a_n$ 称为函数项级数 $\sum_{n=1}^{\infty} u_n(x)$ 的**强级数**. 所以该判别法又称**强级数判别法**.

例 8.4.4 证明级数 $\sum_{n=1}^{\infty} 2^n \sin\frac{1}{3^n(1+x^2)}$ 在 $(-\infty,+\infty)$ 内一致收敛.

证明 因为在 $(-\infty,+\infty)$ 内有

$$\left|2^n \sin\frac{1}{3^n(1+x^2)}\right| \leqslant 2^n \frac{1}{3^n(1+x^2)} \leqslant \left(\frac{2}{3}\right)^n,$$

而级数 $\sum_{n=1}^{\infty}\left(\frac{2}{3}\right)^n$ 收敛, 所以级数 $\sum_{n=1}^{\infty} 2^n \sin\frac{1}{3^n(1+x^2)}$ 在 $(-\infty,+\infty)$ 内一致收敛. □

8.4.2 一致收敛级数的性质*

一致收敛级数有以下基本性质.

定理 8.4.2 如果函数项级数 $\sum_{n=1}^{\infty} u_n(x)$ 在 $[a,b]$ 上一致收敛, 且每一项 $u_n(x)(n=1,2,\cdots)$ 在 $[a,b]$ 上都连续, 则其和函数 $S(x)=\sum_{n=1}^{\infty} u_n(x)$ 在 $[a,b]$ 上也连续.

证明 因为 $\sum_{n=1}^{\infty} u_n(x)$ 在 $[a,b]$ 上一致收敛, 所以对于任意给定的 $\varepsilon>0$, 存在正整数 $N=N(\varepsilon)$, 使得当 $n>N$ 时, 对 $[a,b]$ 上的一切 x 都有

$$|S(x)-S_n(x)|=|r_n(x)|<\frac{\varepsilon}{3}.$$

故对于 $[a,b]$ 上一个固定的点 x_0, 也有 $|r_n(x_0)|<\frac{\varepsilon}{3}$. 对于选定的 N, $S_{N+1}(x)$ 为在点 x_0 连续的函数, 故对于上面给定的 $\varepsilon>0$, 存在 $\delta>0$, 使得当 $|x-x_0|<\delta$ 时, 有

$$|S_{N+1}(x)-S_{N+1}(x_0)|<\frac{\varepsilon}{3},$$

因此, 当 $|x-x_0|<\delta$ 时恒有

$$\begin{aligned}|S(x)-S(x_0)| \leqslant & |S(x)-S_{N+1}(x)|+|S(x_0)-S_{N+1}(x_0)| \\ & +|S_{N+1}(x)-S_{N+1}(x_0)|<\frac{\varepsilon}{3}+\frac{\varepsilon}{3}+\frac{\varepsilon}{3}=\varepsilon.\end{aligned}$$

故 $S(x)$ 在点 x_0 处连续. 由 x_0 的任意性知, $S(x)$ 在 $[a,b]$ 上连续. □

注 从定理的证明可以看到, 将定理中的闭区间换成开区间或半开半闭的区间, 定理依然成立.

定理 8.4.3 如果级数 $\sum_{n=1}^{\infty} u_n(x)$ 的各项 $u_n(x)$ 在区间 $[a,b]$ 上连续, 且 $\sum_{n=1}^{\infty} u_n(x)$ 在 $[a,b]$ 上一致收敛于 $S(x)$, 则级数 $\sum_{n=1}^{\infty} u_n(x)$ 在 $[a,b]$ 上可以逐项积分, 即

$$\int_a^b S(x)\,\mathrm{d}x = \sum_{n=1}^{\infty}\int_a^b u_n(x)\,\mathrm{d}x.$$

证明　因为 $\sum\limits_{n=1}^{\infty} u_n(x)$ 在 $[a,b]$ 上一致收敛, 由定理8.4.2知 $S(x)$ 在 $[a,b]$ 上连续. 因此 $\int_a^b S(x)\,\mathrm{d}x$ 存在. 再由 $\sum\limits_{n=1}^{\infty} u_n(x)$ 的一致收敛性知, 对于任意给定的 $\varepsilon>0$, 存在 $N>0$, 使得当 $n>N$ 时, 有

$$|\,S(x)-S_n(x)\,| < \frac{\varepsilon}{b-a} \qquad (x\in[a,b])$$

因此, 当 $n>N$ 时有

$$\left|\int_a^b S(x)\,\mathrm{d}x - \sum_{k=1}^{n}\int_a^b u_k(x)\,\mathrm{d}x\right| = \left|\int_a^b S(x)\,\mathrm{d}x - \int_a^b S_n(x)\,\mathrm{d}x\right|$$
$$\leqslant \int_a^b |\,S(x)-S_n(x)\,|\,\mathrm{d}x < \frac{\varepsilon}{b-a}(b-a) = \varepsilon.$$

由极限的定义, 有

$$\int_a^b S(x)\,\mathrm{d}x = \lim_{n\to\infty}\sum_{k=1}^{n}\int_a^b u_k(x)\,\mathrm{d}x = \sum_{n=1}^{\infty}\int_a^b u_n(x)\,\mathrm{d}x.$$

□

定理 8.4.4　如果函数项级数 $\sum\limits_{n=1}^{\infty} u_n(x)$ 在区间 $[a,b]$ 上收敛于 $S(x)$, $u_n(x)$ 的导函数 $u_n'(x)(n=1,2,\cdots)$ 在 $[a,b]$ 上连续, 并且级数 $\sum\limits_{n=1}^{\infty} u_n'(x)$ 在 $[a,b]$ 上一致收敛, 则和函数 $S(x)$ 在 $[a,b]$ 上可导, 且可逐项求导, 即

$$S'(x) = \sum_{n=1}^{\infty} u_n'(x), \qquad x\in[a,b],$$

并且 $S'(x)$ 也在 $[a,b]$ 上连续.

证明　设级数 $\sum\limits_{n=1}^{\infty} u_n'(x)$ 的和函数为 $\varphi(x)$, 即

$$\varphi(x) = \sum_{n=1}^{\infty} u_n'(x), \qquad x\in[a,b]$$

在 $[a,b]$ 上任取一点 x, 由 $\sum\limits_{n=1}^{\infty} u_n'(x)$ 的一致收敛性及定理8.4.3知, 级数 $\sum\limits_{n=1}^{\infty} u_n'(x)$ 在区间 $[a,x]$ 上可逐项积分, 即

$$\int_a^x \varphi(t)\,\mathrm{d}t = \sum_{n=1}^{\infty}\int_a^x u_n'(t)\,\mathrm{d}t = \sum_{n=1}^{\infty}[u_n(x)-u_n(a)]$$
$$= \sum_{n=1}^{\infty} u_n(x) - \sum_{n=1}^{\infty} u_n(a) = S(x) - S(a).$$

再由 $u_n'(x)$ 的连续性知 $\varphi(x)$ 在 $[a,b]$ 上连续. 因此

$$S'(x) = \varphi(x) = \sum_{n=1}^{\infty} u_n'(x) \quad (a \leqslant x \leqslant b).$$

□

例 8.4.5 证明

$$\ln(1+x) = \sum_{n=1}^{\infty}(-1)^{n+1}\frac{x^n}{n} \qquad (-1<x<1).$$

证明 显然, 级数 $\sum\limits_{n=1}^{\infty}(-1)^n\frac{x^n}{n}$ 在 $(-1,1)$ 内收敛. 设其和函数为 $S(x)$.

考虑级数通项的导数所组成的级数

$$\sum_{n=1}^{\infty}\left[(-1)^{n+1}\frac{x^n}{n}\right]' = \sum_{n=1}^{\infty}(-1)^{n-1}x^{n-1} = \sum_{n=0}^{\infty}(-x)^n.$$

这个级数在 $(-1,1)$ 内不一致收敛, 为了应用定理 8.4.4, 我们考虑区间 $[-a,a]$$(0<a<1)$. 显然 $\sum\limits_{n=0}^{\infty}(-x)^n$ 在 $[-a,a]$ 上一致收敛, 因此, 由定理 8.4.4 有

$$S'(x) = \sum_{n=1}^{\infty}\left[(-1)^{n+1}\frac{x^n}{n}\right]' = \sum_{n=0}^{\infty}(-x)^n = \frac{1}{1+x}, \quad x\in[-a,a]$$

从而在 $[-a,a]$ 上有

$$S(x) - S(0) = \int_0^x S'(t)\,\mathrm{d}t = \int_0^x \frac{1}{1+t}\,\mathrm{d}t = \ln(1+x).$$

但 $S(0)=0$, 所以 $S(x)=\ln(1+x)$.

再由 a 的任意性知在 $(-1,1)$ 内都有

$$S(x) = \ln(1+x).$$

□

习题 8.4

1. 求下列级数的收敛域:

(1) $\sum\limits_{n=1}^{\infty}(\ln x)^n$;　(2) $\sum\limits_{n=1}^{\infty}\frac{1}{2n-1}\left(\frac{1-x}{1+x}\right)^n$;　(3) $\sum\limits_{n=1}^{\infty}x^n\sin\frac{\pi}{4^n}$.

2. 讨论下列函数列在所示区域内的一致收敛性:

(1) $f_n(x)=\sqrt{x^2+\dfrac{1}{n^2}}$, $\quad -\infty<x<+\infty$;

(2) $f_n(x)=x^n-x^{2n}$, $\quad 0\leqslant x\leqslant 1$;

(3) $f_n(x)=\sin\dfrac{x}{n}$, $\quad$ (i) $-l<x<l$, (ii) $-\infty<x<+\infty$;

(4) $f_n(x)=\dfrac{n^2x}{1+n^2x}$, $\quad 0<x<1$.

3. 讨论下列级数的一致收敛性:

(1) $\sum\limits_{n=0}^{\infty}(1-x)x^n \quad (0\leqslant x\leqslant 1)$;

(2) $\sum\limits_{n=1}^{\infty}(-1)^n\dfrac{\sqrt{n}}{x^2+n^2} \quad (-\infty<x<+\infty)$;

(3) $\sum\limits_{n=1}^{\infty}\dfrac{(-1)^{n-1}x^2}{(1+x^2)^n} \quad (-\infty<x<+\infty)$;

(4) $\sum\limits_{n=1}^{\infty}\dfrac{\sin nx}{\sqrt[3]{n^4+x^4}} \quad (-\infty<x<+\infty)$;

(5) $\sum\limits_{n=1}^{\infty}\dfrac{x}{1+4n^4x^2} \quad (-\infty<x<+\infty)$;

(6) $\sum\limits_{n=1}^{\infty}\dfrac{(-1)^n(1-\mathrm{e}^{-nx})}{n^2+x^2} \quad (0\leqslant x<\infty)$.

4. 试证明级数 $\sum\limits_{n=1}^{\infty}\dfrac{\ln(1+nx)}{nx^n}$ 在任何区间 $[1+\alpha,+\infty)$ 内一致收敛 $(\alpha>0)$.

8.5 幂 级 数

下面我们讨论一类特殊的函数项级数: **幂级数**, 即函数项级数的通项是 $(x-x_0)$ 的幂函数 $a_n(x-x_0)^n$, 也就是它具有形式

$$\sum_{n=0}^{\infty}a_n(x-x_0)^n=a_0+a_1(x-x_0)+a_2(x-x_0)^2+\cdots.$$

幂级数是最简单的函数项级数, 它具有一些特殊的性质, 并且在一些实际问题中以及对数学本身都有着广泛的应用.

8.5.1 幂级数的收敛半径

现在我们讨论幂级数的收敛性, 即对于一个给定的幂级数, 它在哪些点收敛, 哪些点发散. 先看一个例子, 幂级数

$$1+x+x^2+\cdots+x^n+\cdots$$

在 $(-1,1)$ 内收敛于函数 $\dfrac{1}{1-x}$, 而当 $|x|\geqslant 1$ 时, 这个幂级数发散. 从这个例子可以看到这

个幂级数的收敛域是一个区间. 事实上, 这个结论对于一般的幂级数也是成立的. 为了简单起见, 我们只讨论形如

$$\sum_{n=0}^{\infty} a_n x^n = a_0 + a_1 x + \cdots + a_n x^n + \cdots$$

的幂级数. 而对于一般的幂级数 $\sum\limits_{n=0}^{\infty} a_n (x - x_0)^n$ 可以通过一个变换 $t = x - x_0$ 化为上面形式的幂级数来讨论.

定理 8.5.1 (阿贝尔 (Abel) 定理)　(1) 如果级数 $\sum\limits_{n=0}^{\infty} a_n x^n$ 在点 $x_1 (\neq 0)$ 处收敛, 则对满足不等式 $|x| < |x_1|$ 的一切 x, 幂级数 $\sum\limits_{n=0}^{\infty} a_n x^n$ 在 x 处都绝对收敛.

(2) 如果级数在点 $x_2 (\neq 0)$ 处发散, 则对于满足不等式 $|x| > |x_2|$ 的一切 x, 幂级数 $\sum\limits_{n=0}^{\infty} a_n x^n$ 在点 x 处都发散.

证明　(1) 因为 $\sum\limits_{n=0}^{\infty} a_n x_1^n$ 收敛, 所以 $\lim\limits_{n\to\infty} a_n x_1^n = 0$. 因而序列 $\{ a_n x_1^n \}$ 必有界, 即存在 $M > 0$, 使

$$|a_n x_1^n| \leqslant M, \qquad (n = 0, 1, 2, \cdots)$$

于是对于一个满足不等式 $|x| < |x_1|$ 的固定点 x, 有

$$|a_n x^n| = |a_n x_1^n| \cdot \left| \frac{x}{x_1} \right|^n \leqslant M \cdot \left| \frac{x}{x_1} \right|^n.$$

由于 $\left| \dfrac{x}{x_1} \right| < 1$, 因而等比级数 $\sum\limits_{n=0}^{\infty} \left| \dfrac{x}{x_1} \right|^n$ 收敛. 由正项级数的比较判别法知 $\sum\limits_{n=0}^{\infty} |a_n x^n|$ 收敛, 即 $\sum\limits_{n=0}^{\infty} a_n x^n$ 绝对收敛.

(2) 反设存在一点 x_3 满足 $|x_3| > |x_2|$, 使级数 $\sum\limits_{n=0}^{\infty} a_n x_3^n$ 收敛. 则由 (1) 的结论知 $\sum\limits_{n=0}^{\infty} a_n x_2^n$ 绝对收敛, 这与假设矛盾. □

由定理 8.5.1 可以看出, 若幂级数 $\sum\limits_{n=0}^{\infty} a_n x^n$ 在 $x_1 (\neq 0)$ 处收敛, 则区间 $(-|x_1|, |x_1|)$ 属于收敛域, 而若幂级数 $\sum\limits_{n=0}^{\infty} a_n x^n$ 在 $x_2 (\neq 0)$ 处发散, 则 $(-\infty, -|x_2|) \bigcup (|x_2|, +\infty)$ 属于发散域.

设已给幂级数在数轴上既有收敛点 (不仅是原点) 也有发散点. 现在从原点沿数轴向右方走, 最初只遇到收敛点, 然后就只遇到发散点. 因此存在这两部分的一个分界点 P. 这两

部分的分界点 P 可能是收敛点也可能是发散点. 从原点出发沿数轴向左方走情况也是如此. 原点左方的分界点记为 P'. 由 Abel 定理知点 P 与 P' 到原点的距离相等 (见图 8.2).

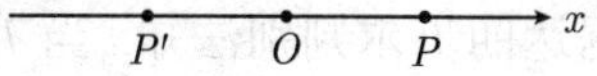

图 8.2

记 $R=|OP|=|OP'|$, 则幂级数 $\sum\limits_{n=0}^{\infty}a_nx^n$ 在 $(-R,R)$ 内收敛, 而在 $(-\infty,-R)\bigcup(R,+\infty)$ 内发散, 而在 $x=\pm R$ 点, 幂级数 $\sum\limits_{n=0}^{\infty}a_nx^n$ 可能收敛也可能发散. 如果从原点出发, 所遇到的点都是收敛点, 则幂级数 $\sum\limits_{n=0}^{\infty}a_nx^n$ 在 $(-\infty,+\infty)$ 内收敛, 这时我们认为 $R=+\infty$. 还有一种情况就是幂级数 $\sum\limits_{n=0}^{\infty}a_nx^n$ 只在点 $x=0$ 收敛, 而当 $x\neq 0$ 时发散, 此时我们认为 $R=0$. 由上面的说明, 我们得到下面的定理.

定理 8.5.2　对于幂级数 $\sum\limits_{n=0}^{\infty}a_nx^n$, 存在一个非负实数 R(R 可为 $+\infty$), 使

(1) 当 $|x|<R$ 时, 幂级数绝对收敛;

(2) 当 $|x|>R$ 时, 幂级数发散;

(3) 当 $x=R$ 或 $x=-R$ 时, 幂级数可能收敛也可能发散.

定理中的非负数 R 称为幂级数 $\sum\limits_{n=0}^{\infty}a_nx^n$ 的**收敛半径**, 开区间 $(-R,R)$ 称为该幂级数的**收敛区间**. 所有收敛点构成的集合称为该幂级数的**收敛域**. 如果 $0<R<+\infty$, 根据幂级数在 $x=\pm R$ 点处收敛的情况可知它的收敛域是 $(-R,R),[-R,R),(-R,R]$ 及 $[-R,R]$ 这四个区间之一.

如果 $R=0$, 收敛域只有 $x=0$ 这一点. 如果 $R=+\infty$, 这时收敛域为 $(-\infty,+\infty)$.

下面我们来讨论幂级数收敛半径的求法, 有下面的定理

定理 8.5.3　对于幂级数 $\sum\limits_{n=0}^{\infty}a_nx^n$, 如果

$$\lim_{n\to\infty}\left|\frac{a_{n+1}}{a_n}\right|=l,$$

则幂级数 $\sum\limits_{n=0}^{\infty}a_nx^n$ 的收敛半径为

$$R=\begin{cases}\dfrac{1}{l}, & 0<l<+\infty,\\ +\infty, & l=0,\\ 0, & l=+\infty.\end{cases}$$

证明　显然当 $x=0$ 时, 幂级数 $\sum\limits_{n=0}^{\infty}a_nx^n$ 收敛. 不妨设 $x\neq 0$, 则有

$$\left|\frac{a_{n+1}x^{n+1}}{a_nx^n}\right| = \left|\frac{a_{n+1}}{a_n}\right||x|.$$

(1) 如果 $0 < l < +\infty$, 根据达朗贝尔判别法知, 当 $l|x| < 1$, 即 $|x| < \frac{1}{l}$ 时, 幂级数 $\sum_{n=0}^{\infty} a_nx^n$ 绝对收敛; 而当 $l|x| > 1$, 即 $|x| > \frac{1}{l}$ 时, 幂级数 $\sum_{n=0}^{\infty} a_nx^n$ 发散. 因而收敛半径 $R = \frac{1}{l}$.

(2) 当 $l = 0$ 时, 则对任何 $x \neq 0$, 都有

$$\lim_{n\to\infty}\left|\frac{a_{n+1}x^{n+1}}{a_nx^n}\right| = 0 < 1.$$

故级数在 x 处绝对收敛. 由 x 的任意性知, 幂级数在 $(-\infty, +\infty)$ 内收敛, 于是 $R = +\infty$.

(3) 当 $l = +\infty$ 时, 对任意 $x \neq 0$, 都有

$$\lim_{n\to\infty}\left|\frac{a_{n+1}x^{n+1}}{a_nx^n}\right| = \lim_{n\to\infty}\left|\frac{a_{n+1}}{a_n}\right||x| = +\infty,$$

则当 n 充分大后有 $\left|\frac{a_{n+1}x^{n+1}}{a_nx^n}\right| > 1$. 从而对任意 $x \neq 0$, 级数 $\sum_{n=0}^{\infty} a_nx^n$ 发散, 于是 $R = 0$.

□

例 8.5.1 求幂级数

$$x - \frac{x^2}{2} + \frac{x^3}{3} - \cdots + (-1)^{n-1}\frac{x^n}{n} + \cdots$$

的收敛半径与收敛域.

解 因为

$$l = \lim_{n\to\infty}\left|\frac{a_{n+1}}{a_n}\right| = \lim_{n\to\infty}\frac{n}{n+1} = 1,$$

所以收敛半径 $R = \frac{1}{l} = 1$,

当 $x = 1$ 时, 级数成为交错级数

$$1 - \frac{1}{2} + \frac{1}{3} - \cdots + (-1)^{n-1}\frac{1}{n} + \cdots,$$

此级数收敛.

当 $x = -1$ 时, 级数成为

$$-1 - \frac{1}{2} - \frac{1}{3} - \cdots - \frac{1}{n} - \cdots,$$

此级数发散. 因此收敛域为 $(-1, 1]$.

□

例 8.5.2　求幂级数

$$\sum_{n=1}^{\infty}\frac{3^n+(-2)^n}{n}(x+1)^n$$

的收敛半径, 收敛区间与收敛域.

解　令 $t=(x+1)$, 则级数化为

$$\sum_{n=1}^{\infty}\frac{3^n+(-2)^n}{n}t^n,$$

而

$$\lim_{n\to\infty}\frac{3^{n+1}+(-2)^{n+1}}{n+1}\cdot\frac{n}{3^n+(-2)^n}=\lim_{n\to\infty}\frac{n}{n+1}\cdot 3\frac{1+\left(-\dfrac{2}{3}\right)^{n+1}}{1+\left(-\dfrac{2}{3}\right)^{n}}=3.$$

收敛半径为 $R=\dfrac{1}{3}$. 收敛区间为 $|x+1|<\dfrac{1}{3}$, 即 $\left(-\dfrac{4}{3},-\dfrac{2}{3}\right)$. 当 $x=-\dfrac{4}{3}$ 时, 级数变为

$$\sum_{n=1}^{\infty}(-1)^n\frac{3^n+(-2)^n}{3^n n}=\sum_{n=1}^{\infty}(-1)^n\frac{1}{n}+\sum_{n=1}^{\infty}\frac{1}{n}\left(\frac{2}{3}\right)^n.$$

而级数 $\sum\limits_{n=1}^{\infty}(-1)^n\dfrac{1}{n}$ 及 $\sum\limits_{n=1}^{\infty}\dfrac{1}{n}\left(\dfrac{2}{3}\right)^n$ 均收敛. 所以, 此时级数收敛. 当 $x=-\dfrac{2}{3}$ 时, 级数变为

$$\sum_{n=1}^{\infty}\frac{3^n+(-2)^n}{3^n n},$$

由于 $\dfrac{3^n+(-2)^n}{3^n n}>0$, 且

$$\lim_{n\to\infty}\frac{\dfrac{3^n+(-2)^n}{3^n n}}{\dfrac{1}{n}}=1.$$

由比较判别法的极限形式知, 此时级数发散. 因此, 级数的收敛域为 $\left[-\dfrac{4}{3},-\dfrac{2}{3}\right)$.　□

例 8.5.3　求幂级数

$$1+x+\frac{1}{2!}x^2+\cdots+\frac{1}{n!}x^n+\cdots$$

的收敛半径与收敛域.

解　因为

$$l=\lim_{n\to\infty}\left|\frac{a_{n+1}}{a_n}\right|=\lim_{n\to\infty}\frac{n!}{(n+1)!}=\lim_{n\to\infty}\frac{1}{n+1}=0,$$

所以收敛半径 $R=+\infty$, 从而收敛域为 $(-\infty,+\infty)$. □

定理 8.5.4 对于幂级数 $\sum\limits_{n=0}^{\infty} a_n x^n$,

$$\lim_{n\to\infty}\sqrt[n]{|a_n|}=l,$$

则幂级数 $\sum\limits_{n=0}^{\infty} a_n x^n$ 的收敛半径为

$$R=\begin{cases}\dfrac{1}{l}, & 0<l<+\infty,\\ +\infty, & l=0,\\ 0, & l=+\infty.\end{cases}$$

这个定理的证明与定理8.5.3的证明完全类似, 我们这里将其略去.

8.5.2 幂级数的性质

我们首先考虑幂级数的四则运算, 设两个幂级数 $\sum\limits_{n=0}^{\infty} a_n x^n$ 与 $\sum\limits_{n=0}^{\infty} b_n x^n$ 的收敛半径分别为 R_1, R_2, 令 $R=\min\{R_1,R_2\}$, 则由收敛级数的基本性质有

$$\sum_{n=0}^{\infty} a_n x^n+\sum_{n=0}^{\infty} b_n x^n=\sum_{n=0}^{\infty}(a_n+b_n)x^n,\quad (|x|<R)$$

$$\sum_{n=0}^{\infty} a_n x^n-\sum_{n=0}^{\infty} b_n x^n=\sum_{n=0}^{\infty}(a_n-b_n)x^n,\quad (|x|<R)$$

$$\begin{aligned}\left(\sum_{n=0}^{\infty} a_n x^n\right)\cdot\left(\sum_{n=0}^{\infty} b_n x^n\right)&=a_0b_0+(a_0b_1+a_1b_0)x+(a_0b_2+a_1b_1+a_2b_0)x^2\\&\quad+\cdots+(a_0b_n+a_1b_{n-1}+\cdots+a_nb_0)x^n+\cdots\\&=\sum_{n=0}^{\infty} c_n x^n,\quad (|x|<R)\end{aligned}$$

其中

$$c_n=a_0b_n+a_1b_{n-1}+\cdots+a_nb_0.$$

当 $b_0\neq 0$ 时, 在 $x=0$ 的适当邻域内, 两幂级数可以相除, 且商可以表为幂级数, 即

$$\frac{\sum\limits_{n=0}^{\infty} a_n x^n}{\sum\limits_{n=0}^{\infty} b_n x^n}=c_0+c_1x+c_2x^2+\cdots+c_nx^n+\cdots.$$

其中系数 $c_0, c_1, \cdots, c_n, \cdots$ 可由关系式

$$\sum_{n=0}^{\infty}a_nx^n=\sum_{n=0}^{\infty}b_nx^n\cdot\sum_{n=0}^{\infty}c_nx^n$$

来确定. 比较等式两边同次幂的系数可得

$$\begin{aligned}&a_0=b_0c_0,\\&a_1=b_1c_0+b_0c_1,\\&a_2=b_2c_0+b_1c_1+b_0c_2,\\&\cdots\cdots\end{aligned}$$

由这些方程可以顺序地求出 $c_0,c_1,c_2,\cdots,c_n,\cdots$.

相除后所得的幂级数 $\sum\limits_{n=0}^{\infty}c_nx^n$ 的收敛区间可能比原来两级数的收敛区间小.

下面我们来讨论幂级数的性质, 如果幂级数 $\sum\limits_{n=0}^{\infty}a_nx^n$ 的收敛半径为 $R>0$, 则对任何正数 $b<R$, 幂级数 $\sum\limits_{n=0}^{\infty}a_nx^n$ 在 $[-b,b]$ 上一致收敛. 如果幂级数 $\sum\limits_{n=0}^{\infty}a_nx^n$ 在点 $x=R$ 处收敛, 则幂级数在 $[0,R]$ 上一致收敛; 如果幂级数在点 $x=-R$ 处收敛, 则幂级数在 $[-R,0]$ 上一致收敛. 利用这些事实, 我们可以得下面的一些结论.

定理 8.5.5　幂级数 $\sum\limits_{n=0}^{\infty}a_nx^n$ 的和函数 $S(x)$ 在其收敛域 I 上连续.

定理 8.5.6　幂级数 $\sum\limits_{n=0}^{\infty}a_nx^n$ 的和函数 $S(x)$ 在其收敛域上可积, 并有逐项积分公式

$$\int_0^x S(t)\,\mathrm{d}t=\int_0^x\left(\sum_{n=0}^{\infty}a_nt^n\right)\mathrm{d}t=\sum_{n=0}^{\infty}\int_0^x a_nt^n\,\mathrm{d}t=\sum_{n=0}^{\infty}\frac{a_n}{n+1}x^{n+1},\quad(x\in I).$$

定理 8.5.7　幂级数 $\sum\limits_{n=0}^{\infty}a_nx^n$ 的和函数 $S(x)$ 在其收敛区间 $(-R,R)$ 内可导, 且有逐项求导公式

$$S'(x)=\left(\sum_{n=0}^{\infty}a_nx^n\right)'=\sum_{n=0}^{\infty}(a_nx^n)'=\sum_{n=1}^{\infty}na_nx^{n-1},\quad(|x|<R).$$

反复应用上述结论可得: 幂级数 $\sum\limits_{n=0}^{\infty}a_nx^n$ 的和函数 $S(x)$ 在其收敛区间 $(-R,R)$ 内具有任意阶导数.

例 8.5.4　求幂级数

$$x-\frac{1}{3}x^3+\cdots+(-1)^n\frac{1}{2n+1}x^{2n+1}+\cdots$$

的和函数, 并求级数 $\sum_{n=0}^{\infty}(-1)^n\frac{1}{2n+1}$ 的值.

解 先考虑幂级数的收敛域. 任取 $x\neq 0$，令

$$u_n(x)=(-1)^n\frac{1}{2n+1}x^{2n+1},$$

这时有

$$\lim_{n\to\infty}\left|\frac{u_{n+1}(x)}{u_n(x)}\right|=\lim_{n\to\infty}\frac{2n+1}{2n+3}x^2=x^2.$$

所以当 $|x|<1$ 时幂级数收敛. 当 $|x|>1$ 时, 幂级数发散.

当 $x=1$ 时, 幂级数变为 $\sum_{n=0}^{\infty}\frac{(-1)^n}{2n+1}$, 此时级数收敛.

当 $x=-1$ 时, 幂级数变为 $\sum_{n=0}^{\infty}\frac{(-1)^{n+1}}{2n+1}$, 此时级数收敛.

因此, 收敛域为 $[-1,1]$. 设

$$S(x)=\sum_{n=0}^{\infty}(-1)^n\frac{1}{2n+1}x^{2n+1},\qquad x\in[-1,1]$$

$S(x)$ 在 $(-1,1)$ 内可导, 并且

$$S'(x)=\sum_{n=0}^{\infty}(-1)^n\left(\frac{1}{2n+1}x^{2n+1}\right)'=\sum_{n=0}^{\infty}(-1)^nx^{2n}=\frac{1}{1+x^2},\quad (x\in(-1,1))$$

两边积分并注意到 $S(0)=0$, 得

$$S(x)=S(x)-S(0)=\int_0^x S'(t)\,\mathrm{d}t=\int_0^x\frac{1}{1+t^2}\,\mathrm{d}t=\arctan x,\qquad(-1<x<1).$$

又 $S(x)$ 在 $[-1,1]$ 上连续, 因此

$$S(x)=\arctan x,\qquad(-1\leqslant x\leqslant 1).$$

即

$$\sum_{n=0}^{\infty}(-1)^n\frac{1}{2n+1}x^{2n+1}=\arctan x,\quad -1\leqslant x\leqslant 1.$$

特别地,

$$\sum_{n=0}^{\infty}(-1)^n\frac{1}{2n+1}=\arctan 1=\frac{\pi}{4}.$$

□

习题 8.5

1. 求下列幂级数的收敛区间:

(1) $\sum_{n=1}^{\infty}\frac{(2x)^n}{n!}$;

(2) $\sum_{n=1}^{\infty}\frac{\ln(n+1)}{n+1}x^{n+1}$;

(3) $\sum_{n=1}^{\infty}\left(\frac{n+1}{n}\right)^{n^2}x^n$;

(4) $\sum_{n=1}^{\infty}\frac{n!}{n^n}x^n$;

(5) $\sum_{n=1}^{\infty}\frac{(n!)^2}{(2n)!}x^n$;

(6) $\sum_{n=1}^{\infty}\frac{n^k}{n!}x^n(k\in\mathbb{N})$;

(7) $\sum_{n=1}^{\infty}\left(1+\frac{1}{2}+\cdots+\frac{1}{n}\right)x^n$;

(8) $\sum_{n=1}^{\infty}\frac{(2n)!}{(n!)^2}x^n$.

2. 求下列幂级数的收敛域:

(1) $\sum_{n=1}^{\infty}nx^n$;

(2) $\sum_{n=1}^{\infty}\frac{x^n}{\sqrt[n]{n}}$;

(3) $\sum_{n=1}^{\infty}\frac{x^n}{na^n}(a>0)$;

(4) $\sum_{n=1}^{\infty}\frac{2n-1}{2^n}x^{2n-2}$;

(5) $\sum_{n=1}^{\infty}\frac{n}{n+1}\left(\frac{x}{2}\right)^n$;

(6) $\sum_{n=1}^{\infty}\left(\frac{1}{3^n}+\frac{1}{5^n}\right)x^n$;

(7) $\sum_{n=1}^{\infty}(3^n+5^n)x^n$;

(8) $\sum_{n=1}^{\infty}\frac{2^n}{n^2+1}x^n$;

(9) $\sum_{n=1}^{\infty}\frac{(x-5)^n}{\sqrt{n}}$;

(10) $\sum_{n=1}^{\infty}\frac{n!(x-2)^n}{n^n}$.

3. 求下列幂级数的和函数:

(1) $\sum_{n=1}^{\infty}nx^{n-1}$;

(2) $\sum_{n=1}^{\infty}(-1)^{n-1}(2n-1)x^{2n-2}$;

(3) $\sum_{n=1}^{\infty}\frac{x^{4n+1}}{4n+1}$;

(4) $\sum_{n=1}^{\infty}\frac{x^{2n-1}}{2n-1}$;

(5) $\sum_{n=1}^{\infty}n(n+1)x^n$.

8.6 泰勒级数

前面我们讨论了幂级数的收敛域及其和函数性质. 现在我们研究一个相反的问题: 给定函数 $f(x)$, 要考虑它是否能在某点的附近展成幂级数, 即是否可以找到一个幂级数在这一点的附近收敛, 且其和函数就是给定的函数 $f(x)$.

假设函数 $f(x)$ 在点 x_0 的某邻域 $N_\delta(x_0)$ 内能展成幂级数, 即有

$$f(x)=\sum_{n=0}^{\infty}a_n(x-x_0)^n,\qquad x\in N_\delta(x_0),\tag{8.6.1}$$

那么, 根据和函数的性质, 可知 $f(x)$ 在 $N_\delta(x_0)$ 内应具有任意阶导数, 且

$$f^{(n)}(x)=n!a_n+(n+1)!a_{n+1}(x-x_0)+\frac{(n+2)!}{2!}a_{n+2}(x-x_0)^2+\cdots.$$

由此可得

$$f^{(n)}(x_0)=n!a_n.$$

于是

$$a_n=\frac{1}{n!}f^{(n)}(x_0),\qquad (n=0,1,2,\cdots).\tag{8.6.2}$$

这表明, 如果函数 $f(x)$ 在 $N_\delta(x_0)$ 有幂级数展开式 (8.6.1), 那么该幂级数的系数 a_n 由公式 (8.6.2) 确定, 即该幂级数必为

$$\begin{aligned}&f(x_0)+f'(x_0)(x-x_0)+\frac{f''(x_0)}{2!}(x-x_0)^2+\cdots+\frac{f^{(n)}(x_0)}{n!}(x-x_0)^n+\cdots\\&\quad=\sum_{n=0}^{\infty}\frac{1}{n!}f^{(n)}(x_0)(x-x_0)^n,\end{aligned}\tag{8.6.3}$$

亦即展开式必为

$$f(x)=\sum_{n=0}^{\infty}\frac{1}{n!}f^{(n)}(x_0)(x-x_0)^n,\qquad x\in N_\delta(x_0).\tag{8.6.4}$$

幂级数 (8.6.3) 称为函数 $f(x)$ 在点 x_0 的**泰勒级数**, 式 (8.6.4) 称为 $f(x)$ 在点 x_0 的**泰勒展开式**.

由上面的讨论知, 函数 $f(x)$ 在 $N_\delta(x_0)$ 内能展成幂级数的充要条件是式 (8.6.4) 在 $N_\delta(x_0)$ 内成立. 即级数 (8.6.3) 在 $N_\delta(x_0)$ 内收敛, 且收敛于 $f(x)$.

下面我们讨论式 (8.6.4) 成立的条件.

定理 8.6.1 设函数 $f(x)$ 在点 x_0 的某个邻域 $N_\delta(x_0)$ 内具有任意阶导数, 则 $f(x)$ 在该邻域内能展成泰勒级数的充分必要条件是

$$\lim_{n\to\infty}R_n(x)=0,\qquad x\in N_\delta(x_0),$$

这里 $R_n(x)$ 是 $f(x)$ 的泰勒公式的余项.

证明 $f(x)$ 的 n 阶泰勒公式为

$$f(x)=P_n(x)+R_n(x),$$

其中

$$P_n(x) = f(x_0) + f'(x_0)(x - x_0) + \frac{f''(x_0)}{2!}(x - x_0)^2 + \cdots + \frac{f^{(n)}(x_0)}{n!}(x - x_0)^n,$$
$$R_n(x) = f(x) - P_n(x),$$

$R_n(x)$ 就是定理中所指的余项, $P_n(x)$ 是 $f(x)$ 的泰勒级数前 $n+1$ 项的部分和. 因此, 根据级数收敛的定义有

$$\begin{aligned} & f(x) = \sum_{n=0}^{\infty} \frac{1}{n!} f^{(n)}(x_0)(x - x_0)^n, \quad x \in N_\delta(x_0), \\ \iff & f(x) = \lim_{n\to\infty} P_n(x), \quad x \in N_\delta(x_0), \\ \iff & \lim_{n\to\infty} R_n(x) = 0, \quad x \in N_\delta(x_0). \end{aligned}$$ □

特别地, 如果 $x_0 = 0$, 则泰勒级数变为

$$f(0) + f'(0)x + \cdots + \frac{1}{n!} f^{(n)}(0)x^n + \cdots = \sum_{n=0}^{\infty} \frac{1}{n!} f^{(n)}(0)x^n. \tag{8.6.5}$$

这个级数称为 $f(x)$ 的**麦克劳林级数**. 如果 $f(x)$ 能在 $N_\delta(0)$ 内展开成 x 的幂级数, 则有

$$f(x) = \sum_{n=0}^{\infty} \frac{1}{n!} f^{(n)}(0)x^n, \qquad x \in N_\delta(0). \tag{8.6.6}$$

式 (8.6.6) 称为 $f(x)$ 的麦克劳林展开式.

下面我们来讨论如何将函数 $f(x)$ 展开成泰勒级数.

第一步　求出 $f^{(n)}(x_0)(n = 0, 1, 2, \cdots)$, 如果有一个 n 使得 $f^{(n)}(x_0)$ 不存在, 则 $f(x)$ 在点 x_0 处不能展成泰勒级数.

第二步　写出幂级数

$$\sum_{n=0}^{\infty} \frac{1}{n!} f^{(n)}(x_0)(x - x_0)^n,$$

并求出收敛半径 R.

第三步　利用余项 $R_n(x)$ 的表达式

$$R_n(x) = \frac{1}{(n+1)!} f^{(n+1)}(x_0 + \theta(x - x_0))(x - x_0)^{n+1}, \qquad (0 < \theta < 1)$$

考察当 $x \in N_R(x_0)$ 时, 余项 $R_n(x)$ 的极限是否为零. 如果为零, 则函数 $f(x)$ 在 $N_R(x_0)$ 内的泰勒展开式为

$$f(x) = \sum_{n=0}^{\infty} \frac{f^{(n)}(x_0)}{n!}(x - x_0)^n, \qquad x \in N_R(x_0).$$

例 8.6.1 将函数 $f(x)=\mathrm{e}^x$ 展开成 x 的幂级数.

解 显然 e^x 在 $(-\infty,+\infty)$ 内有任意阶的导函数, 且

$$(\mathrm{e}^x)^{(n)}|_{x=0}=1,\qquad (n=0,1,2,\cdots)$$

因而其麦克劳林级数为

$$1+x+\frac{1}{2!}x^2+\cdots+\frac{1}{n!}x^n+\cdots,\qquad x\in(-\infty,+\infty)$$

又其余项 $R_n(x)$ 满足

$$|R_n(x)|=\left|\frac{\mathrm{e}^{\theta x}}{(n+1)!}x^{n+1}\right|\leqslant\frac{\mathrm{e}^{|x|}}{(n+1)!}|x|^{n+1}$$

对于任意取定的 $x\in(-\infty,+\infty)$, 有

$$\lim_{n\to\infty}\frac{\mathrm{e}^{|x|}}{(n+1)!}|x|^{n+1}=0.$$

因而

$$\lim_{n\to\infty}R_n(x)=0.$$

因此, e^x 的麦克劳林展开式为

$$\mathrm{e}^x=\sum_{n=0}^{\infty}\frac{1}{n!}x^n,\qquad x\in(-\infty,+\infty).$$

□

例 8.6.2 将函数 $f(x)=\sin x$ 展开成 x 的幂级数.

解 $\sin x$ 在 $(-\infty,+\infty)$ 内也有任意阶的导函数, 且

$$f^{(n)}(x)=\sin\left(x+n\cdot\frac{\pi}{2}\right),$$

$$f^{(n)}(0)=\sin\frac{n\pi}{2}=\begin{cases}0, & n=2k,\\(-1)^k, & n=2k+1,\end{cases}\qquad k=0,1,2,\cdots.$$

于是得 $\sin x$ 的麦克劳林级数为

$$x-\frac{x^3}{3!}+\frac{x^5}{5!}-\cdots+(-1)^k\frac{x^{2k+1}}{(2k+1)!}+\cdots.$$

它的收敛半径为 $R=+\infty$, 且其余项 $R_n(x)$ 满足

$$|R_n(x)|=\left|\frac{\sin(\theta x+\frac{n+1}{2}\pi)}{(n+1)!}x^{n+1}\right|\leqslant\frac{|x|^{n+1}}{(n+1)!}\to 0,\quad (n\to\infty).$$

因此, $\sin x$ 的麦克劳林展开式为

$$\sin x = x - \frac{x^3}{3!} + \frac{x^5}{5!} - \cdots + (-1)^k \frac{x^{2k+1}}{(2k+1)!} + \cdots, \quad (-\infty < x < +\infty).$$

□

同理, $\cos x$ 的麦克劳林展开式为

$$\cos x = \sum_{k=0}^{\infty} \frac{(-1)^k}{(2k)!} x^{2k}, \qquad (-\infty < x < +\infty).$$

由于

$$\frac{1}{1+x} = \sum_{n=0}^{\infty} (-1)^n x^n, \qquad (-1 < x < 1).$$

上式两边从 0 到 x 积分, 可得

$$\ln(1+x) = \sum_{n=0}^{\infty} \frac{(-1)^n}{n+1} x^{n+1} = \sum_{n=1}^{\infty} \frac{(-1)^{n-1}}{n} x^n, \quad (-1 < x \leqslant 1).$$

利用 e^x 的麦克劳林展开式可得 $a^x (a > 0, a \neq 1)$ 的麦克劳林展开式

$$a^x = \mathrm{e}^{x \ln a} = \sum_{n=0}^{\infty} \frac{1}{n!} (x \ln a)^n = \sum_{n=0}^{\infty} \frac{(\ln a)^n}{n!} x^n, \quad (-\infty < x < +\infty).$$

由例 8.5.4 及泰勒展开式的唯一性可得

$$\arctan x = \sum_{n=0}^{\infty} \frac{(-1)^n}{2n+1} x^{2n+1}, \qquad (-1 \leqslant x \leqslant 1).$$

例 8.6.3　将函数 $f(x) = (1+x)^m$ 展开成 x 的幂级数, 其中 m 为任意实数.

解　$f(x)$ 的各阶导数为

$$\begin{aligned}
&f'(x) = m(1+x)^{m-1}, \\
&f''(x) = m(m-1)(1+x)^{m-2}, \\
&\cdots\cdots \\
&f^{(n)}(x) = m(m-1)\cdots(m-n+1)(1+x)^{m-n}, \\
&\cdots\cdots
\end{aligned}$$

所以

$$f(0) = 1, \quad f'(0) = m, \quad f''(0) = m(m-1), \cdots,$$

于是泰勒级数为

$$1+mx+\frac{m(m-1)}{2!}x^2+\cdots+\frac{m(m-1)\cdots(m-n+1)}{n!}x^n+\cdots.$$

此级数相邻两项的系数之比的绝对值

$$\left|\frac{a_{n+1}}{a_n}\right|=\left|\frac{m-n}{n+1}\right|\to 1,\qquad (n\to\infty).$$

因此, 对于任何实数 m, 此级数在开区间 $(-1,1)$ 内收敛.

要证明 $\lim\limits_{n\to\infty} R_n(x)=0$, 需要利用余项的柯西形式, 我们这里不给出证明. 这样得到 $(1+x)^m$ 的泰勒展开式

$$(1+x)^m=1+\sum_{n=1}^{\infty}\frac{m(m-1)\cdots(m-n+1)}{n!}x^n,\quad (-1<x<1).$$ □

上面的公式称为二项展开式. 特别地, 当 m 为正整数时, 这就是初等代数中的二项式定理.

有了以上几个基本初等函数的泰勒展开式, 再利用幂级数的性质及运算, 我们就可以求出某些初等函数的泰勒展开式.

例 8.6.4 求函数 $\ln\dfrac{1+x}{1-x}$ 的泰勒展式.

解 $\ln(1+x)=x-\dfrac{x^2}{2}+\dfrac{x^3}{3}+\cdots+(-1)^{n-1}\dfrac{x^n}{n}+\cdots,\quad(-1<x\leqslant 1)$,

以 $(-x)$ 代替上式中的 x 得

$$\ln(1-x)=-\left(x+\frac{x^2}{2}+\frac{x^3}{3}+\cdots+\frac{x^n}{n}+\cdots\right),\qquad(-1\leqslant x<1),$$

因此

$$\begin{aligned}\ln\frac{1+x}{1-x}&=\ln(1+x)-\ln(1-x)\\&=2\left(x+\frac{1}{3}x^3+\cdots+\frac{1}{2n+1}x^{2n+1}+\cdots\right),\quad(-1<x<1).\end{aligned}$$ □

例 8.6.5 将函数 $\sin x$ 展开成 $\left(x-\dfrac{\pi}{4}\right)$ 的幂级数.

解 因为

$$\begin{aligned}\sin x&=\sin\left[\frac{\pi}{4}+\left(x-\frac{\pi}{4}\right)\right]\\&=\sin\frac{\pi}{4}\cos\left(x-\frac{\pi}{4}\right)+\cos\frac{\pi}{4}\sin\left(x-\frac{\pi}{4}\right)\\&=\frac{\sqrt{2}}{2}\left[\cos\left(x-\frac{\pi}{4}\right)+\sin\left(x-\frac{\pi}{4}\right)\right].\end{aligned}$$

而

$$\cos\left(x-\frac{\pi}{4}\right)=1-\frac{\left(x-\frac{\pi}{4}\right)^2}{2!}+\frac{\left(x-\frac{\pi}{4}\right)^4}{4!}-\cdots,\quad x\in(-\infty,+\infty),$$

$$\sin\left(x-\frac{\pi}{4}\right)=\left(x-\frac{\pi}{4}\right)-\frac{\left(x-\frac{\pi}{4}\right)^3}{3!}+\frac{\left(x-\frac{\pi}{4}\right)^5}{5!}-\cdots,\quad x\in(-\infty,+\infty),$$

所以

$$\sin x=\frac{\sqrt{2}}{2}\left[1+\left(x-\frac{\pi}{4}\right)-\frac{\left(x-\frac{\pi}{4}\right)^2}{2!}-\frac{\left(x-\frac{\pi}{4}\right)^3}{3!}+\cdots\right],\quad x\in(-\infty,+\infty).$$

□

例 8.6.6　将函数 $f(x)=\dfrac{1}{x^2+4x+3}$ 展开成 $(x-1)$ 的幂级数.

解　因为

$$f(x)=\frac{1}{x^2+4x+3}=\frac{1}{(x+1)(x+3)}=\frac{1}{2(1+x)}-\frac{1}{2(3+x)}$$
$$=\frac{1}{4\left(1+\frac{x-1}{2}\right)}-\frac{1}{8\left(1+\frac{x-1}{4}\right)}.$$

而

$$\frac{1}{4\left(1+\frac{x-1}{2}\right)}=\frac{1}{4}\sum_{n=0}^{\infty}\frac{(-1)^n}{2^n}(x-1)^n,\quad(-1<x<3),$$

$$\frac{1}{8\left(1+\frac{x-1}{4}\right)}=\frac{1}{8}\sum_{n=0}^{\infty}\frac{(-1)^n}{4^n}(x-1)^n,\quad(-3<x<5),$$

所以

$$f(x)=\frac{1}{x^2+4x+3}=\sum_{n=0}^{\infty}(-1)^n\left(\frac{1}{2^{n+2}}-\frac{1}{2\cdot4^{n+1}}\right)(x-1)^n,\quad(-1<x<3).$$

□

有了函数的幂级数展开式, 我们可以利用它进行近似计算.

例 8.6.7　计算 $\ln(1.2)$ 的近似值, 要求误差不超过 10^{-4}.

解　　$\ln(1.2)=\ln(1+0.2)=0.2-\frac{1}{2}(0.2)^2+\frac{1}{3}(0.2)^3-\frac{1}{4}(0.2)^4+\cdots,$

这是一个交错级数, 若取前 n 项, 则误差

$$R_n<\frac{1}{n+1}(0.2)^{n+1},$$

令

$$\frac{1}{n+1}(0.2)^{n+1} < 10^{-4}.$$

经计算 $n=4$ 满足要求. 于是取前四项, 每项取到小数点后五位, 得

$$\ln(1.2) \approx 0.2 - \frac{1}{2}(0.2)^2 + \frac{1}{3}(0.2)^3 - \frac{1}{4}(0.2)^4 \approx 0.1823.$$

□

例 8.6.8　计算 e 的近似值, 精确到 10^{-6}.

解

$$\mathrm{e} = 1 + \sum_{m=1}^{\infty} \frac{1}{m!}.$$

今取 $1 + \sum\limits_{m=1}^{n} \frac{1}{m!}$ 作为 e 的近似值, 则其误差

$$\begin{aligned} R_n &= \sum_{m=n+1}^{\infty} \frac{1}{m!} = \frac{1}{n!} \sum_{m=n+1}^{\infty} \frac{1}{(n+1)\cdots m} \\ &< \frac{1}{n!} \sum_{k=1}^{\infty} \frac{1}{(n+1)^k} = \frac{1}{n!n}. \end{aligned}$$

令 $\frac{1}{n!n} < 10^{-6}$ 即 $n!n > 10^6$. 经计算 $n=9$ 满足要求.

为了使"四舍五入"引起的误差与截断误差之和不超过 10^{-6}, 计算时应取到小数点后七位, 所以

$$\mathrm{e} \approx 1 + \sum_{n=1}^{9} \frac{1}{n!} \approx 2.718282.$$

□

例 8.6.9　求定积分 $\int_0^{\frac{1}{2}} \mathrm{e}^{-x^2}\,\mathrm{d}x$ 的近似值, 精确到 10^{-4}.

解　由于 e^{-x^2} 的原函数不是初等函数, 所以只能用近似计算来求此定积分.

因为

$$\mathrm{e}^{-x^2} = 1 - x^2 + \frac{x^4}{2!} - \frac{x^6}{3!} + \cdots + (-1)^n \frac{x^{2n}}{n!} + \cdots,$$

所以

$$\begin{aligned} \int_0^{\frac{1}{2}} \mathrm{e}^{-x^2}\,\mathrm{d}x &= \int_0^{\frac{1}{2}} \left(1 - x^2 + \frac{x^4}{2!} - \frac{x^6}{3!} + \cdots + (-1)^n \frac{x^{2n}}{n!} + \cdots\right) \mathrm{d}x \\ &= \frac{1}{2}\left(1 - \frac{1}{2^2\cdot 3} + \frac{1}{2^4\cdot 5\cdot 2!} - \frac{1}{2^6\cdot 7\cdot 3!} + \cdots + (-1)^n \frac{1}{2^{2n}(2n+1)n!} + \cdots\right), \end{aligned}$$

这是一个交错级数, 其误差 R_n 满足

$$|R_n| \leqslant \frac{1}{2^{2n+3}(2n+3)(n+1)!}.$$

令 $\dfrac{1}{2^{2n+3}(2n+3)(n+1)!} < 10^{-4}$ 即 $2^{2n+3}(2n+3)(n+1)! > 10^4$, 经计算 $n=3$ 满足要求. 于是

$$\int_0^{\frac{1}{2}} \mathrm{e}^{-x^2}\,\mathrm{d}x \approx \frac{1}{2}\left(1 - \frac{1}{2^2\cdot 3} + \frac{1}{2^4\cdot 5\cdot 2!} - \frac{1}{2^6\cdot 7\cdot 3!}\right) \approx 0.4613.$$ □

习题 8.6

1. 利用已知的初等函数的幂级数展开式, 求函数在 $x=0$ 处的幂级数展开式, 并求展开式成立的区间:

(1) $\dfrac{\mathrm{e}^x+\mathrm{e}^{-x}}{2}$; (2) e^{x^2};

(3) $\dfrac{1}{a+x}(a\neq 0)$; (4) $\cos^2 x$;

(5) $\ln(a+x)(a>0)$; (6) $(1+x)\ln(1+x)$;

(7) $\ln(1+x-2x^2)$; (8) $\dfrac{5x-12}{x^2+5x-6}$;

(9) $\arctan x$; (10) $\ln(x+\sqrt{1+x^2})$;

(11) $\displaystyle\int_0^x \frac{\sin t}{t}\,\mathrm{d}t$; (12) $\displaystyle\int_0^x \cos t^2\,\mathrm{d}t$.

2. 求下列函数在指定点 x_0 处的幂级数展开式, 并求展开式成立的区间:

(1) $\sqrt{x^3}, x_0=1$; (2) $\ln x, x_0=1$;

(3) $\dfrac{1}{x}, x_0=3$; (4) $\dfrac{1}{x^2+3x+2}, x_0=-4$.

3. 利用函数的幂级数展开式, 计算下列各式的近似值:

(1) $\sqrt[3]{70}$(误差不超过 0.001);

(2) $\displaystyle\int_0^1 \frac{1-\cos x}{x^2}\,\mathrm{d}x$(误差不超过 0.001);

(3) $\ln 3$(误差不超过 0.0001).

4. 设 $P(x)=a_0+a_1x+\cdots+a_mx^m$, 求出级数 $\displaystyle\sum_{n=0}^{\infty}\frac{P(n)}{n!}x^n$ 的和.

5. 求下列幂级数的和函数:

(1) $\displaystyle\sum_{n=0}^{\infty}\frac{(-1)^n n^3}{(n+1)!}x^n$; (2) $\displaystyle\sum_{n=0}^{\infty}\frac{(2n+1)}{n!}x^{2n}$;

(3) $\displaystyle\sum_{n=1}^{\infty}(-1)^{n-1}\frac{x^{n+1}}{n(n+1)}$; (4) $\displaystyle\sum_{n=1}^{\infty}\frac{x^n}{n(n+1)}$.

8.7　广义积分的敛散性

前面我们讨论过广义积分的定义. 广义积分除根据定义和计算公式可以判别其敛散性

外, 还可以直接根据被积函数的某些性质来判别其敛散性.

8.7.1 无穷限广义积分敛散性判别法

下面我们首先叙述无穷限广义积分的柯西收敛原理 (略去其证明).

定理 8.7.1 (柯西收敛原理) 广义积分 $\int_a^{+\infty} f(x)\mathrm{d}x$ 收敛的充要条件是: 对于任意给定的 $\varepsilon > 0$, 存在 $R > a$, 使得当 $A_1, A_2 > R$ 时, 恒有

$$\left|\int_{A_1}^{A_2} f(x)\,\mathrm{d}x\right| < \varepsilon.$$

定义 8.7.1 (绝对收敛, 条件收敛) 若广义积分 $\int_a^{+\infty} |f(x)|\mathrm{d}x$ 收敛, 称广义积分 $\int_a^{+\infty} f(x)\mathrm{d}x$ **绝对收敛**; 若广义积分 $\int_a^{+\infty} |f(x)|\,\mathrm{d}x$ 发散, 而广义积分 $\int_a^{+\infty} f(x)\,\mathrm{d}x$ 收敛, 则称广义积分 $\int_a^{+\infty} f(x)\,\mathrm{d}x$**条件收敛**.

容易证明广义积分 $\int_a^{+\infty} f(x)\,\mathrm{d}x$ 绝对收敛必收敛. 下面我们给出非负函数的无穷限广义积分敛散的判别法.

定理 8.7.2 如果 $f(x)$ 是 $[a,+\infty)$ 上的非负可积函数, 则 $\int_a^{+\infty} f(x)\,\mathrm{d}x$ 收敛的充分必要条件是: 函数 $F(x) = \int_a^x f(t)\,\mathrm{d}t$ 在 $[a,+\infty)$ 上有上界.

证明 必要性显然, 下面证明充分性. 事实上, 因为 $f(x) \geqslant 0$, $F(x)$ 在 $[a,+\infty)$ 上单调增加, 又 $F(x)$ 在 $[a,+\infty)$ 上有上界, 故 $F(x)$ 在 $[a,+\infty)$ 上是单调有界的函数, 知极限

$$\lim_{x\to+\infty}\int_a^x f(t)\,\mathrm{d}t$$

存在, 即广义积分 $\int_a^{+\infty} f(x)\,\mathrm{d}x$ 收敛. □

定理 8.7.3 (比较判别法) 设函数 $f(x), g(x)$ 在区间 $[a,+\infty)$ 上有定义, 并且

$$0 \leqslant f(x) \leqslant g(x), \quad (a \leqslant x < +\infty),$$

又设 $f(x)$ 与 $g(x)$ 在任意区间 $[a,b]$ 上可积, 则有:

(1) 当 $\int_a^{+\infty} g(x)\,\mathrm{d}x$ 收敛时, $\int_a^{+\infty} f(x)\,\mathrm{d}x$ 收敛;

(2) 当 $\int_a^{+\infty} f(x)\,\mathrm{d}x$ 发散时, $\int_a^{+\infty} g(x)\,\mathrm{d}x$ 发散.

证明 由 $0 \leqslant f(x) \leqslant g(x)$ 及 $\int_a^{+\infty} g(x)\,\mathrm{d}x$ 收敛, 得

$$\int_a^x f(t)\,\mathrm{d}t \leqslant \int_a^x g(t)\,\mathrm{d}t \leqslant \int_0^{+\infty} g(t)\,\mathrm{d}t.$$

这说明函数 $F(x)=\int_a^x f(t)\mathrm{d}t$ 在区间 $[a,+\infty)$ 上有上界. 由定理 8.7.2 即知广义积分 $\int_a^{+\infty} f(x)\mathrm{d}x$ 收敛. 如果 $\int_a^{+\infty} f(x)\,\mathrm{d}x$ 发散, 则 $\int_a^{+\infty} g(x)\,\mathrm{d}x$ 必发散. 因为如果 $\int_a^{+\infty} g(x)\,\mathrm{d}x$ 收敛, 由定理的第一部分知 $\int_a^{+\infty} f(x)\,\mathrm{d}x$ 也收敛, 矛盾! □

定理 8.7.4 (比较判别法的极限形式) 设 $f(x)$, $g(x)$ 在区间 $[a,+\infty)$ 上有定义, $f(x)\geqslant 0$, $g(x)>0$ $(a\leqslant x<+\infty)$. 又设 $f(x)$ 与 $g(x)$ 在任意区间 $[a,b]$ 上可积, 且

$$\lim_{x\to+\infty}\frac{f(x)}{g(x)}=\lambda\ \ (0\leqslant\lambda\leqslant+\infty),$$

则有:

(1) 当 $0\leqslant\lambda<+\infty$, $\int_a^{+\infty} g(x)\,\mathrm{d}x$ 收敛时, $\int_a^{+\infty} f(x)\,\mathrm{d}x$ 收敛;

(2) 当 $0<\lambda\leqslant+\infty$, $\int_a^{+\infty} g(x)\,\mathrm{d}x$ 发散时, $\int_a^{+\infty} f(x)\,\mathrm{d}x$ 发散.

特别地, 当 $0<\lambda<+\infty$ 时, 两个广义积分同时收敛或同时发散.

我们知道, 广义积分 $\int_1^{+\infty}\frac{1}{x^p}\,\mathrm{d}x$ 当 $p>1$ 时收敛, 当 $p\leqslant 1$ 时发散. 取 $g(x)=\frac{M}{x^p}(M>0)$, 立即可得下面的广义积分的比较判别法.

定理 8.7.5 设 $f(x)$ 在区间 $[a,+\infty)$ 上有定义, $f(x)\geqslant 0$ $(a\leqslant x<+\infty)$. 又设 $f(x)$ 在任意区间 $[a,b]$ 上可积. 则有:

(1) 如果存在常数 $M>0$ 及 $p>1$, 使得 $f(x)\leqslant\frac{M}{x^p}(0<a\leqslant x<+\infty)$, 则广义积分 $\int_a^{+\infty} f(x)\,\mathrm{d}x$ 收敛;

(2) 如果存在常数 $M>0$, 使得 $f(x)\geqslant\frac{M}{x}(0<a\leqslant x<+\infty)$, 则广义积分 $\int_a^{+\infty} f(x)\,\mathrm{d}x$ 发散.

用以上广义积分作为比较标准, 易得如下结论:

定理 8.7.6 (柯西判别法) 设 $f(x)\geqslant 0$, $x\in[a,+\infty)$, 若

$$\lim_{x\to+\infty}x^p f(x)=\lambda\ \ (0\leqslant\lambda\leqslant+\infty),$$

则有:

(1) 当 $0\leqslant\lambda<+\infty$, $p>1$ 时, $\int_a^{+\infty} f(x)\,\mathrm{d}x$ 收敛;

(2) 当 $0<\lambda\leqslant+\infty$, $p\leqslant 1$ 时, $\int_a^{+\infty} f(x)\,\mathrm{d}x$ 发散.

下面再介绍两个精细的判别法:

定理 8.7.7 (狄利克莱判别法) 设 $f(x)$ 及 $g(x)$ 在 $[a,+\infty)$ 上有定义且 $f(x),g(x)$ 满足下列两个条件:

(1) 对一切 $A \geqslant a$, 积分 $\phi(A)=\int_a^A f(x)\,\mathrm{d}x$ 有界;

(2) $g(x)$ 在 $[a,+\infty)$ 上单调趋于零,

则广义积分 $\int_a^{+\infty} f(x)g(x)\,\mathrm{d}x$ 收敛.

定理 8.7.8 (阿贝尔判别法) 设 $f(x)$ 及 $g(x)$ 在 $[a,+\infty)$ 上有定义, 且 $f(x),g(x)$ 满足下列两个条件:

(1) 广义积分 $\int_a^{+\infty} f(x)\,\mathrm{d}x$ 收敛;

(2) $g(x)$ 在 $[a,+\infty)$ 上单调有界,

则广义积分 $\int_a^{+\infty} f(x)g(x)\,\mathrm{d}x$ 收敛.

例 8.7.1 判别广义积分 $\int_0^{+\infty} \frac{\sin ax}{1+x^n}\,\mathrm{d}x \quad (n \geqslant 2, a\in\mathbb{R})$ 的敛散性.

解 由于

$$\left|\frac{\sin ax}{1+x^n}\right| \leqslant \frac{1}{1+x^2},$$

因为 $\int_0^{+\infty}\frac{1}{1+x^2}\,\mathrm{d}x$ 收敛, 所以广义积分 $\int_0^{+\infty}\frac{\sin ax}{1+x^n}\,\mathrm{d}x\ (n\geqslant 2)$ 收敛. □

例 8.7.2 判别广义积分 $\int_0^{+\infty}\frac{x}{\sqrt{1+x^5}}\,\mathrm{d}x$ 的敛散性.

解 由于

$$\lim_{x\to+\infty} x^{\frac{3}{2}}\frac{x}{\sqrt{1+x^5}}=\lim_{x\to+\infty}\frac{1}{\sqrt{\left(\frac{1}{x}\right)^5+1}}=1,$$

所以广义积分 $\int_0^{+\infty}\frac{x}{\sqrt{1+x^5}}\,\mathrm{d}x$ 收敛. □

例 8.7.3 判别广义积分 $\int_0^{+\infty}\frac{\arctan x}{1+x^p}\,\mathrm{d}x \quad (p>0)$ 的敛散性.

解 由于

$$\lim_{x\to+\infty} x^p\frac{\arctan x}{1+x^p}=\frac{\pi}{2},$$

所以, 当 $0<p\leqslant 1$ 时, 广义积分 $\int_0^{+\infty}\frac{\arctan x}{1+x^p}\,\mathrm{d}x$ 发散; 当 $p>1$ 时, 广义积分 $\int_0^{+\infty}\frac{\arctan x}{1+x^p}\,\mathrm{d}x$ 收敛. □

例 8.7.4 证明 $\int_0^{+\infty}\sin(x^2)\,\mathrm{d}x$ 条件收敛.

证明　令 $x=\sqrt{u}$, 则 $\int_0^{+\infty}\sin(x^2)\,\mathrm{d}x=\frac{1}{2}\int_0^{+\infty}\frac{\sin u}{\sqrt{u}}\mathrm{d}u$, 而 $\lim\limits_{u\to 0^+}\frac{\sin u}{\sqrt{u}}=0$. 因 $\left|\int_0^A \sin u\,\mathrm{d}u\right|\leqslant 2\quad(0<A<+\infty)$, 即 $\int_0^A \sin u\,\mathrm{d}u$ 关于 $A\in(0,+\infty)$ 有界. 又 $\frac{1}{\sqrt{u}}$ 在区间 $(0,+\infty)$ 上单调, 且 $\lim\limits_{u\to+\infty}\frac{1}{\sqrt{u}}=0$, 据狄利克莱判别法得 $\int_0^{+\infty}\frac{\sin u}{\sqrt{u}}\mathrm{d}u$ 收敛, 故原式收敛.

下证原式非绝对收敛. 我们来证明 $\int_{\sqrt{\pi}}^{+\infty}|\sin(x^2)|\,\mathrm{d}x$ 发散.

令 $x=\sqrt{u}$, 则 $\int_{\sqrt{\pi}}^{+\infty}|\sin(x^2)|\,\mathrm{d}x=\frac{1}{2}\int_{\pi}^{+\infty}\frac{|\sin u|}{\sqrt{u}}\mathrm{d}u$, 因 $\pi\leqslant u<+\infty$ 时

$$\left|\frac{\sin u}{\sqrt{u}}\right|\geqslant\frac{\sin^2 u}{\sqrt{u}}=\frac{1}{2\sqrt{u}}-\frac{\cos 2u}{2\sqrt{u}}.$$

对于广义积分 $\int_{\pi}^{+\infty}\frac{\cos 2u}{2\sqrt{u}}\,\mathrm{d}u$, 因 $\left|\int_{\pi}^{A}\cos 2u\,\mathrm{d}u\right|\leqslant 2(\pi<A<+\infty)$, 即 $\int_{\pi}^{A}\cos 2u\,\mathrm{d}u$ 关于 $A\in(\pi,+\infty)$ 有界, 又 $\frac{1}{2\sqrt{u}}$ 在区间 $(\pi,+\infty)$ 上单调, 且 $\lim\limits_{u\to+\infty}\frac{1}{2\sqrt{u}}=0$, 据狄利克莱判别法得 $\int_{\pi}^{+\infty}\frac{\cos 2u}{2\sqrt{u}}\mathrm{d}u$ 收敛, 而广义积分 $\int_{\pi}^{+\infty}\frac{1}{2\sqrt{u}}\,\mathrm{d}u$ 显然发散, 所以广义积分 $\int_{\pi}^{+\infty}\frac{\sin^2 u}{\sqrt{u}}\,\mathrm{d}u$ 发散, 据比较判别法即得广义积分 $\int_{\pi}^{+\infty}\frac{|\sin u|}{\sqrt{u}}\,\mathrm{d}u$ 发散. 因此, 结论正确. □

对于 $\int_{-\infty}^{b}f(x)\mathrm{d}x$ 与 $\int_{-\infty}^{+\infty}f(x)\mathrm{d}x$, 我们有类似的判别法, 这里不一一赘述.

8.7.2　无界函数广义积分的敛散性判别法

对于无界函数的广义积分, 也有类似的敛散性判别法. 为了简便起见, 我们只就积分上限是奇点的无界函数广义积分来叙述, 其他类型的无界函数广义积分完全类似.

定理 8.7.9 (柯西收敛原理)　*以 b 为奇点的广义积分 $\int_a^b f(x)\mathrm{d}x$ 收敛的充分必要条件是: 对于任意给定的 $\varepsilon>0$, 存在 $\delta>0$, 使得当 $0<\eta_1<\delta$, $0<\eta_2<\delta$ 时, 恒有*

$$\left|\int_{b-\eta_1}^{b-\eta_2}f(x)\,\mathrm{d}x\right|<\varepsilon.$$

定理 8.7.10 (比较判别法)　*设函数 $f(x),g(x)$ 在区间 $[a,b)$ 上有定义, b 为函数 $f(x),g(x)$ 的奇点, 并且*

$$0\leqslant f(x)\leqslant g(x)\quad(a\leqslant x<b),$$

则有:

(1) 当 $\int_a^b g(x)\,\mathrm{d}x$ 收敛时, $\int_a^b f(x)\,\mathrm{d}x$ 收敛;

(2) 当 $\int_a^b f(x)\,\mathrm{d}x$ 发散时, $\int_a^b g(x)\,\mathrm{d}x$ 发散.

定理 8.7.11 (比较判别法的极限形式) 设 $f(x),g(x)$ 在区间 $[a,b)$ 上有定义, $f(x)\geqslant 0$, $g(x)>0$ $(a\leqslant x<b)$, 且

$$\lim_{x\to b^-}\frac{f(x)}{g(x)}=\lambda\ \ (0\leqslant\lambda\leqslant+\infty),$$

则有:

(1) 当 $0\leqslant\lambda<+\infty$, $\int_a^b g(x)\,\mathrm{d}x$ 收敛时, $\int_a^b f(x)\,\mathrm{d}x$ 收敛;

(2) 当 $0<\lambda\leqslant+\infty$, $\int_a^b g(x)\,\mathrm{d}x$ 发散时, $\int_a^b f(x)\,\mathrm{d}x$ 发散.

特别地, 当 $0<\lambda<+\infty$ 时, 两个广义积分同时收敛或同时发散.

我们知道, 广义积分 $\int_a^b\frac{1}{(b-x)^p}\,\mathrm{d}x$ 和广义积分 $\int_a^b\frac{1}{(x-a)^p}\,\mathrm{d}x$ 当且仅当 $0<p<1$ 时收敛 ($p\leqslant 0$ 时不是广义积分), $p\geqslant 1$ 时发散. 所以我们容易得到下面的判别法.

定理 8.7.12 设 $f(x)$ 在区间 $[a,b)$ 上有定义, 且 $f(x)\geqslant 0$ $(a\leqslant x<b)$, $x=b$ 为 $f(x)$ 的奇点. 则有:

(1) 如果存在常数 $M>0$ 及 $0<p<1$, 使得 $f(x)\leqslant\frac{M}{(b-x)^p}(0<a\leqslant x<b)$, 则广义积分 $\int_a^b f(x)\,\mathrm{d}x$ 收敛;

(2) 如果存在常数 $M>0$, 使得 $f(x)\geqslant\frac{M}{b-x}(0<a\leqslant x<b)$, 则广义积分 $\int_a^b f(x)\,\mathrm{d}x$ 发散.

定理 8.7.13 (柯西判别法) 设 $f(x)$ 在区间 $[a,b)$ 上有定义, 且 $f(x)\geqslant 0$, $x\in[a,b)$, b 为 $f(x)$ 的奇点, 若

$$\lim_{x\to b^-}(b-x)^p f(x)=\lambda\ \ (0\leqslant\lambda\leqslant+\infty),$$

则有:

(1) 当 $0\leqslant\lambda<+\infty, 0<p<1$ 时, $\int_a^b f(x)\,\mathrm{d}x$ 收敛;

(2) 当 $0<\lambda\leqslant+\infty, p\geqslant 1$ 时, $\int_a^b f(x)\,\mathrm{d}x$ 发散.

定理 8.7.14 (狄利克莱判别法) 设 $x=b$ 是 $f(x)$ 的奇点, 且 $f(x),g(x)$ 满足下列两个条件:

(1) $\phi(A)=\int_a^A f(x)\,\mathrm{d}x$ 在 $a<A<b$ 上有界;

(2) $g(x)$ 在 (a,b) 上单调, 且 $\lim\limits_{x\to b^-}g(x)=0$,

则广义积分 $\int_a^b f(x)g(x)\,\mathrm{d}x$ 收敛.

定理 8.7.15(阿贝尔判别法)　设 $x=b$ 为 $f(x)$ 的奇点, 且 $f(x),g(x)$ 满足下列两个条件:

(1) 广义积分 $\int_a^b f(x)\,\mathrm{d}x$ 收敛;

(2) $g(x)$ 在 (a,b) 上单调有界,

则广义积分 $\int_a^b f(x)g(x)\,\mathrm{d}x$ 收敛.

例 8.7.5　判别广义积分 $\int_0^1 \frac{x}{\sqrt{1-x^3}}\,\mathrm{d}x$ 的敛散性.

解　由于 $x=1$ 为函数 $f(x)=\frac{x}{\sqrt{1-x^3}}$ 的唯一奇点, 且

$$\lim_{x\to 1^-}(1-x)^{\frac{1}{2}}\frac{x}{\sqrt{1-x^3}}=\lim_{x\to 1^-}\frac{x}{\sqrt{1+x+x^2}}=\frac{\sqrt{3}}{3},$$

所以广义积分 $\int_0^1 \frac{x}{\sqrt{1-x^3}}\,\mathrm{d}x$ 收敛. □

例 8.7.6　判别广义积分 $\int_1^3 \frac{x}{(3-x)^p\sqrt{-x^2+4x-3}}\,\mathrm{d}x$ 的敛散性.

解　由于 $x=1,3$ 为函数 $f(x)=\frac{x}{(3-x)^p\sqrt{-x^2+4x-3}}$ 的奇点, 且

$$\lim_{x\to 1^+}\sqrt{(x-1)}\frac{x}{(3-x)^p\sqrt{-x^2+4x-3}}=\lim_{x\to 1^+}\frac{x}{(3-x)^p\sqrt{3-x}}=\frac{1}{2^p\sqrt{2}},$$

$$\lim_{x\to 3^-}(3-x)^{p+\frac{1}{2}}\frac{x}{(3-x)^p\sqrt{-x^2+4x-3}}=\lim_{x\to 3^-}\frac{x}{\sqrt{x-1}}=\frac{3\sqrt{2}}{2}.$$

所以, 当 $p+\frac{1}{2}<1$, 即 $p<\frac{1}{2}$ 时, 广义积分 $\int_1^3 \frac{x}{(3-x)^p\sqrt{-x^2+4x-3}}\,\mathrm{d}x$ 收敛; 当 $p+\frac{1}{2}\geqslant 1$, 即 $p\geqslant\frac{1}{2}$ 时, 广义积分 $\int_1^3 \frac{x}{(3-x)^p\sqrt{-x^2+4x-3}}\,\mathrm{d}x$ 发散. □

8.7.3　Γ 函数与 B 函数

下面我们介绍理论和应用上都有重要意义的 Γ 函数与 B 函数.

一、Γ 函数

Γ 函数 (伽马函数) 的定义如下,

$$\Gamma(s)=\int_0^{+\infty}\mathrm{e}^{-t}t^{s-1}\,\mathrm{d}t. \tag{8.7.1}$$

我们首先讨论 (8.7.1) 式右边广义积分的收敛性. 这个积分的积分区间为无穷, 又当 $s-1<0$ 时 $t=0$ 是被积函数的奇点. 为此, 我们讨论下面两个广义积分的收敛性.

$$I_1(s) = \int_0^1 \mathrm{e}^{-t}t^{s-1}\,\mathrm{d}t, \quad I_2(s) = \int_1^{+\infty} \mathrm{e}^{-t}t^{s-1}\,\mathrm{d}t.$$

对于 $I_1(s)$, 当 $s \geqslant 1$ 时, $I_1(s)$ 是定积分; 当 $s < 1$ 时, 因为

$$\lim_{t\to 0^+} t^{1-s}\mathrm{e}^{-t}t^{s-1} = \lim_{t\to 0^+} \mathrm{e}^{-t} = 1,$$

应用柯西判别法知: 仅当 $1-s<1$, 即 $s>0$ 时, $I_1(s)$ 收敛. 对于 $I_2(s)$, 因为

$$\lim_{t\to+\infty} t^2(\mathrm{e}^{-t}t^{s-1}) = \lim_{t\to+\infty} \frac{t^{s+1}}{\mathrm{e}^t} = 0,$$

所以 $I_2(s)$ 收敛. 由前面的讨论知道 Γ 函数的收敛域也即定义域为 $s>0$.

下面我们讨论 Γ 函数的几个重要性质:

(1) 递推公式 $\Gamma(s+1) = s\Gamma(s) \quad (s>0)$.

证明　应用分部积分公式, 有

$$\begin{aligned}\Gamma(s+1) &= \int_0^{+\infty} \mathrm{e}^{-t}t^s\mathrm{d}t = -\int_0^{+\infty} t^s\mathrm{d}(\mathrm{e}^{-t}) \\ &= -t^s\mathrm{e}^{-t}\Big|_0^{+\infty} + s\int_0^{+\infty} \mathrm{e}^{-t}t^{s-1}\mathrm{d}t = s\Gamma(s).\end{aligned}$$

□

根据此性质, 我们只要知道 $\Gamma(s)$ 在 $(0,1]$ 上的函数值就可求出 $\Gamma(s)$ 在 $(0,+\infty)$ 上任一点的函数值, 特别,

$$\Gamma(1) = \int_0^{+\infty} \mathrm{e}^{-t}t^0\,\mathrm{d}t = 1. \tag{8.7.2}$$

$$\Gamma(n+1) = n\Gamma(n) = n(n-1)\Gamma(n-1) = \cdots = n!\Gamma(1) = n!, \quad (n\in\mathbb{N}). \tag{8.7.3}$$

(2) $\lim\limits_{s\to 0^+} \Gamma(s) = +\infty$.

证明　因为

$$\Gamma(s) = \frac{\Gamma(s+1)}{s}, \quad \Gamma(1) = 1,$$

所以, $\lim\limits_{s\to 0^+} \Gamma(s) = +\infty$. □

(3) 余元公式 $\Gamma(s)\Gamma(1-s) = \dfrac{\pi}{\sin \pi s} \quad (0<s<1)$.(证明略去)

由余元公式可得

$$\Gamma\left(\frac{1}{2}\right) = \sqrt{\pi}. \tag{8.7.4}$$

例 8.7.7　计算 $\displaystyle\int_0^{+\infty} \frac{\mathrm{e}^{-4x}}{\sqrt{x}}\mathrm{d}x$.

解　令 $4x=t$, 则原式 $=\dfrac{1}{2}\displaystyle\int_0^{+\infty}\mathrm{e}^{-t}t^{-\frac{1}{2}}\mathrm{d}t=\frac{1}{2}\Gamma\Big(\frac{1}{2}\Big)=\frac{\sqrt{\pi}}{2}$. □

例 8.7.8　计算 $\displaystyle\int_0^1\Big(\ln\frac{1}{x}\Big)^m\mathrm{d}x(m>-1,m\in\mathbb{R})$.

解　令 $\ln\dfrac{1}{x}=t$, $x=\mathrm{e}^{-t}$, $\mathrm{d}x=-\mathrm{e}^{-t}\mathrm{d}t$, 则原式 $=\displaystyle\int_0^{+\infty}\mathrm{e}^{-t}t^m\mathrm{d}t=\Gamma(m+1)$. □

二、B 函数

我们考虑下面的积分

$$\int_0^1 t^{x-1}(1-t)^{y-1}\mathrm{d}t.$$

当 $x\geqslant 1$, $y\geqslant 1$ 时，积分为正常的定积分. 当 $x<1$ 时, $t=0$ 为奇点; 当 $y<1$ 时, $t=1$ 为奇点.

$$\int_0^1 t^{x-1}(1-t)^{y-1}\mathrm{d}t=\int_0^{1/2}t^{x-1}(1-t)^{y-1}\mathrm{d}t+\int_{1/2}^1 t^{x-1}(1-t)^{y-1}\mathrm{d}t.$$

$$\lim_{t\to 0^+}t^{1-x}\cdot t^{x-1}(1-t)^{y-1}=1.$$

因此, 当 $0<1-x<1$ 时, 即 $0<x<1$ 时, 广义积分 $\displaystyle\int_0^{1/2}t^{x-1}(1-t)^{y-1}\mathrm{d}t$ 收敛.

$$\lim_{t\to 1^-}(1-t)^{1-y}\cdot t^{x-1}(1-t)^{y-1}=1.$$

因此, 当 $0<1-y<1$ 时, 即 $0<y<1$ 时, 广义积分 $\displaystyle\int_{1/2}^1 t^{x-1}(1-t)^{y-1}\mathrm{d}t$ 收敛.

由上面的讨论可知当 $x>0$ 并且 $y>0$ 时，积分 $\displaystyle\int_0^1 t^{x-1}(1-t)^{y-1}\mathrm{d}t$ 收敛. 我们将这个积分所确定的二元函数称之为 B 函数 (贝塔函数), 记为

$$B(x,y)=\int_0^1 t^{x-1}(1-t)^{y-1}\mathrm{d}t.$$

利用变量代换 $u=1-t$, 我们可以证明 B 函数的对称性，即

$$B(x,y)=B(y,x),\quad (x>0,y>0).$$

下面我们讨论一下 B 函数的其他形式.

(1) 设 $t=\dfrac{u}{1+u}$, $u=\dfrac{t}{1-t}$, 由 $t\to 0^+$ 时 $u\to 0^+$, $t\to 1^-$ 时 $u\to+\infty$, 则

$$B(x,y)=\int_0^{+\infty}\frac{u^{x-1}}{(1+u)^{x+y}}\mathrm{d}u=\int_0^{+\infty}\frac{t^{x-1}}{(1+t)^{x+y}}\mathrm{d}t. \tag{8.7.5}$$

(2) 设 $t=\sin^2 u$,

$$B(x,y)=2\int_0^{\pi/2}\sin^{2x-1}u\cos^{2y-1}u\mathrm{d}u=2\int_0^{\pi/2}\sin^{2x-1}t\cos^{2y-1}t\mathrm{d}t. \quad (8.7.6)$$

三、Γ 函数与 B 函数的关系

关于 Γ 函数与 B 函数的关系我们有下面的定理.

定理 8.7.16

$$B(x,y)=\frac{\Gamma(x)\Gamma(y)}{\Gamma(x+y)},\quad (x>0,y>0). \quad (8.7.7)$$

证明 在 Γ 函数的定义式中令 $t=\alpha u$, 其中 α 为任意给定的正数, u 为新的积分变量, 我们可得

$$\Gamma(x)=\int_0^{+\infty}\mathrm{e}^{-t}t^{x-1}\mathrm{d}t=\alpha^x\int_0^{+\infty}u^{x-1}\mathrm{e}^{-\alpha u}\mathrm{d}u.$$

从而有

$$\frac{\Gamma(x)}{\alpha^x}=\int_0^{+\infty}u^{x-1}\mathrm{e}^{-\alpha u}\mathrm{d}u,\quad (x>0,\alpha>0). \quad (8.7.8)$$

用 $x+y$ 代替上式中 x, 用 $1+\alpha$ 代替上式中 α, 即可得下面的等式

$$\frac{\Gamma(x+y)}{(1+\alpha)^{x+y}}=\int_0^{+\infty}u^{x+y-1}\mathrm{e}^{-(1+\alpha)u}\mathrm{d}u.$$

上式两边同乘以 α^{y-1}, 再从 0 到 $+\infty$ 对变量 α 求积分, 得

$$\Gamma(x+y)\int_0^{+\infty}\frac{\alpha^{y-1}}{(1+\alpha)^{x+y}}\mathrm{d}\alpha=\int_0^{+\infty}\alpha^{y-1}\left(\int_0^{+\infty}u^{x+y-1}\mathrm{e}^{-(1+\alpha)u}\mathrm{d}u\right)\mathrm{d}\alpha.$$

由式 (8.7.5) 可知上式左边的广义积分就是 $B(x,y)$, 可以证明上式右边的广义积分可以交换积分次序, 再由式 (8.7.8), 我们可得

$$\begin{aligned}\Gamma(x+y)B(x,y)&=\int_0^{+\infty}u^{x+y-1}\mathrm{e}^{-u}\left(\int_0^{+\infty}\alpha^{y-1}\mathrm{e}^{-\alpha u}\mathrm{d}\alpha\right)\mathrm{d}u\\&=\int_0^{+\infty}u^{x+y-1}\mathrm{e}^{-u}\frac{\Gamma(y)}{u^y}\mathrm{d}u\\&=\Gamma(y)\int_0^{+\infty}u^{x-1}\mathrm{e}^{-u}\mathrm{d}u=\Gamma(y)\Gamma(x),\end{aligned}$$

两边同时除以 $\Gamma(x+y)$ 得证. □

由定理 8.7.16 及式 (8.7.4) 得 $B\left(\frac{1}{2},\frac{1}{2}\right)=\Gamma^2\left(\frac{1}{2}\right)/\Gamma(1)=\pi$.

如果 m,n 是自然数, 则由式 (8.7.3) 有

$$B(m,n)=\frac{\Gamma(m)\Gamma(n)}{\Gamma(m+n)}=\frac{(m-1)!(n-1)!}{(m+n-1)!}.$$

例 8.7.9　计算

$$\int_0^{+\infty}\frac{\sqrt[4]{x}}{(1+x)^2}\mathrm{d}x.$$

解　令 $\frac{x}{1+x}=t$, 则 $x=\frac{t}{1-t}$, $\mathrm{d}x=\frac{1}{(1-t)^2}\mathrm{d}t$, 代入即得

$$\text{原式}=\int_0^1 t^{\frac{1}{4}}(1-t)^{-\frac{1}{4}}\mathrm{d}t=B\left(\frac{5}{4},\frac{3}{4}\right)=\frac{\Gamma\left(\frac{5}{4}\right)\cdot\Gamma\left(\frac{3}{4}\right)}{\Gamma(2)}$$

$$=\frac{1}{4}\Gamma\left(\frac{1}{4}\right)\cdot\Gamma\left(\frac{3}{4}\right)=\frac{1}{4}\frac{\pi}{\sin\frac{\pi}{4}}=\frac{\pi}{2\sqrt{2}}.$$

□

例 8.7.10　计算 $I=\int_0^{\frac{\pi}{2}}\sin^n x\mathrm{d}x$.

解　据式 (8.7.6), $2x-1=n$, $2y-1=0$, $x=\frac{n+1}{2}$, $y=\frac{1}{2}$, 所以

$$I=\frac{1}{2}B\left(\frac{n+1}{2},\frac{1}{2}\right)=\frac{1}{2}\frac{\Gamma\left(\frac{n+1}{2}\right)\cdot\Gamma\left(\frac{1}{2}\right)}{\Gamma\left(\frac{n}{2}+1\right)},(n>-1).$$

当 n 为偶数时, $I=\frac{1}{2}\frac{\frac{n-1}{2}\cdot\frac{n-3}{2}\cdots\frac{1}{2}\cdot\Gamma\left(\frac{1}{2}\right)\cdot\Gamma\left(\frac{1}{2}\right)}{\frac{n}{2}\cdot\frac{n-2}{2}\cdot\cdots\cdot\frac{2}{2}\cdot\Gamma(1)}=\frac{(n-1)!!}{n!!}\frac{\pi}{2}$,

当 n 为奇数时, $I=\frac{1}{2}\frac{\frac{n-1}{2}\cdot\frac{n-3}{2}\cdots\frac{2}{2}\cdot\Gamma(1)\cdot\Gamma\left(\frac{1}{2}\right)}{\frac{n}{2}\cdot\frac{n-2}{2}\cdots\frac{1}{2}\cdot\Gamma\left(\frac{1}{2}\right)}=\frac{(n-1)!!}{n!!}$. 即有

$$\int_0^{\frac{\pi}{2}}\sin^n x\mathrm{d}x=\int_0^{\frac{\pi}{2}}\cos^n x\mathrm{d}x=\frac{1}{2}B\left(\frac{n+1}{2},\frac{1}{2}\right)=\begin{cases}\frac{(n-1)!!}{n!!}\frac{\pi}{2}, & \text{当}n\text{为偶数时},\\ \frac{(n-1)!!}{n!!}, & \text{当}n\text{为奇数时}.\end{cases}$$

□

与例 3.2.14 的结果一样.

习题 8.7

1. 判别下列广义积分的敛散性:

(1) $\int_0^{+\infty}x^{-\frac{1}{2}}\mathrm{e}^{-x}\,\mathrm{d}x$;　　(2) $\int_0^{+\infty}\frac{x^2}{x^4+x^2+1}\,\mathrm{d}x$;

(3) $\int_0^{+\infty}\sin\frac{1}{x^2}\,\mathrm{d}x$;　　(4) $\int_0^{+\infty}\frac{\mathrm{d}x}{1+x|\sin x|}$;

(5) $\int_0^{\frac{\pi}{2}} \ln\cos x\,\mathrm{d}x$;

(6) $\int_0^{+\infty} x^p\ln(1+x)\,\mathrm{d}x$;

(7) $\int_0^{+\infty} \frac{\ln(1+x^2)}{1+x}\,\mathrm{d}x$;

(8) $\int_0^{+\infty} \frac{\ln(1+x^2)}{1+x^2}\,\mathrm{d}x$;

(9) $\int_0^{+\infty} \frac{x\arctan x}{1+x^3}\,\mathrm{d}x$;

(10) $\int_1^2 \frac{\mathrm{d}x}{\ln^3 x}$;

(11) $\int_0^1 \frac{x^4}{\sqrt{1-x^4}}\,\mathrm{d}x$;

(12) $\int_0^{\frac{\pi}{2}} \frac{\ln(\sin x)}{\sqrt{x}}\,\mathrm{d}x$;

(13) $\int_1^{+\infty} \frac{\mathrm{d}x}{x^p\ln^q x}$;

(14) $\int_0^{\frac{\pi}{2}} \sin^{p-1}x\cos^{q-1}x\,\mathrm{d}x \quad (0<p,q<1)$.

2. 设广义积分 $\int_1^{+\infty} f^2(x)\,\mathrm{d}x$ 收敛, 证明广义积分 $\int_1^{+\infty} \frac{f(x)}{x}\,\mathrm{d}x$ 绝对收敛.

3. 讨论下列广义积分的绝对收敛和条件收敛:

(1) $\int_0^{+\infty} \frac{\sin x}{x}\,\mathrm{d}x$;

(2) $\int_0^{+\infty} \frac{\sqrt{x}\cos x}{100+x}\,\mathrm{d}x$;

(3) $\int_0^{\frac{\pi}{2}} \sin(\sec x)\,\mathrm{d}x$;

(4) $\int_0^{+\infty} \frac{x^p\sin x}{1+x^q}\,\mathrm{d}x \quad (q\geqslant 0)$.

4. 利用 Γ 函数、B 函数计算下列积分:

(1) $\int_0^{+\infty} \mathrm{e}^{-x}x^7\,\mathrm{d}x$;

(2) $\int_0^{+\infty} \mathrm{e}^{-x}x^{\frac{3}{2}}\,\mathrm{d}x$;

(3) $\int_0^{+\infty} \mathrm{e}^{-x^2}x^2\,\mathrm{d}x$;

(4) $\int_0^{+\infty} 4^{-3x^2}\,\mathrm{d}x$;

(5) $\int_1^{+\infty} \frac{\ln^3 x}{x^\alpha}\,\mathrm{d}x\,(\alpha>1)$;

(6) $\int_0^{+\infty} x^{2n}\mathrm{e}^{-x^2}\mathrm{d}x\ (n\in\mathbb{N})$;

(7) $\int_0^1 \sqrt{x-x^2}\mathrm{d}x$;

(8) $\int_0^a x^2\sqrt{a^2-x^2}\mathrm{d}x\,(a>0)$;

(9) $\int_0^{+\infty} \frac{\mathrm{d}x}{1+x^3}$;

(10) $\int_0^1 \frac{\mathrm{d}x}{\sqrt[n]{1-x^n}}\ (n>0)$.

第 9 章　傅里叶级数

本章将讨论把一个周期函数展开成三角级数的问题. 这一理论不仅在数学中有重要价值, 而且在其他学科及工程技术上有广泛的应用.

9.1　三角级数 · 三角函数系的正交性

在现实生活中, 我们经常遇到周期函数, 正弦函数、余弦函数是常见而简单的周期函数. 例如, 单摆在振幅很小时的摆动可用函数

$$y = A\sin(\omega t+\varphi)$$

表示, 其中 y 表示动点的位置, t 表示时间, A 为振幅, ω 为角频率, φ 为初相. 又如交流电的电流强度 I 随时间的变化关系为

$$I = I_0\sin(\omega t+\varphi).$$

这两个函数都是 t 的周期为 $\dfrac{2\pi}{\omega}$ 的周期函数, 它们所描述的周期现象称为简谐振动.

在实际问题中, 除了正弦函数外, 还会遇到非正弦的周期函数. 叠合若干个形式

$$\begin{aligned}&y_0 = A_0\sin\varphi_0, \quad y_1 = A_1\sin(\omega t+\varphi_1),\\ &y_2 = A_2\sin(2\omega t+\varphi_2),\cdots, y_n = A_n\sin(n\omega t+\varphi_n)\end{aligned}$$

的量, 仍然是周期为 $\dfrac{2\pi}{\omega}$ 的量. 如果取 $\omega t = x$ 为自变量, 那么就得到函数

$$y = \sum_{k=0}^{n} A_k\sin(k\omega t+\varphi_k) = \sum_{k=0}^{n} A_k\sin(kx+\varphi_k).$$

对于自变量 x 来说, 是周期为 2π 的函数, 称它为 n 阶三角多项式, $A_k\sin(kx+\varphi_k)$ 称为第 k 次谐波 ($k=0,1,\cdots,n$). 一般地, 以 $A_k\sin(kx+\varphi_k)$ 为项作成的无穷级数

$$\sum_{k=0}^{\infty} A_k\sin(kx+\varphi_k)$$

称为**三角级数**. 显然, 如果这个级数在一个长度为 2π 的闭区间上收敛, 那么, 它的和函数 $f(x)$ 就是一个周期函数.

为了以后讨论方便起见, 我们将正弦函数 $A_n\sin(nx+\varphi_n)$ 按三角公式变形得

$$A_n\sin(nx+\varphi_n) = A_n\sin\varphi_n\cos nx + A_n\cos\varphi_n\sin nx,$$

并且令 $\frac{a_0}{2}=A_0\sin\varphi_0$, $a_n=A_n\sin\varphi_n$, $b_n=A_n\cos\varphi_n$, 则 n 阶三角多项式就可写为

$$\frac{a_0}{2}+\sum_{k=1}^{n}(a_k\cos kx+b_k\sin kx).$$

而三角级数取形式

$$\frac{a_0}{2}+\sum_{k=1}^{\infty}(a_k\cos kx+b_k\sin kx).$$

如果一个三角级数只有余弦项, 即 $b_k=0(k=1,2,\cdots)$, 则三角级数变为

$$\frac{a_0}{2}+\sum_{k=1}^{\infty}a_k\cos kx,$$

称为**余弦级数**, 同样

$$\sum_{k=1}^{\infty}b_k\sin kx,$$

称为**正弦级数**. 显然, 如果这些级数收敛, 那么, 前者是偶函数, 后者是奇函数.

如同对幂级数一样, 我们要讨论三角级数的收敛问题, 以及给定周期为 2π 的周期函数, 如何将它展开成三角级数. 以后会看到, 对于相当广泛一类的周期函数, 可以将其展开成三角级数. 我们首先讨论**三角函数系的正交性**.

$$1,\cos x,\sin x,\cos 2x,\sin 2x,\cdots,\cos nx,\sin nx,\cdots$$

称为**基本的三角函数系**. 容易验证, 基本三角函数系中任意两个不同的函数的乘积在 $[-\pi,\pi]$ 上的积分为 0, 即

$$\int_{-\pi}^{\pi}1\cdot\sin nx\,\mathrm{d}x=0,\qquad(n=1,2,3,\cdots),\tag{9.1.1}$$

$$\int_{-\pi}^{\pi}1\cdot\cos nx\,\mathrm{d}x=0,\qquad(n=1,2,3,\cdots),\tag{9.1.2}$$

$$\int_{-\pi}^{\pi}\sin mx\cos nx\,\mathrm{d}x=0,(n,m=1,2,\cdots),\tag{9.1.3}$$

$$\int_{-\pi}^{\pi}\sin mx\sin nx\,\mathrm{d}x=0,\qquad(m,n=1,2,3,\cdots,m\neq n),\tag{9.1.4}$$

$$\int_{-\pi}^{\pi}\cos mx\cos nx\,\mathrm{d}x=0,\qquad(m,n=1,2,3,\cdots,m\neq n).\tag{9.1.5}$$

以上等式, 都可以通过计算定积分来验证, 现将式 (9.1.4) 验证如下, 由三角函数中的积化和差公式有

$$\sin mx\sin nx=-\frac{1}{2}[\cos(m+n)x-\cos(m-n)x],$$

当 $m \neq n$ 时, 有

$$\int_{-\pi}^{\pi} \sin mx \sin nx \, dx = -\frac{1}{2}\int_{-\pi}^{\pi} [\cos(m+n)x - \cos(m-n)x] dx$$
$$= -\frac{1}{2}\left[\frac{\sin(m+n)x}{m+n} - \frac{\sin(m-n)x}{m-n}\right]_{-\pi}^{\pi} = 0.$$

我们称这个函数系在区间 $[-\pi, \pi]$ 上是正交的.

事实上, 区间 $[-\pi, \pi]$ 上的全体有界可积函数所组成的集合 A 在函数的加法及实数与函数的乘法运算下, 构成一个线性空间. 对于这个空间中的任意两个向量 f 和 g, 我们定义它们的内积为

$$(f, g) = \frac{1}{\pi}\int_{-\pi}^{\pi} f(x)g(x) \, dx,$$

并定义 f 的范数为

$$\|f\| = \sqrt{(f, f)} = \sqrt{\frac{1}{\pi}\int_{-\pi}^{\pi} f^2(x) \, dx}.$$

则 A 就称为赋范线性空间. 两个向量 f 与 g 是正交的, 即指它们的内积为零. 所谓函数系是正交的, 即指这个函数系中任何两个不同的元素内积为零. 另外有

$$\int_{-\pi}^{\pi} 1^2 \, dx = 2\pi, \tag{9.1.6}$$

$$\int_{-\pi}^{\pi} \sin^2 nx \, dx = \int_{-\pi}^{\pi} \frac{1 - \cos 2nx}{2} dx = \pi, (n = 1, 2, \cdots), \tag{9.1.7}$$

$$\int_{-\pi}^{\pi} \cos^2 nx \, dx = \pi, \quad (n = 1, 2, \cdots). \tag{9.1.8}$$

那么容易看出函数系

$$\frac{1}{\sqrt{2}}, \cos x, \sin x, \cos 2x, \sin 2x, \cdots$$

不仅仅是两两互相正交, 而且它们之中的每一个元素的范数为 1. 因此, 这个函数系称为**单位正交系**.

习题 9.1

1. 证明:

(1) $1, \cos x, \cos 2x, \cdots, \cos nx, \cdots$;

(2) $\sin x, \sin 2x, \sin 3x, \cdots, \sin nx, \cdots$

皆是 $[-\pi, \pi]$ 上的正交系; 但 $1, \cos x, \sin x, \cos 2x, \sin 2x, \cdots, \cos nx, \sin nx, \cdots$ 不是 $[0, \pi]$ 上的正交系.

2. 证明本节中定义的内积 (f,g) 满足线性性质, 即

$$(c_1f_1+c_2f_2,g)=c_1(f_1,g)+c_2(f_2,g)\quad (c_1,c_2\text{为常数}).$$

3. 证明 $|(f,g)|\leqslant \|f\|\cdot\|g\|$.

9.2 函数展开成傅里叶级数

设函数 $f(x)$ 是周期为 2π 的周期函数, 且能展开成三角级数:

$$f(x)=\frac{a_0}{2}+\sum_{k=1}^{\infty}(a_k\cos kx+b_k\sin kx). \tag{9.2.1}$$

一个自然的问题是系数 $a_0,a_1,b_1,a_2,b_2,\cdots$ 与函数 $f(x)$ 之间的关系. 将等式 (9.2.1) 沿区间 $[-\pi,\pi]$ 积分, 因为右边的级数可以逐项积分, 由式 (9.1.1), (9.1.2) 及 (9.1.6) 得到

$$\int_{-\pi}^{\pi}f(x)\,\mathrm{d}x=\frac{a_0}{2}\cdot 2\pi=a_0\pi,$$

即

$$a_0=\frac{1}{\pi}\int_{-\pi}^{\pi}f(x)\,\mathrm{d}x.$$

其次求 a_n, 用 $\cos nx$ 乘以式 (9.2.1) 两边. 再从 $-\pi$ 到 π 积分并由式 (9.1.2), (9.1.3), (9.1.5) 及 (9.1.8) 得

$$\begin{aligned}\int_{-\pi}^{\pi}f(x)\cos nx\,\mathrm{d}x=&\frac{a_0}{2}\int_{-\pi}^{\pi}\cos nx\,\mathrm{d}x\\&+\sum_{k=1}^{\infty}\left[a_k\int_{-\pi}^{\pi}\cos kx\cos nx\,\mathrm{d}x+b_k\int_{-\pi}^{\pi}\sin kx\cos nx\,\mathrm{d}x\right]\\=&a_n\int_{-\pi}^{\pi}\cos^2 nx\,\mathrm{d}x=a_n\pi.\end{aligned}$$

于是得到

$$a_n=\frac{1}{\pi}\int_{-\pi}^{\pi}f(x)\cos nx\,\mathrm{d}x,\qquad (n=1,2,\cdots),$$

同样可得到

$$b_n=\frac{1}{\pi}\int_{-\pi}^{\pi}f(x)\sin nx\,\mathrm{d}x,\qquad (n=1,2,\cdots).$$

因此得到

$$a_n = \frac{1}{\pi}\int_{-\pi}^{\pi} f(x)\cos nx\,\mathrm{d}x, \qquad (n=0,1,2,\cdots),$$
$$b_n = \frac{1}{\pi}\int_{-\pi}^{\pi} f(x)\sin nx\,\mathrm{d}x, \qquad (n=1,2,\cdots). \tag{9.2.2}$$

如果公式 (9.2.2) 中的积分都存在, 这时计算出来的系数 $a_0, a_1, b_1, a_2, b_2, \cdots$ 称为函数 $f(x)$ 的傅里叶 (Fourier*) 系数, 所得到的三角级数

$$\frac{a_0}{2} + \sum_{n=1}^{\infty}(a_n\cos nx + b_n\sin nx)$$

称为函数 $f(x)$ 的**傅里叶级数**.

一个定义在 $(-\infty,+\infty)$ 上周期为 2π 的周期函数 $f(x)$, 如果它在一个周期上可积, 则一定可以作出 $f(x)$ 的傅里叶级数. 然而, 函数 $f(x)$ 的傅里叶级数是否收敛? 如果它在一点 x 收敛, 它是否一定收敛于 $f(x)$? 一般来说, 这两个问题的答案都不是肯定的. 下面我们叙述狄利克莱 (Dirichlet) 收敛定理 (不证明).

定理 9.2.1 (狄利克莱收敛定理)　设 $f(x)$ 是周期为 2π 的周期函数, 如果它满足

(1) $f(x)$ 在 $[-\pi,\pi]$ 上连续或只有有限个第一类间断点;

(2) $f(x)$ 在 $[-\pi,\pi]$ 上至多只有有限个严格极值点, 即 $f(x)$ 在 $[-\pi,\pi]$ 上分段单调, 则 $f(x)$ 的傅里叶级数收敛, 并且

$$\frac{a_0}{2} + \sum_{n=1}^{\infty}(a_n\cos nx + b_n\sin nx) = \begin{cases} f(x), & x\text{为}f(x)\text{的连续点}, \\ \dfrac{f(x^+)+f(x^-)}{2}, & x\text{为}f(x)\text{的间断点}. \end{cases}$$

例 9.2.1　设 $f(x)$ 是周期为 2π 的周期函数, 它在 $[-\pi,\pi)$ 上的表达式为

$$f(x) = \begin{cases} -1, & -\pi \leqslant x < 0, \\ 1, & 0 \leqslant x < \pi. \end{cases}$$

将 $f(x)$ 展开成傅里叶级数.

解　$f(x)$ 在点 $x = k\pi (k=0,\pm1,\pm2,\cdots)$ 处不连续, 在其他点连续, 满足狄利克莱定理的条件, 所以 $f(x)$ 的傅里叶级数收敛, 并且当 $x=k\pi$ 时级数收敛于 $\dfrac{-1+1}{2}=0$.

当 $x \neq k\pi$ 时级数收敛于 $f(x)$. 计算傅里叶系数如下

* 傅里叶 (Fourier J B J, 1768~1830), 法国数学家.

$$\begin{aligned}
a_n &= \frac{1}{\pi}\int_{-\pi}^{\pi} f(x)\cos nx\,\mathrm{d}x \\
&= \frac{1}{\pi}\int_{-\pi}^{0}(-1)\cos nx\,\mathrm{d}x + \frac{1}{\pi}\int_{0}^{\pi}\cos nx\,\mathrm{d}x = 0, \quad (n=0,1,2,\cdots), \\
b_n &= \frac{1}{\pi}\int_{-\pi}^{\pi} f(x)\sin nx\,\mathrm{d}x \\
&= \frac{1}{\pi}\int_{-\pi}^{0}(-1)\sin nx\,\mathrm{d}x + \frac{1}{\pi}\int_{0}^{\pi}\sin nx\,\mathrm{d}x \\
&= \frac{1}{\pi}\frac{\cos nx}{n}\bigg|_{-\pi}^{0} + \frac{1}{\pi}\frac{-\cos nx}{n}\bigg|_{0}^{\pi} = \frac{2}{n\pi}(1-\cos n\pi) \\
&= \frac{2}{n\pi}\left[1-(-1)^n\right] = \begin{cases} \dfrac{4}{n\pi}, & n=1,3,5,\cdots, \\ 0, & n=2,4,6,\cdots. \end{cases}
\end{aligned}$$

因此, $f(x)$ 的傅里叶展开式为

$$\begin{aligned}
&\frac{4}{\pi}\left(\sin x + \frac{1}{3}\sin 3x + \cdots + \frac{1}{2k-1}\sin(2k-1)x + \cdots\right) \\
&= \frac{4}{\pi}\sum_{k=1}^{\infty}\frac{1}{2k-1}\sin(2k-1)x \\
&= \begin{cases} f(x), & (-\infty < x < +\infty, x \neq k\pi, k \in \mathbb{Z}), \\ 0, & (x = k\pi, k \in \mathbb{Z}). \end{cases}
\end{aligned}$$

□

例 9.2.2 设函数 $f(x)$ 是以 2π 为周期的周期函数, 它在 $[-\pi,\pi)$ 上的表达式为

$$f(x) = \begin{cases} -\pi, & -\pi \leqslant x < 0, \\ x, & 0 \leqslant x < \pi. \end{cases}$$

求 $f(x)$ 的傅里叶级数及其和函数.

解 $f(x)$ 满足狄利克莱定理的条件, 它在 $x = k\pi (k \in \mathbb{Z})$ 处不连续, 在其他点都连续. 先计算傅里叶系数

$$\begin{aligned}
a_0 &= \frac{1}{\pi}\int_{-\pi}^{\pi} f(x)\,\mathrm{d}x = \frac{1}{\pi}\left(\int_{-\pi}^{0}-\pi\,\mathrm{d}x + \int_{0}^{\pi}x\,\mathrm{d}x\right) = -\frac{\pi}{2}, \\
a_n &= \frac{1}{\pi}\int_{-\pi}^{\pi} f(x)\cos nx\,\mathrm{d}x = \frac{1}{\pi}\left(\int_{-\pi}^{0}-\pi\cos nx\,\mathrm{d}x + \int_{0}^{\pi}x\cos nx\,\mathrm{d}x\right) \\
&= \frac{1}{n^2\pi}\cos nx\bigg|_{0}^{\pi} = \frac{1}{n^2\pi}\left[(-1)^n - 1\right], \quad n=1,2,\cdots,
\end{aligned}$$

$$\begin{aligned}
b_n &= \frac{1}{\pi}\left(\int_{-\pi}^{0}-\pi\sin nx\,\mathrm{d}x + \int_{0}^{\pi}x\sin nx\,\mathrm{d}x\right) \\
&= \frac{1}{n}(1-2\cos n\pi) = \frac{1}{n}\left[1-2(-1)^n\right], \quad n=1,2,\cdots.
\end{aligned}$$

因此, 有

$$
\begin{aligned}
&-\frac{\pi}{4}+\sum_{n=1}^{\infty}\left[\frac{(-1)^n-1}{n^2\pi}\cos nx+\frac{1-2(-1)^n}{n}\sin nx\right]\\
=&\begin{cases} f(x), & x\neq k\pi,\\ 0, & x=(2k+1)\pi, \qquad k\in\mathbb{Z}.\\ -\dfrac{\pi}{2}, & x=2k\pi,\end{cases}
\end{aligned}
$$

□

如果 $f(x)$ 是以 2π 为周期的周期函数, 并且是奇函数, 则 $f(x)$ 的傅里叶系数为

$$
\begin{aligned}
a_n &= \frac{1}{\pi}\int_{-\pi}^{\pi} f(x)\cos nx\,\mathrm{d}x = 0, \qquad n=0,1,2,\cdots,\\
b_n &= \frac{2}{\pi}\int_0^{\pi} f(x)\sin nx\,\mathrm{d}x, \qquad n=1,2,\cdots.
\end{aligned}
$$

这时 $f(x)$ 的傅里叶级数为

$$\sum_{n=1}^{\infty} b_n\sin nx.$$

即 $f(x)$ 的傅里叶级数为正弦级数.

如果 $f(x)$ 是以 2π 为周期的周期函数并且是偶函数, 则 $f(x)$ 的傅里叶系数为

$$
\begin{aligned}
a_n &= \frac{2}{\pi}\int_0^{\pi} f(x)\cos nx\,\mathrm{d}x, \quad n=0,1,2,\cdots,\\
b_n &= 0, \qquad n=1,2,\cdots.
\end{aligned}
$$

这时, $f(x)$ 的傅里叶级数为

$$\frac{a_0}{2}+\sum_{n=1}^{\infty} a_n\cos nx.$$

即 $f(x)$ 的傅里叶级数为余弦级数.

例 9.2.3　设 $f(x)$ 是周期为 2π 的周期函数, 它在 $[-\pi,\pi)$ 上的表达式为 $f(x)=x$, 将 $f(x)$ 展开成傅里叶级数.

解　$f(x)$ 满足狄利克莱定理的条件, 它在点

$$x=(2k+1)\pi, \qquad (k\in\mathbb{Z})$$

处不连续. 并且 $f(x)$ 为奇函数, 因此, $a_n=0,(n=0,1,2,\cdots)$.

$$
\begin{aligned}
b_n &= \frac{2}{\pi}\int_0^{\pi} f(x)\sin nx\mathrm{d}x = \frac{2}{\pi}\int_0^{\pi} x\sin nx\,\mathrm{d}x\\
&= \frac{2}{\pi}\left[-\frac{x\cos nx}{n}+\frac{\sin nx}{n^2}\right]_0^{\pi} = -\frac{2}{n}\cos n\pi\\
&= (-1)^{n+1}\frac{2}{n}, \quad (n=1,2,\cdots),
\end{aligned}
$$

因此, $f(x)$ 的傅里叶展开式为

$$2\sum_{n=1}^{\infty}\frac{(-1)^{n+1}}{n}\sin nx=\begin{cases}f(x), & (x\neq\pm\pi,\pm3\pi,\cdots),\\ 0, & (x=\pm\pi,\pm3\pi,\cdots).\end{cases}$$ □

例 9.2.4 设 $f(x)$ 是周期为 2π 的周期函数, 它在 $[-\pi,\pi)$ 上的表达式为 $f(x)=|x|$, 将 $f(x)$ 展开成傅里叶级数.

解 $f(x)$ 在 $(-\infty,+\infty)$ 上连续, 所以 $f(x)$ 的傅里叶级数处处收敛于 $f(x)$.

因为 $f(x)$ 为偶函数, 所以 $b_n=0\,(n=1,2,\cdots)$,

$$\begin{aligned}a_n&=\frac{2}{\pi}\int_0^{\pi}f(x)\cos nx\,\mathrm{d}x=\frac{2}{\pi}\int_0^{\pi}x\cos nx\,\mathrm{d}x\\&=\frac{2}{\pi}\left[\frac{x\sin nx}{n}+\frac{\cos nx}{n^2}\right]_0^{\pi}=\frac{2}{n^2\pi}(\cos n\pi-1)\\&=\begin{cases}-\dfrac{4}{\pi n^2}, & n=1,3,5,\cdots,\\ 0, & n=2,4,6,\cdots.\end{cases}\\ a_0&=\frac{2}{\pi}\int_0^{\pi}f(x)\,\mathrm{d}x=\frac{2}{\pi}\int_0^{\pi}x\,\mathrm{d}x=\pi.\end{aligned}$$

因此, $f(x)$ 的傅里叶展开式为

$$f(x)=\frac{\pi}{2}-\frac{4}{\pi}\sum_{k=1}^{\infty}\frac{1}{(2k-1)^2}\cos(2k-1)x,\qquad x\in(-\infty,+\infty).$$ □

习题 9.2

1. 设函数 $y=f(x)$ 是周期为 2π 的周期函数, 它在 $[-\pi,\pi)$ 上的表达式由下列各式给出, 求出 $f(x)$ 的傅里叶级数及其和函数:

   (1) $f(x)=\mathrm{e}^{2x},-\pi\leqslant x<\pi$;

   (2) $f(x)=\begin{cases}ax, & -\pi\leqslant x<0,\\ bx, & 0\leqslant x<\pi,\end{cases}$ (a,b 为常数且 $b>a>0$);

   (3) $f(x)=\begin{cases}\mathrm{e}^{x}, & -\pi\leqslant x<0,\\ 1, & 0\leqslant x<\pi.\end{cases}$

2. 已知函数 $f(x)=x^2$.

   (1) 将函数 $f(x)$ 在 $-\pi\leqslant x<\pi$ 内展开成余弦级数;

   (2) 将函数 $f(x)$ 在 $0\leqslant x<\pi$ 内展开成正弦级数;

   (3) 将函数 $f(x)$ 在 $0<x<2\pi$ 内展开成傅里叶级数;

   (4) 利用上面的展开式求下列级数的和 $\displaystyle\sum_{n=1}^{\infty}\frac{1}{n^2},\sum_{n=1}^{\infty}\frac{(-1)^{n+1}}{n^2},\sum_{n=1}^{\infty}\frac{1}{(2n-1)^2}$.

3. 设 $f(x)$ 是周期为 2π 的周期函数, 它在 $[-\pi,\pi)$ 上的表达式为

$$f(x)=\begin{cases}-\dfrac{\pi}{2}, & -\pi\leqslant x<-\dfrac{\pi}{2},\\ x, & -\dfrac{\pi}{2}\leqslant x<\dfrac{\pi}{2},\\ \dfrac{\pi}{2}, & \dfrac{\pi}{2}\leqslant x<\pi.\end{cases}$$

将 $f(x)$ 展开成傅里叶级数.

4. 将函数 $f(x)=3(0<x<\pi)$ 展成正弦级数, 并由此推出 $\dfrac{\pi}{4}=\sum\limits_{k=1}^{\infty}\dfrac{(-1)^{k-1}}{2k-1}$.

9.3　任意周期的周期函数的傅里叶级数

前面我们讨论了以 2π 为周期的周期函数的傅里叶级数. 显然, 上述结果很容易推广到一般的周期函数. 本节, 我们假设所讨论的周期函数的周期为 $2l$, 应用前面的结果, 经过自变量的变量代换, 我们有下面的定理.

定理 9.3.1　设周期为 $2l$ 的周期函数 $f(x)$ 满足狄利克莱收敛定理的条件, 则 $f(x)$ 的傅里叶级数收敛, 并且

$$\frac{a_0}{2}+\sum_{n=1}^{\infty}\left(a_n\cos\frac{n\pi x}{l}+b_n\sin\frac{n\pi x}{l}\right)$$
$$=\begin{cases}f(x), & x\ \text{为}f(x)\text{的连续点},\\ \dfrac{f(x^+)+f(x^-)}{2}, & x\,\text{为}f(x)\text{的间断点}.\end{cases}$$

其中

$$a_n=\frac{1}{l}\int_{-l}^{l}f(x)\cos\frac{n\pi x}{l}\,\mathrm{d}x,\quad (n=0,1,2,\cdots),$$
$$b_n=\frac{1}{l}\int_{-l}^{l}f(x)\sin\frac{n\pi x}{l}\,\mathrm{d}x,\quad (n=1,2,\cdots).$$

当 $f(x)$ 为奇函数时, 傅里叶展开式为

$$\sum_{n=1}^{\infty}b_n\sin\frac{n\pi x}{l}=\begin{cases}f(x), & x\text{为}f(x)\text{的连续点},\\ \dfrac{f(x^+)+f(x^-)}{2}, & x\text{为}f(x)\text{的间断点}.\end{cases}$$

其中

$$b_n=\frac{2}{l}\int_{0}^{l}f(x)\sin\frac{n\pi x}{l}\,\mathrm{d}x,\qquad (n=1,2,3,\cdots).$$

当 $f(x)$ 为偶函数时, 傅里叶展开式为

$$\frac{a_0}{2}+\sum_{n=1}^{\infty}a_n\cos\frac{n\pi x}{l}=\begin{cases}f(x), & x\text{为}f(x)\text{的连续点},\\ \dfrac{f(x^+)+f(x^-)}{2}, & x\text{为}f(x)\text{的间断点}.\end{cases}$$

其中

$$a_n = \frac{2}{l}\int_0^l f(x)\cos\frac{n\pi x}{l}\,\mathrm{d}x, \qquad (n=0,1,2,\cdots).$$

证明 作变量代换 $z=\dfrac{\pi x}{l}$, 于是区间 $[-l,l]$ 变为 $[-\pi,\pi]$, 设 $F(z)=f\left(\dfrac{lz}{\pi}\right)=f(x)$. 从而 $F(z)$ 是周期为 2π 的周期函数, 并且它满足狄利克莱收敛定理的条件. 从而, 有

$$\frac{a_0}{2}+\sum_{n=1}^{\infty}(a_n\cos nz+b_n\sin nz)=\begin{cases}F(z), & z\text{ 为}F(z)\text{的连续点},\\ \dfrac{F(z^+)+F(z^-)}{2}, & z\text{为}F(z)\text{的间断点}.\end{cases}$$

其中

$$a_n=\frac{1}{\pi}\int_{-\pi}^{\pi}F(z)\cos nz\mathrm{d}z, \quad b_n=\frac{1}{\pi}\int_{-\pi}^{\pi}F(z)\sin nz\mathrm{d}z.$$

在上式中令 $z=\dfrac{\pi x}{l}$, 得

$$\frac{a_0}{2}+\sum_{n=1}^{\infty}\left(a_n\cos\frac{n\pi x}{l}+b_n\sin\frac{n\pi x}{l}\right)=\begin{cases}f(x), & x\text{为}f(x)\text{的连续点},\\ \dfrac{f(x^+)+f(x^-)}{2}, & x\text{为}f(x)\text{的间断点}.\end{cases}$$

定理的其余部分可类似地证明. □

例 9.3.1 将周期函数 $f(x)=x-[x]$ 展开成傅里叶级数, 其中 $[x]$ 表示不超过 x 的最大整数.

解 因为

$$f(x+1)=(x+1)-[x+1]=x+1-[x]-1=x-[x]=f(x),$$

于是 $f(x)$ 是以 1 为周期的周期函数, 即 $l=\dfrac{1}{2}$, 且除 $x=k(k\in\mathbb{Z})$ 外, $f(x)$ 连续.

先计算傅里叶系数

$$a_0=\frac{1}{\frac{1}{2}}\int_0^1 f(x)\,\mathrm{d}x=2\int_0^1(x-[x])\,\mathrm{d}x=2\int_0^1 x\,\mathrm{d}x=1,$$

$$a_n=2\int_0^1 x\cos 2n\pi x\mathrm{d}x=2\left[\frac{x}{2n\pi}\sin 2n\pi x+\frac{1}{4(n\pi)^2}\cos 2n\pi x\right]_0^1=0,$$

$$b_n=2\int_0^1 x\sin 2n\pi x\,\mathrm{d}x=2\left[-\frac{x}{2n\pi}\cos 2n\pi x+\frac{1}{4(n\pi)^2}\sin 2n\pi x\right]_0^1=-\frac{1}{n\pi},$$

因此

$$\frac{1}{2}-\frac{1}{\pi}\sum_{n=1}^{\infty}\frac{\sin 2n\pi x}{n}=\begin{cases}x-[x], & x\neq k,\\ \dfrac{1}{2}, & x=k,\end{cases}\quad k\in\mathbb{Z}.$$

□

习题 9.3

1. 已知函数 $y=f(x)$ 为周期函数, 它在一个周期内的表达式由下列各式给出, 将 $f(x)$ 展开成傅里叶级数:

(1) $f(x)=\begin{cases} x, & 0\leqslant x\leqslant 1, \\ 1, & 1<x<2, \\ 3-x, & 2\leqslant x\leqslant 3; \end{cases}$

(2) $f(x)=1-x^2, \left(-\dfrac{1}{2}\leqslant x<\dfrac{1}{2}\right)$;

(3) $f(x)=\begin{cases} 2x+1, & -3\leqslant x<0, \\ 1, & 0\leqslant x<3. \end{cases}$

2. 求函数 $f(x)=\begin{cases} \sin\dfrac{\pi x}{l}, & 0\leqslant x<\dfrac{l}{2}, \\ 0, & \dfrac{l}{2}\leqslant x<l \end{cases}$ 的正弦级数, 并求出其和函数.

3. 设 $f(x)$ 满足 $f(x+\pi)=-f(x)$, 问此函数在区间 $(-\pi,\pi)$ 内的傅里叶级数具有怎样的特性?

4. 设函数 $f(x)$ 满足 $f(x+\pi)=f(x)$, 问此函数在区间 $(-\pi,\pi)$ 内的傅里叶级数具有怎样的特性?

5. 如果 $\varphi(-x)=\psi(x)$, 问 $\varphi(x)$ 与 $\psi(x)$ 的傅里叶系数 a_n, b_n 与 $\alpha_n, \beta_n(n=0,1,2,\cdots)$ 之间有何关系?

6. 将函数 $f(x)=\begin{cases} 1, & 0<x\leqslant h, \\ 0, & h<x<\pi \end{cases}$ 分别展开成正弦级数和余弦级数.

7. 设有三角级数

$$S(x)=\frac{a_0}{2}+\sum_{n=1}^{\infty}(a_n\cos nx+b_n\sin nx)$$

其中 $|a_n|\leqslant\dfrac{M}{n^3}, |b_n|\leqslant\dfrac{M}{n^3}(n=1,2,\cdots)$, $M>0$ 为常数, 证明上述三角级数一致收敛, 且可以逐项求导数.

第 10 章　常微分方程初步

函数是反映客观现实世界运动过程中量与量之间的一种关系, 利用函数关系可以对客观事物的规律进行研究. 在大量实际问题中, 反映运动规律的量与量之间的关系往往不能直接写出来, 却比较容易建立这些变量和它们的导数之间的关系. 这种联系着自变量、未知函数以及它们的导数之间的关系, 数学上称之为微分方程. 微分方程建立后, 对它进行研究, 找出未知函数或研究其性质, 这就是解微分方程以及微分方程的解的定性研究. 本章主要介绍微分方程的一些基本概念和一些常用的微分方程的解法.

10.1　微分方程的基本概念

我们先从一个具体的例子谈起.

例 10.1.1　一曲线通过点(1, 4), 且在该曲线上任一点 $P(x,y)$ 处的切线的斜率为 $2x$, 求此曲线的方程.

解　设所求曲线的方程为 $y=y(x)$. 根据导数的几何意义可知, 未知函数 $y=y(x)$ 应满足

$$\frac{\mathrm{d}y}{\mathrm{d}x}=2x, \tag{10.1.1}$$

把式 (10.1.1) 两端积分, 得

$$y=\int 2x\mathrm{d}x,$$

即

$$y=x^2+C, \tag{10.1.2}$$

其中 C 是任意常数. 此外, 由于未知函数 $y=y(x)$ 经过 (1,4), 即 $x=1$ 时, $y=4$ 代入式 (10.1.2), 得 $C=3$. 故所求曲线方程为 $y=x^2+3$. □

例 10.1.2 (生物种群的 Logistic 方程)　设某种生物种群的总数 $y(t)$ 随时间 t 而变化, 其变化率与 y 和 $(m-y)$ (其中 m 为容纳量) 的乘积成正比, 求 $y(t)$ 的表达式.

解　由题意, 所求的 $y(t)$ 满足:

$$\frac{\mathrm{d}y}{\mathrm{d}t}=ky(m-y) \tag{10.1.3}$$

其中 $k>0$ 为比例常数. 把式 (10.1.3) 改写为

$$\frac{\mathrm{d}y}{y(m-y)}=k\mathrm{d}t(y>0,y\neq m),$$

两边积分, 得

$$\frac{1}{m}\ln y-\frac{1}{m}\ln|m-y|=kt+\frac{1}{m}\ln|C|,$$

从上式可以求得

$$y=\frac{m}{1+C^{-1}\mathrm{e}^{-mkt}}.\qquad\square$$

容易看出,

$$\lim_{t\to+\infty}y(t)=m.$$

从这里我们可以看到一个有趣的结论: 生物种群的数量最终会趋于一个定值 (见图 10.1).

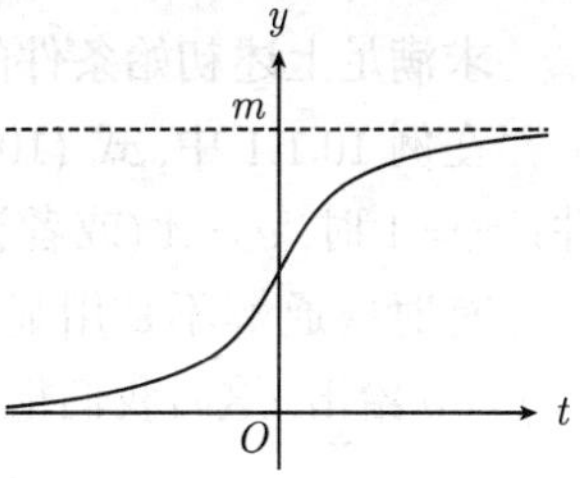

图 10.1

在上面这两个例子中, 式 (10.1.1) 以及式 (10.1.3) 是含有未知函数导数的等式. 一般说来, 一个表示未知函数、未知函数的导数以及自变量之间的关系的方程, 我们称之为**微分方程**. 微分方程中所出现的未知函数的最高阶导数或偏导数的阶数, 称为**微分方程的阶**. 例如方程 (10.1.1) 是一阶微分方程. 又如 $y''+2y'+y=x$, $x^3y'''+3x^2y''+xy'=\mathrm{e}^x$ 分别是二阶与三阶微分方程. 如果在微分方程中, 自变量的个数只有一个, 我们称这种微分方程为**常微分方程**(在本章中, 我们通常简称为**方程**或**微分方程**); 若自变量的个数为两个或两个以上, 我们称之为**偏微分方程**.

例如 $\dfrac{\partial^2u}{\partial x^2}+\dfrac{\partial^2u}{\partial y^2}+\dfrac{\partial^2u}{\partial z^2}=0$ 是一个二阶偏微分方程的例子, 它以 $u=u(x,y,z)$ 为未知函数, 以 x,y,z 为自变量. 在本章中, 我们只讨论常微分方程及其解法.

一般说来, 形如

$$F(x,y,y',\cdots,y^{(n)})=0\tag{10.1.4}$$

的等式, 称作一个以 x 为自变量, 以 $y(x)$ 为未知函数的 n **阶常微分方程**.

在例 10.1.1 中, 我们发现, 如果把 $y=x^2+3$ 代入式 (10.1.1), 便把式 (10.1.1) 变成了恒等式. 此时我们称 $y=x^2+3$ 为式 (10.1.1) 的**解**.

一般地, 若 n 阶微分方程 (10.1.4) 有解 $y=\varphi(x,C_1,C_2,\cdots,C_n)$, 其中 C_1, C_2, $\cdots$, C_n 是 φ 中 n 个独立的任意常数, 即 $C_1,C_2,\cdots,C_n$ 满足

$$\frac{D(\varphi,\varphi',\cdots,\varphi^{(n-1)})}{D(C_1,C_2,\cdots,C_n)}=\begin{vmatrix}\dfrac{\partial\varphi}{\partial C_1}&\dfrac{\partial\varphi}{\partial C_2}&\cdots&\dfrac{\partial\varphi}{\partial C_n}\\\dfrac{\partial\varphi'}{\partial C_1}&\dfrac{\partial\varphi'}{\partial C_2}&\cdots&\dfrac{\partial\varphi'}{\partial C_n}\\\vdots&\vdots&&\vdots\\\dfrac{\partial\varphi^{(n-1)}}{\partial C_1}&\dfrac{\partial\varphi^{(n-1)}}{\partial C_2}&\cdots&\dfrac{\partial\varphi^{(n-1)}}{\partial C_n}\end{vmatrix}\neq0,\tag{10.1.5}$$

则称 $y=\varphi(x,C_1,C_2,\cdots,C_n)$ 为方程 (10.1.4) 的**通解**.

我们举一个例子来说明, 例如我们容易验证 $y=C_1\sin x+C_2\cos x$ 是微分方程 $y''+y=0$ 的解; 又因为

$$\frac{D(y,y')}{D(C_1,C_2)}=\begin{vmatrix}\sin x & \cos x\\ \cos x & -\sin x\end{vmatrix}=-1\neq 0,$$

所以 C_1, C_2 是两个独立的任意常数, 故 $y=C_1\sin x+C_2\cos x$ 是方程 $y''+y=0$ 的通解. 另外, 我们也容易验证式 (10.1.2) 是式 (10.1.1) 的通解.

为了确定微分方程一个特定的解, 我们通常需要给出这个解所必须满足的条件, 这就是所谓的定解条件. 常见的定解条件是初始条件. 所谓 n 阶微分方程 (10.1.4) 的**初始条件**是指如下的 n 个条件:

当 $x=x_0$ 时, $y=y_0, \dfrac{\mathrm{d}y}{\mathrm{d}x}=y_0^{(1)}, \cdots, \dfrac{\mathrm{d}^{n-1}y}{\mathrm{d}x^{n-1}}=y_0^{(n-1)}$. 其中 $y_0, y_0^{(1)}, \cdots, y_0^{(n-1)}$ 都是常数.

求满足上述初始条件的微分方程 (10.1.4) 的解的问题, 称为**初值问题**.

在例 10.1.1 中, 式 (10.1.2) 是式 (10.1.1) 的通解; $y=x^2+3$ 是式 (10.1.1) 的满足初始条件: $x=1$ 时, $y=4$ (或者说 $y(1)=4$) 的解.

有时候通解不是用显函数的形式给出, 而是用一种隐函数的形式 $\Phi(x,y;C_1,C_2,\cdots,C_n)=0$ 给出. 这时我们把 $\Phi(x,y;C_1,C_2,\cdots,C_n)=0$ 称作微分方程的**隐式通解**或**通积分**.

10.2 一阶微分方程的初等解法

在求解微分方程的过程中, 人们发现, 并不是所有的微分方程的解都能用初等函数来表示. 例如: 对于一阶方程

$$y'=x^2+y^2,$$

刘维尔 (Liouville*) 于 1838 年证明了该方程是不能用初等积分法求解的, 即不可能用初等函数来表示这个方程的解. 事实上, 在实际应用中碰到的大部分微分方程, 其解都是不能用初等函数表示的. 但对于某些特殊类型的微分方程, 我们可以用初等函数来表示它们的解. 我们下面介绍的就是若干能用初等积分法来求解的方程的类型及其解法. 为了说明方便, 在本章中我们把 $\displaystyle\int f(x)\mathrm{d}x$ 看成 $f(x)$ 的某一个原函数.

一阶微分方程的一般形式为: $\dfrac{\mathrm{d}y}{\mathrm{d}x}=f(x,y)$, 下面我们针对 $f(x,y)$ 的几种特殊形式来介绍一阶微分方程的解法.

10.2.1 变量分离方程

定义 10.2.1 形如

$$\frac{\mathrm{d}y}{\mathrm{d}x}=f(x)g(y) \tag{10.2.1}$$

的微分方程, 称为**变量分离方程**(或称为**可分离变量的方程**), 其中 $f(x), g(y)$ 分别是关于 x, y 的连续函数.

若 $g(y)\neq 0$, 将方程 (10.2.1) 改写为

* 刘维尔 (Liouville J, 1809~1882), 法国数学家.

$$\frac{\mathrm{d}y}{g(y)} = f(x)\mathrm{d}x,$$

这样我们就从形式上把微分方程 (10.2.1) 的变量分离出来了, 将上式两边积分, 得

$$\int \frac{\mathrm{d}y}{g(y)} = \int f(x)\mathrm{d}x + C. \tag{10.2.2}$$

这时, 由式 (10.2.2) 所确定的函数 $y=\phi(x,C)$ 满足方程 (10.2.1). 因而, 式 (10.2.2) 是式 (10.2.1) 的隐式通解.

需要注意的是: 若存在 y_0, 使得 $g(y_0)=0$, 则容易验证 $y=y_0$ 满足方程 (10.2.1), 此时若 $y=y_0$ 不包含在通解的表达式 (10.2.2) 中, 则称此解为式 (10.2.1) 的**奇解**, 我们要把这个解补上.

例 10.2.1 求解微分方程

$$\frac{\mathrm{d}y}{\mathrm{d}x} = \frac{x}{y}.$$

解 原方程化为

$$y\mathrm{d}y = x\mathrm{d}x,$$

两边积分, 得

$$\frac{1}{2}y^2 = \frac{1}{2}x^2 + \frac{C}{2},$$

所以原方程的通解为

$$y^2 = x^2 + C,$$

其中 C 为任意常数. 我们也可以把通解写成显函数形式 $y=\pm\sqrt{x^2+C}$. □

例 10.2.2 求解微分方程

$$\frac{\mathrm{d}y}{\mathrm{d}x} = -\cos^2 y \sin x.$$

解 若 $\cos y \neq 0$, 原方程化为

$$\frac{\mathrm{d}y}{\cos^2 y} = -\sin x\mathrm{d}x,$$

两边积分, 得

$$\tan y = \cos x + C,$$

这就是原方程的通积分. 当 $\cos y = 0$ 时, 即当 $y = k\pi + \dfrac{\pi}{2}, k\in\mathbb{Z}$ 时, 容易验证它也是原方程的解, 但它不包含在通解中. 所以原方程还有奇解 $y = k\pi + \dfrac{\pi}{2}, k\in\mathbb{Z}$. □

例 10.2.3 求微分方程

$$\frac{\mathrm{d}y}{\mathrm{d}x} = \mathrm{e}^{2x-y}$$

满足 $y(0)=0$ 的解.

解 原方程化为

$$e^y dy = e^{2x} dx,$$

两边积分, 得原方程的通解为

$$e^y = \frac{1}{2}e^{2x} + C.$$

将条件 $y(0) = 0$ 代入上式, 解得 $C = \frac{1}{2}$. 所以

$$y = \ln(e^{2x} + 1) - \ln 2$$

为满足题设条件的原微分方程的解. □

10.2.2 可化为变量分离方程的类型

在这里我们只介绍几种简单的类型.

(1) 形如

$$\frac{dy}{dx} = f(ax + by + c) \tag{10.2.3}$$

的微分方程.

令 $u = ax + by + c$, 则 $du = adx + bdy$, 于是

$$\frac{du}{dx} = a + b\frac{dy}{dx},$$

从而方程 (10.2.3) 可化为

$$\frac{du}{dx} = a + bf(u).$$

容易看出, 这是可分离变量的方程. 若其通解为：$u = \varphi(x, C)$, 则方程 (10.2.3) 的通积分为

$$ax + by + c = \varphi(x, C).$$

例 10.2.4 求解微分方程

$$\frac{dy}{dx} = (x + 2y + 1)^2.$$

解 令 $u = x + 2y + 1$, 则 $du = dx + 2dy$, 于是

$$\frac{du}{dx} = 1 + 2\frac{dy}{dx},$$

从而原方程化为

$$\frac{du}{dx} = 1 + 2u^2,$$

这是一个可分离变量的方程, 其通解为

$$x = \frac{1}{\sqrt{2}}\arctan(\sqrt{2}u) + C,$$

所以原方程的通积分为

$$x=\frac{1}{\sqrt{2}}\arctan[\sqrt{2}(x+2y+1)]+C. \qquad \square$$

(2) 形如

$$\frac{\mathrm{d}y}{\mathrm{d}x}=f\left(\frac{y}{x}\right) \tag{10.2.4}$$

的微分方程, 我们称之为**一阶齐次微分方程**.

这种形式的方程, 也可以化为可分离变量的方程. 令 $u=\dfrac{y}{x}$, 则 $ux=y$. 两边微分, 得

$$\mathrm{d}y=u\mathrm{d}x+x\mathrm{d}u,$$

于是

$$\frac{\mathrm{d}y}{\mathrm{d}x}=u+x\frac{\mathrm{d}u}{\mathrm{d}x},$$

从而方程 (10.2.4) 化为

$$f(u)=u+x\frac{\mathrm{d}u}{\mathrm{d}x},$$

即

$$\frac{\mathrm{d}u}{\mathrm{d}x}=\frac{1}{x}(f(u)-u),$$

这是可分离变量的方程. 若其通解为：$u=\varphi(x,C)$, 则方程 (10.2.4) 的通解为

$$\frac{y}{x}=\varphi(x,C).$$

例 10.2.5　解微分方程

$$\frac{\mathrm{d}y}{\mathrm{d}x}=\frac{y^2}{xy+x^2}.$$

解　原方程可化为

$$\frac{\mathrm{d}y}{\mathrm{d}x}=\frac{\left(\dfrac{y}{x}\right)^2}{\dfrac{y}{x}+1},$$

因此这是一个齐次微分方程. 令 $u=\dfrac{y}{x}$, 则

$$y=ux, \frac{\mathrm{d}y}{\mathrm{d}x}=u+x\frac{\mathrm{d}u}{\mathrm{d}x},$$

于是原方程变为

$$u+x\frac{\mathrm{d}u}{\mathrm{d}x}=\frac{u^2}{u+1},$$

即

$$x\frac{\mathrm{d}u}{\mathrm{d}x}=\frac{-u}{u+1},$$

分离变量, 得

$$\left(1+\frac{1}{u}\right)\mathrm{d}u=-\frac{\mathrm{d}x}{x},\qquad (u\neq 0)$$

两边积分, 得

$$u+\ln|u|+C=-\ln|x|,$$

所以原方程的通积分为

$$\frac{y}{x}+\ln|y|+C=0.\quad y=0 \text{ 为奇解.}$$ □

(3) 形如

$$\frac{\mathrm{d}y}{\mathrm{d}x}=f\left(\frac{a_1x+b_1y+c_1}{a_2x+b_2y+c_2}\right) \tag{10.2.5}$$

的微分方程.

注意到当 $c_1=c_2=0$ 时, 式 (10.2.5) 可化为齐次方程的形式. 所以下面只讨论 c_1,c_2 不全为零的情形.

当 $a_1b_2-a_2b_1\neq 0$ 时, 令

$$u=a_1x+b_1y+c_1, v=a_2x+b_2y+c_2,$$

则

$$\mathrm{d}u=a_1\mathrm{d}x+b_1\mathrm{d}y, \mathrm{d}v=a_2\mathrm{d}x+b_2\mathrm{d}y,$$

于是

$$\mathrm{d}x=\frac{b_2\mathrm{d}u-b_1\mathrm{d}v}{a_1b_2-a_2b_1}, \mathrm{d}y=\frac{a_1\mathrm{d}v-a_2\mathrm{d}u}{a_1b_2-a_2b_1},$$

从而方程 (10.2.5) 可化为

$$\frac{a_1\mathrm{d}v-a_2\mathrm{d}u}{b_2\mathrm{d}u-b_1\mathrm{d}v}=f\left(\frac{u}{v}\right),$$

即

$$\left(a_2+b_2f\left(\frac{u}{v}\right)\right)\mathrm{d}u=\left(a_1+b_1f\left(\frac{u}{v}\right)\right)\mathrm{d}v.$$

这是一个齐次微分方程, 可用前面的方法加以求解.

当 $a_1b_2-a_2b_1=0$ 时, 则存在某个常数 k, 使得 $(a_2,b_2)=k(a_1,b_1)$, 此时令 $u=a_1x+b_1y$, 则

$$\frac{\mathrm{d}u}{\mathrm{d}x}=a_1+b_1\frac{\mathrm{d}y}{\mathrm{d}x}=a_1+b_1f\left(\frac{u+c_1}{ku+c_2}\right),$$

此即为变量分离方程.

例 10.2.6 求解微分方程

$$\frac{\mathrm{d}y}{\mathrm{d}x}=\frac{x-y+1}{x+y-1}.$$

解 令 $u=x-y+1, v=x+y-1$, 则

$$\mathrm{d}u=\mathrm{d}x-\mathrm{d}y, \mathrm{d}v=\mathrm{d}x+\mathrm{d}y,$$

解得

$$\mathrm{d}x = \frac{\mathrm{d}u + \mathrm{d}v}{2}, \mathrm{d}y = \frac{\mathrm{d}v - \mathrm{d}u}{2},$$

所以原方程可化为

$$\frac{\mathrm{d}u}{\mathrm{d}v} = \frac{1 - \dfrac{u}{v}}{1 + \dfrac{u}{v}},$$

这是齐次微分方程, 再令 $z = \dfrac{u}{v}$, 则 $zv = u$, 两边微分, 得 $z\mathrm{d}v + v\mathrm{d}z = \mathrm{d}u$, 于是

$$\frac{\mathrm{d}u}{\mathrm{d}v} = v\frac{\mathrm{d}z}{\mathrm{d}v} + z = \frac{1 - \dfrac{u}{v}}{1 + \dfrac{u}{v}},$$

即

$$-\frac{(1+z)}{(1+z)^2 - 2}\mathrm{d}z = \frac{1}{v}\mathrm{d}v,$$

两边积分, 得

$$-\frac{1}{2}\ln|(z+1)^2 - 2| = \ln|v| + C,$$

代回原变量, 得原方程的通积分为

$$x^2 - y^2 - 2xy + 2x + 2y = C_2, \text{其中} C_2 = \pm \mathrm{e}^{-2c}.$$

□

例 10.2.7　求解微分方程

$$\frac{\mathrm{d}y}{\mathrm{d}x} = \frac{2x + y + 1}{4x + 2y - 3}.$$

解　易见原方程右边的分子分母中 x, y 的系数成比例. 令 $u = 2x + y$, 则

$$\frac{\mathrm{d}u}{\mathrm{d}x} = 2 + \frac{\mathrm{d}y}{\mathrm{d}x} = 2 + \frac{u+1}{2u-3} = \frac{5(u-1)}{2u-3},$$

这是一个可分离变量的方程, 解得

$$u - 1 = C\mathrm{e}^{2u-5x},$$

代回原变量, 得原方程的通积分为

$$2x + y - 1 = C\mathrm{e}^{2y-x}.$$

□

习题 10.2

1. 验证下列各函数是其对应微分方程的通解 (或通积分):
   (1) $y'' - 4y' + 3y = 0,\ y = C_1\mathrm{e}^x + C_2\mathrm{e}^{3x}$;
   (2) $(x - y + 1)y' = 1,\ y = x + C\mathrm{e}^y$;
   (3) $yy'' = (y')^2,\ y = C_2\mathrm{e}^{C_1 x}$.
2. 求以下列曲线簇为通解 (或通积分) 的微分方程:

(1) $y=xC+C^2$; (2) $x=Ce^{\frac{x}{y}}$;

(3) $y=C_1e^x+C_2e^{-x}$; (4) $y=C_1\ln|x|+C_2$.

3. 解下列微分方程:

(1) $\dfrac{dy}{dx}=y\ln y$; (2) $\sqrt{1-y^2}dx+y\sqrt{1-x^2}dy=0$;

(3) $\dfrac{dy}{dx}=\dfrac{x^2}{y(1+x^3)}$; (4) $(1+x)ydx+(1-y)xdy=0$.

4. 解下列微分方程:

(1) $xy'-y\ln y=0$; (2) $xydx+(1+x^2)dy=0$;

(3) $y\ln xdx+x\ln ydy=0$; (4) $y'=e^{x+y}$;

(5) $(e^{x+y}-e^x)dx+(e^{x+y}+e^y)dy=0$; (6) $x^2y^2y'+1=y$.

5. 求下列微分方程的通解:

(1) $\dfrac{dy}{dx}=\dfrac{x^2+y^2}{2xy}$; (2) $(y^2-2xy)dx+x^2dy=0$;

(3) $xy'-y=x\tan\dfrac{y}{x}$; (4) $xy'-y=(x+y)\ln\dfrac{x+y}{x}$;

(5) $xy'=\sqrt{x^2-y^2}+y$; (6) $y^2+x^2\dfrac{dy}{dx}=xy\dfrac{dy}{dx}$.

6. 求下列微分方程的解:

(1) $\dfrac{dy}{dx}=2\left(\dfrac{y+2}{x+y-1}\right)^2$; (2) $(2x-4y+6)dx+(x+y-3)dy=0$;

(3) $(2x+3y+4)dx-(4x+6y+5)dy=0$; (4) $\dfrac{dy}{dx}=\dfrac{y-x+1}{y+x+5}$.

7. 求解下列微分方程的初值问题:

(1) $(x^2-1)y'+2xy^2=0,\ y(0)=1$; (2) $\dfrac{dy}{dx}=2\sqrt{y}\ln x,\ y(e)=1$;

(3) $\dfrac{dy}{dx}=(\cos x\cos 2y)^2,\ y(0)=0$; (4) $y'=\dfrac{y}{x}\left(1+\ln\dfrac{y}{x}\right), y(1)=e$.

10.3 一阶线性微分方程

定义 10.3.1 形如

$$\frac{dy}{dx}+P(x)y=Q(x) \tag{10.3.1}$$

的方程, 称为**一阶线性微分方程**. 当 $Q(x)\equiv 0$ 时, 称为**一阶齐次线性微分方程**; 否则, 称为**一阶非齐次线性微分方程**.

先来看齐次的情形 (即 $Q(x)\equiv 0$ 的情形), 此时方程 (10.3.1) 变为

$$\frac{dy}{dx}+P(x)y=0,$$

这是一个可分离变量的方程, 容易求得它的通解为

$$y = C\mathrm{e}^{-\int P(x)\mathrm{d}x}.$$

现在我们来讨论非齐次线性微分方程 (10.3.1) 的通解的求法.

由于 $\mathrm{e}^{\int P(x)\mathrm{d}x} \neq 0$, 在方程 (10.3.1) 的两边同时乘以 $\mathrm{e}^{\int P(x)\mathrm{d}x}$, 并整理, 得

$$\mathrm{e}^{\int P(x)\mathrm{d}x}\mathrm{d}y + \left(\mathrm{e}^{\int P(x)\mathrm{d}x}P(x)y\right)\mathrm{d}x = \left(Q(x)\mathrm{e}^{\int P(x)\mathrm{d}x}\right)\mathrm{d}x,$$

即

$$\mathrm{d}\left(y\mathrm{e}^{\int P(x)\mathrm{d}x}\right) = Q(x)\mathrm{e}^{\int P(x)\mathrm{d}x}\mathrm{d}x,$$

两边积分, 得

$$y\mathrm{e}^{\int P(x)\mathrm{d}x} = \int \left(Q(x)\mathrm{e}^{\int P(x)\mathrm{d}x}\right)\mathrm{d}x + C,$$

所以方程 (10.3.1) 的通解为

$$y = \mathrm{e}^{-\int P(x)\mathrm{d}x}\left(C + \int \left(Q(x)\mathrm{e}^{\int P(x)\mathrm{d}x}\right)\mathrm{d}x\right). \tag{10.3.2}$$

注　如果我们将 y 视为自变量, 将 x 视为未知函数得到关于 x 的一阶非齐次线性微分方程

$$\frac{\mathrm{d}x}{\mathrm{d}y} + P(y)x = Q(y), \tag{10.3.3}$$

则与方程 (10.3.1) 对应的方程 (10.3.3) 的通解为

$$x = \mathrm{e}^{-\int P(y)\mathrm{d}y}\left(C + \int \left(Q(y)\mathrm{e}^{\int P(y)\mathrm{d}y}\right)\mathrm{d}y\right). \tag{10.3.4}$$

例 10.3.1　求解微分方程

$$(x+2)\frac{\mathrm{d}y}{\mathrm{d}x} - 2y = \mathrm{e}^x(x+2)^3.$$

解　原方程可化为

$$\frac{\mathrm{d}y}{\mathrm{d}x} - \frac{2}{x+2}y = \mathrm{e}^x(x+2)^2,$$

这是一阶非齐次线性微分方程, 由式 (10.3.2) 得原方程的通解为

$$\begin{aligned} y &= \mathrm{e}^{\int \frac{2}{x+2}\mathrm{d}x}\left(C + \int \left(\mathrm{e}^x(x+2)^2\mathrm{e}^{-\int \frac{2}{x+2}\mathrm{d}x}\right)\mathrm{d}x\right) \\ &= (x+2)^2(C + \mathrm{e}^x). \end{aligned}$$

□

例 10.3.2　求解微分方程

$$\frac{\mathrm{d}y}{\mathrm{d}x} = \frac{y}{x - y^2}.$$

解　原方程不是关于未知函数 y 的线性微分方程, 但我们可以将它改写为

$$\frac{\mathrm{d}x}{\mathrm{d}y}=\frac{x-y^2}{y},$$

即

$$\frac{\mathrm{d}x}{\mathrm{d}y}-\frac{1}{y}x=-y,$$

由式 (10.3.4), 得原方程的通解为

$$\begin{aligned}x&=\mathrm{e}^{\int\frac{1}{y}\mathrm{d}y}\left(C+\int(-y)\mathrm{e}^{-\int\frac{1}{y}\mathrm{d}y}\mathrm{d}y\right)\\&=y(C-y).\end{aligned}$$

□

下面我们介绍一类特殊的可化为一阶线性微分方程的微分方程, 即伯努利 (Bernoulli) 方程.

形如

$$\frac{\mathrm{d}y}{\mathrm{d}x}+P(x)y=Q(x)y^{\alpha}\tag{10.3.5}$$

的方程, 称为**伯努利方程**. 其中 $P(x),Q(x)$ 为关于 x 的连续函数, $\alpha\neq 0,1$, 是实常数.

当 $y\neq 0$ 时, 式 (10.3.5) 两边同时乘以 $y^{-\alpha}$, 得

$$y^{-\alpha}\frac{\mathrm{d}y}{\mathrm{d}x}+P(x)y^{1-\alpha}=Q(x),$$

即

$$\frac{1}{1-\alpha}\cdot\frac{\mathrm{d}}{\mathrm{d}x}(y^{1-\alpha})+P(x)y^{1-\alpha}=Q(x),$$

令 $u=y^{1-\alpha}$, 则上式化为

$$\frac{\mathrm{d}u}{\mathrm{d}x}+(1-\alpha)P(x)u=(1-\alpha)Q(x),$$

这是关于函数 $u(x)$ 的一阶线性微分方程, 由此求出 $u(x)$, 再由 $y=u^{\frac{1}{1-\alpha}}$ 便可求得 $y(x)$.

注意, 当 $\alpha>0$ 时, $y=0$ 也满足方程 (10.3.5), 若它不包含在通解中, 需把它补上.

例 10.3.3　求解微分方程

$$\frac{\mathrm{d}y}{\mathrm{d}x}=\frac{y}{x}-xy^2.$$

解　原方程化为

$$\frac{\mathrm{d}y}{\mathrm{d}x}-\frac{1}{x}y=-xy^2,$$

这是 $\alpha=2$ 的伯努利方程. 令 $u=y^{-1}$, 则 $\frac{\mathrm{d}u}{\mathrm{d}x}=-y^{-2}\frac{\mathrm{d}y}{\mathrm{d}x}$, 代入原方程, 得

$$\frac{\mathrm{d}u}{\mathrm{d}x}+\frac{1}{x}u=x,$$

这是一阶线性微分方程, 求得其通解为

$$\begin{aligned}u&=\mathrm{e}^{-\int\frac{1}{x}\mathrm{d}x}\left(C+\int x\mathrm{e}^{\int\frac{1}{x}\mathrm{d}x}\mathrm{d}x\right)\\&=\frac{1}{x}\left(C+\frac{1}{3}x^3\right)\\&=\frac{C}{x}+\frac{x^2}{3},\end{aligned}$$

代回原变量, 得原方程的通解为

$$\frac{1}{y}=\frac{C}{x}+\frac{x^2}{3}.$$

此外, $y=0$ 也是原方程的解. □

习题 10.3

1. 求解下列微分方程:

(1) $(1+x^2)y'-xy+1=0$;　(2) $\sin x\dfrac{\mathrm{d}y}{\mathrm{d}x}-(x-y)\cos x=0$;

(3) $y'\sin x-y\cos x=\cot x$;　(4) $y\mathrm{d}x-(x+y^3)\mathrm{d}y=0$;

(5) $y'=\dfrac{y}{y-x}$;　(6) $y'+y\cos x=\mathrm{e}^{-\sin x}$;

(7) $(x^2+1)y'+2xy=4x^2$;　(8) $(x-2xy-y^2)\mathrm{d}y+y^2\mathrm{d}x=0$;

(9) $y'+2xy=x\mathrm{e}^{-x^2}$;　(10) $3xy'-y-3xy^4\ln x=0$.

2. 求下列微分方程的通解:

(1) $y'-\dfrac{1}{2x}y=\dfrac{x}{2}y^{-1}$;　(2) $\dfrac{\mathrm{d}y}{\mathrm{d}x}-y=\sin xy^2$;

(3) $y'+\dfrac{1}{x}y=x^2y^6$;　(4) $(x^2y^3+xy)\dfrac{\mathrm{d}y}{\mathrm{d}x}=1$;

(5) $\dfrac{\mathrm{d}y}{\mathrm{d}x}+y=y^2(\cos x-\sin x)$;　(6) $\dfrac{\mathrm{d}y}{\mathrm{d}x}-y=xy^5$.

3. 求下列微分方程的初值问题:

(1) $y=xy'+y'\ln y,\ y(1)=1$;　(2) $xy'-2y=x^3\mathrm{e}^x,\ y(1)=0$;

(3) $\dfrac{\mathrm{d}y}{\mathrm{d}x}-\dfrac{2y}{x+1}=(x+1)^{\frac{5}{2}},\ y(0)=0$;　(4) $\dfrac{\mathrm{d}y}{\mathrm{d}x}+3y=8,\ y(0)=1$;

(5) $y\cos\dfrac{x}{y}\mathrm{d}x+\left(y-x\cos\dfrac{x}{y}\right)\mathrm{d}y=0,\ y\left(\dfrac{\pi}{2}\right)=1$.

4. 设 $y_0(x)$ 是 $\dfrac{\mathrm{d}y}{\mathrm{d}x}+P(x)y=0$ 的解, $y_1(x),y_2(x)$ 是 $\dfrac{\mathrm{d}y}{\mathrm{d}x}+P(x)y=Q(x)$ 的解, 证明:

(1) $y_0(x)+y_1(x)$ 是 $\dfrac{\mathrm{d}y}{\mathrm{d}x}+P(x)y=Q(x)$ 的解;

(2) $y_1(x)-y_2(x)$ 是 $\dfrac{\mathrm{d}y}{\mathrm{d}x}+P(x)y=0$ 的解.

10.4　全微分方程与积分因子

10.4.1　全微分方程

考虑一阶微分方程 $y'=f(x,y)$ 的对称写法:

$$P(x,y)\mathrm{d}x+Q(x,y)\mathrm{d}y=0. \tag{10.4.1}$$

定义 10.4.1　若存在可微函数 $\lambda(x,y)$, 使得 $\mathrm{d}\lambda(x,y)=P(x,y)\mathrm{d}x+Q(x,y)\mathrm{d}y$, 则 $P(x,y)\mathrm{d}x+Q(x,y)\mathrm{d}y$ 称为**恰当微分**, 称方程 (10.4.1) 为**全微分方程** (也称**恰当方程**).

易见, 若 $\mathrm{d}\lambda(x,y)=P(x,y)\mathrm{d}x+Q(x,y)\mathrm{d}y$, 则 $\lambda(x,y)=C$ 为方程 (10.4.1) 的隐式通解, 并且其所有解都包含在通解之中.

我们已经知道: $P(x,y)\mathrm{d}x+Q(x,y)\mathrm{d}y$ 为恰当微分的充要条件是: $\dfrac{\partial Q(x,y)}{\partial x}=\dfrac{\partial P(x,y)}{\partial y}$, 这也是方程 (10.4.1) 为全微分方程的充要条件. 并且, $\lambda(x,y)$ 可由下面两式之一确定:

$$\lambda(x,y)=\int_{x_0}^{x}P(x,y_0)\mathrm{d}x+\int_{y_0}^{y}Q(x,y)\mathrm{d}y, \tag{10.4.2}$$

或

$$\lambda(x,y)=\int_{x_0}^{x}P(x,y)\mathrm{d}x+\int_{y_0}^{y}Q(x_0,y)\mathrm{d}y, \tag{10.4.3}$$

其中 (x_0,y_0) 可从 $P(x,y)$ 与 $Q(x,y)$ 的公共定义域内任意取.

例 10.4.1　求微分方程 $\mathrm{e}^{-y}\mathrm{d}x-(2y+x\mathrm{e}^{-y})\mathrm{d}y=0$ 的通解.

解　这里 $P(x,y)=\mathrm{e}^{-y}$, $Q(x,y)=-(2y+x\mathrm{e}^{-y})$, 于是 $\dfrac{\partial Q}{\partial x}=\dfrac{\partial P}{\partial y}=-\mathrm{e}^{-y}$, 因此这是一个全微分方程. 取 $x_0=0, y_0=0$, 得

$$\begin{aligned}\lambda(x,y)&=\int_0^x\mathrm{d}x+\int_0^y-(2y+x\mathrm{e}^{-y})\mathrm{d}y\\&=x-y^2+x\mathrm{e}^{-y}-x\\&=-y^2+x\mathrm{e}^{-y}.\end{aligned}$$

从而原方程的通解为 $-y^2+x\mathrm{e}^{-y}=C$. □

多数情况下, 在判断出一个方程是全微分方程后, 往往采用 “分项组合” 凑全微分的方法来进行求解. 比如上例左边可化为

$$\begin{aligned}\mathrm{e}^{-y}\mathrm{d}x-(2y+x\mathrm{e}^{-y})\mathrm{d}y&=\mathrm{e}^{-y}\mathrm{d}x-x\mathrm{e}^{-y}\mathrm{d}y-2y\mathrm{d}y\\&=\mathrm{d}(x\mathrm{e}^{-y}-y^2),\end{aligned}$$

于是原方程化为

$$\mathrm{d}(x\mathrm{e}^{-y}-y^2)=0,$$

从而原方程的通解为 $-y^2+x\mathrm{e}^{-y}=C$.

例 10.4.2　求解微分方程 $\left(\cos x+\dfrac{1}{y}\right)\mathrm{d}x+\left(\dfrac{1}{y}-\dfrac{x}{y^2}\right)\mathrm{d}y=0$.

解　这里 $P=\cos x+\dfrac{1}{y}$, $Q=\dfrac{1}{y}-\dfrac{x}{y^2}$, 并且

$$\frac{\partial Q}{\partial x}=\frac{\partial P}{\partial y}=-\frac{1}{y^2},$$

于是原方程是全微分方程. 把方程重新 "分项组合", 得到

$$\cos x\mathrm{d}x+\frac{1}{y}\mathrm{d}y+\left(\frac{1}{y}\mathrm{d}x-\frac{x}{y^2}\mathrm{d}y\right)=0,$$

即

$$\mathrm{d}\sin x+\mathrm{d}\ln|y|+\frac{y\mathrm{d}x-x\mathrm{d}y}{y^2}=0,$$

亦即

$$\mathrm{d}\left(\sin x+\ln|y|+\frac{x}{y}\right)=0,$$

故原方程的通解为

$$\sin x+\ln|y|+\frac{x}{y}=C.$$

这里 C 为任意常数. □

10.4.2　积分因子

有些微分方程本身不是全微分方程, 但通过在方程的两边同时乘上一个可微函数后可以化成全微分方程. 积分因子就是为了解决这个问题而引进的概念.

定义 10.4.2　如果存在连续可微函数 $\mu(x,y)$, 使得

$$\mu(x,y)P(x,y)\mathrm{d}x+\mu(x,y)Q(x,y)\mathrm{d}y=0 \tag{10.4.4}$$

为全微分方程, 即存在可微函数 $v(x,y)$, 使得

$$\mu P\mathrm{d}x+\mu Q\mathrm{d}y=\mathrm{d}v,$$

则称 $\mu(x,y)$ 为方程 (10.4.1) 的**积分因子**.

一般来说, 积分因子并不是唯一的. 因此, 在具体求解过程中, 由于积分因子的不同而使通解可能具有不同的形式. 由于方程 (10.4.4) 为全微分方程, 所以

$$\frac{\partial(\mu Q)}{\partial x}=\frac{\partial(\mu P)}{\partial y},$$

即

$$P\frac{\partial\mu}{\partial y}-Q\frac{\partial\mu}{\partial x}=\left(\frac{\partial Q}{\partial x}-\frac{\partial P}{\partial y}\right)\mu. \tag{10.4.5}$$

这是一个以 μ 为未知函数的一阶线性偏微分方程, 要想通过这个方程来求出积分因子是非常困难的. 尽管如此, 在一些特殊情形中, 我们还是可以想办法求出方程 (10.4.5) 的一个特解.

假设方程 (10.4.1) 具有只与 x 有关的积分因子 $\mu=\mu(x)$, 则由式 (10.4.5) 可得

$$-Q\frac{\mathrm{d}\mu(x)}{\mathrm{d}x}=\left(\frac{\partial Q}{\partial x}-\frac{\partial P}{\partial y}\right)\mu(x),$$

即

$$\mathrm{d}\ln\mu(x)=-\frac{1}{Q}\left(\frac{\partial Q}{\partial x}-\frac{\partial P}{\partial y}\right)\mathrm{d}x=-\phi(x)\mathrm{d}x,$$

求得

$$\mu(x)=\exp\left(-\int\phi(x)\mathrm{d}x\right).$$

综上所述, 我们有

定理 10.4.1 如果 $\dfrac{\dfrac{\partial Q}{\partial x}-\dfrac{\partial P}{\partial y}}{Q}=\phi(x)$, 则方程 (10.4.1) 具有积分因子

$$\mu(x)=\exp\left(-\int\phi(x)\mathrm{d}x\right).$$

类似地, 我们可以得到

定理 10.4.2 如果 $\dfrac{\dfrac{\partial Q}{\partial x}-\dfrac{\partial P}{\partial y}}{P}=\varphi(y)$, 则方程 (10.4.1) 具有积分因子

$$\mu(y)=\exp\left(\int\varphi(y)\mathrm{d}y\right).$$

例 10.4.3 求解微分方程 $(\mathrm{e}^x+3y^2)\mathrm{d}x+2xy\mathrm{d}y=0$.

解 $P(x,y)=\mathrm{e}^x+3y^2$, $Q(x,y)=2xy$,

$$\frac{\partial Q}{\partial x}=2y,\ \frac{\partial P}{\partial y}=6y.$$

所以

$$\frac{\dfrac{\partial Q}{\partial x}-\dfrac{\partial P}{\partial y}}{Q}=-\frac{2}{x},$$

故原方程有积分因子

$$\mu(x)=\exp\left(\int\frac{2}{x}\mathrm{d}x\right)=x^2,$$

用 x^2 乘原方程两端, 得

$$x^2(\mathrm{e}^x+3y^2)\mathrm{d}x+2x^3y\mathrm{d}y=0,$$

即

$$d[(x^2-2x+2)e^x]+d(x^3y^2)=0,$$

从而原方程的通解为

$$(x^2-2x+2)e^x+x^3y^2=C.$$ □

有时, 我们也可以用观察法求得微分方程的一个积分因子. 此时, 我们往往可利用下列公式来观察出原方程的一个积分因子:

(1) $d(xy)=ydx+xdy$;

(2) $d(x^2\pm y^2)=2(xdx\pm ydy)$;

(3) $d\left(\dfrac{y}{x}\right)=\dfrac{xdy-ydx}{x^2}$;

(4) $d\left(\dfrac{x}{y}\right)=\dfrac{ydx-xdy}{y^2}$;

(5) $d\left(\arctan\dfrac{y}{x}\right)=\dfrac{xdy-ydx}{x^2+y^2}$;

(6) $d\left(\ln\dfrac{x+y}{x-y}\right)=\dfrac{2(xdy-ydx)}{x^2-y^2}$;

(7) $d\left(\dfrac{x+y}{x-y}\right)=\dfrac{2(xdy-ydx)}{(x-y)^2}$.

例 10.4.4　求解微分方程 $(x^2\cos x-y)dx+xdy=0$.

解　将方程变形为

$$x^2\cos xdx+(xdy-ydx)=0,$$

两边乘以 $\dfrac{1}{x^2}$, 得

$$\cos xdx+\frac{xdy-ydx}{x^2}=0,$$

即

$$d(\sin x)+d\left(\frac{y}{x}\right)=0,$$

所以原方程的通解为

$$\sin x+\frac{y}{x}=C.$$ □

习题 10.4

1. 判断下列微分方程是否为全微分方程 (其中 $f(x)$ 为连续可微函数):

(1) $x^2(1-x^2)\dfrac{dy}{dx}+2(1-2x^2)xy=f(x)$;

(2) $f(x^2+y^2)(xdx+ydy)=0$;

(3) $\dfrac{f\left(\dfrac{y}{x}\right)}{x^2+y^2}(xdy-ydx)=0$.

2. 解下列微分方程:

(1) $(3x^2+4xy)dx+(2x^2+2y)dy=0$;

(2) $(3y^2 + y\sin(2xy))\mathrm{d}x + (6xy + x\sin(2xy))\mathrm{d}y = 0$;

(3) $\dfrac{x^2y+1}{y}\mathrm{d}x + \dfrac{y-x}{y^2}\mathrm{d}y = 0$;

(4) $y(3x^2 - y^3 + \mathrm{e}^{xy})\mathrm{d}x + x(x^2 - 4y^3 + \mathrm{e}^{xy})\mathrm{d}y = 0$;

(5) $\dfrac{\mathrm{d}y}{\mathrm{d}x} = \dfrac{x-y+1}{x+y^2+3}$;

(6) $(\mathrm{e}^x \sin y - 2y\sin x)\mathrm{d}x + (\mathrm{e}^x\cos y + 2\cos x)\mathrm{d}y = 0$;

(7) $\left(\dfrac{1}{y}\sin\dfrac{x}{y} - \dfrac{y}{x^2}\cos\dfrac{y}{x} + 1\right)\mathrm{d}x + \left(\dfrac{1}{x}\cos\dfrac{y}{x} - \dfrac{x}{y^2}\sin\dfrac{x}{y} + \dfrac{1}{y^2}\right)\mathrm{d}y = 0$;

(8) $(y\mathrm{e}^x - \mathrm{e}^{-y})\mathrm{d}x + (x\mathrm{e}^{-y} + \mathrm{e}^x)\mathrm{d}y = 0$.

3. 确定常数 A, 使下列微分方程成为全微分方程并求解:

(1) $(x^2 + 3xy)\mathrm{d}x + (Ax^2 + 4y)\mathrm{d}y = 0$;

(2) $\left(\dfrac{Ay}{x^3} + \dfrac{y}{x^2}\right)\mathrm{d}x + \left(\dfrac{1}{x^2} - \dfrac{1}{x}\right)\mathrm{d}y = 0$;

(3) $(Ax^2y + 2y^2)\mathrm{d}x + (x^3 + 4xy)\mathrm{d}y = 0$;

(4) $\left(\dfrac{1}{x^2} + \dfrac{1}{y^2}\right)\mathrm{d}x + \dfrac{Ax+1}{y^3}\mathrm{d}y = 0$.

4. 确定函数 $P(x,y)$ 与 $Q(x,y)$, 使下述微分方程成为全微分方程并求解:

(1) $P(x,y)\mathrm{d}x + (2y\mathrm{e}^x + y^2\mathrm{e}^{3x})\mathrm{d}y = 0$;

(2) $(x^{-2}y^{-2} + xy^{-3})\mathrm{d}x + Q(x,y)\mathrm{d}y = 0$;

(3) $P(x,y)\mathrm{d}x + (2x^2y^3 + x^4y)\mathrm{d}y = 0$;

(4) $(x^3 + xy^2)\mathrm{d}x + Q(x,y)\mathrm{d}y = 0$.

5. 用积分因子法解下列微分方程:

(1) $(x^2 + y^2)\mathrm{d}x + \left(2xy + xy^2 + \dfrac{x^3}{3}\right)\mathrm{d}y = 0$;

(2) $(3x - 2y + 2y^2)\mathrm{d}x + (2xy - x)\mathrm{d}y = 0$;

(3) $(2xy + y^2)\mathrm{d}x - x^2\mathrm{d}y = 0$;

(4) $(y + xy + \sin y)\mathrm{d}x + (x + \cos y)\mathrm{d}y = 0$;

(5) $(y + 6xy^3 - 4y^4)\mathrm{d}x - (2x + 4xy^3)\mathrm{d}y = 0$;

(6) $3x^2y\ln y\mathrm{d}x + (2x^3 + 2y^3 + 3y^3\ln y)\mathrm{d}y = 0$;

(7) $(x^4 + y^4)\mathrm{d}x - xy^3\mathrm{d}y = 0$;

(8) $\mathrm{e}^y\mathrm{d}x - x(2xy + \mathrm{e}^y)\mathrm{d}y = 0$;

(9) $x^2y\mathrm{d}x - (x^3 + y^3)\mathrm{d}y = 0$;

(10) $2xy^3\mathrm{d}x + (x^2y^2 - 1)\mathrm{d}y = 0$.

6. 找出下列微分方程的积分因子并求解:

(1) $x\mathrm{d}y + (y + x^2y^4)\mathrm{d}x = 0$;

(2) $y(y-x)\mathrm{d}x + x^2\mathrm{d}y = 0$;

(3) $x\mathrm{d}y - y\mathrm{d}x = (x^2 + 4y^2)\mathrm{d}x$;

(4) $(y - xy^2\ln x)\mathrm{d}x + x\mathrm{d}y = 0$.

10.5 解的存在唯一性定理*

前面我们讨论了一阶方程的解的初等积分法, 解决了几类特殊的方程求解问题. 但是, 我们应该指出, 对许多微分方程, 例如方程 $y' = x^2 + y^2$, 不可能通过初等积分法求解. 而实际问题中所需要的往往是要求满足某种初始条件的解. 因此, 对初值问题的研究就被提到了重要的地位. 这就产生了一个问题, 一个不能用初等积分法求解的微分方程是否意味着没有解呢? 或者说, 一个微分方程的初值问题在何种条件下一定有解呢? 当有解时, 它的解是否是唯一的呢?

我们很容易举出解存在而不唯一的例子. 例如方程

$$\frac{\mathrm{d}y}{\mathrm{d}x}=2\sqrt{y}$$

过点 (0,0) 的解就是不唯一的. 一方面, 易见 $y=0$ 是方程的过点 (0,0) 的解. 另一方面, 容易验证 $y=x^2$ 也是方程的过点 (0,0) 的解.

本节介绍的存在唯一性定理圆满地回答了上面提到的问题, 它是微分方程理论中最基本的定理, 有其重大的理论意义.

我们首先引进一个定义.

定义 10.5.1 函数 $f(x,y)$ 称为在区域 D 上关于 y 满足**利普希茨** (Lipschitz†)**条件**, 如果存在常数 $L>0$, 使得不等式

$$|f(x,y_1)-f(x,y_2)|\leqslant L|y_1-y_2|$$

对于所有 $(x,y_1),(x,y_2)\in D$ 都成立. 其中 L 称为利普希茨常数.

考虑一阶微分方程

$$\frac{\mathrm{d}y}{\mathrm{d}x}=f(x,y). \tag{10.5.1}$$

定理 10.5.1 (皮卡 (Picard) 存在唯一性定理) *如果 $f(x,y)$ 在闭区域 $D:|x-x_0|\leqslant a$, $|y-y_0|\leqslant b$ 上连续且关于 y 满足利普希茨条件, 则方程 (10.5.1) 存在唯一的解 $y=\phi(x)$, 它在区间 $|x-x_0|\leqslant h$ 上连续, 且满足初始条件 $\phi(x_0)=y_0$, 这里 $h=\min\left(a,\dfrac{b}{M}\right)$, $M=\max\limits_{(x,y)\in D}|f(x,y)|$.*

为了方便, 我们仅就 $x_0\leqslant x\leqslant x_0+h$ 来证明. 下面我们分五个引理来证明这个定理.

引理 1 $y=\phi(x)$ 是方程 (10.5.1) 的定义在区间 $x_0\leqslant x\leqslant x_0+h$ 上, 且满足初始条件 $\phi(x_0)=y_0$ 的解, 当且仅当 $y=\phi(x)$ 在 $x_0\leqslant x\leqslant x_0+h$ 上连续且满足

$$\phi(x)=y_0+\int_{x_0}^{x}f(x,y)\mathrm{d}x,(x_0\leqslant x\leqslant x_0+h). \tag{10.5.2}$$

证明 由于 $y=\phi(x)$ 是方程 (10.5.1) 的解, 故

$$\frac{\mathrm{d}\phi(x)}{\mathrm{d}x}=f(x,\phi(x)).$$

两边从 x_0 到 x 积分, 得

$$\phi(x)-\phi(x_0)=\int_{x_0}^{x}f(x,\phi(x))\mathrm{d}x,(x_0\leqslant x\leqslant x_0+h),$$

† 利普希茨 (Lipschitz R O S, 1832~1903), 德国数学家.

即

$$\phi(x) = y_0 + \int_{x_0}^{x} f(x,y)\mathrm{d}x, (x_0 \leqslant x \leqslant x_0 + h). \tag{10.5.3}$$

另一方面, 若 $y = \phi(x)$ 满足式 (10.5.2), 两边求导, 得到

$$\frac{\mathrm{d}\phi(x)}{\mathrm{d}x} = f(x, \phi(x)), (x_0 \leqslant x \leqslant x_0 + h).$$

把 $x = x_0$ 代入式 (10.5.3), 得到 $\phi(x_0) = y_0$. 因此 $y = \phi(x)$ 是方程 (10.5.1) 满足初始条件 $\phi(x_0) = y_0$ 的解. □

我们现在来构造皮卡逐步逼近函数序列如下:

$$\begin{cases} \phi_0(x_0) = y_0, \\ \phi_n(x) = y_0 + \displaystyle\int_{x_0}^{x} f(t, \phi_{n-1}(t))\mathrm{d}t, (x_0 \leqslant x \leqslant x_0 + h). \end{cases} \tag{10.5.4}$$

引理 2　对于所有的 n, 式 (10.5.4) 中的函数 $\phi_n(x)$ 在 $x_0 \leqslant x \leqslant x_0 + h$ 上有定义, 连续而且满足不等式

$$|\phi_n(x) - y_0| \leqslant b. \tag{10.5.5}$$

证明　我们采用数学归纳法来证明.

当 $n = 1$ 时, $\phi_1(x) = y_0 + \int_{x_0}^{x} f(t, y_0)\mathrm{d}t$. 易见 $\phi_1(x)$ 在 $x_0 \leqslant x \leqslant x_0 + h$ 上有定义, 连续而且

$$\begin{aligned} |\phi_1(x) - y_0| &= \left| \int_{x_0}^{x} f(t, y_0)\mathrm{d}t \right| \\ &\leqslant \int_{x_0}^{x} |f(t, y_0)|\mathrm{d}t \\ &\leqslant M(x - x_0) \leqslant Mh \leqslant b. \end{aligned}$$

所以原命题当 $n = 1$ 时成立. 假设原命题当 $n = k$ 时成立, 即 $\phi_k(x)$ 在 $x_0 \leqslant x \leqslant x_0 + h$ 上有定义, 连续而且满足

$$|\phi_k(x) - y_0| \leqslant b,$$

由于

$$\phi_{k+1}(x) = y_0 + \int_{x_0}^{x} f(t, \phi_k(t))\mathrm{d}t,$$

由归纳假设可知 $\phi_{k+1}(x)$ 在 $x_0 \leqslant x \leqslant x_0 + h$ 上有定义, 连续而且满足

$$|\phi_{k+1}(x) - y_0| \leqslant \int_{x_0}^{x} |f(t, \phi_k(t))|\mathrm{d}t \leqslant M(x - x_0) \leqslant Mh \leqslant b.$$

故原命题当 $n = k + 1$ 时也成立. 由归纳原理可知引理 2 成立. □

引理 3　函数序列 $\{\phi_n(x)\}$ 在 $x_0 \leqslant x \leqslant x_0 + h$ 上一致收敛.

证明　注意到函数项级数

$$\phi_0(x)+\sum_{k=1}^{\infty}[\phi_k(x)-\phi_{k-1}(x)],(x_0\leqslant x\leqslant x_0+h) \tag{10.5.6}$$

的部分和为

$$\phi_0(x)+\sum_{k=1}^{n}[\phi_k(x)-\phi_{k-1}(x)]=\phi_n(x).$$

我们只需要证明级数 (10.5.6) 在 $x_0\leqslant x\leqslant x_0+h$ 上一致收敛. 利用数学归纳法, 可以证明

$$|\phi_k(x)-\phi_{k-1}(x)|\leqslant\frac{ML^{k-1}}{k!}(x-x_0)^k,x_0\leqslant x\leqslant x_0+h.$$

从而

$$|\phi_k(x)-\phi_{k-1}(x)|\leqslant\frac{ML^{k-1}}{k!}h^k.$$

由于 $\sum\limits_{k=1}^{\infty}\frac{ML^{k-1}}{k!}h^k$ 收敛, 从而 $\{\phi_n(x)\}$ 在 $x_0\leqslant x\leqslant x_0+h$ 上一致收敛. 引理 3 证毕.

现设

$$\lim_{n\to\infty}\phi_n(x)=\phi(x).$$

则 $\phi(x)$ 在 $x_0\leqslant x\leqslant x_0+h$ 上有定义, 连续且满足

$$|\phi(x)-y_0|\leqslant b.$$

□

引理 4　当 $x_0\leqslant x\leqslant x_0+h$ 时, $\phi(x)$ 满足

$$\phi(x)=y_0+\int_{x_0}^{x}f(t,\phi(t))\mathrm{d}t.$$

证明　对式 (10.5.4) 两边取极限, 得

$$\begin{aligned}\lim_{n\to\infty}\phi_n(x)&=y_0+\lim_{n\to\infty}\int_{x_0}^{x}f(t,\phi_{n-1}(t))\mathrm{d}t\\&=y_0+\int_{x_0}^{x}\lim_{n\to\infty}f(t,\phi_{n-1}(t))\mathrm{d}t.\end{aligned}$$

即

$$\phi(x)=y_0+\int_{x_0}^{x}f(t,\phi(t))\mathrm{d}t.$$

□

引理 5　$y=\phi(x)$ 是方程 (10.5.1) 满足初始条件 $\phi(x_0)=y_0$ 的唯一解.

证明　假设 $y=\varphi(x)$ 也是方程 (10.5.1) 满足初始条件 $\varphi(x_0)=y_0$ 的解, 则

$$\varphi(x)=y_0+\int_{x_0}^{x}f(t,\varphi(t))\mathrm{d}t.$$

利用数学归纳法, 容易证明

$$
\begin{aligned}
|\varphi(x)-\phi_n(x)| &\leqslant \frac{1}{(n+1)!}ML^n|x-x_0|^{n+1}\\
&\leqslant \frac{1}{(n+1)!}ML^n h^{n+1}.
\end{aligned}
$$

又因为

$$\lim_{n\to\infty}\frac{1}{(n+1)!}ML^n h^{n+1}=0,$$

从而 $\{\phi_n(x)\}$ 在 $x_0\leqslant x\leqslant x_0+h$ 上一致收敛于 $\varphi(x)$, 由收敛函数的唯一性, 可知 $\varphi(x)=\phi(x)$. □

根据引理 1 到引理 5, 我们就证明了定理 10.5.1.

10.6 高阶微分方程

下面我们讨论高阶微分方程的解法, 主要介绍可降阶的高阶微分方程以及高阶线性微分方程的解法.

10.6.1 可降阶的高阶微分方程

(1) 形如

$$y^{(n)}=f(x) \tag{10.6.1}$$

的微分方程.

容易看到, 微分方程 (10.6.1) 的右端是只与 x 有关的函数. 令 $y_1=y^{(n-1)}$, 则式 (10.6.1) 化为

$$\frac{\mathrm{d}y_1}{\mathrm{d}x}=f(x).$$

解得 $y^{(n-1)}=y_1=\int f(x)\mathrm{d}x+C_1$, 即 $y^{(n-1)}=\int f(x)\mathrm{d}x+C_1$. 再令 $y_2=y^{(n-2)}$, 则上式化为

$$\frac{\mathrm{d}y_2}{\mathrm{d}x}=\int f(x)\mathrm{d}x+C_1,$$

解得 $y^{(n-2)}=y_2=\int\left(\int f(x)\mathrm{d}x+C_1\right)\mathrm{d}x+C_2$. 按照这个方法一直继续下去, 连续积分 n 次, 便得到方程 (10.6.1) 的含有 n 个任意独立常数的解, 即通解.

例 10.6.1　求微分方程

$$y'''=x+\sin x$$

的通解.

解　对原方程两边连续积分 3 次, 得

$$y''=\frac{1}{2}x^2-\cos x+C_1,$$

$$y' = \frac{1}{6}x^3 - \sin x + C_1 x + C_2,$$

$$y = \frac{1}{24}x^4 + \cos x + \frac{C_1}{2}x^2 + C_2 x + C_3.$$ □

(2) 形如

$$f(x, y', y'') = 0 \tag{10.6.2}$$

的微分方程.

这种方程的特点是方程中不显含 y. 我们可采用如下方法把它化为一阶微分方程来求解. 令 $y' = p(x)$, 则 $y'' = \frac{\mathrm{d}p}{\mathrm{d}x}$, 于是方程 (10.6.2) 化为

$$f\left(x, p, \frac{\mathrm{d}p}{\mathrm{d}x}\right) = 0.$$

这是一个以 x 为自变量, 以 p 为未知函数的一阶微分方程, 若能解得其通解为 $p = \varphi(x, C_1)$. 即 $\frac{\mathrm{d}y}{\mathrm{d}x} = \varphi(x, C_1)$. 而这又是一个以 x 为自变量, 以 y 为未知函数的一阶微分方程. 若能求得其通解为 $y = \psi(x, C_1, C_2)$, 这就是方程 (10.6.2) 的通解.

例 10.6.2　求微分方程

$$xy'' + y' = 4x$$

的通解.

解　令 $y' = p(x)$, 则 $y'' = \frac{\mathrm{d}p}{\mathrm{d}x}$, 代入原方程, 得

$$x\frac{\mathrm{d}p}{\mathrm{d}x} + p = 4x.$$

即

$$\frac{\mathrm{d}p}{\mathrm{d}x} + \frac{p}{x} = 4.$$

这是一阶线性微分方程, 由公式 (10.3.2) 得

$$p = 2x + \frac{C_1}{x},$$

于是

$$\frac{\mathrm{d}y}{\mathrm{d}x} = 2x + \frac{C_1}{x},$$

两边积分, 得原方程的通解为

$$y = x^2 + C_1 \ln|x| + C_2.$$ □

例 10.6.3　求微分方程

$$(1 - x^2)y'' = (3x + 1)y'$$

满足初值条件

$$y|_{x=0} = 1, y'|_{x=0} = 1$$

的解.

解 令 $y'=p(x)$, 则 $y''=\dfrac{\mathrm{d}p}{\mathrm{d}x}$, 于是原方程化为

$$(1-x^2)\frac{\mathrm{d}p}{\mathrm{d}x}=(3x+1)p.$$

这是一个可分离变量的方程, 分离变量后, 化成

$$\frac{1}{p}\mathrm{d}p=\frac{3x+1}{1-x^2}\mathrm{d}x,$$

即

$$\frac{1}{p}\mathrm{d}p=\left(\frac{2}{1-x}-\frac{1}{1+x}\right)\mathrm{d}x.$$

两边积分, 得

$$p=\frac{C_1}{(1+x)(1-x)^2}.$$

由初值条件 $y'\big|_{x=0}=1$, 即 $p\big|_{x=0}=1$ 代入上式, 得 $C_1=1$, 于是

$$p=\frac{1}{(1+x)(1-x)^2}.$$

即

$$\frac{\mathrm{d}y}{\mathrm{d}x}=\frac{1}{(1+x)(1-x)^2}.$$

亦即

$$\frac{\mathrm{d}y}{\mathrm{d}x}=\frac{1}{4}\Big(\frac{1}{1+x}+\frac{1}{1-x}+\frac{2}{(1-x)^2}\Big).$$

这又是一个可分离变量的方程, 解得

$$y=\frac{1}{4}\Big(\ln|1+x|-\ln|1-x|+\frac{2}{1-x}\Big)+C_2.$$

根据初值条件: $y|_{x=0}=1$, 代入上式, 得到 $C_2=\dfrac{1}{2}$, 故原方程满足初值条件的解为

$$y=\frac{1}{4}\Big(\ln|1+x|-\ln|1-x|+\frac{2}{1-x}\Big)+\frac{1}{2}.$$ □

(3) 形如

$$f(y,y',y'')=0 \tag{10.6.3}$$

的微分方程.

这种方程的特点是方程中不显含 x. 我们可采用如下方法把它化为一阶方程来求解. 令 $y'=p(y)$, 我们把 p 看成是 y 的函数, 则

$$y''=\frac{\mathrm{d}p}{\mathrm{d}x}=\frac{\mathrm{d}p}{\mathrm{d}y}\frac{\mathrm{d}y}{\mathrm{d}x}=p\frac{\mathrm{d}p}{\mathrm{d}y},$$

于是方程 (10.6.3) 化为

$$f\Big(y,p,p\frac{\mathrm{d}p}{\mathrm{d}y}\Big)=0,$$

这是一个以 y 为自变量, 以 p 为未知函数的一阶微分方程, 若能解得其通解为 $p=\varphi(y,C_1)$, 即 $\dfrac{\mathrm{d}y}{\mathrm{d}x}=\varphi(y,C_1)$. 而这又是一个以 x 为自变量, 以 y 为未知函数的一阶微分方程. 若能求得其通解为 $y=\psi(x,C_1,C_2)$, 这就是方程 (10.6.3) 的通解.

例 10.6.4　求微分方程

$$y''=\frac{(y')^2}{y+(y')^2}$$

满足初值条件

$$y|_{x=0}=1, y'|_{x=0}=1$$

的解.

解　令 $y'=p(y)$, $y''=p\dfrac{\mathrm{d}p}{\mathrm{d}y}$, 于是原方程化为

$$\frac{\mathrm{d}p}{\mathrm{d}y}=\frac{p}{y+p^2},$$

即

$$\frac{\mathrm{d}y}{\mathrm{d}p}-\frac{1}{p}y=p.$$

把上式看成以 p 为自变量, 以 y 为未知函数的一阶线性微分方程, 其通解为

$$y=p[C_1+p].$$

由初值条件: $y|_{x=0}=1, y'|_{x=0}=1$, 代入上式, 得 $C_1=0$, 于是

$$y=p^2,$$

由此及初值条件, 可得

$$\frac{\mathrm{d}y}{\mathrm{d}x}=\sqrt{y},$$

这是一个可分离变量的微分方程, 解得

$$x=2\sqrt{y}+C_2,$$

根据初值条件 $y|_{x=0}=1$ 代入上式, 得 $C_2=-2$, 所以原方程满足初值条件的解为

$$x=2\sqrt{y}-2,$$

即

$$y=\Big(\frac{1}{2}x+1\Big)^2.$$

□

10.6.2 二阶线性微分方程

n 阶线性微分方程的一般形式为

$$y^{(n)}+p_1(x)y^{(n-1)}+\cdots+p_n(x)y=f(x), \tag{10.6.4}$$

当方程右端 $f(x)\equiv 0$ 时, 对应的方程

$$y^{(n)}+p_1(x)y^{(n-1)}+\cdots+p_n(x)y=0 \tag{10.6.5}$$

称为 n **阶齐次线性微分方程**. 否则称为 n **阶非齐次线性微分方程**.

在本节我们主要讨论二阶线性微分方程. 形如

$$y''+p(x)y'+q(x)y=f(x) \tag{10.6.6}$$

的方程称为**二阶线性微分方程**. 当方程右端 $f(x)\equiv 0$ 时, 对应的方程

$$y''+p(x)y'+q(x)y=0 \tag{10.6.7}$$

称为**二阶齐次线性微分方程**. 否则称为**二阶非齐次线性微分方程**.

一、朗斯基行列式与函数组的线性无关性

设 $y_1(x),y_2(x),\cdots,y_n(x)$ 为 $[a,b]$ 上的 $(n-1)$ 阶可微函数, 行列式

$$W(x)=\begin{vmatrix} y_1(x) & y_2(x) & \cdots & y_n(x) \\ y_1'(x) & y_2'(x) & \cdots & y_n'(x) \\ \vdots & \vdots & & \vdots \\ y_1^{(n-1)}(x) & y_2^{(n-1)}(x) & \cdots & y_n^{(n-1)}(x) \end{vmatrix}$$

称为 $y_1(x),y_2(x),\cdots,y_n(x)$ 的朗斯基 (Wronski‡) 行列式.

设函数 $y_1(x),y_2(x),\cdots,y_n(x)$ 为齐次线性微分方程 (10.6.5) 的解, 它们在区间 $[a,b]$ 上有定义, 若其朗斯基行列式

$$W(x)=W(y_1(x),y_2(x),\cdots,y_n(x))=\begin{vmatrix} y_1(x) & y_2(x) & \cdots & y_n(x) \\ y_1'(x) & y_2'(x) & \cdots & y_n'(x) \\ \vdots & \vdots & & \vdots \\ y_1^{(n-1)}(x) & y_2^{(n-1)}(x) & \cdots & y_n^{(n-1)}(x) \end{vmatrix}\equiv 0,$$

则称 $y_1(x),y_2(x),\cdots,y_n(x)$ 在区间 $[a,b]$ 上**线性相关**; 否则称它们在 $[a,b]$ 上**线性无关**.

下面介绍一个著名的公式, 即刘维尔公式.

定理 10.6.1 (刘维尔公式) 设 $y_1(x),y_2(x)$ 是二阶齐次线性微分方程 (10.6.7) 的两个解, 则它们的朗斯基行列式满足

$$W(x)=W(x_0)\mathrm{e}^{-\int_{x_0}^{x}p(x)\mathrm{d}x}, \tag{10.6.8}$$

其中 x_0 为 $[a,b]$ 上的任意一点.

‡ 朗斯基 (Wronski H J M, 1778~1853), 波兰数学家.

证明　根据朗斯基行列式的定义

$$W(x)=\begin{vmatrix} y_1(x) & y_2(x) \\ y_1'(x) & y_2'(x) \end{vmatrix}$$
$$=y_1(x)y_2'(x)-y_2(x)y_1'(x),$$

于是

$$\begin{aligned}\frac{\mathrm{d}W(x)}{\mathrm{d}x}&=y_1'(x)y_2'(x)+y_1(x)y_2''(x)-y_2'(x)y_1'(x)-y_2(x)y_1''(x)\\&=y_1(x)y_2''(x)-y_2(x)y_1''(x)\\&=y_1(x)[-p(x)y_2'(x)-q(x)y_2(x)]+y_2(x)[p(x)y_1'(x)+q(x)y_1(x)]\\&=p(x)[y_2(x)y_1'(x)-y_1(x)y_2'(x)]\\&=-p(x)W(x),\end{aligned}$$

即

$$\frac{\mathrm{d}W(x)}{W(x)}=-p(x)\mathrm{d}x,$$

上式两边从 x_0 到 x 积分, 得

$$W(x)=W(x_0)\mathrm{e}^{-\int_{x_0}^{x}p(x)\mathrm{d}x}.$$ □

注　由刘维尔公式可得: 对于二阶齐次线性微分方程 (10.6.7) 的两个解 $y_1(x),y_2(x)$, 若存在 $x_0\in[a,b]$, 使得其朗斯基行列式 $W(x_0)=0$, 则对于一切 $x\in[a,b]$, 有 $W(x)=0$, 于是这两个解在 $[a,b]$ 上线性相关; 若存在 $x_0\in[a,b]$, 使得其朗斯基行列式 $W(x_0)\neq 0$, 则对于一切 $x\in[a,b]$, 有 $W(x)\neq 0$, 于是这两个解 $y_1(x),y_2(x)$ 在 $[a,b]$ 上线性无关.

二、二阶齐次线性微分方程解的结构

我们首先来探讨二阶齐次线性微分方程 (10.6.7) 的解的结构.

定理 10.6.2　设 $y_1(x)$, $y_2(x)$ 是方程 (10.6.7) 的两个解, 则

$$y=C_1y_1(x)+C_2y_2(x)$$

是方程 (10.6.7) 的解, 其中 C_1,C_2 是任意常数.

证明　由于 $y_1(x)$, $y_2(x)$ 是方程 (10.6.7) 的两个解, 则

$$y_1''+p(x)y_1'+q(x)y_1=0,$$

并且

$$y_2''+p(x)y_2'+q(x)y_2=0,$$

将 $y=C_1y_1(x)+C_2y_2(x)$ 代入方程 (10.6.7) 的左边, 得

$$\begin{aligned}&y''+p(x)y'+q(x)y\\=&[C_1y_1''+C_2y_2'']+p(x)[C_1y_1'+C_2y_2']+q(x)[C_1y_1+C_2y_2]\\=&C_1[y_1''+p(x)y_1'+q(x)y_1]+C_2[y_2''+p(x)y_2'+q(x)y_2]\\=&0.\end{aligned}$$

这说明 $y=C_1y_1(x)+C_2y_2(x)$ 是方程 (10.6.7) 的解. □

定理 10.6.3 设 $y_1(x)$, $y_2(x)$ 是方程 (10.6.7) 的两个线性无关的解, 则

$$y=C_1y_1(x)+C_2y_2(x)$$

是方程 (10.6.7) 的通解, 其中 C_1, C_2 是两个独立的任意常数.

证明 由定理 10.6.2 以及微分方程通解的定义, 我们只需证明 C_1, C_2 是两个独立的任意常数即可. 因为 $y_1(x)$, $y_2(x)$ 是方程 (10.6.7) 的两个线性无关的解, 所以

$$W(x)=\begin{vmatrix}y_1(x)&y_2(x)\\y_1'(x)&y_2'(x)\end{vmatrix}\neq 0,$$

由式 (10.1.5) 可知

$$\frac{D(y,y')}{D(C_1,C_2)}=W(x)\neq 0.$$

所以 C_1, C_2 为 y 中两个独立的任意常数, 故 $y=C_1y_1(x)+C_2y_2(x)$ 是方程 (10.6.7) 的通解. □

定理 10.6.3 可以推广到 n 阶齐次线性微分方程通解的结构.

定理 10.6.4 设 $y_1(x), y_2(x), \cdots, y_n(x)$ 是 n 阶齐次线性微分方程

$$y^{(n)}+p_1(x)y^{(n-1)}+\cdots+p_n(x)y=0$$

的 n 个线性无关的解, 则此方程的通解为

$$y=C_1y_1(x)+C_2y_2(x)+\cdots+C_ny_n(x),$$

其中 $C_1, C_2, \cdots, C_n$ 是任意常数.

一般来说, 要找到方程 (10.6.7) 的两个线性无关的解是比较困难的, 但如果我们能够设法 (例如用观察法) 找到一个解, 则我们可以用刘维尔公式求出另一个解, 从而求得方程 (10.6.7) 的通解.

例 10.6.5 求微分方程

$$xy''-y'+(1-x)y=0$$

的通解.

解　容易验证 $y_1 = \mathrm{e}^x$ 为原方程的一个解. 下面我们用刘维尔公式来求原方程的另一个特解 $y_2 = y_2(x)$. 先把原方程化为标准形式

$$y'' - \frac{1}{x}y' + \frac{1-x}{x}y = 0,$$

由刘维尔公式, 有

$$W(x) = \begin{vmatrix} y_1(x) & y_2(x) \\ y_1'(x) & y_2'(x) \end{vmatrix} = \begin{vmatrix} \mathrm{e}^x & y_2(x) \\ \mathrm{e}^x & y_2'(x) \end{vmatrix} = c_1\mathrm{e}^{\int \frac{1}{x}\mathrm{d}x},$$

化简后得到

$$y_2' - y_2 = c_1 x\mathrm{e}^{-x},$$

这是一阶线性微分方程, 其通解为

$$\begin{aligned} y_2 &= \mathrm{e}^x\left[c_2 + c_1\int x\mathrm{e}^{-2x}\mathrm{d}x\right] \\ &= \mathrm{e}^x\left[c_2 - c_1\left(\frac{1}{2}x\mathrm{e}^{-2x} + \frac{1}{4}\mathrm{e}^{-2x}\right)\right]. \end{aligned}$$

由于我们只需要求得一个特解, 因此, 不妨取 $c_1 = -4, c_2 = 0$, 从而得到原方程的另一个特解为

$$y_2 = 2x\mathrm{e}^{-x} + \mathrm{e}^{-x}.$$

故原方程的通解为

$$y = C_1\mathrm{e}^x + C_2(2x\mathrm{e}^{-x} + \mathrm{e}^{-x}),$$

其中 C_1, C_2 为任意常数. □

注　注意到 y_2 的表达式中含有两个独立的任意常数, 因此它实际上是原方程的通解.

三、二阶非齐次线性微分方程解的结构

下面我们讨论二阶非齐次线性微分方程 (10.6.6) 解的结构.

定理 10.6.5　设 $y_1^*(x)$ 是非齐次线性微分方程 (10.6.6) 的一个特解, 又 $y_2^*(x)$ 是对应的齐次线性微分方程 (10.6.7) 的解, 则 $y^*(x) = y_1^*(x) + y_2^*(x)$ 是非齐次线性微分方程 (10.6.6) 的解.

证明　由假设条件可知

$$(y_2^*)'' + p(x)(y_2^*)' + q(x)y_2^* = 0,$$

并且

$$(y_1^*)'' + p(x)(y_1^*)' + q(x)y_1^* = f(x),$$

所以

$$\begin{aligned} &(y^*)'' + p(x)(y^*)' + q(x)y^* \\ =&[y_1^*(x) + y_2^*(x)]'' + p(x)[y_1^*(x) + y_2^*(x)]' + q(x)[y_1^*(x) + y_2^*(x)] \\ =&[(y_1^*)'' + p(x)(y_1^*)' + q(x)y_1^*] + [(y_2^*)'' + p(x)(y_2^*)' + q(x)y_2^*] \\ =&f(x) + 0 \\ =&f(x). \end{aligned}$$

□

定理 10.6.6 设 $y_1^*(x), y_2^*(x)$ 是非齐次线性微分方程 (10.6.6) 的两个特解, 则 $y_1^*(x)-y_2^*(x)$ 是对应的齐次线性微分方程 (10.6.7) 的解.

证明 由假设条件可知

$$(y_1^*)''+p(x)(y_1^*)'+q(x)y_1^*=f(x),$$

并且

$$(y_2^*)''+p(x)(y_2^*)'+q(x)y_2^*=f(x),$$

上述两式相减, 得

$$(y_1^*-y_2^*)''+p(x)(y_1^*-y_2^*)'+q(x)(y_1^*-y_2^*)=0.$$ □

定理 10.6.7 设 $y^*(x)$ 是非齐次线性微分方程 (10.6.6) 的一个特解, 又 $C_1y_1(x)+C_2y_2(x)$ 是对应的齐次线性微分方程 (10.6.7) 的通解, 则

$$y(x)=C_1y_1(x)+C_2y_2(x)+y^*(x) \tag{10.6.9}$$

是非齐次线性微分方程 (10.6.6) 的通解.

证明 先证式 (10.6.9) 是方程 (10.6.6) 的解. 事实上, 我们有

$$\begin{aligned}
&y''+p(x)y'+q(x)y\\
=&[C_1y_1(x)+C_2y_2(x)]''+p(x)[C_1y_1(x)+C_2y_2(x)]'\\
&+q(x)[C_1y_1(x)+C_2y_2(x)]+(y^*)''+p(x)(y^*)'+q(x)y^*\\
=&0+f(x)\\
=&f(x).
\end{aligned}$$

因此式 (10.6.9) 是方程 (10.6.6) 的解.

另一方面, 由于式 (10.6.9) 中的两个任意常数是独立的, 故它是方程 (10.6.6) 的通解. □

定理 10.6.8 设函数 $y_1(x), y_2(x)$ 分别是非齐次线性微分方程

$$y''+p(x)y'+q(x)y=f_1(x)$$

以及

$$y''+p(x)y'+q(x)y=f_2(x)$$

的解, 则函数 $y=y_1(x)+y_2(x)$ 是非齐次线性微分方程

$$y''+p(x)y'+q(x)y=f_1(x)+f_2(x)$$

的解.

证明

$$\begin{aligned}
&y''+p(x)y'+q(x)y\\
=&(y_1+y_2)''+p(x)(y_1+y_2)'+q(x)(y_1+y_2)\\
=&[y_1''+p(x)y_1'+q(x)y_1]+[y_2''+p(x)y_2'+q(x)y_2]\\
=&f_1(x)+f_2(x).
\end{aligned}$$ □

定理 10.6.7 也可推广到 n 阶线性微分方程的情形.

定理 10.6.9　设 $y^*(x)$ 是非齐次线性微分方程 (10.6.4) 的一个特解, 又 $C_1y_1(x)+C_2y_2(x)+\cdots+C_ny_n(x)$ 是对应的齐次线性微分方程 (10.6.5) 的通解, 则

$$y(x)=C_1y_1(x)+C_2y_2(x)+\cdots+C_ny_n(x)+y^*(x)$$

是非齐次线性微分方程 (10.6.4) 的通解.

四、常数变易法

由定理 10.6.7 可知, 只要找到非齐次线性微分方程 (10.6.6) 的一个特解以及它所对应的齐次线性微分方程 (10.6.7) 的两个线性无关的解, 就能得到非齐次线性微分方程 (10.6.6) 的通解. 对于一般的线性微分方程来说, 要做到这两点也不是一件容易的事情. 但是, 如果我们能知道齐次线性微分方程 (10.6.7) 的两个线性无关的解, 那么, 在某些情况下, 我们可以通过所谓的"常数变易法"求得非齐次线性微分方程 (10.6.6) 的一个特解, 进而求出其通解.

假设 $y_1(x),y_2(x)$ 是齐次线性微分方程 (10.6.7) 的两个线性无关的解, 则由定理 10.6.3 可知, $y=C_1y_1(x)+C_2y_2(x)$ 是方程 (10.6.7) 的通解. 下面我们来寻求非齐次线性微分方程 (10.6.6) 的形如

$$y^*=C_1(x)y_1(x)+C_2(x)y_2(x) \tag{10.6.10}$$

的特解 (注意我们将通解中的两个任意常数 C_1,C_2 分别换成了两个待定的函数 $C_1(x),C_2(x)$, 这就是"**常数变易法**"的由来).

为了找到函数 $C_1(x)$ 与 $C_2(x)$, 对式 (10.6.10) 两边求导, 得

$$(y^*)'=C_1(x)y_1'(x)+C_2(x)y_2'(x)+C_1'(x)y_1(x)+C_2'(x)y_2(x), \tag{10.6.11}$$

由于我们的目的并不是要求出所有满足条件的 $C_1(x)$ 与 $C_2(x)$, 我们只需找到某两个 $C_1(x)$, $C_2(x)$, 使得 y^* 为方程 (10.6.6) 的解即可. 为此, 我们令

$$C_1'(x)y_1(x)+C_2'(x)y_2(x)-0. \tag{10.6.12}$$

加上这个条件的好处是可以避免在 $(y^*)''$ 的表达式中出现 $C_1(x)$ 与 $C_2(x)$ 的二阶导数. 这样一来, 我们就有

$$(y^*)'=C_1(x)y_1'(x)+C_2(x)y_2'(x), \tag{10.6.13}$$

对上式两边再求一次导数, 得

$$(y^*)''=C_1(x)y_1''(x)+C_2(x)y_2''(x)+C_1'(x)y_1'(x)+C_2'(x)y_2'(x), \tag{10.6.14}$$

将式 (10.6.10), 式 (10.6.13), 式 (10.6.14) 代入方程 (10.6.6) 并利用 $y_1''+p(x)y_1'+q(x)y_1=0$ 以及 $y_2''+p(x)y_2'+q(x)y_2=0$ 化简, 得到

$$C_1'(x)y_1'(x)+C_2'(x)y_2'(x)=f(x). \tag{10.6.15}$$

联立式 (10.6.12) 与式 (10.6.15), 我们得到以 $C_1'(x), C_2'(x)$ 为未知函数的方程组

$$\begin{cases} C_1'(x)y_1(x) + C_2'(x)y_2(x) = 0, \\ C_1'(x)y_1'(x) + C_2'(x)y_2'(x) = f(x), \end{cases}$$

注意到上面方程组的系数矩阵行列式恰好是关于 $y_1(x), y_2(x)$ 的朗斯基行列式 $W(x)$. 由于 $y_1(x), y_2(x)$ 是方程 (10.6.7) 的线性无关的解, 所以 $W(x) \neq 0$. 这意味着由这个方程组能唯一地解出未知函数 $C_1'(x)$ 与 $C_2'(x)$. 积分后, 便可以求出 $C_1(x), C_2(x)$. 于是我们就找到了方程 (10.6.6) 的一个形如 $y^* = C_1(x)y_1(x) + C_2(x)y_2(x)$ 的特解.

综上所述, 我们有

定理 10.6.10 *若函数 $C_1(x), C_2(x)$ 满足方程组*

$$\begin{cases} C_1'(x)y_1(x) + C_2'(x)y_2(x) = 0, \\ C_1'(x)y_1'(x) + C_2'(x)y_2'(x) = f(x), \end{cases} \tag{10.6.16}$$

其中 $y_1(x), y_2(x)$ 为齐次线性微分方程 (10.6.7) 的两个线性无关的解, 则非齐次线性微分方程 (10.6.6) 有特解

$$y^* = C_1(x)y_1(x) + C_2(x)y_2(x).$$

上述结论也可以推广到 n 阶线性微分方程的情形.

定理 10.6.11 *若函数 $C_1(x), C_2(x), \cdots, C_n(x)$ 满足方程组*

$$\begin{cases} C_1'(x)y_1(x) + C_2'(x)y_2(x) + \cdots + C_n'(x)y_n(x) = 0, \\ C_1'(x)y_1'(x) + C_2'(x)y_2'(x) + \cdots + C_n'(x)y_n'(x) = 0, \\ \qquad\cdots\cdots \\ C_1'(x)y_1^{(n-2)}(x) + C_2'(x)y_2^{(n-2)}(x) + \cdots + C_n'(x)y_n^{(n-2)}(x) = 0, \\ C_1'(x)y_1^{(n-1)}(x) + C_2'(x)y_2^{(n-1)}(x) + \cdots + C_n'(x)y_n^{(n-1)}(x) = f(x), \end{cases} \tag{10.6.17}$$

其中 $y_1(x), y_2(x), \cdots, y_n(x)$ 为齐次线性微分方程 (10.6.5) 的 n 个线性无关的解, 则 n 阶非齐次线性微分方程 (10.6.4) 有特解

$$y^* = C_1(x)y_1(x) + C_2(x)y_2(x) + \cdots + C_n(x)y_n(x).$$

例 10.6.6 求微分方程 $xy'' - y' + (1-x)y = 4x^2\mathrm{e}^x$ 的通解.

解 在例 10.6.5 中, 我们已经求得方程 $xy'' - y' + (1-x)y = 0$ 的通解

$$y = C_1\mathrm{e}^x + C_2(2x\mathrm{e}^{-x} + \mathrm{e}^{-x}),$$

下面我们用常数变易法来求得方程 $xy'' - y' + (1-x)y = 4x^2\mathrm{e}^x$ 的通解. 先将原方程化为标准形式:

$$y'' - \frac{1}{x}y' + \frac{1-x}{x}y = 4x\mathrm{e}^x,$$

由方程组

$$\begin{cases} C_1'(x)\mathrm{e}^x + C_2'(x)(2x\mathrm{e}^{-x} + \mathrm{e}^{-x}) = 0, \\ C_1'(x)\mathrm{e}^x + C_2'(x)(\mathrm{e}^{-x} - 2x\mathrm{e}^{-x}) = 4x\mathrm{e}^x, \end{cases}$$

解得

$$\begin{cases} C_1'(x) = 2x + 1, \\ C_2'(x) = -\mathrm{e}^{2x}, \end{cases}$$

于是

$$\begin{cases} C_1(x) = x^2 + x, \\ C_2(x) = -\dfrac{1}{2}\mathrm{e}^{2x}, \end{cases}$$

因此原方程的通解为

$$y = (x^2 + x + C_1)\mathrm{e}^x + \left(-\frac{1}{2}\mathrm{e}^{2x} + C_2\right)(2x\mathrm{e}^{-x} + \mathrm{e}^{-x}).$$ □

常数变易法的思想还可以用于求解一阶线性微分方程的通解.

例 10.6.7　用常数变易法求一阶线性微分方程

$$y' + P(x)y = Q(x)$$

的通解.

解　由 10.3 节知, 原方程所对应的齐次方程

$$y' + P(x)y = 0$$

的通解为

$$y = C\mathrm{e}^{-\int P(x)\mathrm{d}x},$$

把上式中的 C 换成未知函数 $C(x)$, 得

$$y = C(x)\mathrm{e}^{-\int P(x)\mathrm{d}x}, \tag{10.6.18}$$

于是

$$\frac{\mathrm{d}y}{\mathrm{d}x} = C'(x)\mathrm{e}^{-\int P(x)\mathrm{d}x} - C(x)P(x)\mathrm{e}^{-\int P(x)\mathrm{d}x}, \tag{10.6.19}$$

将式 (10.6.18) 和式 (10.6.19) 代入原方程, 得

$$C'(x)\mathrm{e}^{-\int P(x)\mathrm{d}x} - C(x)P(x)\mathrm{e}^{-\int P(x)\mathrm{d}x} + P(x)C(x)\mathrm{e}^{-\int P(x)\mathrm{d}x} = Q(x),$$

即

$$C'(x)\mathrm{e}^{-\int P(x)\mathrm{d}x} = Q(x),$$

亦即

$$C'(x) = Q(x)\mathrm{e}^{\int P(x)\mathrm{d}x},$$

两边积分, 得

$$C(x)=\int Q(x)\mathrm{e}^{\int P(x)\mathrm{d}x}\mathrm{d}x+C,$$

所以原方程的通解为

$$y=\mathrm{e}^{-\int P(x)\mathrm{d}x}\left(\int Q(x)\mathrm{e}^{\int P(x)\mathrm{d}x}\mathrm{d}x+C\right).$$ □

10.6.3 二阶线性常系数微分方程

在上一段中, 我们已经给大家介绍了二阶线性微分方程的解的结构. 我们发现对于一般的线性微分方程, 还是很难把其通解求出来. 但是, 如果所给的方程是二阶线性常系数微分方程, 则我们就比较容易求出其通解.

一、齐次线性常系数微分方程

我们首先来讨论方程

$$y''+py'+qy=0, \tag{10.6.20}$$

其中 p,q 为给定的实数.

根据定理 10.6.3, 我们只需找到方程 (10.6.20) 的两个线性无关的解.

我们先来寻求方程 (10.6.20) 的形如 $y=\mathrm{e}^{\lambda x}$ 的解. 把 $y=\mathrm{e}^{\lambda x}$ 代入方程 (10.6.20) 得

$$\lambda^2\mathrm{e}^{\lambda x}+p\lambda\mathrm{e}^{\lambda x}+q\mathrm{e}^{\lambda x}=0,$$

注意到 $\mathrm{e}^{\lambda x}\neq 0$, 上式等价于

$$\lambda^2+p\lambda+q=0, \tag{10.6.21}$$

因此我们有

定理 10.6.12 *$y=\mathrm{e}^{\lambda x}$ 为方程 (10.6.20) 的解的充分必要条件是 λ 满足方程 (10.6.21).*

我们把关于 λ 的方程 (10.6.21) 称为微分方程 (10.6.20) 的**特征方程**. 这是一个二次代数方程, 有两个根, 其每个根 λ 都对应微分方程 (10.6.20) 的一个特解 $y=\mathrm{e}^{\lambda x}$. 下面我们针对方程 (10.6.21) 的根的情况来分别讨论微分方程 (10.6.20) 的通解.

定理 10.6.13 *若方程 (10.6.21) 有两个不等的实根 λ_1,λ_2, 则方程 (10.6.20) 的通解为*

$$y=C_1\mathrm{e}^{\lambda_1 x}+C_2\mathrm{e}^{\lambda_2 x}.$$

证明 由定理 10.6.12 可知, $\mathrm{e}^{\lambda_1 x},\mathrm{e}^{\lambda_2 x}$ 为方程 (10.6.20) 的两个特解. 又因为

$$W(x)=\begin{vmatrix}\mathrm{e}^{\lambda_1 x} & \mathrm{e}^{\lambda_2 x}\\ \lambda_1\mathrm{e}^{\lambda_1 x} & \lambda_2\mathrm{e}^{\lambda_2 x}\end{vmatrix}=\mathrm{e}^{(\lambda_1+\lambda_2)x}(\lambda_2-\lambda_1)\neq 0,$$

所以 $\mathrm{e}^{\lambda_1 x},\mathrm{e}^{\lambda_2 x}$ 是方程 (10.6.20) 的两个线性无关的解, 由定理 10.6.3 , 方程 (10.6.20) 的通解为

$$y=C_1\mathrm{e}^{\lambda_1 x}+C_2\mathrm{e}^{\lambda_2 x}.$$ □

定理 10.6.14　若特征方程 (10.6.21) 有两个相等的实根 $\lambda_1 = \lambda_2$, 则方程 (10.6.20) 的通解为

$$y = C_1 e^{\lambda_1 x} + C_2 x e^{\lambda_1 x}.$$

证明　此时方程 (10.6.20) 有一个特解 $y_1 = e^{\lambda x}$, 还需求出另一个特解 y_2. 由刘维尔公式, 得

$$W(x) = \begin{vmatrix} y_1(x) & y_2(x) \\ y_1'(x) & y_2'(x) \end{vmatrix} = \begin{vmatrix} e^{\lambda x} & y_2(x) \\ \lambda e^{\lambda x} & y_2'(x) \end{vmatrix} = c_1 e^{-px},$$

化简后得到

$$y_2' - \lambda y_2 = c_1 e^{-(p+\lambda)x},$$

所以

$$y_2 = e^{\lambda x}\left[c_2 + c_1 \int e^{-(p+\lambda)x} e^{-\lambda x} dx\right],$$

即

$$y_2 = e^{\lambda x}(c_2 + c_1 x).$$

取 $c_2 = 0, c_1 = 1$, 得 $y_2 = x e^{\lambda x}$. 因此方程 (10.6.20) 的通解为

$$y = C_1 e^{\lambda_1 x} + C_2 x e^{\lambda_1 x}. \qquad \square$$

定理 10.6.15　若特征方程 (10.6.21) 有一对复根 $\lambda_1 = \alpha + i\beta, \lambda_2 = \alpha - i\beta$, 其中 $\beta \neq 0$, 则方程 (10.6.20) 的通解为

$$y = e^{\alpha x}(C_1 \cos\beta x + C_2 \sin\beta x).$$

证明　由定理 10.6.12, $y_1 = e^{\lambda_1 x} = e^{\alpha x}(\cos\beta x + i\sin\beta x)$ 以及 $y_2 = e^{\lambda_2 x} = e^{\alpha x}(\cos\beta x - i\sin\beta x)$ 是方程 (10.6.20) 的两个复值函数解. 令

$$y_1^* = \frac{1}{2}(y_1 + y_2) = e^{\alpha x}\cos\beta x, \quad y_2^* = \frac{1}{2i}(y_1 - y_2) = e^{\alpha x}\sin\beta x,$$

又由定理 10.6.2, y_1^*, y_2^* 是方程 (10.6.20) 的两个解. 由于

$$W(x) = \begin{vmatrix} y_1^* & y_2^* \\ (y_1^*)' & (y_2^*)' \end{vmatrix} = \beta e^{2\alpha x} \neq 0,$$

所以 y_1^*, y_2^* 为方程 (10.6.20) 的两个线性无关的解. 因此方程 (10.6.20) 的通解为

$$y = e^{\alpha x}(C_1 \cos\beta x + C_2 \sin\beta x). \qquad \square$$

对于 n 阶齐次线性常系数微分方程

$$y^{(n)} + p_1 y^{(n-1)} + \cdots + p_n y = 0,$$

其中 $p_1, p_2, \cdots, p_n$ 是实数, 也可以用类似的方法求出其通解. 首先求出特征方程

$$\lambda^n + p_1 \lambda^{n-1} + \cdots + p_n = 0$$

的 n 个特征根 $\lambda_1, \lambda_2, \cdots, \lambda_n$(允许有重根). 然后根据下表, 可写出每个特征根所对应的线性无关的特解.

特征根	对应的线性无关的特解
单实根 λ	$e^{\lambda x}$
k 重实根 $\lambda(k>1)$	$e^{\lambda x}, xe^{\lambda x}, \cdots, x^{k-1}e^{\lambda x}$
单共轭复根 $\lambda_1, \lambda_2 = \alpha \pm i\beta$	$e^{\alpha x}\cos\beta x, e^{\alpha x}\sin\beta x$
m 重共轭复根 λ_1, λ_2 $= \alpha \pm i\beta(m>1)$	$e^{\alpha x}\cos\beta x, e^{\alpha x}\sin\beta x, xe^{\alpha x}\cos\beta x, xe^{\alpha x}\sin\beta x, \cdots,$ $x^{m-1}e^{\alpha x}\cos\beta x, x^{m-1}e^{\alpha x}\sin\beta x$

例 10.6.8　求微分方程 $y'' - 3y' - 4y = 0$ 的通解.

解　原方程的特征方程为

$$\lambda^2 - 3\lambda - 4 = 0,$$

其特征根为 $\lambda_1 = -1, \lambda_2 = 4$, 因此原方程的通解为

$$y = C_1 e^{-x} + C_2 e^{4x}.$$ □

例 10.6.9　求微分方程 $y'' + 2y' + y = 0$ 满足 $y|_{x=0} = 2, y'|_{x=0} = 1$ 的解.

解　所给微分方程的特征方程为

$$\lambda^2 + 2\lambda + 1 = 0,$$

它有两个相等的实根 $\lambda_1 = \lambda_2 = -1$, 因此原方程的通解为

$$y = (C_1 + C_2 x)e^{-x},$$

将条件 $y|_{x=0} = 2$ 代入通解, 得 $C_1 = 2$, 从而

$$y = (2 + C_2 x)e^{-x},$$

于是

$$y' = (C_2 - 2 - C_2 x)e^{-x},$$

将条件 $y'|_{x=0} = 1$ 代入上式, 得 $C_2 = 3$. 所以原方程满足条件的解为 $y = (2+3x)e^{-x}$. □

例 10.6.10　求微分方程 $y'' - 2y' + 5y = 0$ 的通解.

解　原方程的特征方程为

$$\lambda^2 - 2\lambda + 5 = 0,$$

它有一对共轭复根 $\lambda_{1,2} = 1 \pm 2i$. 因此所求通解为

$$y = e^x(C_1 \cos 2x + C_2 \sin 2x).$$ □

例 10.6.11　求微分方程 $y^{(4)}+2y''+y=0$ 的通解.

解　原方程的特征方程为

$$\lambda^4+2\lambda^2+1=0,$$

即

$$(\lambda^2+1)^2=0,$$

因此 $\lambda=\pm\mathrm{i}$ 为特征方程的二重根. 故原方程的通解为

$$y=(C_1+C_2x)\cos x+(C_3+C_4x)\sin x.$$

□

二、非齐次线性常系数微分方程

现在我们来讨论二阶非齐次线性常系数微分方程

$$y''+py'+qy=f(x) \tag{10.6.22}$$

的求解问题. 根据前面几段的结果, 这个问题可视为已经解决了, 因为我们可以先求出方程 (10.6.22) 所对应的齐次方程的通解. 然后用常数变易法求得方程 (10.6.22) 的一个特解, 就求出了方程 (10.6.22) 的通解. 但是, 用常数变易法求方程 (10.6.22) 的特解往往比较烦琐, 而且必须经过积分运算. 下面我们来介绍当 $f(x)$ 为某些比较特殊的函数时求方程 (10.6.22) 的特解所采用的另一种方法, 即所谓的**待定系数法**.

定理 10.6.16　*设 $f(x)=(a_0x^m+a_1x^{m-1}+\cdots+a_m)\mathrm{e}^{\mu x}$, 其中 μ 以及 $a_i\ (i=0,1,\cdots,m)$ 为实常数, 则方程 (10.6.22) 有形如*

$$y^*=x^k(A_0x^m+A_1x^{m-1}+\cdots+A_m)\mathrm{e}^{\mu x} \tag{10.6.23}$$

的特解, 其中 k 为 μ 是特征方程 $F(\lambda)=\lambda^2+p\lambda+q=0$ 根的重数(当 μ 不是特征根时, 规定 $k=0$), 而 $A_0,A_1,\cdots,A_m$ 为待定常数.

证明　(1) 当 $\mu=0$ 时,

$$f(x)=a_0x^m+a_1x^{m-1}+\cdots+a_m.$$

我们考虑如下几种情况:

(i) $\lambda=0$ 不是特征方程 $F(\lambda)=\lambda^2+p\lambda+q=0$ 的根, 即 $F(0)\neq 0$.

此时我们有 $q\neq 0$. 我们用 $y^*=A_0x^m+A_1x^{m-1}+\cdots+A_m$ 代入方程 (10.6.22) 的左边. 注意到在这种情况下方程 (10.6.22) 的左右两边都是关于 x 的 m 次多项式, 比较两边关于 x 的同次幂的系数, 即可确定 $A_0,A_1,\cdots,A_m$.

(ii) 若 $\lambda=0$ 为特征方程 $\lambda^2+p\lambda+q=0$ 的单重根.

此时我们有 $q=0$, 且 $p\neq 0$. 我们用 $y^*=x(A_0x^m+A_1x^{m-1}+\cdots+A_m)$ 代入方程 (10.6.22) 的左边. 注意到在这种情况下方程 (10.6.22) 的左右两边都是关于 x 的 m 次多项式, 比较两边关于 x 的同次幂的系数, 即可确定 $A_0,A_1,\cdots,A_m$.

(iii) 若 $\lambda=0$ 为特征方程 $\lambda^2+p\lambda+q=0$ 的二重根.

此时我们有 $q=0$, 且 $p=0$. 我们用 $y^*=x^2(A_0x^m+A_1x^{m-1}+\cdots+A_m)$ 代入方程 (10.6.22) 的左边. 注意到在这种情况下方程 (10.6.22) 的左右两边都是关于 x 的 m 次多项式, 比较两边关于 x 的同次幂的系数, 即可确定 $A_0, A_1, \cdots, A_m$.

(2) 当 $\mu\neq 0$ 时,

$$f(x)=(a_0x^m+a_1x^{m-1}+\cdots+a_m)\mathrm{e}^{\mu x}.$$

令

$$y=z\mathrm{e}^{\mu x},$$

则

$$y'=\mathrm{e}^{\mu x}(z'+\mu z),$$

并且

$$y''=\mathrm{e}^{\mu x}(z''+2\mu z'+\mu^2 z),$$

于是方程 (10.6.22) 化为

$$z''+(2\mu+p)z'+(\mu^2+\mu p+q)z=a_0x^m+a_1x^{m-1}+\cdots+a_m, \tag{10.6.24}$$

这是一个常系数非齐次线性微分方程. 其特征方程为

$$G(u)=u^2+(2\mu+p)u+(\mu^2+\mu p+q)=0. \tag{10.6.25}$$

(i) $\lambda=\mu$ 不是特征方程 $F(\lambda)=\lambda^2+p\lambda+q=0$ 的根, 即 $F(\mu)\neq 0$ 时.

此时我们有 $u=0$ 不是特征方程 $G(u)=0$ 的根, 即 $G(0)\neq 0$, 根据情形 (1)(i) 的讨论, 方程 (10.6.24) 有形如

$$z^*=A_0x^m+A_1x^{m-1}+\cdots+A_m$$

的特解, 从而方程 (10.6.22) 有形如

$$y^*=\mathrm{e}^{\mu x}(A_0x^m+A_1x^{m-1}+\cdots+A_m)$$

的特解.

(ii) 若 $\lambda=\mu$ 为特征方程 $\lambda^2+p\lambda+q=0$ 的单根.

此时我们有 $u=0$ 是特征方程 $G(u)=0$ 的单根, 根据情形 (1)(ii) 的讨论, 方程 (10.6.24) 有形如

$$z^*=x(A_0x^m+A_1x^{m-1}+\cdots+A_m)$$

的特解, 从而方程 (10.6.22) 有形如

$$y^*=x\mathrm{e}^{\mu x}(A_0x^m+A_1x^{m-1}+\cdots+A_m)$$

的特解.

(iii) 若 $\lambda=\mu$ 为特征方程 $\lambda^2+p\lambda+q=0$ 的二重根.

此时我们有 $\mu^2+p\mu+q=0$, 并且 $2\mu+p=0$. 于是 $u=0$ 是特征方程 $G(u)=0$ 的二重根, 根据情形 (1)(iii) 的讨论, 方程 (10.6.24) 有形如

$$z^*=x^2(A_0x^m+A_1x^{m-1}+\cdots+A_m)$$

的特解, 从而方程 (10.6.22) 有形如

$$y^*=x^2\mathrm{e}^{\mu x}(A_0x^m+A_1x^{m-1}+\cdots+A_m)$$

的特解. □

例 10.6.12　求方程

$$y''-2y'-3y=(8x+2)\mathrm{e}^{-x}$$

的通解.

解　原方程所对应的齐次线性常系数微分方程的特征方程 $\lambda^2-2\lambda-3=0$ 有两个不同的实根 $\lambda_1=-1, \lambda_2=3$. 因此原方程所对应的齐次方程的通解为: $\overline{y}=C_1\mathrm{e}^{-x}+C_2\mathrm{e}^{3x}$. 下面我们来求原方程的形如 $y^*=x(ax+b)\mathrm{e}^{-x}$ 的特解. 把 y^* 代入原方程, 化简得

$$[-8ax+(2a-4b)]\mathrm{e}^{-x}=(8x+2)\mathrm{e}^{-x},$$

比较两边对应项的系数, 得

$$\begin{cases}-8a=8,\\ 2a-4b=2.\end{cases}$$

由此解得 $a=-1, b=-1$. 于是原方程的通解为: $y=C_1\mathrm{e}^{-x}+C_2\mathrm{e}^{3x}-x(x+1)\mathrm{e}^{-x}$. □

更一般地, 我们有如下的结果:

定理 10.6.17　设 $f(x)=[A_s(x)\cos\beta x+B_t(x)\sin\beta x]\mathrm{e}^{\alpha x}$, 其中 α,β 为实常数, 而 $A_s(x)$, $B_t(x)$ 分别为 x 的 s 次, t 次多项式. 令 $m=\max\{s,t\}$, 则方程 (10.6.22) 有形如

$$y^*=x^k[P_m(x)\cos\beta x+Q_m(x)\sin\beta x]\mathrm{e}^{\alpha x}$$

的特解, 这里 k 是 $\alpha+\mathrm{i}\beta$ 为特征方程 $F(\lambda)=0$ 根的重数, $P_m(x), Q_m(x)$ 为关于 x 的 m 次多项式.

例 10.6.13　求方程 $y''+4y'+4y=\cos 2x$ 的通解.

解　原方程所对应的齐次线性常系数微分方程的特征方程 $\lambda^2+4\lambda+4=0$ 有特征根 $\lambda_1=\lambda_2=-2$, 因此对应的齐次方程的通解为

$$\overline{y}=(C_1+C_2x)\mathrm{e}^{-2x}.$$

下面来求原方程的一个特解. 因为 $\pm 2\mathrm{i}$ 不是特征根, 原方程有形如 $y=A\cos 2x+B\sin 2x$ 的特解, 将它代入原方程并化简, 得

$$8B\cos 2x-8A\sin 2x=\cos 2x,$$

比较两边同类项系数, 得 $A=0, B=\dfrac{1}{8}$. 于是 $y=\dfrac{1}{8}\sin 2x$, 故原方程的通解为

$$y=(C_1+C_2x)\mathrm{e}^{-2x}+\frac{1}{8}\sin 2x.$$ □

10.6.4 欧拉方程*

形如

$$x^n y^{(n)} + p_1 x^{n-1} y^{(n-1)} + \cdots + p_{n-1} x y' + p_n y = f(x)$$

的 n 阶线性微分方程, 称为 n **阶欧拉方程**, 其中 $p_1, p_2, \cdots, p_n$ 为常数, $f(x)$ 为连续函数.

在本段, 我们主要讨论二阶欧拉方程:

$$x^2 y'' + p_1 x y' + p_2 y = f(x). \tag{10.6.26}$$

我们可以通过适当的变量替换把上述方程化为常系数线性微分方程, 事实上, 我们令 $x = \mathrm{e}^t$, 则

$$\frac{\mathrm{d}y}{\mathrm{d}x} = \frac{\mathrm{d}y}{\mathrm{d}t}\frac{\mathrm{d}t}{\mathrm{d}x} = \frac{1}{x}\frac{\mathrm{d}}{\mathrm{d}t}y,$$

$$\frac{\mathrm{d}^2 y}{\mathrm{d}x^2} = -\frac{1}{x^2}\frac{\mathrm{d}}{\mathrm{d}t}y + \frac{1}{x^2}\frac{\mathrm{d}^2}{\mathrm{d}t^2}y = \frac{1}{x^2}\left[\frac{\mathrm{d}}{\mathrm{d}t}\left(\frac{\mathrm{d}}{\mathrm{d}t} - 1\right)\right]y,$$

代入方程 (10.6.26), 得

$$\left[\frac{\mathrm{d}}{\mathrm{d}t}\left(\frac{\mathrm{d}}{\mathrm{d}t} - 1\right)\right]y + p_1\frac{\mathrm{d}}{\mathrm{d}t}y + p_2 y = f(\mathrm{e}^t),$$

这是一个二阶常系数线性微分方程, 可以用前面提到的方法求解.

注 当 $x < 0$ 时, 可令 $t = \ln|x|$, 其结论同上面一样, 在此不再赘述.

例 10.6.14 求解微分方程: $x^3 y'' - x^2 y' + x y = x^2 + 1$.

解 原方程化为

$$x^2 y'' - x y' + y = x + \frac{1}{x},$$

这是一个二阶欧拉方程, 令 $x = \mathrm{e}^t$, 原方程化为

$$\left[\frac{\mathrm{d}}{\mathrm{d}t}\left(\frac{\mathrm{d}}{\mathrm{d}t} - 1\right)\right]y - \frac{\mathrm{d}}{\mathrm{d}t}y + y = \mathrm{e}^t + \mathrm{e}^{-t}, \tag{10.6.27}$$

即

$$\frac{\mathrm{d}^2 y}{\mathrm{d}t^2} - 2\frac{\mathrm{d}y}{\mathrm{d}t} + y = \mathrm{e}^t + \mathrm{e}^{-t}.$$

上述方程所对应的齐次线性常系数微分方程的特征方程 $\lambda^2 - 2\lambda + 1 = 0$ 有重根 $\lambda_1 = \lambda_2 = 1$. 下面来求这个方程的特解. 我们首先来求

$$\frac{\mathrm{d}^2 y}{\mathrm{d}t^2} - 2\frac{\mathrm{d}y}{\mathrm{d}t} + y = \mathrm{e}^t$$

的一个特解. 由于 $\lambda = 1$ 是二重特征根, 上述方程有形如 $y_1 = a t^2 \mathrm{e}^t$ 的特解, 代入后比较两边同类项系数, 可得 $a = \dfrac{1}{2}$. 其次, 我们再来求

$$\frac{\mathrm{d}^2 y}{\mathrm{d}t^2} - 2\frac{\mathrm{d}y}{\mathrm{d}t} + y = \mathrm{e}^{-t}$$

的特解. 由于 $\lambda = -1$ 不是特征根, 上述方程有特解 $y_2 = b\mathrm{e}^{-t}$, 代入后比较两边同类项系数,

可得 $b=\frac{1}{4}$. 于是方程 (10.6.27) 的通解为

$$y=(C_1+C_2t)\mathrm{e}^t+\frac{1}{2}t^2\mathrm{e}^t+\frac{1}{4}\mathrm{e}^{-t},$$

故原方程的通解为

$$y=(C_1+C_2\ln|x|)x+\frac{1}{2}x\ln^2|x|+\frac{1}{4x}.$$ □

习题 10.6

1. 解下列微分方程:

(1) $y''=\dfrac{1}{1+x^2}$;　(2) $x^2y^{(4)}+1=0$;

(3) $y''\tan x-y'+\csc x=0$;　(4) $xy''=y'+\ln x$;

(5) $y''=\mathrm{e}^x y'^2$;　(6) $yy''+(y')^2=y'$;

(7) $y''=1+(y')^2$;　(8) $yy''-(y')^2=y'$.

2. 解下列微分方程的初值问题:

(1) $4\sqrt{y}y''=1, y(0)=y'(0)=1$;　(2) $y^3y''=-1, y(1)=1, y'(1)=0$;

(3) $xy''-4y'=x^5, y(1)=-1, y'(1)=-4$;

(4) $1+(y')^2=2yy'',\ y(1)=1,\ y'(1)=-1$.

3. 求下列微分方程的通解:

(1) $yy''+2(y')^2=0$;　(2) $y^3y''-1=0$;

(3) $y''=1+2(y')^2$;　(4) $y''=(y')^3+y'$;

(5) $y''=\sqrt{1+(y')^2}$;　(6) $yy''-(y')^2=0$.

4. 求下列微分方程的通解:

(1) $y''-2y'+3y=0$;　(2) $2y''+y'-y=0$;

(3) $y''+8y'+16y=0$;　(4) $y''+4y=0$;

(5) $3y''+2y'=0$;　(6) $y''-4y'+3y=0$;

(7) $y''-2y'+y=0$;　(8) $y''-6y'+11y=0$;

(9) $y'''-8y=0$;　(10) $y^{(4)}-7y^{(3)}+17y''-17y'+6y=0$.

5. 对于下列非齐次方程, 指出其特解的形式:

(1) $y''-4y=x\mathrm{e}^{2x}$;　(2) $y''+9y=\sin 2x$;

(3) $y''+2y'+9y=\mathrm{e}^x\sin x$;　(4) $y''-2y'+y=5x\mathrm{e}^x$;

(5) $y''-2y'+2y=\mathrm{e}^x\cos x$;　(6) $y''-y'=x^2-1$;

(7) $y''-5y'+6y=(x^2+1)\mathrm{e}^x+x\mathrm{e}^{2x}$;

(8) $y''-2y'+5y=x\mathrm{e}^x\cos 2x-x^2\mathrm{e}^x\sin 2x$.

6. 求解下列非齐次线性微分方程的通解:

(1) $y''-4y=\mathrm{e}^{2x}$;　(2) $2y''+5y'=5x^2-2x-1$;

(3) $y''+3y'+2y=\mathrm{e}^{-x}\cos x$;

(4) $y''-4y'+4y=\sin 2x+\mathrm{e}^{2x}$;

(5) $y''-2y=2x(\cos x-\sin x)$;

(6) $y''+y=\csc x$;

(7) $y''-2y'+y=\dfrac{\mathrm{e}^x}{x^2+1}$;

(8) $y''-6y'+10y=5$;

(9) $y''+y'=x^2+1$;

(10) $y''-y'-2y=\mathrm{e}^{2x}$;

(11) $y''-8y'+16y=x+x\mathrm{e}^{4x}$;

(12) $y''-y=4x\mathrm{e}^x$;

(13) $y''-4y'+3y=3\mathrm{e}^x\cos 2x$;

(14) $y''+a^2y=\sin x\ (a>0)$;

(15) $y''+2y'-3y=3x+1+\cos x$;

(16) $y'''-3y''+4y=12x^2+48\cos x+14\sin x$.

7. 求解下列欧拉方程:

(1) $x^2y''+\dfrac{5}{2}xy'-y=0$;

(2) $y''-\dfrac{1}{x}y'+\dfrac{1}{x^2}y=\dfrac{2}{x}$;

(3) $x^2y''-2xy'+2y=\ln^2 x-2\ln x$;

(4) $x^2y''+xy'-4y=x^3$;

(5) $x^2y''-xy'+4y=x\sin(\ln x)$;

(6) $x^2y''-3xy'+4y=x+x^2\ln x$.

10.7 微分方程应用举例*

利用微分方程求解实际问题的一般步骤是: 分析问题, 设所求未知函数, 建立微分方程, 确定初始条件; 求出微分方程的通解; 根据初始条件确定通解中的任意常数, 求出微分方程相应的特解. 在本节中, 我们将通过一些具体的实例说明微分方程的应用.

例 10.7.1 假设某种细菌的增长速度和当时的细菌数成正比. 如果过 3 小时细菌数即为原来的 2 倍, 那么经过 12 小时应有多少?

解 设在时刻 t 的细菌数为 $y(t)$, 其增长速度为 $\dfrac{\mathrm{d}y}{\mathrm{d}t}$, 由题意可得 $y(t)$ 所满足的方程为

$$\frac{\mathrm{d}y}{\mathrm{d}t}=ky,$$

其中 k 为一正的常数. 上述方程的通解为

$$y=C\mathrm{e}^{kt}.$$

假设 $t=0$ 时, 细菌数为 y_0, 则 $y=y_0\mathrm{e}^{kt}$. 由题意: $y_0\mathrm{e}^{3k}=2y_0$, 所以 $\mathrm{e}^{3k}=2$, 经过 12 小时后, $y=y_0\mathrm{e}^{12k}=16y_0$, 即此时细菌数为原来的 16 倍. □

例 10.7.2 假设降落伞张开后下降时所受空气阻力与降落伞的下降速率成正比; 又已知伞张开时($t=0$ 时)的速度为 0, 降落伞的质量为 m; 试建立降落伞下降时的速度 v 与时间 t 的关系式.

解 降落伞下降时受到重力 mg 以及阻力 $-kv$ (k 为正常数) 的作用, 其合力为 $mg-kv$, 根据牛顿第二定律可得

$$mg-kv=m\frac{\mathrm{d}v}{\mathrm{d}t},$$

即

$$v' + \frac{k}{m}v = g,$$

这是一阶非齐次线性微分方程, 其通解为

$$v = \mathrm{e}^{-\frac{k}{m}t}\left(C + \frac{mg}{k}\mathrm{e}^{\frac{k}{m}t}\right),$$

又已知 $t = 0$ 时, $v = 0$, 代入上式, 得 $C = -\dfrac{mg}{k}$, 故降落伞下降时的速度 v 与时间 t 的关系式满足

$$v = \frac{mg}{k}\left(1 - \mathrm{e}^{-\frac{k}{m}t}\right).$$

□

例 10.7.3　求级数 $1 + \sum\limits_{n=1}^{\infty}\dfrac{(2n-1)!!}{2^n n!}x^n$ 的和函数.

解　设 $S(x) = 1 + \sum\limits_{n=1}^{+\infty}\dfrac{(2n-1)!!}{2^n n!}x^n$, 容易验证 $S(x)$ 满足方程

$$(1-x)S' = \frac{1}{2}S(x), S(0) = 1.$$

这是一个可分离变量的微分方程, 求得其解为

$$S(x) = \frac{1}{\sqrt{1-x}}.$$

□

例 10.7.4　一重量为 P 的火车在机车牵引力 F 的作用下, 沿水平铁轨行进, 在行进中所受到的阻力为 $W = a + bv$, 其中 a 和 b 是常数, v 是火车的速度, 试求开车后 t 时刻火车所走过的路程.

解　设开车后 t 时刻火车走过的路程为 S, 则

$$F - (a + bv) = \frac{P}{g}\frac{\mathrm{d}v}{\mathrm{d}t}, \frac{\mathrm{d}S}{\mathrm{d}t} = v,$$

即

$$\frac{\mathrm{d}^2 S}{\mathrm{d}t^2} + \frac{bg}{P}\frac{\mathrm{d}S}{\mathrm{d}t} = \frac{g(F-a)}{P}, \tag{10.7.1}$$

并且 $S\big|_{t=0} = 0, \dfrac{\mathrm{d}S}{\mathrm{d}t}\Big|_{t=0} = v\big|_{t=0} = 0$. 容易求得方程 (10.7.1) 的通解为

$$S = C_1 + C_2\mathrm{e}^{-\frac{bg}{P}t} + \frac{F-a}{b}t.$$

将初值条件代入, 得

$$S = \frac{(F-a)t}{b} - \frac{P(F-a)}{b^2 g}(1 - \mathrm{e}^{-\frac{bg}{P}t}).$$

□

习题 10.7

1. 平面曲线过点 $(2,3)$, 其每条切线在两坐标轴之间的部分都被切点平分, 求该曲线的方程.

2. 一平面曲线 l 过原点, 从 l 上任意一点 (x,y) 分别作平行于坐标轴的直线, l 将这两条直线和两坐标轴围成的矩形面积分割成两部分, 其中之一的面积为另一部分面积的 3 倍, 求 l 的方程.
3. 依牛顿冷却定律, 一高温物体的冷却速度与它周围的温度之差成正比, 设周围温度保持为 20 ℃, 最初此物体温度为 100 ℃, 在 20 分钟时其温度降至 60 ℃, 问需要多少时间此物体温度降至 30 ℃?
4. 设 $f(x)$ 在 $[0,+\infty)$ 上连续, 若由曲线 $y=f(x)$, 直线 $x=1, x=t(t>0)$ 与 x 轴所围成的平面图形绕 x 轴旋转一周所成的旋转体体积为

$$V(t)=\frac{\pi}{3}[t^2f(t)-f(1)].$$

试求 $y=f(x)$ 所满足的微分方程, 并求该微分方程满足条件 $y(2)=\dfrac{2}{9}$ 的解.
5. 证明级数 $1+\sum\limits_{n=1}^{\infty}\dfrac{\alpha(\alpha-1)(\alpha-2)\cdots(\alpha-n+1)}{n!}x^n$ 的和函数 $f(x)$ 满足微分方程 $(1+x)f'(x)-\alpha f(x)=0$, 并求 $f(x)$.
6. 某池塘的规模最多只能供 1000 尾 A 类鱼生存, 因此 A 类鱼尾数的变化率与 $k(1000-k)$ 成正比, 这里 k 表示 A 类鱼尾数. 若开始时有 A 类鱼 20 尾, 当时的尾数的变化率为 9.8, 求 t 时刻 A 类鱼的尾数.
7. 底面半径为 90cm, 高为 245cm 的圆柱形容器内盛满水, 柱轴为垂直方向, 圆柱底有一半径为 3cm 的圆孔, 问经过多长时间该容器内的水流光?
8. 某平面曲线的任一点处的切线垂直于此点与原点的连线, 求此曲线方程.
9. 已知曲线通过点 (3,1), 其在切点和 Ox 轴之间的切线段, 被切线与 Oy 轴的交点所平分, 求此曲线的方程.
10. 雪球以正比于它表面积的速度融化, 设开始时体积为 V_0, 求 t 时刻雪球的体积 V.
11. 一个质量为 m 的质点, 受常力 F 的作用. 设质点由静止开始运动, 求该质点的运动规律. 如果移动一分钟后, 在相反方向用 F_1 作用, 求此质点在一分钟后的运动规律.

参 考 文 献

陈仲. 1998. 大学数学 (上、下册). 南京: 南京大学出版社.

罗亚平等. 2000. 大学数学教程 (第一、二册). 南京: 南京大学出版社.

李忠, 周建莹. 2004. 高等数学 (上、下册). 北京: 北京大学出版社.

姚天行等. 2002. 大学数学. 北京: 科学出版社.

姜东平, 江惠坤. 2005. 大学数学教程 (上、下册). 北京: 科学出版社.

同济大学数学系. 2007. 高等数学 (上、下册). 6 版. 北京: 高等教育出版社.

王高雄等. 1991. 常微分方程. 2 版. 北京: 高等教育出版社.

(日) 小平邦彦. 2008. 微积分入门 I: 一元微积分; 微积分入门 II: 多元微积分 (An Introduction to Calculus). 裴东河译. 北京: 人民邮电出版社.

James Stewart. 2004. Calculus. 影印版. 5th ed. 北京：高等教育出版社.

Dale Varberg et al. 2008. Calculus. 影印版. 8th ed. 北京：机械工业出版社.

George B Thomas Jr. 2008. Thomas' Calculus(上、下册). 影印版. 10th ed. 北京：高等教育出版社.

附录　部分习题参考答案

习题 5.1

1. (1) $D=\{(x,y)|x^2+y^2\leqslant 1\}$, 是闭集, 闭区域, 有界集;
   (2) $D=\{(x,y)||x|+|y|<2\}$, 是开集, 开区域, 有界集;
   (3) $D=\{(x,y)|-1\leqslant x\leqslant 1,|y|\geqslant 2\}$, 是闭集, 不是闭区域, 无界集;
   (4) $D=\{(x,y)|-y^2\leqslant x\leqslant y^2,y\neq 0)\}$, 不是开集, 不是闭集, 无界集;
   (5) $D=\{(x,y,z)|x^2+y^2+z^2<9\}$, 是开集, 开区域, 有界集;
   (6) $D=\{(x,y,z)|x<\sqrt{z},0\leqslant z\leqslant 1,-2<y<2\}$, 不是开集, 不是闭集, 无界集.

2. (1) $f\left(2x,\dfrac{1}{y}\right)=\dfrac{y}{2x}+2xy$;　　(2) $f(x,y)=x^2+2xy+2$.

4. (1) $\dfrac{5}{4}$;　(2) 0;　(3) 0;　(4) $\dfrac{1}{2}$;　(5) 0;　(6) 0;　(7) e;　(8) 1;　(9) 0;　(10) e^2.

7. (1) $\lim\limits_{x\to 0}\lim\limits_{y\to 0}f(x,y)=1$,　　$\lim\limits_{y\to 0}\lim\limits_{x\to 0}f(x,y)=-1$;
   (2) $\lim\limits_{x\to 0}\lim\limits_{y\to 0}f(x,y)=+\infty$,　　$\lim\limits_{y\to 0}\lim\limits_{x\to 0}f(x,y)=1$;
   (3) $\lim\limits_{x\to 0}\lim\limits_{y\to 0}f(x,y)=0$,　　$\lim\limits_{y\to 0}\lim\limits_{x\to 0}f(x,y)=0$.

习题 5.2

1. (1) $z'_x=2xy^3+\dfrac{1}{2\sqrt{x}}$,　　$z'_y=3x^2y^2+2$;
   (2) $z'_x=\dfrac{y}{x^2+y^2}+\dfrac{x}{\sqrt{x^2+y^2}}$,　　$z'_y=-\dfrac{x}{x^2+y^2}+\dfrac{y}{\sqrt{x^2+y^2}}$;
   (3) $z'_x=2^x\ln 2+yx^{y-1}$,　　$z'_y=x^y\ln x+3y^2$;
   (4) $z'_x=-y\mathrm{e}^{-xy}+\mathrm{e}^{-y}-y\mathrm{e}^{-x}$,　　$z'_y=-x\mathrm{e}^{-xy}-x\mathrm{e}^{-y}+\mathrm{e}^{-x}$;
   (5) $u'_x=yz(1+xy)^{z-1}+yz\cos(xyz)$,　　$u'_y=xz(1+xy)^{z-1}+xz\cos(xyz)$,
   $u'_z=(1+xy)^z\ln(1+xy)+xy\cos(xyz)$;
   (6) $u'_x=-\dfrac{x}{(x^2+y^2+z^2)^{\frac{3}{2}}}$,　　$u'_y=\dfrac{y}{y^2+z^2}-\dfrac{y}{(x^2+y^2+z^2)^{\frac{3}{2}}}$,
   $u'_z=\dfrac{z}{y^2+z^2}-\dfrac{z}{(x^2+y^2+z^2)^{\frac{3}{2}}}$;
   (7) $u'_x=y^zx^{y^z-1}+x^{z-1}y^zz+yzx^{yz-1}$,　　$u'_y=x^{y^z}y^{z-1}z\ln x+x^zy^{z-1}z+x^{yz}z\ln x$,
   $u'_z=x^{y^z}y^z\ln x\cdot\ln y+(xy)^z\ln(xy)+x^{yz}y\ln x$;

(8) $u'_x=\dfrac{1}{2\sqrt{x(y-x)}}$, $u'_y=-\dfrac{x}{2\sqrt{xy^2(y-x)}}-\dfrac{1}{2\sqrt{y(z-y)}}$, $u'_z=\dfrac{y}{2\sqrt{yz^2(z-y)}}$.

2. $f'_x(0,0)=0$.　　3. $f'_x(0,1)=1$, $f'_y(0,1)=0$.

4. (1) $\dfrac{\partial^2 z}{\partial x^2}=-y^2(\sin xy+\cos xy)$, $\dfrac{\partial^2 z}{\partial x\partial y}=(1-xy)\cos xy-(1+xy)\sin xy$;

(2) $\dfrac{\partial^2 u}{\partial x^2}=yz(2+xyz)\mathrm{e}^{xyz}$, $\dfrac{\partial^3 u}{\partial x\partial y\partial z}=(2x+4x^2yz+x^3y^2z^2)\mathrm{e}^{xyz}$;

(3) $\dfrac{\partial^2 u}{\partial x^2}=\dfrac{y^2+z^2}{(x^2+y^2+z^2)^{\frac{3}{2}}}$, $\dfrac{\partial^3 u}{\partial x\partial y\partial z}=\dfrac{3xyz}{(x^2+y^2+z^2)^{\frac{5}{2}}}$;

(4) $\dfrac{\partial^2 u}{\partial y\partial z}=x^{yz}\ln x+zyx^{yz}\ln^2 x+xy^{xz-1}+x^2zy^{xz-1}\ln y$.

5. (1) $\cos x\cos y\mathrm{d}x-\sin x\sin y\mathrm{d}y$;　(2) $\dfrac{2xy^2+1}{2y\sqrt{x^2y+\dfrac{x}{y}}}\mathrm{d}x+\dfrac{x^2y^2-x}{2y^2\sqrt{x^2y+\dfrac{x}{y}}}\mathrm{d}y$;

(3) $\dfrac{x\mathrm{d}x+y\mathrm{d}y+z\mathrm{d}z}{x^2+y^2+z^2}$;　(4) $y(1-xyz)\mathrm{e}^{-xyz}\mathrm{d}x+x(1-xyz)\mathrm{e}^{-xyz}\mathrm{d}y-x^2y^2\mathrm{e}^{-xyz}\mathrm{d}z$;

(5) $\mathrm{d}x$;　(6) 0.2.

8. 仅当 $\varphi(0,0)=0$ 时可微.　9. $f(x,y)$ 在 $(0,0)$ 处连续, 可偏导, 可微, 连续可微.

10. (1) $\left(2-\dfrac{5}{x^2}\right)\mathrm{d}x^2+2\mathrm{d}x\mathrm{d}y+6y\mathrm{d}y^2$;

(2) $y(y-1)x^{y-2}\mathrm{d}x^2+2x^{y-1}(1+y\ln x)\mathrm{d}x\mathrm{d}y+x^y\ln^2 x\mathrm{d}y^2$;

(3) $\mathrm{e}^x\sin y\mathrm{d}x^2+2\mathrm{e}^x\cos y\mathrm{d}x\mathrm{d}y-\mathrm{e}^x\sin y\mathrm{d}y^2$;　(4) $-\dfrac{2}{y^2}\mathrm{d}x\mathrm{d}y+\dfrac{2x}{y^3}\mathrm{d}y^2$.

11. (1) $f'_x(x,y)$; (2) $f'_y(x,y)$.　12. (1) $p!q!$;　(2) $(-1)^m\cdot 2\cdot\dfrac{(m+n-1)!(nx+my)}{(x-y)^{m+n+1}}$.

14. (1) 0.45046;　(2) 9.00455.

习题 5.3

1. (1) $\dfrac{\mathrm{d}u}{\mathrm{d}t}=(\sin t)^{\cos t-1}\left(\cos^2 t-\sin^2 t\ln\sin t\right)$;　(2) $\dfrac{\mathrm{d}y}{\mathrm{d}x}=\dfrac{1}{\mathrm{e}^x}\left(\dfrac{1}{x}-\ln x\right)$;

(3) $\dfrac{\partial z}{\partial x}=y\mathrm{e}^{xy}+2xy^2-4x+\dfrac{2x}{y^2}$, $\dfrac{\partial z}{\partial y}=x\mathrm{e}^{xy}+2x^2y-\dfrac{2x^2}{y^3}$;

(4) $\dfrac{\partial z}{\partial x}=2x+2y^2+\dfrac{1}{x+y^2}+\dfrac{2}{x}-\dfrac{y}{x^2}$, $\dfrac{\partial z}{\partial y}=4xy+4y^3+\dfrac{2y}{x+y^2}+\dfrac{1}{x}-\dfrac{1}{y^2}$.

2. (1) $\dfrac{\partial z}{\partial x}=f'_1+yf'_2$, $\dfrac{\partial z}{\partial y}=f'_1+xf'_2$;

(2) $\dfrac{\partial u}{\partial x}=\dfrac{1}{y}f'_1$, $\dfrac{\partial u}{\partial y}=-\dfrac{x}{y^2}f'_1+\dfrac{1}{z}f'_2$, $\dfrac{\partial u}{\partial z}=-\dfrac{y}{z^2}f'_2$;

(3) $\dfrac{\partial u}{\partial x}=f_1'+yf_2'+yzf_3'+2\varphi'(2x-y)$, $\dfrac{\partial u}{\partial y}=xf_2'+xzf_3'-\varphi'(2x-y)$, $\dfrac{\partial u}{\partial z}=xyf_3'$;

(4) $\dfrac{\partial u}{\partial x}=f(x^2+y^2,\sqrt{x+y})+2x^2f_1'+\dfrac{x}{2\sqrt{x+y}}f_2'$, $\dfrac{\partial u}{\partial y}=2xyf_1'+\dfrac{x}{2\sqrt{x+y}}f_2'+2y$.

3. (1) $\dfrac{\partial^2 z}{\partial x^2}=y^2f_{11}''+2f_{12}''+\dfrac{1}{y^2}f_{22}''$, $\dfrac{\partial^2 z}{\partial x\partial y}=f_1'-\dfrac{1}{y^2}f_2'+xyf_{11}''-\dfrac{x}{y^3}f_{22}''$,

$\dfrac{\partial^2 z}{\partial y^2}=x^2f_{11}''-\dfrac{2x^2}{y^2}f_{12}''+\dfrac{x^2}{y^4}f_{22}''+\dfrac{2x}{y^3}f_2'$;

(2) $\dfrac{\partial^2 z}{\partial x^2}=f_{11}''+2yf_{12}''+2f_{13}''+y^2f_{22}''+2yf_{23}''+f_{33}''$,

$\dfrac{\partial^2 z}{\partial x\partial y}=xf_{12}''-f_{13}''+xyf_{22}''+(x-y)f_{23}''-f_{33}''+f_2'$,

$\dfrac{\partial^2 z}{\partial y^2}=x^2f_{22}''-2xf_{23}''+f_{33}''$.

4. $f''+\dfrac{2f'}{\sqrt{x^2+y^2+z^2}}$. 5. (1) $-\dfrac{y\mathrm{e}^{xy}+2}{x\mathrm{e}^{xy}+2y}$; (2) $\dfrac{(x^2+y^2)\sin 2x-x}{y-(x^2+y^2)\sin 2y}$.

6. (1) $\dfrac{\partial z}{\partial x}=-\dfrac{z(1+xyz)}{x(3+xyz)}$, $\dfrac{\partial z}{\partial y}=-\dfrac{z(2+xyz)}{y(3+xyz)}$;

(2) $\dfrac{\partial z}{\partial x}=-\dfrac{2x+y}{2z-y+3}$, $\dfrac{\partial^2 z}{\partial x\partial y}=-\dfrac{(2z-y+3)^2+(2x+y)(2x+3y+3)}{(2z-y+3)^3}$;

(3) $\dfrac{\partial z}{\partial x}=-\dfrac{z}{x}$, $\dfrac{\partial^2 z}{\partial x^2}=\dfrac{2z}{x^2}$.

7. $\dfrac{\partial^2 z}{\partial x^2}=\dfrac{-(F_1')^2F_{22}''+2F_1'F_2'F_{12}''-(F_2')^2F_{11}''}{y(F_1')^3}$.

9. (1) $\dfrac{\mathrm{d}y}{\mathrm{d}x}=\dfrac{y(z-x)}{x(y-z)}$, $\dfrac{\mathrm{d}z}{\mathrm{d}x}=\dfrac{z(x-y)}{x(y-z)}$;

(2) $\dfrac{\partial u}{\partial x}=\dfrac{x-v}{v-u}$, $\dfrac{\partial v}{\partial x}=\dfrac{u-x}{v-u}$, $\dfrac{\partial u}{\partial y}=\dfrac{y-v}{v-u}$, $\dfrac{\partial v}{\partial y}=\dfrac{u-y}{v-u}$.

10. 52. 12. (1) $x^2y+y^2+y-2x^4$; (2) $\dfrac{1}{2}$. 13. (1) $f_x'(x,y)$; (2) $f_{xx}''(x,y)$.

习题 5.4

1. $25+(x-1)+15(y-2)+(x-1)^2+(x-1)(y-2)+2(y-2)^2$.

2. $(x+y)-\dfrac{1}{2}(x+y)^2+\dfrac{1}{3}(x+y)^3-\dfrac{1}{4}(x+y)^4\dfrac{1}{(1+\theta x+\theta y)^4}$ $(0<\theta<1)$.

3. $x^y=1+3\Delta x+3(\Delta x)^2+\Delta x\Delta y+\cdots$, $1.04^{2.98}\approx 1.1240$.

习题 5.5

1. $\sqrt{2}\rho$. 2. $|\sin\varphi|$.

习题 5.6

1. (1) 切线 $\dfrac{x-1}{1}=\dfrac{y-1}{2}=\dfrac{z-1}{3}$, 法平面 $x+2y+3z-6=0$;

(2) 切线 $\dfrac{x-\dfrac{\pi}{2}+1}{1}=\dfrac{y-1}{1}=\dfrac{z-2\sqrt{2}}{\sqrt{2}}$, 法平面 $x+y+\sqrt{2}z-4-\dfrac{\pi}{2}=0$;

(3) 切线 $\dfrac{x-1}{1}=\dfrac{y}{-2}=\dfrac{z+1}{1}$, 法平面 $x-2y+z=0$;

(4) 切线 $\dfrac{x-1}{1}=\dfrac{y-1}{-1}=\dfrac{z-1}{-1}$, 法平面 $x-y-z+1=0$.

2. (1) 切平面 $2x+4y-z-3=0$, 法线 $\dfrac{x-1}{2}=\dfrac{y-1}{4}=\dfrac{z-3}{-1}$;

(2) 切平面 $y_0x+x_0y-2z_0z=0$, 法线 $\dfrac{x-x_0}{y_0}=\dfrac{y-y_0}{x_0}=\dfrac{z-z_0}{-2z_0}$;

(3) 切平面 $x+y-\sqrt{2}z=0$, 法线 $\dfrac{x-\dfrac{\sqrt{2}}{2}}{1}=\dfrac{y-\dfrac{\sqrt{2}}{2}}{1}=\dfrac{z-1}{-\sqrt{2}}$.

3. $\theta=\arccos\dfrac{b}{\sqrt{a^2+b^2}}$. 4. a. 5. $2x+2y-z=3$. 6. $\begin{cases}x=R\cos\theta,\\ y=R\sin\theta,\\ z=R\cos\theta-R.\end{cases}$

7. $x+4y+6z=21$ 或 $x+2z=7$.

8. $\left(\pm\dfrac{a^2}{\sqrt{a^2+b^2+c^2}},\pm\dfrac{b^2}{\sqrt{a^2+b^2+c^2}},\pm\dfrac{c^2}{\sqrt{a^2+b^2+c^2}}\right)$.

习题 5.7

1. (1) $z(-3,0)=-11$ 为极小值;

(2) $z(1,1)=z(1,-1)=z(-1,1)=z(-1,-1)=-3$ 为极小值, $z(0,0)=0$ 为极大值;

(3) $z(1,1)=z(-1,-1)=-2$ 为极小值; (4) $z\left(\dfrac{2\pi}{3},\dfrac{2\pi}{3}\right)=-\dfrac{3}{2}$ 为极小值.

2. (1) $z(-2,0)=1$ 为极小值, $z\left(\dfrac{16}{7},0\right)=-\dfrac{8}{7}$ 为极大值;

(2) -6 为极小值, 2 为极大值, 极值点为 $(-1,1)$.

3. $a=\dfrac{2p}{3},b=\dfrac{p}{3}$, 绕 b 边旋转时体积最大.

4. $a=b=\dfrac{3p}{4}, c=\dfrac{p}{2}$ 时, 绕 c 边旋转时体积最大.　　5. $\dfrac{3\sqrt{3}}{4}ab$.　　6. $\dfrac{15\sqrt{2}}{8}$.

7. $z(1,-3)=-10$ 为最小值, $z\left(-\dfrac{\sqrt{10}}{2}, \dfrac{3\sqrt{10}}{2}\right)=25+10\sqrt{10}$ 为最大值.

8. $z(-2,3)=z(2,-3)=-50$ 为最小值, $z\left(\dfrac{3}{2},4\right)=z\left(-\dfrac{3}{2},-4\right)=106\dfrac{1}{4}$ 为最大值.

9. $z\left(\dfrac{2\pi}{3}, \dfrac{2\pi}{3}\right)=-\dfrac{3}{2}$ 为最小值, $z(0,0)=3$ 为最大值.　　11. $x+\sqrt{2}y+\sqrt{3}z=\sqrt{3}$.

习题 5.8

1. $\dfrac{3}{10}\pi-\dfrac{7}{5}$.　　2. $\dfrac{9}{\sqrt{6}}$.　　3. $\dfrac{8\sqrt{3}}{39}+\dfrac{3}{13}$.　　4. 0.　　5. $\sqrt{2}$.

习题 6.1

1. (1) $\displaystyle\iint\limits_{x^2+y^2\leqslant 4}(2-\sqrt{x^2+y^2})\mathrm{d}\sigma$;　　(2) $\displaystyle\iint\limits_{x^2+y^2\leqslant 1}(x^2+y^2)\mathrm{d}\sigma$.

2. (1) $\dfrac{1}{6}$;　(2) $\dfrac{2}{3}\pi a^3$.　　3. 1.

习题 6.2

1. (1) $\dfrac{\pi}{12}$;　(2) $5\ln 2-3\ln 3$;　(3) $1-\sin 1$;　(4) $\dfrac{7}{6}$;　(5) $\dfrac{16}{5}$;　(6) 4π;　(7) π;　(8) $\dfrac{1}{6}$.

2. (1) $\displaystyle\int_0^1\mathrm{d}y\int_y^1 f(x,y)\,\mathrm{d}x$;　　(2) $\displaystyle\int_0^1\mathrm{d}x\int_0^1 f(x,y)\,\mathrm{d}y+\int_1^2\mathrm{d}x\int_0^{2-x} f(x,y)\,\mathrm{d}y$;

(3) $\displaystyle\int_{-2}^0\mathrm{d}x\int_0^{4-x^2} f(x,y)\,\mathrm{d}y+\int_0^2\mathrm{d}x\int_{2-\sqrt{4-x^2}}^{2+\sqrt{4-x^2}} f(x,y)\,\mathrm{d}y$;　(4) $\displaystyle\int_0^1\mathrm{d}y\int_y^{1+\sqrt{1-y^2}} f(x,y)\,\mathrm{d}x$.

3. (1) $\dfrac{\pi}{2}$;　　(2) 4π;　　(3) $\dfrac{3}{64}\pi^2$;　　(4) $\dfrac{\pi}{6a}$.

4. (1) $\displaystyle\int_0^{\frac{\pi}{4}}\mathrm{d}\theta\int_{\frac{1}{\cos\theta}}^{\frac{2}{\cos\theta}} f(\rho\cos\theta,\rho\sin\theta)\rho\mathrm{d}\rho$;　　(2) $\displaystyle\int_0^{\frac{\pi}{4}}\mathrm{d}\theta\int_0^{\frac{\sin\theta}{\cos^2\theta}} f(\rho\cos\theta,\rho\sin\theta)\rho\mathrm{d}\rho$.

5. (1) $\dfrac{\pi ab}{4}(a^2+b^2)$;　　(2) $\dfrac{\pi}{2}$;　　(3) $\ln^2 2$.

6. (1) $\dfrac{1}{3}$;　(2) $\pi-1$.　　7. 2π.　　8. $\mathrm{e}-1$.　　9. $\dfrac{5}{24}$.　　10. $\dfrac{81}{5}\pi$.

习题 6.3

1. (1) $\displaystyle\int_{-1}^1\mathrm{d}x\int_{-\sqrt{1-x^2}}^{\sqrt{1-x^2}}\mathrm{d}y\int_0^{10-x-y} f(x,y,z)\mathrm{d}z$;

(2) $\int_{-1}^{1}\mathrm{d}x\int_{-\sqrt{1-x^2}}^{\sqrt{1-x^2}}\mathrm{d}y\int_{0}^{1-x^2-y^2}f(x,y,z)\mathrm{d}z$;

(3) $\int_{-a}^{a}\mathrm{d}x\int_{-b\sqrt{1-\frac{x^2}{a^2}}}^{b\sqrt{1-\frac{x^2}{a^2}}}\mathrm{d}y\int_{-c\sqrt{1-\frac{x^2}{a^2}-\frac{y^2}{b^2}}}^{c\sqrt{1-\frac{x^2}{a^2}-\frac{y^2}{b^2}}}f(x,y,z)\mathrm{d}z$;

(4) $\int_{-1}^{1}\mathrm{d}x\int_{-\sqrt{1-x^2}}^{\sqrt{1-x^2}}\mathrm{d}y\int_{\sqrt{x^2+y^2}}^{\sqrt{2-x^2-y^2}}f(x,y,z)\mathrm{d}z$.

2. (1) $\frac{1}{2880}$; (2) $\frac{1}{60}$; (3) $\frac{\pi}{4}$; (4) $\frac{\pi}{4}-\frac{1}{2}$.

3. (1) $\frac{64\pi}{3}$; (2) $\frac{13\pi}{4}$; (3) $\pi\left(\ln 2-2+\frac{\pi}{2}\right)$; (4) $\frac{3\pi}{4}$; (5) $\frac{4(4\sqrt{2}-1)}{15}\pi$;

(6) $\frac{\pi}{8}$; (7) 2π; (8) 0.

4. $\frac{4}{15}\pi abc(a^2+b^2+c^2)$. 5. $f'(0)$.

习题 6.4

1. (1) $\frac{\pi}{2}$; (2) $\frac{4}{3}R^3\left(\frac{\pi}{2}-\frac{2}{3}\right)$; (3) $\frac{4\pi}{3}\left(\sqrt{2}-1\right)$; (4) $8\left(2-\sqrt{2}\right)$; (5) $\frac{\pi}{16}$;

(6) $\frac{17}{6}$; (7) $\frac{16}{7}$.

2. (1) $\frac{\sqrt{14}\pi}{3}$; (2) $\frac{\pi}{6}(2\sqrt{2}-1)$; (3) 16; (4) $24(2-\sqrt{2})$; (5) $4\pi Rh$; (6) $2\sqrt{2}\pi$; (7) 16.

3. $F_x=0, F_y=0, F_z=\frac{2}{3}k\mu\pi(\sqrt{2}-1)$.

4. $F_x=0, F_y=-\frac{bk\pi}{3}[\sqrt{a^2+b^2}(a^2-2b^2)+2b^3]$.

5. (1) $\left(\frac{1}{5},\frac{3}{5}\right)$; (2) $\left(\frac{5a}{6},0\right)$; (3) $\left(\pi a,\frac{5a}{6}\right)$.

6. (1) $\left(0,0,\frac{25}{64}\right)$; (2) $\left(0,0,\frac{3}{5}\right)$; (3) $\left(\frac{2}{5},\frac{1}{5},\frac{1}{5}\right)$.

7. (1) $I_x=\frac{5}{12}$; (2) $I_0=\frac{\pi}{8}$, $I_{y=-1}=\frac{5}{16}\pi+\frac{2}{3}$; (3) $I_x=\frac{35}{12}\pi a^4$; (4) $I_y=\frac{49}{32}\pi a^4$.

8. $I_x=I_y=\frac{28}{15}\pi\mu$, $I_z=\frac{8}{15}\pi\mu$. 9. $I_x=\frac{7\pi\mu}{12}$, $I_z=\frac{\pi\mu}{2}$.

习题 6.5

1. 1. 2. π. 3. $-\frac{\pi}{2}$.

习题 7.1

1. (1) $1+\sqrt{2}$; (2) $2\pi a^{2n+1}$; (3) $\dfrac{256}{15}a^3$; (4) $\dfrac{\sqrt{2}}{2}+\dfrac{1}{12}(5\sqrt{5}-1)$; (5) $(\dfrac{\pi}{4}a+2)\mathrm{e}^a-2$;

(6) $\sqrt{5}$; (7) $\dfrac{ab(a^2+ab+b^2)}{3(a+b)}$; (8) $2a^2$; (9) $\dfrac{\sqrt{a^2+b^2}}{ab}\arctan\dfrac{2b\pi}{a}$; (10) $3\pi a^3$; (11) 9;

(12) $\dfrac{2\pi a^3}{3}$.

2. 当 $a=b$ 时, 曲线的质量 $m=4a^2$, 当 $a\neq b$ 时, $m=2b^2+\dfrac{2a^2b}{\sqrt{a^2-b^2}}\arcsin\dfrac{\sqrt{a^2-b^2}}{a}$.

3. $x_0=\dfrac{4a}{3}$, $y_0=\dfrac{4a}{3}$.

4. (1) $I_z=\dfrac{2}{3}\pi a^2\sqrt{a^2+k^2}(3a^2+4\pi^2k^2)$;

(2) $\overline{x}=\dfrac{6ak^2}{3a^2+4\pi^2k^2}$, $\overline{y}=\dfrac{-6\pi ak^2}{3a^2+4\pi^2k^2}$, $\overline{z}=\dfrac{3k(\pi a^2+2\pi^3k^2)}{3a^2+4\pi^2k^2}$.

习题 7.2

1. (1) $-\dfrac{14}{15}$; (2) $-\dfrac{56}{15}$; (3) $-\dfrac{\pi}{2}a^3$; (4) 0; (5) -2π; (6) 0; (7) 13; (8) $\dfrac{1}{2}$; (9) $\dfrac{1}{35}$; (10) 0.

2. (1) $\dfrac{1}{3}$; (2) 0; (3) -1; (4) 1; (5) $\pi-\dfrac{7}{3}$.　　3. $\dfrac{29}{60}$.

习题 7.3

1. (1) $\dfrac{\pi a^4}{2}$; (2) $-2ab\pi$; (3) 12; (4) $\dfrac{1}{2}$; (5) $\dfrac{1}{5}(1-\mathrm{e}^{\pi})$; (6) 0.

2. (1) $\dfrac{3\pi a^2}{8}$; (2) 12π; (3) $\dfrac{3\pi a^2}{2}$.　3. (1) 4; (2) 5; (3) $\mathrm{e}^3\cos 4-1$.

4. $F_y y=F_x x$.

5. (1) 坐标原点在围线 C 之外, $I=0$; (2) 坐标原点在围线 C 之内, $I=2\pi$.

6. (1) $\dfrac{1}{3}x^3+x^2y-xy^2-\dfrac{1}{3}y^3$; (2) $\dfrac{1}{2}x^2+2xy+\dfrac{1}{2}y^2$; (3) x^2y; (4) $y^2\cos x+x^2\cos y$;

(5) $x^3y+4x^2y^2+12y\mathrm{e}^y-12\mathrm{e}^y$.

13. $\dfrac{m\pi a^2}{8}$.　14. $mS+\mathrm{e}^{x_2}\varphi(y_2)-\mathrm{e}^{x_1}\varphi(y_1)-m(y_2-y_1)-\dfrac{m}{2}(x_2-x_1)(y_2+y_1)$.

15. $\dfrac{\pi}{4}$.

习题 7.4

1. (1) πa^3; (2) $\dfrac{\sqrt{2}+1}{2}\pi$; (3) $\dfrac{3-\sqrt{3}}{2}+(\sqrt{3}-1)\ln 2$; (4) $4\sqrt{61}$; (5) $\dfrac{64\sqrt{2}a^4}{15}$.

2. $\frac{\pi}{60}(25\sqrt{5}+1)$.　3. $\frac{4}{3}\rho_0\pi a^4$.　4. πa^2.

习题 7.5

1. $4\pi a^3$.　2. 0.　3. $\frac{2\pi a^7}{105}$.　4. 0.　5. $\frac{4\pi}{abc}(a^2b^2+a^2c^2+b^2c^2)$.　6. $4\pi R^3$.　7. π.　8. -8.

习题 7.6

1. (1) $3a^4$; (2) 36π; (3) $\frac{4abc\pi}{15}(a^2+b^2+c^2)$.

4. (1) 0; (2) 0; (3) $-\sqrt{3}\pi a^2$; (4) $-\frac{\pi}{2}a^3$; (5) -20π; (6) 9π; (7) $-\frac{9}{2}R^3$.

5. $I_1=4\pi a^4, I_2=2\sqrt{3}a^4, I_1-I_2=2(2\pi-\sqrt{3})a^4$.　6. $\frac{8-5\sqrt{2}}{6}\pi a^4$.

8. $k\left(\frac{1}{\sqrt{x_1^2+y_1^2+z_1^2}}-\frac{1}{\sqrt{x_2^2+y_2^2+z_2^2}}\right)$.

习题 7.7

1. $2\sqrt{\frac{x^2}{a^4}+\frac{y^2}{b^4}+\frac{z^2}{c^4}}$.　5. $(x-a)^2+(y-b)^2+(z-c)^2=1$.　6. $2b^2\pi^2$.

7. (1) 2π; (2) $2\pi a^2$.　8. (1) $2\boldsymbol{i}+4\boldsymbol{j}+6\boldsymbol{k}$; (2) $\boldsymbol{i}+\boldsymbol{j}$.　10. $\mathbf{0}$.

习题 8.1

1. 不收敛.

2. (1) $S_n=\frac{1}{5}\left[1-\frac{1}{5n+1}\right]$, 原级数收敛, 和为 $\frac{1}{5}$;

(2) $S_n=\frac{1}{8}\left[1-\frac{1}{(2n+1)^2}\right]$, 原级数收敛, 和为 $\frac{1}{8}$;

(3) $S_n=\sqrt{n+1}-1$, 原级数发散;

(4)$S_n=\left[\cos\frac{\pi}{12}-\cos\left(n+\frac{1}{2}\right)\frac{\pi}{6}\right]\Big/\left(2\sin\frac{\pi}{12}\right)$, S_n 当 $n\to\infty$ 时极限不存在, 原级数发散.

3. (1) 收敛, 和为 $\frac{7}{16}$; (2) 发散; (3) 收敛, 和为 $\frac{1}{2}$; (4) 发散; (5) 发散; (6) 发散; (7) 发散.

4. (1) 收敛; (2) 收敛; (3) 收敛; (4) 发散; (5) 发散.

习题 8.2

1. (1) 收敛; (2) 收敛; (3) 发散; (4) $a>1$ 时收敛, $0<a\leqslant 1$ 时发散; (5) 发散; (6) 收敛; (7) 收敛.

2. (1) 收敛; (2) 收敛; (3) 发散; (4) 发散; (5) 发散; (6) 收敛; (7) 收敛; (8) 收敛; (9) 收敛; (10) 收敛; (11) 收敛; (12) $0 < p \leqslant 1$ 时发散, $p > 1$ 时收敛; (13) 发散; (14) $p = 1, q > 1$, 及 $p > 1, q$ 任意时收敛; (15) $b < a$ 时收敛, $b > a$ 时发散, $b = a$ 时敛散性不能确定.

3. $\sum\limits_{n=1}^{\infty} \frac{1}{n^2}$ 收敛, 但 $\sum\limits_{n=1}^{\infty} \frac{1}{n}$ 发散. 5. (1) 一定发散; (2),(3) 不一定.

习题 8.3

1. (1) 绝对收敛; (2) 发散; (3) 条件收敛; (4) 绝对收敛; (5) 条件收敛; (6) 条件收敛; (7) 条件收敛; (8) 条件收敛; (9) 发散; (10) $p \leqslant 0$ 时发散, $0 < p \leqslant 1$ 时条件收敛, $p > 1$ 时绝对收敛; (11) 条件收敛; (12) 绝对收敛.

4. 不一定.

习题 8.4

1. (1) $\frac{1}{\mathrm{e}} < x < \mathrm{e}$; (2) $x > 0$; (3) $-4 < x < 4$.

2. (1) 一致收敛; (2) 非一致收敛; (3) 一致收敛, 非一致收敛; (4) 非一致收敛.

3. (1) 非一致收敛; (2) 一致收敛; (3) 一致收敛; (4) 一致收敛; (5) 一致收敛; (6) 一致收敛.

习题 8.5

1. (1) $(-\infty, +\infty)$; (2) $(-1, 1)$; (3) $\left(-\frac{1}{\mathrm{e}}, \frac{1}{\mathrm{e}}\right)$; (4) $(-\mathrm{e}, \mathrm{e})$; (5) $(-4, 4)$; (6) $(-\infty, +\infty)$;

(7) $(-1, 1)$; (8) $\left(-\frac{1}{4}, \frac{1}{4}\right)$.

2. (1) $(-1, 1)$; (2) $(-1, 1)$; (3) $[-a, a)$; (4) $(-\sqrt{2}, \sqrt{2})$; (5) $(-2, 2)$; (6) $(-3, 3)$;

(7) $\left(-\frac{1}{5}, \frac{1}{5}\right)$; (8) $\left[-\frac{1}{2}, \frac{1}{2}\right]$; (9) $[4, 6)$; (10) $(2 - \mathrm{e}, 2 + \mathrm{e})$.

3. (1) $\frac{1}{(1-x)^2}$ $(|x| < 1)$; (2) $\frac{1-x^2}{(1+x^2)^2}(|x| < 1)$; (3) $-x + \frac{1}{2}\arctan x + \frac{1}{4}\ln\left|\frac{1+x}{1-x}\right|$ $(|x| < 1)$;

(4) $\frac{1}{2}\ln\left(\frac{1+x}{1-x}\right)(|x| < 1)$; (5) $\frac{2x}{(1-x)^3}$ $(|x| < 1)$.

习题 8.6

1. (1) $\sum\limits_{n=0}^{\infty} \frac{x^{2n}}{(2n)!}$ $(x \in \mathbb{R})$; (2) $\sum\limits_{n=0}^{\infty} \frac{x^{2n}}{n!}$ $(x \in \mathbb{R})$; (3) $\sum\limits_{n=0}^{\infty} \frac{(-1)^n}{a^{n+1}} x^n$ $(|x| < |a|)$;

(4) $\frac{1}{2} + \frac{1}{2}\sum\limits_{n=0}^{\infty} \frac{(-4)^n}{(2n)!} x^{2n}$ $(x \in R)$; (5) $\ln a + \sum\limits_{n=1}^{\infty} \frac{(-1)^{n-1}}{n a^n} x^n$ $(-a < x \leqslant a)$;

(6) $x+\sum_{n=2}^{\infty}(-1)^{n-2}\frac{x^n}{(n-1)n}\ (-1<x\leqslant 1)$;

(7) $\sum_{n=1}^{\infty}\frac{1}{n}[(-1)^{n-1}2^n-1]x^n\ \ (-\frac{1}{2}<x\leqslant\frac{1}{2})$; (8) $\sum_{n=0}^{\infty}\left[1+\frac{(-1)^n}{6^n}\right]x^n\ (|x|<1)$;

(9) $\sum_{n=0}^{\infty}\frac{(-1)^n}{2n+1}x^{2n+1}\ (|x|\leqslant 1)$; (10) $x+\sum_{n=1}^{\infty}(-1)^n\frac{(2n-1)!!x^{2n+1}}{(2n)!!(2n+1)}\ (|x|<1)$;

(11) $\sum_{n=0}^{\infty}\frac{(-1)^n x^{2n+1}}{(2n+1)!(2n+1)}\ (x\in\mathbb{R},x\neq 0)$; (12) $\sum_{n=0}^{\infty}\frac{(-1)^n x^{4n+1}}{(2n)!(4n+1)}\ (x\in\mathbb{R})$.

2. (1) $1+\frac{3}{2}(x-1)+\frac{3}{8}(x-1)^2+\sum_{n=3}^{\infty}3\frac{(-1)^n(2n-5)!!}{(2n)!!}(x-1)^n\ (0<x<2)$;

(2) $\sum_{n=1}^{\infty}\frac{(-1)^{n-1}}{n}(x-1)^n\ \ (0<x\leqslant 2)$; (3) $\sum_{n=0}^{\infty}\frac{(-1)^n}{3^{n+1}}(x-3)^n\ (0<x<6)$;

(4) $\sum_{n=0}^{\infty}\left(\frac{1}{2^{n+1}}-\frac{1}{3^{n+1}}\right)(x+4)^n\ (-6<x<-2)$.

3. (1) 4.1213; (2) 0.4861; (3) 1.0986.

4. 令 $P(n)=a_0+a_1n+\cdots+a_mn^m\equiv b_0+b_1n+\cdots+b_mn(n-1)\cdots(n-m+1)$, 则

$$\sum_{n=1}^{\infty}\frac{P(n)}{n!}x^n=\mathrm{e}^x(b_0+b_1x+\cdots+b_mx^m).$$

5. (1) $\mathrm{e}^{-x}\left(x^2+1+\frac{1}{x}\right)-\frac{1}{x}(x\neq 0)$; (2) $(1+2x^2)\mathrm{e}^{x^2}(x\in R)$; (3) 当 $-1<x\leqslant 1$ 时, $s(x)=(x+1)\ln(1+x)-x$, 当 $x=-1$ 时, $s(x)=1$; (4) 当 $-1\leqslant x<1,x\neq 0$ 时, $s(x)=1+\frac{1-x}{x}\ln(1-x)$, 当 $x=0$ 时, $s(x)=0$, 当 $x=1$ 时, $s(x)=1$.

习题 8.7

1. (1) 收敛; (2) 收敛; (3) 收敛; (4) 发散; (5) 收敛; (6) $-2<p<-1$ 时收敛; (7) 发散; (8) 收敛; (9) 收敛; (10) 发散; (11) 收敛; (12) 收敛; (13) 仅当 $p>1$, $q<1$ 时收敛; (14) 收敛.

3. (1) 条件收敛; (2) 条件收敛; (3) 绝对收敛; (4) $p>-2$, $q>p+1$ 时绝对收敛, $p>-2$, $p<q\leqslant p+1$ 时条件收敛.

4. (1) 7!; (2) $\frac{3}{4}\sqrt{\pi}$; (3) $\frac{\sqrt{\pi}}{4}$; (4) $\frac{\sqrt{\pi}}{2\sqrt{3\ln 4}}$; (5) $\frac{6}{(\alpha-1)^4}$; (6) $\frac{(2n-1)!!}{2^{n+1}}\sqrt{\pi}$; (7) $\frac{\pi}{8}$; (8) $\frac{\pi a^4}{16}$;

(9) $\frac{2\pi}{3\sqrt{3}}$; (10) $\frac{\pi}{n\sin\frac{\pi}{n}}$.

习题 9.2

1. (1) $\dfrac{\mathrm{sh}(2\pi)}{2\pi}+\dfrac{4}{\pi}\sum_{n=1}^{\infty}\dfrac{(-1)^n\mathrm{sh}(2\pi)}{4+n^2}\cos nx+\dfrac{2}{\pi}\sum_{n=1}^{\infty}\dfrac{(-1)^{n+1}n\mathrm{sh}(2\pi)}{4+n^2}\sin nx$

$$=\begin{cases}\mathrm{e}^{2x}, & -\pi<x<\pi,\\ \mathrm{ch}(2\pi), & x=\pm\pi;\end{cases}$$

(2) $\dfrac{\pi(b-a)}{4}+\dfrac{b-a}{\pi}\sum_{n=1}^{\infty}\dfrac{(-1)^n-1}{n^2}\cos nx+(b+a)\sum_{n=1}^{\infty}\dfrac{(-1)^{n+1}}{n}\sin nx$

$$=\begin{cases}ax, & -\pi<x<0,\\ bx, & 0\leqslant x<\pi,\\ \dfrac{\pi(b-a)}{2}, & x=\pm\pi;\end{cases}$$

(3) $\dfrac{1+\pi-\mathrm{e}^{-\pi}}{2\pi}+\dfrac{1}{\pi}\sum_{n=1}^{\infty}\dfrac{1+(-1)^{n+1}\mathrm{e}^{-\pi}}{1+n^2}\cos nx$

$$+\frac{1}{\pi}\sum_{n=1}^{\infty}\left[\frac{1}{1+n^2}(-n+n(-1)^n\mathrm{e}^{-\pi})+\frac{1}{n}(1-(-1)^n)\right]\sin nx=\begin{cases}\mathrm{e}^{x}, & -\pi<x<0,\\ 1, & 0\leqslant x<\pi,\\ \dfrac{\mathrm{e}^{-\pi}+1}{2}, & x=\pm\pi.\end{cases}$$

2. (1) $\dfrac{\pi^2}{3}+4\sum_{n=1}^{\infty}\dfrac{(-1)^n}{n^2}\cos nx\ (|x|\leqslant\pi)$;

(2) $2\pi\sum_{n=1}^{\infty}\dfrac{(-1)^{n+1}}{n}\sin nx-\dfrac{8}{\pi}\sum_{n=1}^{\infty}\dfrac{\sin(2n-1)x}{(2n-1)^3}\ (0\leqslant x<\pi)$;

(3) $\dfrac{4\pi^2}{3}+4\sum_{n=1}^{\infty}\dfrac{\cos nx}{n^2}-4\pi\sum_{n=1}^{\infty}\dfrac{\sin nx}{n}\ (0<x<2\pi)$; (4) $\dfrac{\pi^2}{6},\dfrac{\pi^2}{12},\dfrac{\pi^2}{8}$.

3. $\sum_{n=1}^{\infty}\left[\dfrac{2}{n^2\pi}\sin\dfrac{n\pi}{2}+\dfrac{(-1)^{n+1}}{n}\right]\sin nx$.

4. $3=\dfrac{12}{\pi}\sum_{n=1}^{\infty}\dfrac{\sin(2n-1)x}{2n-1}\ (0<x<\pi)$. 令 $x=\dfrac{\pi}{2}$ 就可得到 $\dfrac{\pi}{4}=\sum_{n=1}^{\infty}\dfrac{(-1)^{n-1}}{2n-1}$.

习题 9.3

1. (1) $\dfrac{2}{3}-\dfrac{9}{2\pi^2}\sum_{n=1}^{\infty}\dfrac{1}{n^2}\cos\dfrac{2n\pi x}{3}+\dfrac{1}{2\pi^2}\sum_{n=1}^{\infty}\dfrac{1}{n^2}\cos 2n\pi x$;

(2) $f(x)=\dfrac{11}{12}+\dfrac{1}{\pi^2}\sum_{n=1}^{\infty}\dfrac{(-1)^{n+1}}{n^2}\cos 2n\pi x, x\in(-\infty,+\infty)$;

(3) $f(x)=-\dfrac{1}{2}+\sum\limits_{n=1}^{\infty}\left\{\dfrac{6}{n^2\pi^2}[1-(-1)^n]\cos\dfrac{n\pi x}{3}+\dfrac{6}{n\pi}(-1)^{n+1}\sin\dfrac{n\pi x}{3}\right\},\ x\neq 3(2k+1),$

$k=0,\pm1,\pm2,\cdots$.

2. $$\frac{1}{2}\sin\frac{\pi x}{l}-\frac{4}{\pi}\sum_{n=1}^{\infty}\frac{(-1)^n n}{4n^2-1}\sin\frac{2n\pi x}{l}=\begin{cases}\sin\dfrac{\pi x}{l}, & 0\leqslant x<\dfrac{l}{2},\\ 0, & \dfrac{l}{2}<x<l,\\ 1/2, & x=l/2,\\ 0, & x=l.\end{cases}$$

3. $a_{2n}=b_{2n}=0\ (n=0,1,2,\cdots)$. 4. $a_{2n-1}=b_{2n-1}=0\ (n=1,2,3,\cdots)$.

5. $\alpha_n=a_n,\beta_n=-b_n$.

6. 正弦级数 $\sum\limits_{n=1}^{\infty}\dfrac{2}{n\pi}(1-\cos nh)\sin nx$; 余弦级数 $\dfrac{h}{\pi}+\sum\limits_{n=1}^{\infty}\dfrac{2}{n\pi}\sin nh\cos nx$.

习题 10.2

2. (1) $y=(x+y')y'$; (2) $x^2y'-xy+y^2=0$; (3) $y''-y=0$; (4) $y'+xy''=0$.

3. (1) $y=\mathrm{e}^{C\mathrm{e}^x}$; (2) $\sqrt{1-y^2}=\arcsin x+C, y=\pm1$; (3) $3y^2=2\ln|1+x^3|+C$;

   (4) $xy=C\mathrm{e}^{y-x}, x=0, y=0$.

4. (1) $y=\mathrm{e}^{Cx}$; (2) $\ln(1+x^2)+2\ln|y|=C, y=0$; (3) $\ln^2 x+\ln^2 y=C$; (4) $\mathrm{e}^x+\mathrm{e}^{-y}=C$;

   (5) $(\mathrm{e}^x+1)(\mathrm{e}^y-1)=C$; (6) $y^2+2y+\ln(y-1)^2+\dfrac{2}{x}=C,\ y=1$.

5. (1) $y^2=x^2-Cx$; (2) $y=Cx(y-x), y=x, x=0$; (3) $\sin\dfrac{y}{x}=Cx$; (4) $\ln\left(1+\dfrac{y}{x}\right)=Cx$;

   (5) $\arcsin\dfrac{y}{x}=\ln|Cx|$; (6) $y=C\mathrm{e}^{\frac{y}{x}}$.

6. (1) $y+2=C\mathrm{e}^{2\arctan\frac{x-3}{y+2}}$; (2) $(y-2x)^3=C(y-x-1)^2, y=x+1$;

   (3) $9\ln\left|3y+2x+\dfrac{22}{7}\right|=21\,(2y-x+C),\ 21y+14x+22=0$;

   (4) $\ln[(x+2)^2+(y+3)^2]+2\arctan\dfrac{y+3}{x+2}=C$.

7. (1) $y(1+\ln|x^2-1|)=1$; (2) $\sqrt{y}=x\ln x-x+1$; (3) $\tan 2y=x+\sin x\cos x$; (4) $y=x\mathrm{e}^x$.

习题 10.3

1. (1) $y=-x+C\sqrt{1+x^2}$; (2) $y\sin x=C+x\sin x+\cos x$; (3) $2y=-\csc x+C\sin x$;

   (4) $2x=Cy+y^3$; (5) $2xy=y^2+C$; (6) $y=(C+x)\mathrm{e}^{-\sin x}$; (7) $y=\dfrac{1}{x^2+1}\left(C+\dfrac{4}{3}x^3\right)$;

(8) $x = y^2\left(1 + Ce^{\frac{1}{y}}\right), y = 0$; (9) $y = \left(\dfrac{x^2}{2} + C\right)e^{-x^2}$; (10) $\dfrac{x}{y^3} + \dfrac{3}{4}x^2(2\ln x - 1) = C$.

2. (1) $y^2 = Cx + x^2$; (2) $\dfrac{1}{y} = Ce^{-x} + \dfrac{1}{2}(\cos x - \sin x)$; (3) $y = \left(Cx^5 + \dfrac{5}{2}x^3\right)^{-1/5}$;

(4) $x\left(Ce^{-\frac{y^2}{2}} - y^2 + 2\right) = 1$; (5) $\dfrac{1}{y} = -\sin x + Ce^x$; (6) $\dfrac{1}{y^4} = -x + \dfrac{1}{4} + Ce^{-4x}$.

3. (1) $x = 2y - \ln y - 1$; (2) $y = x^2(e^x - e)$; (3) $y = \dfrac{2}{3}(x+1)^2[(x+1)^{\frac{3}{2}} - 1]$;

(4) $y = \dfrac{1}{3}(8 - 5e^{-3x})$; (5) $y = e^{1-\sin\frac{x}{y}}$.

习题 10.4

1. (1) 是; (2) 是; (3) 是.

2. (1) $x^3 + 2x^2y + y^2 = C$; (2) $6xy^2 - \cos(2xy) = C$; (3) $\dfrac{x^3}{3} + \dfrac{x}{y} + \ln|y| = C$;

(4) $x^3y - xy^4 + e^{xy} = C$; (5) $\dfrac{x^2}{2} + x - xy - \dfrac{y^3}{3} - 3y = C$; (6) $e^x\sin y + 2y\cos x = C$;

(7) $\sin\dfrac{y}{x} - \cos\dfrac{x}{y} + x - \dfrac{1}{y} = C$; (8) $ye^x - xe^{-y} = C$.

3. (1) $A = \dfrac{3}{2}, 2x^3 + 9x^2y + 12y^2 = C$; (2) $A = -2, y(1-x) = Cx^2$; (3) $A = 3, x^3y + 2xy^2 = C$;

(4) $A = -2, 2x^2 - 2y^2 - x = Cxy^2$.

4. (1) $P(x,y) = y^2e^x + y^3e^{3x} + \varphi(x), 3y^2e^x + y^3e^{3x} + 3\int\varphi(x)dx = C$;

(2) $Q(x,y) = 2x^{-1}y^{-3} - \dfrac{3}{2}x^2y^{-4} + \psi(y), x^2y^{-3} - 2x^{-1}y^{-2} + 2\int\psi(y)dy = C$;

(3) $P(x,y) = xy^4 + 2x^3y^2 + \varphi(x), x^2y^4 + x^4y^2 + 2\int\varphi(x)dx = C$;

(4) $Q(x,y) = x^2y + \psi(y), x^4 + 2x^2y^2 + 4\int\psi(y)dy = C$.

5. (1) $xe^y(x^2 + 3y^2) = C$; (2) $x^3 - x^2y + x^2y^2 = C$; (3) $xy + x^2 = Cy, y = 0$;
(4) $e^x(xy + \sin y) = C$; (5) $x + 3x^2y^2 - 4xy^3 = Cy^2$; (6) $(x^3 + y^3)\ln^2 y = C$;

(7) $\ln|x| - \dfrac{y^4}{4x^4} = C$; (8) $\dfrac{e^y}{x} + y^2 = C$; (9) $\ln|y| - \dfrac{x^3}{3y^3} = C$; (10) $x^2y + \dfrac{1}{y} = C$.

6. (1) $1 + 3x^2y^3 = Cx^3y^3$; (2) $\ln|x| - \dfrac{x}{y} = C$; (3) $2y = x\tan 2x + C$; (4) $\dfrac{1}{xy} + \dfrac{1}{2}\ln^2 x = C$.

习题 10.6

1. (1) $y = \int\arctan x dx + \int C_1 dx = x\arctan x - \dfrac{1}{2}\ln(1 + x^2) + C_1x + C_2$;

(2) $y=\frac{1}{2}x^2\ln|x|+C_1x^3+C_2x^2+C_3x+C_4$;

(3) $y=\frac{1}{2}\ln|\csc x-\cot x|+C_1\cos x+C_2$;

(4) $y=-x\ln x+C_1x^2+C_2$;

(5) $y=-\frac{x}{C_1}+\frac{1}{C_1}\ln|\mathrm{e}^x+C_1|+C_2$，奇解为 $y=C, y=\mathrm{e}^{-x}+C$;

(6) $x+C_1\ln|y+C_1|-y+C_2=0,\ y=C$;

(7) $y=-\ln|\cos(x+C_1)|+C_2$;

(8) $C_1y=C_3\mathrm{e}^{C_1x}+1,\ y=C,\ y=C-x$.

2. (1) $y=\left(1+\frac{3}{4}x\right)^{\frac{4}{3}}$; (2) $y=\sqrt{2x-x^2}$; (3) $y=-x^5+\frac{1}{6}(x^6-1)$; (4) $y=\frac{1}{2}(x^2-4x+5)$.

3. (1) $y^3=C_1x+C_2$; (2) $C_1y^2-1=(C_1x+C_2)^2$; (3) $y=-(\ln|\cos(\sqrt{2}x+C_1)|)/2+C_2$;

(4) $\sin(y+C_1)=C_2\mathrm{e}^x$; (5) $y=\operatorname{ch}(x+C_1)+C_2$; (6) $y=C_2\mathrm{e}^{C_1x}$.

4. (1) $y=(C_1\cos\sqrt{2}x+C_2\sin\sqrt{2}x)\mathrm{e}^x$; (2) $y=C_1\mathrm{e}^{\frac{1}{2}x}+C_2\mathrm{e}^{-x}$; (3) $y=(C_1+C_2x)\mathrm{e}^{-4x}$;

(4) $y=C_1\cos 2x+C_2\sin 2x$; (5) $y=C_1+C_2\mathrm{e}^{-\frac{2}{3}x}$; (6) $y=C_1\mathrm{e}^x+C_2\mathrm{e}^{3x}$;

(7) $y=C_1\mathrm{e}^x+C_2x\mathrm{e}^x$; (8) $y=\mathrm{e}^{3x}(C_1\cos\sqrt{2}x+C_2\sin\sqrt{2}x)$;

(9) $y=C_1\mathrm{e}^{2x}+\mathrm{e}^{-x}(C_2\cos\sqrt{3}x+C_3\sin\sqrt{3}x)$; (10) $y=(C_1+C_2x)\mathrm{e}^x+C_3\mathrm{e}^{2x}+C_4\mathrm{e}^{3x}$.

5. (1) $y^*=x\mathrm{e}^{2x}(Ax+B)$; (2) $y^*=A\cos 2x+B\sin 2x$; (3) $y^*=\mathrm{e}^x(A\cos x+B\sin x)$;

(4) $y^*=x^2(Ax+B)\mathrm{e}^x$; (5) $y^*=x\mathrm{e}^x(A\cos x+B\sin x)$; (6) $y^*=x(Ax^2+Bx+C)$;

(7) $y^*=\mathrm{e}^x(Ax^2+Bx+C)+x\mathrm{e}^{2x}(Dx+E)$;

(8) $y^*=x\mathrm{e}^x[(Ax^2+Bx+C)\cos 2x+(Dx^2+Ex+F)\sin 2x]$.

6. (1) $y=C_1\mathrm{e}^{2x}+C_2\mathrm{e}^{-2x}+\frac{1}{4}x\mathrm{e}^{2x}$; (2) $y=C_1+C_2\mathrm{e}^{-\frac{5}{2}x}+\frac{1}{3}x^3-\frac{3}{5}x^2+\frac{7}{25}x$;

(3) $y=C_1\mathrm{e}^{-x}+C_2\mathrm{e}^{-2x}+\frac{1}{2}\mathrm{e}^{-x}(\sin x-\cos x)$; (4) $y=(C_1+C_2x)\mathrm{e}^{2x}+\frac{1}{8}\cos 2x+\frac{1}{2}x^2\mathrm{e}^{2x}$;

(5) $y=C_1\mathrm{e}^{\sqrt{2}x}+C_2\mathrm{e}^{-\sqrt{2}x}+\frac{2}{9}[(2-3x)\cos x+(3x+2)\sin x)]$;

(6) $y=C_1\cos x+C_2\sin x-x\cos x+\sin x\ln|\sin x|$;

(7) $y=C_1\mathrm{e}^x+C_2x\mathrm{e}^x-\frac{\mathrm{e}^x}{2}\ln(1+x^2)+x\mathrm{e}^x\arctan x$; (8) $y=\mathrm{e}^{3x}(C_1\cos x+C_2\sin x)+\frac{1}{2}$;

(9) $y=C_1+C_2\mathrm{e}^{-x}+3x-x^2+\frac{x^3}{3}$; (10) $y=C_1\mathrm{e}^{2x}+C_2\mathrm{e}^{-x}+\frac{1}{3}x\mathrm{e}^{2x}$;

(11) $y=(C_1+C_2x)\mathrm{e}^{4x}+\dfrac{x}{16}+\dfrac{1}{32}+\dfrac{x^3}{6}\mathrm{e}^{4x}$; (12) $y=C_1\mathrm{e}^{x}+C_2\mathrm{e}^{-x}+(x^2-x)\mathrm{e}^{x}$;

(13) $y=C_1\mathrm{e}^{x}+C_2\mathrm{e}^{3x}-\dfrac{3}{8}\mathrm{e}^{x}(\cos 2x+\sin 2x)$;

(14) $y=C_1\cos ax+C_2\sin ax+\dfrac{1}{a^2-1}\sin x, \ (a\neq 1)$,

$y=C_1\cos x+C_2\sin x-\dfrac{1}{2}x\cos x, \ (a=1)$;

(15) $y=C_1\mathrm{e}^{-3x}+C_2\mathrm{e}^{x}-x-1-\dfrac{1}{5}\cos x+\dfrac{1}{10}\sin x$;

(16) $y=C_1\mathrm{e}^{-x}+C_2\mathrm{e}^{2x}+C_3x\mathrm{e}^{2x}+3x^2+\dfrac{9}{2}+7\cos x+\sin x$.

7. (1) $y=C_1\sqrt{x}+C_2x^{-2}$; (2) $y=C_1x+C_2x\ln|x|+x\ln^2|x|$;

(3) $y=C_1x+C_2x^2+\dfrac{1}{2}(\ln^2|x|+\ln|x|)+\dfrac{1}{4}$; (4) $y=C_1x^2+C_2x^{-2}+\dfrac{1}{5}x^3$;

(5) $y=x[C_1\cos(\sqrt{3}\ln x)+C_2\sin(\sqrt{3}\ln x)]+\dfrac{1}{2}x\sin(\ln x)$;

(6) $y=C_1x^2+C_2x^2\ln x+x+\dfrac{1}{6}x^2\ln^3 x$.

习题 10.7

1. $xy=6, (x>0)$.　2. $y=Cx^3$ 或 $x=Cy^3$.　3. 需要 60 分钟此物体温度降至 30 ℃.

4. $\dfrac{\mathrm{d}f^{-1}(t)}{\mathrm{d}t}-\dfrac{2}{t}f^{-1}(t)=-\dfrac{3}{t^2}$, $f(x)=\dfrac{x}{1+x^3}$.　5. 和函数 $f(x)=(1+x)^{\alpha}$.

6. $k(t)=\dfrac{1000\mathrm{e}^{\frac{t}{2}}}{49+\mathrm{e}^{\frac{t}{2}}}$.　7. 约 1050s.　8. $x^2+y^2=C$.　9. $y^2=\dfrac{1}{3}x$.

10. $V=\left(V_0^{\frac{1}{3}}-\dfrac{1}{3}(36\pi)^{\frac{1}{3}}kt\right)^3$.　11. $S=\begin{cases}\dfrac{Ft^2}{2m}, & 0<t\leqslant 1,\\ \dfrac{F-F_1}{2m}t^2+\dfrac{F_1}{m}t-\dfrac{F_1}{2m}, & t>1.\end{cases}$